AF498087

Philipp Nicolai

Freuden-Spiegel des ewigen Lebens

e-artnow 2018

Diverse Autoren
Die BIBEL: Elberfelder Ausgabe

Prophet Mohammed
Der Koran - Zwei deutsche Übersetzungen in einem Buch: Das Heilige Buch der Muslime in der Übertragung von Max Henning und Friedrich Rückert

Max Henning
Der Teufel: Sein Mythos und seine Geschichte im Christentum

Dschalal ad-Din Muhammad Rumi
Maulana Rumi: Masnavi (Orientalische Lyrik) - Kommentierte Ausgabe

Prophet Mohammed
Der Koran (In der Übersetzung von Friedrich Rückert) - Deutsche Ausgabe: Das Heilige Buch der Muslime in Versform

Martin Luther
Von der Freiheit eines Christenmenschen

Nur ad-Din Abdur Rahman Dschami
Dschami: Aus dem Diwan (Orientalische Liebeslyrik)

Martin Luther
Die Bibel: Luther-Übersetzung: Altes & Neues Testament

Dschalal ad-Din Muhammad Rumi
Maulana Rumi: Gedichte aus dem Diwan-e Schams-e Tabrizi (Orientalische Lyrik)

Dschalal ad-Din Muhammad Rumi
Maulana Rumi: Qazal (Orientalische Liebeslyrik: Qaselen/Ghaselendichtung)

Philipp Nicolai

Freuden-Spiegel des ewigen Lebens

Verfasser der Lieder: Wachet auf! ruft uns die Stimme – Wie schön leuchtet der Morgenstern

e-artnow, 2018
Kontakt: info@e-artnow.org
ISBN 978-80-273-1684-7

Inhaltsverzeichnis

Den Ehrenfesten, Hochachtbaren, Hochgelehrten,
Vorsichtigen und Wohlweisen
Herren, Bürgermeister, Rath und Zwölfen
der löblichen Stadt Soest, meinen
großgünstigen lieben Herrn und Freunden:

Gnade und Trost von Gott, dem Vater aller
Gnaden und alles Trostes, durch unsern HERRN
Jesum Christum, im heiligen Geiste, sammt meinem
Gebet und willigem Dienst zuvor.

Ehrenfeste, Hochachtbare, Hochgelehrte, Vorsichtige und Wohlweise, Großgünstige Herrn und Freunde! Der letzte Artikel unseres christlichen Glaubens, so da heißet: Ich glaube ein ewiges Leben – ist der rechte Helm unseres Heils und das Ende unserer Hoffnung. Sein haben sich die lieben Märtyrer und alle Gott liebenden Herzen mitten in ihren großen Nöthen, Kreuz, Schwachheit des Leibes, wie auch mitten im Tode getröstet und sind ritterlich durch den Tod in das Leben gedrungen. Kein Auge hat es gesehen, sagt die Schrift, kein Ohr hat es gehöret und ist in des Menschen Herz nie gestiegen, was Gott denen, die Ihn lieben, bereitet hat (Jes. 64; 1 Cor. 2). Wohl denen, die in Deinem Hause wohnen, die werden Dich loben immerdar. Denn ein Tag in Deinen Vorhöfen ist besser, denn sonst tausend. Ich will lieber der Thür hüten in meines Gottes Hause, denn lange wohnen in der Gottlosen Hütten (Ps. 84).

Da werden wir, wie St. Augustinus seine Bücher **de civitate Dei** mit diesen Worten beschleußt, »haben Weisheit ohne Irrthum, Licht ohne Finsterniß, Liebe ohne Uebersättigung und Ueberdruß, Gerechtigkeit ohne Sünde, Leben sonder Tod, Ruhe und Erquickung sonder Mühe und Arbeit, Freude ohne Leid, Ehre und Ansehn ohne Furcht und Zagen, Leben ohne Zeit, Gesundheit sonder Krankheit, eine Fülle und volle Genüge aller Güter. Denn Gott wird alles in allem sein, den wir ohne Aufhören schauen, ohne Ueberdruß lieben, ohne Belästigung oder Müdigkeit loben werden.«

Wenn wir das Ende aller Wohlthaten Gottes, die Er seinen Auserwählten auf Erden erzeiget, recht bedenken und zu Herzen nehmen wollen, so hat Er uns zum ewigen Leben erschaffen; und da wir unserer Sünden halber verdammt und verloren waren, hat Er aus inbrünstiger Liebe und grundloser Barmherzigkeit durch Seinen eingebornen Sohn JEsum Christum uns vom Tod, Teufel und Hölle zum ewigen Leben erlöset; schenket uns auch Seinen heiligen Geist und beruft uns in Seinem heilbringenden Wort zum ewigen Leben. Alles ist von Ihm dahin gemeinet und gerichtet: die Schöpfung, das Werk der Erlösung, die Heiligung, die Einsetzung des Predigtamts und der heiligen, hochwürdigen Sakramente, desgleichen die Anzündung des Glaubens, der Hoffnung, der Liebe, des neuen Gehorsams und der Geduld in uns – daß wir sollen neue Kreaturen, Pflänzlein Seiner Ehre und Kinder des Lichts sein, welche mit Ihm ewiglich leben.

Dieweil wir aber wenig und selten hieran gedenken und haben alle von Natur weltsüchtige und erdliebende Herzen, die dem Zeitlichen mehr als dem Ewigen und vergänglichen Gütern fleißiger als den unvergänglichen nachhangen: so hat unser lieber Gott nach Seinem hochweisen väterlichen Rath das heilige liebe Kreuz, welches Er Seinen Kindern auflegt, zum heilsamen Mittel präparirt und verordnet, daß Er sie hiermit von der Welt und weltlichen Sorgen abwende und zu Sich neige, zu ihrem eigenen Besten und ewiger Seligkeit.

HErr, spricht Jesaias (c. 26), wenn Trübsal da ist, so suchet man Dich; wenn Du sie züchtigest, so rufen sie ängstiglich. Gleichwie eine Schwangere, wenn sie schier gebären soll, so ist ihr angst und schreiet in ihren Schmerzen: so gehet es uns auch, HErr, vor Deinem Angesicht. Da sind wir auch schwanger und ist uns bange, daß wir kaum Athem holen. Desgleichen sagt David: Es ist mir lieb, daß Du mich gedemüthiget hast, daß ich Deine Rechte lerne. Meine Seele verlanget nach Deinem Heil. Ich hoffe auf Dein Wort. Meine Augen sehnen sich nach

Deinem Wort und sagen: wann tröstest Du mich? Wie der Hirsch schreiet nach frischem Wasser, so schreiet meine Seele, Gott, zu Dir. Meine Seele dürstet nach Gott, nach dem lebendigen Gott. Wann werde ich dahin kommen, daß ich Gottes Angesicht schaue? Errette meine Seele von den Gottlosen, mit Deinem Schwert. Von den Leuten Deiner Hand, HErr, von den Leuten dieser Welt, welche ihr Theil haben in ihrem Leben, welchen Du den Bauch füllest mit Deinem Schatz, die da Kinder die Fülle haben und lassen ihr Uebriges ihren Jungen. Ich aber will schauen Dein Antlitz in Gerechtigkeit. Ich will satt werden, wenn ich erwache nach Deinem Bilde (Ps. 119; 42; 17).

Unter den mancherlei väterlichen Kreuzschlägen aber, dadurch unser lieber Gott Seinen Kindern in dieser Welt Ursach giebt, dem zeitlichen und vergänglichen Wesen täglich abzusterben und nach dem ewigen Gut, welches machet beständigen Muth, ohne Unterlaß zu forschen: hat uns jetziger Zeit die schwere Seuche und Plage der wüthenden Pestilenz getroffen. Die Ebräer heißen sie in ihrer Sprache Deber, welches so viel ist als ein Wort oder Predigt, sintemal uns Gott hiedurch von Seinem gerechten Zorn und über der Welt Bosheit angesteckten und brennenden Grimm und Eifer öffentlich predigt und zur Buße vermahnet, daß man von Sünden ablasse, an Christum glaube und ein durstig Verlangen nach den ewigwährenden himmlischen Gütern trage.

Mit einem solchen Deber hat Er auch, im letztvergangenen 1597. Jahr, dieser Stadt Unna ernstlich zugerufen und sie mit der Pestilenz, die im Finstern schleicht und mit der Seuche, die im Mittag verderbet, dermaaßen angegriffen, daß in kurzer Zeit ohngefähr über die vierzehn Hundert daran zu Bette bis hin zum jüngsten Tage gegangen sind. Auch damit fast den Anfang solcher Strafe dieses Orts in Westphalen machen wollen, indem das Sterben hierauf an andern umliegenden Orten erfolget und noch hin und wieder sein grausam Würgen in Städten, Flecken und Dörfern beweiset.

In solchem Jammer und Elend, als es hier zu Unna in allen Gassen rumorte und oftmals etliche Tage hintereinander über die zwanzig, jetzt vier, sieben, dann acht oder neun und zwanzig und bis in die dreißig Todte nicht weit von meiner Wohnung auf dem Kirchhofe unter die Erde verscharret, worden –: habe ich mit Todesgedanken mich immer schlagen müssen und war mir mehr als einmal zu Muth wie dem König Hiskia, da er sprach: Nun muß (werde) ich nicht mehr sehen den HErrn, ja den HErrn im Lande der Lebendigen. Meine Zeit ist dahin und von mir aufgeräumet wie eines Hirten Hütte, und reiße mein Leben ab wie ein Weber (Jes. 38).

Es überfiel die Pest mit ihrem Sturm und Wüthen die Stadt wie ein unvorhergesehener Platzregen und Ungewitter, ließ bald kein Haus unbeschädigt, brach endlich auch zu meiner Wohnung herein, und gingen die Leute meistentheils mit verzagtem Gemüthe und erschrockenem Herzen als erstarret und halb todt daher, daß einer hätte mögen hieher ziehen, was Moses schreibt (V. 28): Der HErr wird dir ein bebend Herz geben, und verschmachtete Augen, und verdorrete Seele, daß dein Leben wird vor dir schweben. Nacht und Tag wirst du dich fürchten, und deines Lebens nicht sicher sein. Des Morgens wirst du sagen: ach daß ich den Abend erleben möchte! Des Abends wirst du sagen: ach daß ich den Morgen erleben möchte! Vor Furcht deines Herzens, die dich schrecken wird, und vor dem, das du mit deinen Augen sehen wirst.

Zu Lübeck, Hamburg, Lüneburg, Hildesheim, Göttingen, desgleichen in Niederhessen, und in der Grafschaft Waldeck, meinem lieben Vaterland: zu Corbach, Wildungen und Mengeringhausen fehlete es auch nicht. Und was einer an solchen Orten hin und wieder von Freunden und Bekannten hatte, davon höhrete er fast nichts denn von ihren Krankheiten und tödtlichem Abschied von diesem Leben. Wie denn auch mir eitel traurige Zeitungen und traurige Botschaft zu Ohren kamen von etlichen meiner Schwestern, Blutsfreunden und Schwägern, durch die Pest erwürget und hingerissen – welches mir meine Bekümmerniß vermehrte und so viel mehr Anlaß gab, all mein Datum, Herz und Gedanken von der Welt abzuwenden.

Da war mir nichts Süßeres, nichts Lieberes und nichts Angenehmeres, als die Betrachtung des edlen hohen Artikels vom ewigen Leben, durch Christi Blut erworben. Ließ denselben Tag und Nacht in meinem Herzen wallen und durchforschte die Schrift, was sie hiervon zeugte; las auch des alten Lehrers St. Augustini liebliche Tractätlein, darin er dies hohe Geheimniß als ein Nüßlein aufbeißet und den wundersüßen Kern herauslanget. Brachte danach meine Meditationen von Tage zu Tage in die Feder, befand mich Gott Lob dabei sehr wohl, von Herzen getrost, fröhlich im Geist und wohlzufrieden, gab meiner Schrift den Namen und Titul eines Freuden-Spiegels und nahm mir vor, denselben verfasseten Freuden-Spiegel, so mich Gott von dieser Welt abfordern würde, als ein Zeugniß meines friedlichen, fröhlichen und christseligen Abschieds zu hinterlassen; oder aber, so er mich gesund ließe bleiben und noch aufsparete, anderen nothleidenden Christen, welchen er die Pest auch ins Haus senden würde, aus christlicher schuldiger Liebe damit zu dienen und gleich als mit gegenwärtigem Trost beizuwohnen.

Nun hat mich der gnädige fromme Gott mitten unter den Sterbenden vor der grausamen Pest allergnädigst bewahret und mein Leben, über alle meine Gedanken und Hoffnung, wunderbarlich gefristet, daß ich mit dem Propheten David zu ihm sagen kann: Wie groß ist Deine Güte, die Du verborgen hast denen, die Dich fürchten! HErr, Du hast meine Seele aus der Hölle geführet, Du hast mich lebendig behalten, da die in die Hölle fuhren. Ihr Heiligen, lobsinget dem HErrn, danket und preiset Seine Herrlichkeit! Denn Sein Zorn währet einen Augenblick, und Er hat Lust zum Leben. Den Abend lang währet das Weinen, aber des Morgens die Freude. Du hast mir meine Klage verwandelt in einen Reigen. Du hast meinen Sack ausgezogen und mich mit Freuden gegürtet (Ps. 31; 30).

Wie soll ich dem HErrn, sage ich ferner, vergelten alle Seine Wohlthaten, die Er mir thut? Ich will den heilsamen Kelch nehmen und des HErrn Namen predigen. Ich will meine Gelübde dem HErrn bezahlen, vor allem Seinem Volk. O Herr, ich bin Dein Knecht. Ich bin Dein Knecht, Deiner Magd Sohn. Du hast meine Bande zerrissen. Dir will ich Dank opfern. Ich will Deinen Namen predigen meinen Brüdern, ich will Dich in der Gemeinde rühmen. Rühmet den HErrn, die ihr Ihn fürchtet! Es ehre Ihn aller Same Jacob und vor Ihm scheue sich aller Same Israel. Denn Er hat nicht veracht noch verschmähet das Elend des Armen und Sein Antlitz vor ihm nicht verborgen. Und da er zu Ihm schrie, hörete Er es. Dich will ich preisen in der großen Gemeinde (Ps. 116; 22).

Derwegen, auf daß ich solche Gelübde dem HERRN bezahle, so richte und wende ich nun diese meine Vorrede zu Ew. Ehrenveste, Hochachtbarkeit, Weisheit und Gunst, wie auch zu der ganzen Gemeinde, damit die Troststimme vom ewigen Leben aus Gottes Wort vor Ihren Ohren klinge und das traurige Herz in diesen Sterbensläuften auch erfreuet werde. Denn weil der allmächtige HErr Zebaoth, der da tödtet und machet lebendig, führet in die Hölle und wieder heraus, die giftige ansteckende Pestilenzseuche Denselben E. E. H. W. und G. auch zugeschicket und einen großen Riß damit gethan hat, daß viel vornehme Häupter des Raths und sonst ansehnliche Leute daran gestorben sind: so trage ich, als der Geringsten einer, um des lieben Evangelii willen und wegen unserer geistlichen Verdammniß, hierüber ein herzlich christlich Mitleiden und bitte den Vater meines HErrn und Heilandes JEsu Christi, gleichwie Er Sich über dies Unna zuletzt gnädiglich erbarmet und die grimmige Plage abgewendet hat, also wolle Er Sich auch das zugeschickte Uebel über Ew. Chr. Hoch. W. und G. und über die ganze Gemeinde reuen lassen und dem Verderber, wie zur Zeit Davids, zurufen: Es ist genug! daß er sein Würgeschwert einstecke und ablasse.

Nun halten wir Diener am Evangelio Christi in der Kirche zu Unna einmüthigen und einhelligen Consens mit dem ehrwürdigen Ministerio in E. Chr. Hoch. W. und G. weltberühmten Stadt, da in allen Pfarrkirchen Gott Lob und Dank Sein heilig, theuer werthes Wort rein, klar und von allen sectirischen Corruptelen unverfälscht, nach der ungeänderten Augsburgischen Confession gelehret und gepredigt wird, und die Herren Pastoren ihr Amt mit christlicher Sorgfältigkeit treulich verrichten, sobald mit Strafen und Warnen, wo es der Sache Nothdurft erfordert, als auch mit tröstlicher Unterrichtung und Stärkung der geistlich zerschlagenen und gedemüthigten Herzen zur Zeit der regierenden Pest. Wie solches die drei nützlichen und gelehrten Predigten des Ehrwürdigen, Achtbaren und wohlgelehrten Herrn Johannis Schwartz, Pfarrherrn zu St. Thomas, meines günstigen lieben Bruders in Christo – darin er aus Gottes Wort gründlich anzeiget, woher die Pest ihren Ursprung habe, was für Mittel man dawider gebrauchen möge, und wie sich ein Christ gegen Furcht, Schrecken und Grausen derselben trösten und, so er damit angegriffen würde, zum seligen Abschied schicken und bereiten solle – öffentlich bezeugen.

Desgleichen erinnere ich mich der von Euer H. W. und G. mir erzeigten Ehre und Freundschaft, da Sie vor fast zweien Jahren einem Ehrsamen Rath dieser Stadt Unna zu nachbarlichem Gefallen bei meiner ersten Ankunft aus der Grafschaft Waldeck die günstige Beförderung thaten, daß auf Ihre Unkosten mein Geräthlein bis in Ihre Stadt von Brilon übergeführt und überbracht ward, damit Sie Ihr wohlgeneigtes Herz gegen meine geringe Person dazumal spüren und merken ließen.

Daher Ew. Ehrenv. Hoch. W. und G. ich wiederum jetziger Zeit nächst meinem Gebet zu Gott dem Allmächtigen in diesen großen Nöthen gern womit tröstlich wollte zu Diensten sein. Kann aber solches füglicher und besser nicht wohl thun denn mit Vorstellung des wunderlieblichen angenehmen Artikels vom ewigen Leben: wie nämlich unser lieber Gott sein Volk nach der mühseligen Pilgrimschaft dieses wegflüchtigen Lebens droben im Himmel erquicke, wische ab die Thränen von den Augen seiner Auserwählten, die hier auf Erden haben geweinet, lasse weder Hitze noch Frost auf sie fallen, führe sie zu den lebendigen Wasserbrunnen, speise sie mit dem verborgenen himmlischen Manna des ewigen Lebens, sei selbst ihr Schild, ihr sehr großer Lohn und ihr allerhöhestes Gut, tränke sie mit den reichen Gütern Seines Hauses, daß sie in vollkommener Liebe, Freude und prächtiger Herrlichkeit sich einmüthiglich zusammen halten, jauchzen, frohlocken und wissen nicht mehr von irgend einer Angst, Schmerzen, Krankheit noch Bekümmerniß.

Mit solchem edlen Artikel haben wir uns in allerlei vorfallenden Nöthen und Anfechtungen Leibes und der Seele zu trösten, zu stärken und zu erquicken, der gewissen Zuversicht und unfehlbaren Hoffnung, daß uns, die wir glauben an den Namen des eingebornen Sohnes Gottes, unser himmlischer Vater über eine kleine geringe Zeit von aller Angst und Traurigkeit erlösen und in dasselbe freudenreiche Paradeis von diesem elenden Jammerthal zu Sich abfordern und heimholen werde.

Und so will mit solchem Trost- und Freuden-Spiegel E. E. H. W. und G. und die ganze löbliche Gemeinde ich verehrt (dankbarlichst bedacht) und denselben meine Meditationen vom ewigen Leben dedicirt und zugeeignet haben, auf daß Sie und alle gottseligen Bürger und Bürgerinnen, verlassene Wittwen und Waisen, traurige und bekümmerte Herzen, so ihrer nahen Freundschaft in den währenden Pestilenzläuften durch den zeitlichen Tod auf dieser Welt beraubt worden, sich hieran ergötzen, den seligen freudenreichen Zustand aller Auserwählten bei unserm lieben Gott in Seinem Reich des Schauens daraus vernehmen, sich dessen trösten und daher auch alle ihre Gedanken von der Welt ab zu Gott gen Himmel und nach dem ewigen Vaterland hinwenden mögen.

Ich bin der guten Hoffnung und Zuversicht, sintemal E. Chr. H. W. und G. sammt der christlichen Gemeine zu der heiligen reinen Lehre des göttlichen Wortes, in prophetischer und apostolischer Schrift verfasset, nun von vielen Jahren her sich öffentlich und ungescheut bekennen, auch wohl wissen und in dieser Sterbens-Zeit aus der Erfahrung lernen: wo das Herz traurig ist und vor Todesangst, Furcht und Schrecken alle zeitliche Freude, Hoffnung und Herrlichkeit zerrinnet, daß da allein Gottes Wort ist der beste Stecken und Stab, von dem Baum des Lebens gebrochen, der uns tröstet, wie David sagt: Dein Wort erquicke mich, Deine Gnade müsse mein Trost sein! Wenn Dein Gesetz nicht mein Trost gewesen wäre, so wäre ich vergangen in meinem Elend. Erhalte mich HErr, durch Dein Wort, und laß mich nicht zu Schanden werden über meiner Hoffnung (Ps. 23; 119): – so werden Sie in Betrachtung solcher Ursachen diese meine Arbeit, aus Gottes Wort verfasset und mit fleißiger Erwägung zusammengebracht, Ihnen günstiglich belieben und gefallen lassen.

Der ewige allmächtige Gott und Vater unseres HErrn und Heilandes JEsu Christi wolle vor der giftigen Plage E. E. W. und G. sammt der ganzen christlichen Gemeinde, so noch übrig, ganz väterlich bewahren, Sie nach Ihrem großen Leid wieder erfreuen, die Augen Seiner grundlosen Güte und Barmherzigkeit über die Kirche, politische Regierung, Schulen und den

Hausstand gnädiglich offen halten, mit reichem Segen zur Heiligung Seines Namens und Fortpflanzung Seines Reichs Ihnen beiwohnen, Sie vor allem Unheil der Seele, Leibes, Ehre und
Gutes gnädiglich bewahren, und uns allen verleihen, daß wir in diesem zeitlichen Leben einen
christlichen Wandel führen, in der Buße, im Glauben, in der Erkenntniß Gottes, in der seligen
Hoffnung, in der Liebe, im neuen Gehorsam, Geduld und guten Werken wachsen und zunehmen, und zuletzt, wenn das Sterbestündlein kommt, seliglich in Christo entschlafen, durch
den Tod zum Leben hineindringen und am Tage der letzten himmlischen Posaunen zur ewigen Freude und fröhlichen Gemeinschaft mit der ganzen heiligen Dreifaltigkeit, wie auch zur
himmlischen Gesellschaft der lieben Engel und aller auserwählten Menschen auferstehen und
ewige Bürger der himmlischen neuen Stadt Jerusalem sein und bleiben mögen. Amen, **Datum**
Unna, den 10. Augusti **anno** 1598.

E. Ehrenveste, Hochachtbarkeit, Weisheit
und Günsten dienstwilliger

Philippus Nicolai, Dr. Ecclesiast. daselbst.

Ich freue mich von Herzen und meine Seele freuet sich in Gott meinem Heiland, so oft ich
mich erinnere des trostreichen Artikels vom ewigen Leben und des herrlichen Vaterlandes, da
wir gläubigen Christen werden den allmächtigen Ehrenkönig und unüberwindlichen Schlangentreter, unseren einigen Erlöser und Seligmacher JEsum Christum, mit fröhlichen Augen sehen
und zu den heiligen Patriarchen, Propheten und Aposteln versammelt werden, auch unsere lieben Freunde, als: Vater, Mutter, Brüder, Schwestern, Mann, Weib, Kinder und alle Bekannte,
welche seliglich in dem HErrn entschlafen und im wahren Glauben vor uns hingezogen sind,
mit großer Frohlockung wieder sehen. Und Gott wird abwischen alle Thränen von unseren
Augen und unsere Klage verwandeln in einen Reigen. Er wird uns mit Freuden umgürten, daß
unser Herz in alle Ewigkeit sich freue und solche Freude Niemand von uns nehme.

Wir werden kommen in das himmlische Jerusalem, in die Stadt des lebendigen Gottes, zu der
Menge vieler tausend Engel und der Gemeinde der Erstgebornen, die im Himmel angeschrieben
sind. Und daselbst werden wir mit fröhlichem Muth jauchzen über dem edlen theuren Schatz,
daß der Himmel soll unser sein und alles was Christus hat an unvergänglichen himmlischen
Gütern. Gott selbst wird sein unser sehr großer Lohn, unser Tempel, unser Licht und Alles
in Allem, und werden wir dafür nicht nehmen aller Welt vergängliche Pracht, Ehre, Freude
und Herrlichkeit. Es werden uns freundlich anblicken und anlachen die heiligen Engel, und
das ganze himmlische Heer wird uns selig preisen, daß wir an JEsum Christum geglaubet und
seinem wahrhaftigen Wort bis in den Tod getrauet haben.

Getrost ist mir mein Herz und Sinn, sanft und stille, so oft ich daran gedenke; und irret mich
nicht, daß wir elende Erdenwürmlein und Schafe der Weide Christi auf dieser Welt sind mitten
im Leben mit dem zeitlichen Tod umfangen und müssen unseres Glaubens und unserer Hoffnung halben dem Teufel und seinem verfluchten Anhang immerfort durch die Brände laufen.
Es sollen die Kinder Gottes nicht verzagen, sondern warten des ewigen Lebens in der Hoffnung,
ob sie schon mit Trübsal, Mangel, Hohn, Spott und Ungemach durchs Jammerthal gehen und
das Elend bauen, sind trostlose Wittwen und Waisen, verhaßte Prediger, wohlgeplagte Creaturen, arme kranke gefangene und bekümmerte Leutlein, an welchen Jedermann will zum Ritter
werden, die ihren Mund in den Staub stecken und lassen sich auf die Backen schlagen, leiden
verkehrte Urtheile, schreien über Frevel und bekommen keine Hülfe, müssen Narren sein um
Christi willen, ein Fegopfer aller Leute, wie auch ein Schauspiel den Engeln und Menschen.

Der HErr wird bald kommen und hat schon das Seufzen und Schreien seiner Auserwählten,
die Tag und Nacht zu ihm rufen, gnädiglich erhöret. Er wird uns retten in einer Kürze und seine
Kirche erfreuen nach ihrer Betrübniß. Und was wir nun eine kleine Zeit leiden auf dieser Welt,
das ist nicht werth der Herrlichkeit, die an uns soll offenbaret werden. Denn unsere Trübsal, die
zeitlich und leicht ist, schaffet eine ewige und über alle Maaßen wichtige Herrlichkeit, wie sie
kein Auge gesehen und kein Ohr gehöret hat und in keines Menschen Herz jemals gekommen

ist. O der unaussprechlichen Glorie, die wir dort erleben werden und davon es im himmlischen Freudensaal allenthalben leuchtet zum seligen Trost und zu seliger Erquickung aller Kinder des Lichtes, welche den Teufel, die Welt und alle Anfechtungen durch Christi Blut überwunden haben! O des edlen wunderschönen Paradieses, der herrlichen Stadt Gottes und des himmlischen Landes Kanaan, da es giebt eitel Freuden-Hügel und Trost-Berge, die von lauter Trostmilch und Freudenhonig fließen! Wie muß es doch sein eine wunderschöne Welt, ein lustiger Ort, eine liebliche Wohnung, ein prächtiger Freudengarten und ein Königreich voll alles Trostes, voll aller Gnaden und voll aller Freude, da Gott der Vater sein allerlieblichst und allerfreundlichst Angesicht seinen auserwählten Kindern, Engeln und Menschen augenscheinlich und wundertröstlich offenbaret und da JEsus Christus seine Herrlichkeit sehen läßt, welche er bei dem Vater hatte, ehe denn der Welt Grund gelegt war! Desgleichen auch Gott der heilige Geist wunderlieblich und wunderfreundlich gesehen wird in dem Vater und in dem Sohn. O des schönen edlen Lebens, da die heiligen Engel mit Freuden loben; da die lieben Patriarchen, Propheten und Apostel wohnen, da alle gottseligen Christen aus dieser untreuen, schnöden Welt zu ihrem Volk hin versammelt werden; da unsere gottseligen Eltern, Mann, Weib, Kinder, Geschwister und andere Bekannte im Glauben und Vertrauen auf Christi Blut vor uns hingezogen sind und warten unserer Ankunft mit großer Freude und Wonne!

»O du seliges Leben, sagt Augustinus, welches Gott denen, so ihn lieben, bereitet hat! Wie bist du doch ein recht lebendig Leben! Du bist ein selig Leben, du bist ein beständig sicher Leben, du bist ein still geruhsam Leben, du bist ein reines keusches Leben, du bist ein heiliges Leben, du bist ein ewiges freudenreiches Leben, da man von keinem Tode, von keiner Traurigkeit und Betrübniß höret. Du bist ein Leben ohne Makel, ohne Angst und Noth, ohne Verwesung und Aenderung, ohne Furcht, Schrecken und Entsetzen. Du bist ein Leben, darin alles überaus hübsch, schön, zierlich und lustig ist; da kein Widersacher sich wieder uns auflehnet; da keine Anreizung zur Sünde, da eine vollkommene Liebe, einerlei Herz, Muth und Sinn und eine beständige Einigkeit, da ein ewiger heller, lichter Tag ist; da Gott von Angesicht zu Angesicht gesehen wird und da mit dieser Speise des Lebens der Mensch also gesättigt wird, daß ihn nimmer mehr hungert.«

O du ewiges seliges Leben, das ist meines Herzens Wunsch und Freude, daß ich daran gedenke, wie herrlich es in dir zugehet. Deine vortrefflichen Güter erlustigen mich von Herzen, nach ihnen habe ich ein sehnlich Verlangen. Und jemehr ich dir nachdenke und deine Lieblichkeit und Süßigkeit beherzige, je mehr die Begierde und das Verlangen nach dir in mir wächst und zunimmt. Und so oft ich an dich gedenke, so lacht mir vor Freuden das Herz in meinem Leibe. Darum habe ich meine Lust daran, daß ich mein Herz, Muth und Sinn zu dir kehre und deine Lieblichkeit anbetend erwäge.

Es ist meine Lust daß ich von dir rede, von dir höre, von dir schreibe, von dir Gespräch halte und von deiner ewigen Seligkeit und himmlischen Herrlichkeit alle Tage lese; und was ich gelesen habe, daß ich solches schließe in meines Herzens Schrein, und ihm stets nachdenke, damit ich also mich abreiße von der hitzigen Sorgfältigkeit, Gefahr, Mühe und Arbeit dieses sterblichen und vergänglichen Lebens und erquicke mich wie ein Pilgrim und Wandersmann mit der süßen, kühlen Luft deiner lebendigen Güte, auf daß ich möge, wenn ich will schlafen gehen, das müde Haupt in deinen Schooß niederlegen und in dir meine Ruhe finden, du ewiges Leben.

Um dieser Ursach willen weide ich mich auf der lustigen schönen Wiese der heiligen Schrift und breche daselbst mit fleißiger Hand ab viele grüne trostreiche Sprüchkräutlein. Diese verzeichneten Sprüche lese ich nicht anders, als äße und schmeckte ich die abgebrochenen Kräutlein. Und gleich wie einer wiederkäuet, also denke ich ihnen fleißig nach; und wenn ich sie wohl betrachtet, erwogen und zusammengebracht habe, dann lege ich sie hin und schließe sie in mein Herz, damit durch solchen Geschmack deiner Süßigkeit ich die Bitterkeit dieses allerelendesten Lebens um so viel weniger fühle.

O ewiges Leben, du bist fürwahr ein seliges Reich! Du weißt von keinem Tode und hast kein Ende. In dir ist eine Ewigkeit und keine Veränderung der Zeit. Da ist ein Tag, der keine Nacht läßt kommen, sondern währet und bleibet ewiglich. Ein christlicher Ritter, der die Welt, den Teufel, den Tod und alles Unglück überwunden hat, der ist da ein Consort, Bruder und Gesell der englischen Throne und Herrschaften, welche immer mit jauchzender Stimme Gott loben, und singt ohn Unterlaß unserm lieben Gott das Freudenlied von der Herrlichkeit Zions und trägt die Krone des ewigen Lebens auf seinem Haupte.

O daß doch irgend ein Mensch auf Erden wäre, der hiervon so lieblich, so herrlich, so tröstlich und so anmuthig reden, singen, predigen und schreiben könnte, daß unter den betrübten, angefochtenen Kindern Gottes viele Herzen damit zur seligen Freude erweckt und reichlich getröstet würden! Wie kommts doch, o lieber Gott, daß wir so träge sind zu glauben deinem heiligen Wort, das vom ewigen Leben zeuget und uns in prophetischer und apostolischer Schrift verkündiget ist? O daß es möchte durch Kraft und Wirkung deines heiligen Geistes wie ein Licht in unseren Herzen brennen! fließen wie ein fruchtbarer Regen, der auf das Gras träuft, und fallen wie ein Thau der das Kraut befeuchtet! O daß es möchte wie durchdringende Spieße und Nägel uns zu Herzen gehen und eitel reichen Trost und lebendige Freude gebären, zur Linderung und Abwendung der großen Traurigkeit, Schwermuth und Anfechtungen, damit deine elenden Christen in diesem Jammerthal unablässig gekränkt, gemartert und wohl geplaget werden.

Wahr ist's, lieber HErr Gott, und wir müssen es ja bekennen: es ist dies edle süße Geheimniß für unsere Vernunft viel zu tief verborgen, die Freude ist zu groß und die Herrlichkeit zu wichtig. Dagegen ist unser Herz zu eng, die Augen sind zu schläfrig und unser Verstand ist viel zu schwach und viel zu ungeschickt, solche Hoheit zu fassen und zu begreifen. Und ob wohl deine erleuchteten Kinder auf dieser Welt etwas davon einnehmen und etlicher maaßen verstehen, daß sie davon reden, singen und schreiben: – so ist doch all ihre Wissenschaft und Weissagung lauter Stück- und Stümpelwerk, und ein kindischer Anfang. Darum bin ich in mir selbst bestürzt und denke: wie soll ich von der Freude des ewigen Lebens vollkömmlich reden und schreiben, da ich sie nicht kann vollkömmlich verstehen, noch mit Gedanken vollkömmlich erreichen? Und was mir nicht überall ins Herz kommt, wie soll ich das überall auf die Zunge bringen, und richtig in die Feder lassen laufen?

Es ist ja wahr: Perikles, Demosthenes, Cicero, Isokrates und dergleichen weltberühmte Redner, wenn sie gleich diesen Artikel recht verständen, würden sie doch mit aller ihrer Beredtsamkeit viel zu schwach und zu gering sein, alles recht zu treffen und genugsam zu beschreiben.

Aber doch willst Du, lieber Gott, und befiehlst ja in Deinem Wort, daß wir in dieser Welt mit unserm Stückwerk den Anfang machen sollen und vom ewigen Leben so viel reden, predigen, singen und sagen als uns die heilige Schrift davon offenbaret. O wohl dem Volk, sagt David (Ps. 89, 16. 17.), das jauchzen kann. HErr, sie werden im Licht Deines Angesichts wandeln. Sie werden über Deinem Namen täglich fröhlich sein und in Deiner Gerechtigkeit herrlich sein. Und Ps. 36, 9. 10: Trunken werden sie von den reichen Gütern Deines Hauses und Du tränkest sie mit Wollust als mit einem Strom. Denn bei Dir ist die lebendige Quelle, und in Deinem Lichte sehen wir das Licht. Es ist vor Dir Freude die Fülle, und lieblich Wesen zu Deiner Rechten ewiglich (Ps. 16.). Darum (Ps. 108) ist's, o Gott, mein rechter Ernst. Ich will singen und dichten, meine Ehre auch. Wohl auf, Psalter und Harfen, ich will frühe auf sein. – Himmel (Ps. 96), freue dich, und Erde sei fröhlich; das Meer brause, und was darinnen ist! Das Feld sei fröhlich, und alles was darauf ist, und lasset rühmen alle Bäume im Walde!

Ei, Du lieber Gott, laß uns doch auch also frohlocken, daß wir nach solcher Vermahnung Deines Propheten David mögen über Deinem Namen täglich fröhlich und in Deiner Gerechtigkeit herrlich sein! Ei laß uns doch von Deiner himmlischen Gnade singen, so viel uns davon offenbaret ist, und Deine Wahrheit rühmen mit unserem Munde für und für! Ei laß uns zu Deinen Thoren eingehen mit Danksagung und zu Deinen Vorhöfen mit Lob, Ruhm und Preis Deines Namens! Bring uns zu Deinem heiligen Berge und zu Deiner Wohnung, HErr unsere Freude und Wonne, daß wir sehen und erkennen Deine große Güte, die Du verborgen hast denen die Dich fürchten, und breitest sie aus über alle die Dich kennen.

Ich will mit herzlicher Freude nun den Anfang machen und mit Lust und Liebe aus prophetischer und apostolischer Schrift des alten und neuen Testaments anzeigen: erstlich, was das ewige Leben aller auserwählten Kinder Gottes droben im himmlischen Paradies für ein edel und freudenreich Leben sei; darnach: von wem dies heilsame Gut herkomme, und wie die heilige Dreifaltigkeit, Gott der Vater, Gott der Sohn, und Gott der heilige Geist aus unaussprechlicher Liebe und Leutseligkeit uns elende Adams-Kinder zum ewigen Leben bereite und dazu kommen lasse.

Dich aber bitte ich, o du großer Ehren-König und Herzog des ewigen Lebens, mein allerliebster Heiland und Seligmacher, HErr Jesu Christ, der Du mit Deinem theuren rosinfarbenen Blut aus großer herzlicher Menschenliebe das ewige Leben uns armen Sündern verdient und erworben hast, und offenbarest solche heimliche Weisheit denen die Dich fürchten und lassest sie Deinen Bund wissen; der Du Dir auch Dein Lob bereitest aus dem Munde der Kinder und Säuglinge, daß sie deine Wunder und Wohlthaten rühmen, preisen, verkündigen und ausbreiten – Dich bitte ich: Laß mich auch einen sein aus diesen Säuglingen, und thue mir auf meine Lippen, daß ich durch Deines heiligen Geistes Kraft und Wirkung den edlen Artikel vom ewigen Leben fruchtbarlich erklären möge, zu Ehren Deiner großen Majestät und zu seligem Trost für alle hochbekümmerten, traurigen Herzen, welche allhier auf Erden weinen und heulen, während die Welt sich erfreuet, und müssen um Deines Namens willen allerlei Drohung, Noth, Spott und Gefahr über sich ergehen lassen. Gieb ihnen, Du Gott alles Trostes, daß dieser Artikel ihr Trostbecher sei, daraus sie rechtes Lebens-Wasser und einen heilsamen Labetrunk schöpfen mögen, ihre durstige, abgemattete Seele damit tröstlich zu erfreuen und zu erquicken.

Ein trostreicher Anblick. Unseres HErrn Christi Zeugniß, daß es gewißlich ein ewiges Leben giebt

Lebendigen Trost, beständige Freude und herzliche Wonne wirket in uns die fleißige Betrachtung dieses edlen hohen Artikels unsers christlichen Glaubens vom ewigen Leben. Freuet euch und frohlocket alle Christen, die ihr euch von Herzen nach ihm sehnet! Lasset uns singen, springen, jauchzen und fröhlich sein in dem HErrn, unserem Gott und Heiland, über dem seligen Gut welches er uns, seinen trauten Kindern, aus unermeßlicher Liebe von Anfang der Welt bereitet hat! Er wird es auch zur herrlichen Offenbarung kommen lassen, daß wir es mit unseren Augen gegenwärtig sehen, so bald wir die Ritterschaft unseres Glaubens auf Erden treulich vollendet haben und mit des heiligen Geistes Kraft aus diesem mühseligen Jammerthal durch den letzten Strudel des Todes zu dem himmlischen Vaterland hineingedrungen sind.

*

Das ist meines Herzens höchster Trost, meine Freude und Wonne und eine liebliche Ergötzung in allem Kreuz und Widerwärtigkeit, daß ich zu mir sagen kann: Was betrübst du dich, meine Seele, und bist so unruhig in mir? Wirst du doch nicht ewig in diesem trübseligen Jammerthal bleiben! Es ist dir ein ewiges Leben nach diesem Elend bereitet! Und warum sollt ich daran zweifeln? »Euer Herz, sagt der Sohn Gottes (Joh. 14), erschrecke nicht! Glaubet ihr an Gott, so glaubet ihr auch an mich. In meines Vaters Hause sind viele Wohnungen. Wenn's nicht so wäre, so wollt' ich zu euch sagen: Ich gehe hin, euch die Stätte zu bereiten. Und ob ich hinginge, euch die Stätte zu bereiten, will ich doch wieder kommen und euch zu mir nehmen, auf daß ihr seid, wo Ich bin. – Ich gebe meinen Schafen das ewige Leben (Joh. 10). Wer an mich glaubt, der hat das ewige Leben, und kommt nicht in das Gericht, sondern ist vom Tode zum Leben hindurchgedrungen (Joh. 6). Denn wo Ich bin, da sollen meine Diener auch sein, und wer mir dienen wird, den wird mein Vater ehren (Joh. 12). Vater, ich will, daß, wo Ich bin, auch die bei mir seien, die Du mir gegeben hast, daß sie meine Herrlichkeit sehen, die Du mir gegeben hast (Joh. 17).«

Was mag aber dies für eine Herrlichkeit sein? »Wahrlich, spricht er zu dem sterbenden Schächer am Kreuz, Ich sage dir: heute wirst du mit mir im Paradiese sein!« (Luc. 23, 43).

Da hören wir doch nicht eines bloßen Menschen Rede, sondern **Gottes Wort, Gottes Verheißung** und **Gottes Zeugniß vom ewigen Leben.** Wer wollte diesem göttlichen Zeugniß nicht trauen? Es schreiben auch wohl die Heiden, sonderlich ihre Dichter, gar schön von den Elysäischen Feldern, von den Inseln der Seligen, von Walhalla und Wingolf, d. i. von einer neuen Welt und schönem lustigen Ort, da die Seelen der redlichen und tugendsamen Menschen nach ihrem Absterben von dieser Welt hinfahren sollen. Aber wer will ihren Fabeln trauen? Menschen-Träume sinds, liebliche, ahnungsvolle Gedichte, darauf sich doch Niemand kann gewiß verlassen. Uns aber prediget und verkündiget von diesem edlen hohen Geheimniß der große Amens-Gott, JEsus Christus, welcher ist der Weg, die Wahrheit und das Leben, und in welches Munde kein Betrug ist erfunden. »Der HErr hats beschlossen, sagt die Schrift (Jes. 14), wer will's ändern? Des HErrn Wort ist wahrhaftig, und was Er zusagt, das hält Er gewiß (Ps. 33). Ihr sollt inne werden, spricht Gott selbst (Hesek. 12, 24, 25), daß keine Weissagung lügen wird. Denn Ich bin der Herr, was Ich rede, das soll geschehen.«

Ja was thun alle Werke der großen Liebe Gottes, denn daß sie uns vom ewigen Leben predigen? Denn wozu sind wir erschaffen? Wozu hat uns Christus vom Tode, Teufel und der Hölle erlöset? Wozu werden wir vom heiligen Geist durch das Wort und die heiligen Sacramente wiedergeboren? Es ist fürwahr der allerheiligsten Dreifaltigkeit vornehmlich nicht zu thun, noch zu thun gewesen um die kurze Zeit unseres vergänglichen Lebens in dieser Welt. So sind wir auch nicht zu diesem zeitlichen Leben getauft und kommen nicht zur Kirche, zum Abendmahl, noch Gottes Wort anzuhören darum, daß wir lernen, wie man ackern, säen, bauen, pflanzen, handthieren, Kaufmannschaft treiben und dieser Welt gebrauchen soll. Denn solches können auch die Unchristen, Juden, Türken und Heiden wohl, und bedarf man hiezu keiner Sacramente, keines Evangelii, und keiner Absolution. Alles aber ist dem lieben Gott zu thun um unsere himmlische Seligkeit und um das ewige Leben. Zum ewigen Leben sind wir erschaffen, zum ewigen Leben sind wir erlöset, zum ewigen Leben wiedergeboren, zum ewigen Leben getauft, und zum ewigen Leben durchs Evangelium berufen. Was ist auch das Ende unseres Glaubens und unserer seligen Hoffnung, wenn nicht das ewige Leben? Und worauf stirbt ein Christ in dem HErrn, denn daß er ruhe und fahre aus dieser Welt in das ewige Leben?

Ei meine Seele, was kränkest du dich und schleppest dich denn mit solcher Schwermuth und sorglichen Gedanken? Ist's wahr, daß alle die vornehmsten Werke Gottes: die Schöpfung, die Erlösung und die Heiligung, danach auch Gottes Wort, Taufe, Absolution, Abendmahl, dazu unser Glaube, unsere Hoffnung und der Christen letzte Hinfahrt aus diesem Jammerthal dem Artikel vom ewigen Leben starkes Zeugniß geben und eigentlich alle nach dem ewigen Leben hingemeint und hingerichtet sind: warum sollten wir denn nicht von Herzen fröhlich sein? Warum sollten wir Christen in unserem Elend vor Angst und Ungeduld uns das Haar ausraufen, uns zu Tode grämen und kümmern und traurig sein gleich den Heiden die keine Hoffnung haben?

Was wollen auch die prächtigen und trostreichen Namen, damit das ewige Leben hin und wieder in der Schrift gekrönet wird? Warum heißets ein Paradies? warum nennets der Herr Christus eine Hochzeit? Aus welcher Ursach bekommts so viele liebliche Namen, daß es heißt: Gottes Reich, des ewigen Vaters Haus, die ewigen Hütten, der heilige Berg des Herrn, ein Strom der Wollust, die lebendige Quelle, der heilige Tempel, Freude die Fülle, eine eheliche ewige Verknüpfung mit Gott, eine Freude des Herrn, ein unvergänglich, unbefleckt und unverwelklich Erbe, ein Erbtheil der Heiligen im Licht, eine große und über alle Maaßen wichtige Herrlichkeit, ein liebliches Wesen, das himmlische Vaterland, das Land der Lebendigen, die heilige Stadt des lebendigen Gottes, das neue Jerusalem?

Wozu dienen uns diese Worte, und warum erhebet der heilige Geist das ewige Leben mit so vielen trostreichen Namen, denn daß wir mitten in unserem Glauben und mitten in unserer Hoffnung zu herzlicher Freude aufgemuntert und vermahnet werden? Was ist lustiger als ein Paradies und Lustgarten? Was lieben junge Leute, Jünglinge wie Jungfrauen, mehr als hochzeitliche Freude, Brautliebe und eheliche Verbindung? Was ist prächtiger als großer Herren Zusammenkunft und ihre majestätische Herrlichkeit? Was macht die Kinder reicher als groß Erbtheil und große Güter? Was ist ansehnlicher als eine mächtige, wohlgebaute Stadt? Was ist in der ganzen Welt berühmter als Jerusalem? Was lautet stattlicher als ein weites Königreich? Was ist anmuthiger als ein Vaterland? Wer siehet nicht gern lustige Maihütten und fruchtbare schöne Berge? Was ist lieblicher als Wollust? Was erquicket und labet durstige Seelen auf Erden besser denn ein süßer und lieblicher Trunk? Was scheinet herrlicher als ein hoher schöngebauter Tempel? Und was ist angenehmer, denn herzliche Freude, eine wichtige Herrlichkeit und ein liebliches Wesen?

Ich sehe die große Eitelkeit unter der Sonne, wie die Welt dem vergänglichen Gut, der Pracht, Ehre, Herrlichkeit und Wollust dieses kurzen Lebens nachtrachtet. Könige, Fürsten und große Herren bauen stattliche Paläste, haben ihr Wohlgefallen an schönen Gärten und pflanzen allerlei fruchtbare Bäume darein. Junge Leute gehen mit Liebe um, und ihre Begierde stehet nach ehelichem Leben. Andere haben Lust die Welt zu besehen, daß sie wissen von weitberühmten und ferngelegenen Landen, von der Schweiz, Italien, Frankreich, England, Amerika u. s. w. zu reden und zu schreiben. Ich sehe, wo ein großer Reichthum zu erben ist, wie die nächsten Freunde aufs genaueste darum zanken und hadern. Ich sehe, wie irdische Könige und Potentaten um große Herrschaften, Städte und Flecken, Land und Leute sich feindlich reißen und blutige Kriege führen. So sehen wir auch, daß unter dem gemeinen Mann des Dichtens und Trachtens nach zeitlichem Wohlleben, nach Reichthum, wie auch nach höherem Stand und Ansehen, kein Maaß noch Ende zu finden ist.

Hier wache auf meine Seele, und bedenke mit Freuden, warum nun die Schrift von den Gütern, Pracht, Herrlichkeit, Ehre und Wollust dieser Welt so viel Worte und Namen entlehnet und leget sie dem ewigen Leben zu. O liebe Seele, es ist der heiligen Schrift darum zu thun, daß sie unser Herz und Gedanken damit zu dem ewigen, himmlischen und unvergänglichen Gut hinlocke und hinwende. Ja sie lehret uns damit, daß keine Hochzeit, keine Brautliebe noch eheliche Verbindung in dieser Welt so lieblich, so herrlich und so angenehm sei, wie das ewige Leben im Himmel ist. Sie lehret, daß kein fürstlicher noch königlicher Lustgarten mit aller seiner Herrlichkeit dem allerlustigsten Paradies Gottes zu vergleichen. Auch lehret sie, daß das ewige Leben ein solcher Schatz, ein solch Reich, eine solche Stadt, ein solch Vaterland, solche Freude, solche Glorie, solche Wollust und ein solches Gut sei, welches die Flügel hoch schwinget und sich sehr hoch erhebet über alle vergänglichen Schätze, über alle Königreiche, über alle Länder, über alle schönen Städte, über alle Pracht, Reichthum, Freude und Herrlichkeit dieser Welt.

Darum, o wohl dem seligen Volk, das jauchzen kann! O wohl den Kindern des Lichts, die dies wunderfröhliche Geheimniß mit herzlicher Freude betrachten! O lobe den HErrn, meine Seele, und was in mir ist, seinen heiligen Namen! Lobe den HErrn, meine Seele, und vergiß nicht, was Er Dir Gutes gethan hat! (Ps. 103). Denn wer wollte sich dieses edlen hohen Gutes nicht erfreuen und mit allem Fleiß nicht gern danach ringen? Wer wollte nicht gern in dem wunderschönen Vaterland des ewigen Lebens sein? Was machen wir länger aus der Welt? sollten wir billig mit Monika, der Mutter St. Augustins, von Herzen schreien, und warum fliegen wir nicht gen Himmel? warum verlassen wir nicht Alles, was wir haben und folgen Christo nach, daß wir dies heilsame Gut hier im Glauben und hernach im Schauen besitzen? Sollten wir doch, die wir an Christum glauben, aus großer Freude stets in vollen Sprüngen gehen, und mit unseren Gedanken nirgends anders denn im Himmel sein.

Ein freudenreicher Anblick. Die große Herrlichkeit des ewigen Lebens

Was ist aber das ewige Leben, daß ich mich dessen so hoch erfreuen und so sehr danach trachten soll? Ich rede mit meinem Herzen, sagt David (Ps. 77.), und mein Geist muß forschen. Was hats für eine Bewandtniß mit dieser Freude, Lust und Herrlichkeit?

O liebe Seele, es ist ein Leben der inbrünstigen reinen Liebe, ein recht hochzeitlich Leben in lebendiger, süßer Himmelslust, und ein Leben der unauflöslichen Gemeinschaft, welche die Auserwählten mit Gott dem Vater, mit Gott dem Sohn, und mit Gott dem heiligen Geist in Ewigkeit haben, voll alles Trostes, voll aller Freuden und voll aller Herrlichkeit; dazu ein Leben in eitel heilige Liebe gefasset, mit heiliger Liebe verbunden und auf heilige starke Liebe gegründet, also daß die ganze heilige Dreifaltigkeit, der wahre Gott, alle auserwählten Engel und Menschen mit seiner unaussprechlichen Liebe wie mit einer feurigen Mauer stark umringt, beschließt und umfängt, und läßt sie in ihm wie in einem wunderschönen Tempel wunderlieblich ruhen und frohlocken. Und gleich wie er sie liebet, also wird er von ihnen mit vollkommener Gegenliebe so herzlich wieder geliebt, daß er durch dies Band und Mittel der inbrünstigen Liebe und Gegenliebe sehr lieblich in ihnen als in seinen edlen Lusthäusern und Palästen mit seiner großen Güte, Kraft, Freude, Herrlichkeit, Weisheit und Gerechtigkeit residirt, wohnet und ruhet, und machet sie theilhaftig seiner göttlichen Natur. Daher sie denn alle miteinander durch solche Einwohnung des lebendigen Gottes sind wunderschön, wunderstark und nach gegebenem Maaß vollkommen weise, vollkommen gerecht, vollkommen heilig, freundlich, fröhlich und aller Tugenden voll; lieben Gott ihren Herrn von ganzem Herzen, von ganzer Seele und von allen Kräften, und darnach einer den Anderen als sich selbst. Halten sich vermittelst solcher Liebe und Einigkeit zusammen wie Glieder Eines Leibes, mit dem heiligen Geist als mit Gottes Athem durch und durch lieblich erfüllet, sind alle eins in Gott und Gott eins mit ihnen und sie alle mit einander, Gott, Engel und Menschen wie Ein Leib und Ein Geist, voll aller himmlischer Freuden, voll himmlischer Wollust und voll ewigwährender Herrlichkeit.

Siehe, du liebe Seele, eine solche Bewandtniß hat es mit dem ewigen Leben. So ists ein Paradies, so ein Freudensaal, so eine Stadt Gottes, so ein Land der Lebendigen und eine solche Hochzeit, da Gott mit seinen heiligen Engeln, Patriarchen, Propheten, Aposteln und allen Auserwählten, welche von diesem Jammerthal dahin gefahren sind, lebet, herrschet und regieret in eitel inbrünstiger Liebe, in Liebes-Kraft, Liebes-Freude, Liebes-Herrlichkeit und Liebes-Klarheit. Es brennet, leuchtet und wettert daselbst allenthalben von heiliger feuriger Liebe, und in heiliger, reiner, feuriger Liebe sind sie alle, nämlich die Engel und Menschen mit Gott und in Gott wie Ein Kuchen, daß sie nichts thun, nichts reden, auch nichts gedenken, es fleußt alles aus reiner inbrünstiger Liebe. Ihre herzliche Freude unter einander ist eine Freude und Frohlockung der Liebe. Ihre Einigkeit und Verknüpfung ist ein Bund der Liebe. Ihr Licht und Klarheit ist ein Glanz und Schein der Liebe. Ihre Psalmen und Freudenlieder sind fröhliche Verkündigung und Ausbreitung der heiligen Liebe. Ihr ewiges Gespräch ist ein ewiger Ruhm der ewigen Liebe. Ihr Schmuck, Gewalt und Ehre ist eine prächtige Herrlichkeit der Liebe und ihre holdselige Gemeinschaft ist eitel Trost, eitel Erquickung, eitel Lieblichkeit, und eine reine, heilige Lust der reinen heiligen Liebe. So gar hat da die Liebe Alles eingenommen, Alles besessen und Alles stark in Eins geknüpft, daß es kein Tod noch Hölle, keine Gewalt noch Macht, weder Hohes noch Tiefes, weder Gegenwärtiges noch Zukünftiges kann trennen noch von einander reißen.

In dies wunderschöne Königreich ist kommen der bekehrte Schächer am Kreuz, welchem der Sohn Gottes die trostreiche Verheißung zurief: Wahrlich, Ich sage Dir, heut wirst Du mit mir im Paradiese sein! (Luc. 23, 43). Dahin ist kommen der arme gottselige Lazarus, als er nach Ueberwindung des Todes im Glauben von den heiligen Engeln in Abrahams Schooß mit Freuden getragen ward (Luc. 16, 22). Dahin kam der heilige Stephanus, als er den Himmel offen sah und seine Seele dem Herrn JEsu am letzten Ende zu Gnaden befahl (Apostg. 7). Auch sind dorthin zu allen Himmelreichs-Bürgern versammlet worden unsere in Gott verstorbenen seligen Freunde, Vater, Mutter, Mann, Weib, Kinder, Brüder, Schwestern, Verwandte und Bekannte, und ruhen fröhlich in Gott, der sie mit allen heiligen Engeln wunderlieblich anlacht, tröstet und erquickt, daß sie dieser Welt auch nicht einen Augenblick wieder begehren. O des alleredelsten Lebens, welches sie daselbst leben, ohne Tod und Anfechtung, daß es mit allen Ehren recht heißen mag: das ewige Leben!

Aber, sprichst du, woher kommt uns diese Beschreibung und was hat sie für Grund und Zeugniß? Sagt nicht die Schrift, es habe es kein Auge gesehen und kein Ohr gehöret und sei in keines Menschen Herz gekommen: – wie darfst du denn so kühnlich davon reden?

Antwort: Es ist wahr, Sanct Paulus zieht an den Spruch aus dem Propheten Jesaias (c. 64) und schreibt (1 Cor. 2), daß kein Auge gesehen und kein Ohr gehöret habe, auch in keines Menschen Herz kommen sei, was Gott bereitet hat denen die ihn lieben. Aber doch setzt er diese Worte hinzu: »Uns aber hat es Gott geoffenbaret durch seinen Geist. Denn der Geist erforschet alle Dinge, auch die Tiefen der Gottheit. Denn welcher Mensch weiß, was im Menschen ist, ohne der Geist des Menschen, der in ihm ist? Also auch Niemand weiß, was in Gott ist, ohne der Geist Gottes. Wir aber haben nicht empfangen den Geist der Welt, sondern den Geist aus Gott, daß wir wissen können, was uns von Gott gegeben ist. Welches wir auch reden nicht mit Worten, welche menschliche Weisheit lehren kann, sondern mit Worten, die der heilige Geist lehret.«

Mit diesem Zusatz giebt der Apostel genug zu verstehen: ob schon das ewige Leben sich nicht läßt auf dieser Welt mit menschlichen Sinnen und natürlicher Spitzfindigkeit erforschen noch ergründen, so sei es der Christenheit dennoch nicht unverborgen, sondern durch den heiligen Geist offenbaret und so reichlich entdeckt, daß man aus solcher Offenbarung, in prophetischer und apostolischer Schrift verfasset, wohl vernehmen und erfahren kann, wie reichlich wir von Gott begnadigt sind und was er für ein seliges Gut bereitet hat denen die ihn lieben. An diesem geoffenbarten göttlichen Wort mangelts uns nicht, das haben wir genug, und wer da will, kann es lesen, anhören und erwägen. An uns selbst aber mangelts, daß es unser Fleisch und Blut, der natürliche Mensch, nicht kann begreifen, sondern ist irdisch gesinnet und traget zu dem Wort des Lebens schläfrige Augen, taube Ohren und ein kaltes träges Herz, das dem Reiche Gottes nicht nachtrachtet. Das Licht, sagt die Schrift (Joh. 1, 5; 3, 19), scheinet in der Finsterniß, und die Finsterniß hat es nicht begriffen. Denn die Menschen liebten die Finsterniß mehr denn das Licht.

Darum mögen wir wohl unsere große Blindheit, Finsterniß und unser träges Herz beweinen, daß wir gleich als über Tisch sitzen und verschlafen die königliche Mahlzeit und das herrliche Essen. Wir haben die Beschreibung des ewigen Lebens dicht vor uns in Gottes Wort, und sehen den Wald vor Bäumen nicht. Wir achten wenig darauf, lassen unsere Gedanken anders wohin flattern und bilden uns danach ein, es sei der Christenheit aus Erden schlechterdings verborgen. Nicht also, meine Seele, da wache auf, die du schläfest, und merke auf das Wort, so wird dich Christus erleuchten! Wenn du fändest köstliche Perlen auf einem Acker, würdest du nicht hingehen mit Freuden und verkaufen alles was du hast, und bringen den Acker an dich, daß du dem heimlichen Schatz mochtest nachgraben? Ist's nicht also: was man liebet, dem denket man nach, und wo man hoffet ein Gut zu finden, da wirds gesucht? Nun ist ja die heilige Schrift ein himmlischer Acker, mit Gottes Wort besäumet, darunter der Schatz des ewigen Lebens verborgen liegt – warum suchen und forschen wir denn nicht darin? was sind wir so träg, so kalt und so verdrossen? Suchet, spricht der Sohn Gottes (Joh. 5), » suchet in der Schrift! Denn ihr meinet (und das mit Recht), ihr habet das ewige Leben darin«. Werden wir diesem Rath folgen und fleißig auf die Schrift achten, als auf ein Licht, das da scheinet am dunkeln Ort, so wird der Tag lieblich anbrechen und der Artikel vom ewigen Leben wie der Morgenstern sehr hell und sehr tröstlich in unserm Herzen aufgehen.

Was sagt nun die Schrift vom ewigen Leben? was offenbaret sie von seiner großen Herrlichkeit? O liebe Seele, es werden herrliche Dinge darin gepredigt von der Stadt Gottes, wie sie auf den heiligen Bergen gegründet sei, und wie sie der Herr über alle Wohnung liebe. Sie heißet die Auserwählten: Himmelsbürger, fröhliche Hochzeitsleute, Gottes Kinder, Gottes Braut, Gottes Freunde, des heiligen Geistes Tempel und Wohnung, vollkommen in der Liebe und vollkommen eins mit Gott durch eitel inbrünstige Liebe, die da ist das Band der Vollkommenheit. Sie predigt herrliche Dinge von eitel reiner Liebe, Liebes-Freude, Liebes-Herrlichkeit. Gott ist die

Liebe, sagt sie (1 Joh. 4, 16), und wer in der Liebe bleibet, der bleibet in Gott und Gott in ihm. – Sehet, welch eine Liebe hat uns der Vater erzeiget, daß wir Gottes Kinder sollen heißen. Meine Lieben, wir sind nun Gottes Kinder, und ist noch nicht erschienen, was wir sein werden; wir wissen aber, wenn es erscheinen wird, daß wir Ihm gleich sein werden (1 Joh. 3, 2). Die Weissagungen werden aufhören und die Sprachen werden aufhören, wie auch der Glaube und die Hoffnung – aber die Liebe wird nimmermehr aufhören (1 Cor. 13). Willst du zum Leben eingehen, so halte die Gebote: du sollst lieben Gott, deinen Herrn, von ganzem Herzen, von ganzer Seele, von ganzem Gemüth, und deinen Nächsten als dich selbst (Matth. 22). Wer Gott liebet, derselbige ist von ihm erkannt (1 Cor. 8, 3). Es wird weder Tod noch Leben, weder Engel noch Fürstenthum noch Gewalt, weder Gegenwärtiges noch Zukünftiges, weder Hohes noch Tiefes, noch keine andere Kreatur uns scheiden von der Liebe Gottes die in Christo JEsu ist, unserm Herrn (Röm. 8). Vater, spricht Christus, ich habe ihnen gegeben die Herrlichkeit, die Du mir gegeben hast, daß sie eins seien, gleich wie wir eins sind; ich in ihnen und Du in mir, auf daß sie vollkommen seien in Eins und die Welt erkenne, daß Du mich gesandt hast und liebest sie, gleich wie Du mich liebest. Vater, ich will, daß wo ich bin, auch die bei mir seien, die Du mir gegeben hast, daß sie meine Herrlichkeit sehen, die Du mir gegeben hast. Denn Du hast mich geliebet, ehe denn die Welt gegründet ward. Ich habe ihnen deinen Namen kund gethan und will ihnen kund thun, auf daß die Liebe, damit Du mich liebest, sei in ihnen und ich in ihnen« (Joh. 17).

Heißet aber das nicht von eitel himmlischer Liebe predigen und alles unter die Liebe begreifen, also daß das ewige Leben fürwahr nichts ist denn ein Leben der fröhlichen, inbrünstigen Liebe zwischen Gott und seinen auserwählten Kindern? Was fordert nun das Gesetz im Grunde Anderes als ein solch Leben der vollkommenen Liebe? Und wo wird's mächtiger und prächtiger erfüllt als im dritten Himmel? Wozu hat uns auch Christus vom Teufel, vom Tode und aus der Hölle erlöst, und den feurigen Zorn seines Vaters mit seinem Blut gestillt, denn daß wir mit Gott wiederum in herzlicher Liebe stehen und in ewiger Liebe ewiglich mit ihm leben möchten? Was ist süßer, was ist edler, was ist lieblicher und gebieret mehr Freude denn die Liebe? Was ist auch stärker als die Liebe? Und was knüpfet Gott, Engel und Menschen näher und fester zusammen, als die vollkommene Liebe? Die Liebe, spricht Salomo (Hohel. 8, 6), ist stark wie der Tod, und ihre Gluth feurig und eine Flamme des Herrn.

Von solcher feurigen Gluth und Flamme der reinen vollkommenen Liebe brennet und leuchtet nun der Himmel droben mit allen seinen Einwohnern. Der Herr Christus nennet's mit wenigen Worten eine Erkenntnis Gottes. »Das ist, sagt er, das ewige Leben, daß sie Dich, daß Du allein wahrer Gott bist, und den Du gesandt hast, Jesum Christum, erkennen« (Joh. 17). Solches ist wohl zu merken und fest zu behalten. Denn wo in der Schrift wahre Liebe, z. B. eheliche Liebe und andere Freundes-Liebe sammt ihrer Freude, Lust und lieblichen Werken beschrieben wird, da gebraucht sie das Wort: erkennen. Adam, sagt sie, erkannte sein Weib Heva. Hier weiß man wohl, was die Schrift meinet und wie sie die eheliche Liebe um der Zucht willen mit dem Wörtlein »erkennen« andeutet. Desgleichen spricht Gott zum Volk Israel: Aus allen Geschlechtern auf Erden habe ich allein euch erkannt (Amos 3). Ferner sagt der Herr Jesus: »Ich erkenne die Meinen und bin bekannt den Meinen. Wie mich mein Vater kennet und ich kenne den Vater« (Joh. 10). Diese und andere ähnliche Sprüche reden von eitel lieblicher Erkenntniß und zeugen von Gottes inbrünstiger Liebe gegen uns, die er in der That und in der Wahrheit beweiset. Und bestehet also auch das ewige Leben in wahrer Erkenntniß Gottes und seines eingebornen Sohnes, das ist in himmlischer, reiner Liebe und im lieblichen Genusse der wundersüßen Liebe Gottes, daß man schmecke die reichen Güter seines Hauses und daß der Mensch lebe in ewiger Liebe mit ihm verbunden, dazu theilhaftig der göttlichen Natur und eine Wohnung Gottes des Vaters, des Sohnes und des heiligen Geistes.

Etlichermaßen wird uns dies himmlische Leben auch in einer wohlgerathenen Ehe und schönen Haushaltung vorgebildet. Denn wo in einem Hause zwischen Mann, Weib, Kindern, Brüdern, Schwestern und ganzem Hausgesinde alle gebührliche Liebe in rechter Ordnung waltet und herrschet, daß sie sich unter einander von Herzen lieb und werth haben, da ist ihre Liebe ein Vorbild des himmlischen Lebens und wird mit Recht gesagt: hier sei der halbe Himmel und Gott wohne mit seinen lieben Engeln in einem solchen Hause. Desgleichen wo Bräutigam und Braut mit herzlicher Liebe sich lieben, da ist ihr Leben auch wie ein Paradies-Leben und können sie lange Zeit damit hinbringen, daß sie derselben nicht gewahr werden, wie die Schrift von Jakob, dem Erz-Patriarchen bezeuget, daß er um seine Braut Rahel sieben Jahre gedienet und ihn gedäucht habe als wären es einzelne Tage gewesen, wegen der großen Liebe, die er zu ihr trug (1 Mos. 29).

Was ist aber solche Liebe, Lust und Freude gegen die vollkommene Liebe, Freude und Herrlichkeit des ewigen Lebens, da alles leuchtet und brennet von unaussprechlicher himmlischer Liebe? Haben Jakob und Rahel in keuscher Liebe so ein Leben geführt, daß ihnen sieben Jahre nur wie sieben Tage erschienen – was muß denn das ewige Leben im Himmel für ein Leben der süßen inbrünstigen Liebe sein, da alle auserwählten Engel und Menschen Gott, ihren Herrn und Heiland, so herzlich lieben, werden auch von ihm wiederum mit so großer Liebe umfangen, und sind daneben einer gegen den Andern in wahrer Liebe so lieblich angezündet und entbrannt, daß über diesem süßen Leben, über dieser Freude und Lust der himmlischen Liebe ihnen tausend Jahre scheinen kaum ein einziger Tag zu sein? Denn auf dies Geheimniß der himmlischen Freude siehet St. Petrus, da er schreibt (2 Petri 3, 8): »Eins sei euch unverhalten, ihr Lieben, daß ein Tag vor dem Herrn ist wie tausend Jahre und tausend Jahre wie ein Tag.«

Ein lehrreicher Anblick. Die sechs Eigenschaften des ewigen Lebens

Wen sollte nun nach einem solchen Leben nicht herzlich verlangen? wen sollte nicht gelüsten, mehr davon zu hören? Die Pforte zu diesem Geheimniß ist nun geöffnet – wer wollte ihm nicht weiter nachdenken? Ich will zur bessern Erklärung des edlen trostreichen Artikels mit Freuden fortfahren und sechs Eigenschaften anzeigen, welche der heilige Geist dem ewigen Leben zuschreibt. Die erste heißt: Liebe und Gegenliebe zwischen Gott und seinen Auserwählten. Die andere ist die Ehre und Herrlichkeit solcher Liebe. Die dritte: Gottes liebliche Einwohnung in seinen Auserwählten. Die vierte heißet: Gott Alles in Allem. Die fünfte zeiget sich in der Liebe des Nächsten. Die sechste bestehet in der vollkommenen Einigkeit und Verknüpfung durch das Band der Liebe.

I

Liebe und Gegenliebe zwischen Gott und seinen Auserwählten

Liebe und Gegenliebe in Gott und seinen Auserwählten ist die erste Eigenschaft, das erste Gut des ewigen Lebens. O der edlen Freude, des edlen Trostes, der edlen Erquickung, da Gott und Menschen in heiliger süßer Liebe ewiglich zusammenleben! Denn Gott hat die Leute überschwänglich lieb und ist ein Gott der Liebe, ja die heilige Liebe selbst. Und weil er die Menschen so herzlich liebet, will er auch von ihnen herzlich wieder geliebt sein, und macht die Gegenliebe zum Haupt aller Gebote, auf daß sein Bund, mit uns aufgerichtet und im Gesetz offenbaret, in gar nichts Anderem bestehe, denn in Liebe und Gegenliebe. Nun ist kein Zweifel, daß solcher Bund der Liebe, davon das Gesetz handelt, nirgends so vollkommen, fest und unauflöslich gehalten werde, als im ewigen Leben. Denn daselbst, wie St. Paulus sagt, höret die Hoffnung sammt dem Glauben auf, aber die Liebe höret nimmer auf, sondern ist so stark und mächtig, daß keine Gewalt, weder Gegenwärtiges noch Zukünftiges sie aufheben, noch zerstören kann.

Darum, wenn du wissen willst, was Gott und alle Heiligen im Himmel machen: so kann ich sicher antworten und mit Wahrheit sagen, daß sie eine ewige freudenreiche Hochzeit halten und leben in eitel vollkommener Liebe. Gott liebet die Engel und Menschen, und die seligen Engel und Menschen lieben ihren Gott wieder, von ganzem Herzen, von ganzer Seele und von ganzem Gemüthe.

Es ist aber ein groß Geheimniß um diese Liebe, damit Gott von seinen Auserwählten in jener Welt geliebt wird. Denn was die selig Vollendeten daselbst denken und reden, das schmeckt, wie Augustinus sagt, nach himmlischer Liebe und riechet nach himmlischer Liebe, so ganz hat sie Gottes Liebe eingenommen und besessen. Gott liebet sie, und mit seiner Liebe zündet er in ihnen an eine Gegenliebe, die sie ganz zu ihm wendet. Er liebet, auf daß er geliebet werde; Er begehrt für seine Liebe nichts Anderes, denn daß man ihn wieder liebe, damit sie alle miteinander, Gott, Engel und Menschen, in Liebe fröhlich und in Liebe herrlich seien. Darum gehen auch die seligen Engel und Menschen mit keinen anderen Gedanken und Neigungen um, sondern warten allein der Liebe, daß sie ihren Gott lieben und seiner Liebe mit ihrer Liebe entgegen kommen.

Daselbst ergeußt sich die auserwählte Seele und quillet wie ein fließender Brunnen von ewiger Liebe zu Gott. Ist nun solche Seele schon eine Quelle und Springborn der ewigen Liebe zu Gott, was meinst du wohl, daß denn Gott dagegen sein muß für ein unausschöpflicher Brunnen und ewigwährende Quelle der allermächtigsten und ewigwährenden Liebe gegen die edle Seele, seine traute Liebhaberin und auserwählte Braut? Wahrlich, da schwimmet, fähret und fleußt die Seele in eitel reiner Liebe und fühlet eitel himmlische Wollust. Ja aus herzlicher, inbrünstiger Liebe redet sie von diesem hohen Geheimniß der Liebe mit ihrem Gott, und mitten in solchem

Gespräch schmeckt sie die Süßigkeit seiner Liebe, und aus diesem Geschmack der Süßigkeit Gottes wächst sie und nimmt immer zu in der Liebe, also daß sie nichts Lieberes wünschet und an nichts Lieberes denket als an ihren lieben Gott.

Siehet man doch unter den Menschen auf Erden, wo beständige Freundschaft ist und zwei Personen sich herzlich lieben, wie ihre Liebe und Gegenliebe als ein Feuer brennet und die Gemüther verbindet, als würden sie mit einer feurigen Gluth in einander gelöthet. Denn sie sind für's Erste gleich gesinnet. Darnach kennet Einer den Anderen. Für's Dritte haben sie einerlei Willen. Zum vierten trauet Einer dem Anderen. Zum fünften sehen sie sich herzlich gern. Zum sechsten halten sie unter einander freundlich Gespräch. Und endlich zum siebenten können sie nicht ruhen, sie seien denn stets bei einander.

1.

In Gott und seinen seligen Kindern ist Gleichheit der Gesinnung.

Wie herrlich meinest Du wohl, daß es nun in jener Welt zugehe, im ewigen Leben der ewigen vollkommenen Liebe und Gegenliebe zwischen Gott und seinen Auserwählten? O wie muß da sein vor Allem eine edle Gleichheit der Gesinnung, daß die Seele nicht anders ist gesinnet, denn wie sie siehet, daß Gott nach seinem Wesen ist beschaffen und gesinnet. Denn sie trägt da vollkommen das Ebenbild Gottes, wie St. Johannes schreibt: Wir wissen, daß wir Ihm gleich sein werden. Was ist aber Gottes Bild und was hat er für ein Wesen, daß die Kinder des Lichts solchem Bilde und solchem Wesen gleich sein können? Hierauf antwortet derselbe Apostel und erklärt: Gott sei die Liebe selbst, und wer in der Liebe bleibt, der bleibe in Gott und Gott in ihm.

»Was soll man viel davon sagen, schreibt Doctor Luther über diese Worte, wenn man spricht, die Liebe sei eine edle, hohe Gabe der Seele und die allerköstlichste und vollkommenste Tugend, wie die Weltweisen und Werklehrer davon reden, – das ist noch alles nichts gegen dieses, daß er mit vollem Munde herausschüttet und spricht: Gott ist die Liebe und sein Wesen ist lauter Liebe, daß wenn Jemand wollte Gott malen und recht treffen, so müßte er ein solch Bild treffen, das eitel Liebe wäre, als sei die göttliche Natur nichts, denn ein Feuerofen und Brunst solcher Liebe, die Himmel und Erde füllet. Und wiederum, wenn man könnte die Liebe malen und bilden, so müßte man ein solch Bild machen, das nicht menschlich, nicht englisch noch himmlisch, sondern Gott selbst wäre. Siehe, also kann der Apostel hier malen, daß er aus Gott und der Liebe Ein Ding machet, auf daß er uns durch solch edel, köstlich und lieblich Bild desto mehr an sich locke und ziehe, darnach zu trachten, daß wir auch unter einander Liebe haben und uns hüten vor Neid, Haß und Zwietracht. Denn die Liebe ist ein Bild Gottes und nicht ein todtes Bild, noch auf Papier gemalet, sondern ein lebendig Wesen, in göttlicher Natur.«

Es zeigt auch die Betrachtung der heiligen Dreifaltigkeit, daß Gott nichts als Liebe und die Liebe selber sein muß. Denn Lieber, wo kommen diese Werke, als: gebären, geboren werden, und lieblich im Schooß sitzen, ursprünglich anders her, denn von eitel großer Liebe und aus einem solchen Gut, das da quellet von Güte und wird durch die Geburt mitgetheilet, daß es gemein sei? Gebieret der Vater, so muß ers aus ewiger Liebe thun; ist der Sohn ewig geboren, und bleibt doch gleichwohl in des Vaters Schooß, so muß er auch die ewige Liebe sein mit dem Vater. Und haben sie beide, der Vater und der Sohn, einen Geist, den sie zugleich von Ewigkeit her aushauchen, so muß ebenso dieser Geist mit dem Vater und mit dem Sohn die ewige Liebe sein. Sonderlich aber müssen sie alle drei, der Vater, der Sohn und der heilige Geist die wesentliche Liebe selbst sein, dieweil der Sohn durch seine Geburt und der heilige Geist durch seinen Ausgang nicht ein eignes abgesondertes Wesen bekommen, sondern sind und bleiben Eines Wesens mit dem Vater und mit dem Sohn.

Also ist die heilige Dreifaltigkeit nichts denn eitel Liebe, und alle innerlichen Werke der heiligen Dreifaltigkeit, als: ewig gebären, ewig geboren werden und ewig im Schooß sitzen, ewig ausgehen – sind Werke der innerlichen ewigen Liebe, und diese Liebe ist nicht irgend eine Gabe noch erschaffene Tugend, sondern ist ein Wesen, das Gott genennet wird.

Darnach bezeugend auch die äußerlichen Werke der heiligen Dreifaltigkeit: das Werk der Schöpfung, das Werk der Erlösung, und das Werk der Heiligung, daß Gott die Liebe selbst sein muß. Denn siehe was die heilige Dreifaltigkeit thut, daß wir ewig leben mögen. Aus großer Liebe hat Gott der Vater Engel und Menschen zum ewigen Leben erschaffen. Und da der Mensch gefallen war, ist Gottes Sohn aus großer Liebe Mensch worden und gestorben, und hat uns damit vom Tode zum ewigen Leben erlöst. Desgleichen heiliget, sammlet und erleuchtet uns der heilige Geist, aus herzlicher inbrünstiger Liebe, zum ewigen Leben. Und läßt die ganze heilige Dreifaltigkeit unser Heil und Seligkeit sich so hoch angelegen sein, daß einer wohl aus Verwunderung noch mit Mose rufen mag: Wie hat Er doch die Leute so lieb! (5 Mos. 33, 3) und mit St. Augustin: Wie ist doch Gott so begierig nach unserer Seligkeit! Was sind aber alle diese Werke, denn starke Zeugnisse, daß Gott die Liebe selbst ist?

Ist nun Gott die Liebe selbst, und sind die seligen Menschen im Himmel diesem Bilde und Wesen Gottes gleich, so folgt, daß sie auch voll sein müssen von heiliger, reiner Liebe, und gleich wie sie von Gott herzlich geliebet werden, daß sie ihn also wieder lieben von ganzem Herzen.

Ich verwundere mich aber und mit Verwunderung denke ich ihm nach, was doch das für eine Gluth der Liebe sein muß, damit Gott seine auserwählten Kinder im Himmel umfähet? Ich rede abermals mit meinem Herzen und mein Geist, wie David sagt, muß forschen. Was ist's doch für eine Liebe? O meine Seele: es ist fürwahr keine irdische Liebe, und nicht wie eine vergängliche Brautliebe, Vaterliebe, Mutterliebe, Bruderliebe, auch nicht wie eine englische Liebe, sondern ist eine unaussprechliche, unausforschliche, überväterliche, übermütterliche, übermenschliche, überenglische und übernatürliche himmlische Liebe, viel hunderttausend und aber tausendmal tausend lieblicher, süßer, herzlicher und anmuthiger, denn alle zeitliche und irdische Liebe sein kann.

Höre, liebe Seele, wenn allerlei Freundschaft und Liebes-Art, in der anderen Tafel des Gesetzes geboten, zusammenkamen, und du so einen großen Freund und Liebhaber auf Erden hattest, der zugleich wie ein Vater, wie eine Mutter, wie ein Bruder, Schwester, Braut und Bräutigam, ja wie ein Engel dich lieben könnte und solche Liebe durch die That beweisen: – so würde doch alle solche Liebes-Art, in Eine Liebe zusammengebracht, kaum wie ein Fünklein, ja nichts gelten gegen die große Liebe Gottes, damit er seine Kinder im Himmel liebet. Und wenn alle menschliche und alle englische Liebe im Himmel und auf Erden zu Einer Liebe gegen einen Menschen erwüchse, – so könnte solche gemengte Liebe noch die geringste Kraft, Lieblichkeit, Tugend und Herrlichkeit nicht geben, als von der großen Freundlichkeit und Leutseligkeit unseres Gottes herrühret, damit er in jenem Leben seine himmlischen Hausgenossen lieblich und tröstlich erquicket, daß sie davon ewig stark, ewig jung, ewig beherzt, ewig gesund sind und freuen sich darüber mit unaussprechlicher Freude in alle Ewigkeit.

O der seligen Freude, die aus solcher Leutseligkeit Gottes herfleußt und hat die seligen Kinder des Lichts durch und durch in Besitz genommen! O wie zündet diese Liebe Gottes die Herzen seiner Auserwählten an mit einer solchen Gegenliebe, daß sie Gott, ihren allerhöchsten Freund und allerfreundlichsten Liebhaber, mit ganz heiliger und nach Verhältniß vollkommener Liebe wieder lieben! O wie lieblich und fröhlich werden sie ihn daselbst über alle natürlichen Freunde, über Vater, Mutter, Bruder, Schwester, Braut und Bräutigam, ja über alle Kreaturen hoch ehren, hoch preisen und hoch erheben! O wie lieben sie ihn daselbst recht aus allen Kräften und bringen die ewige Zeit mit ewiger süßer Liebe zu, deren sie nimmer satt, nimmer müde und nimmer überdrüssig werden, sondern bekommen dadurch allerwege neue Stärke, neue Kraft, neuen Trost, daß also ihr ganzes Leben ist eitel Liebe, Liebes-Freude, Liebes-Süßigkeit, Liebes-Trost, Liebes-Kraft, so wie auch Lob, Ehre, Preis und Herrlichkeit der reinen himmlischen Liebe!

2.

Gott und seine Auserwählten kennen sich im ewigen Leben unter einander.

Es ist aber diese Liebe und Gegenliebe in Gott und seinen Auserwählten droben auch voll himmlischen Lichts und voll seliger Erkenntniß. Man weiß da von keiner blinden Liebe, blinden Freude, noch blinden Wollust, wie auf Erden die tolle Jugend und unzüchtigen Venus-Brüder in fleischlicher Lustseuche daher rauschen und nur nach äußerlicher Gestalt und nach äußerlicher Schönheit sehen. Im Himmel kennet Gott seine Himmelreichs-Kinder inwendig und auswendig und wird von ihnen herzlich wieder erkannt, wie St. Paulus von solcher vollkommenen Erkenntniß zeuget: Ich erkenne es jetzt stückweise, dann aber werde ich's erkennen, wie ich erkannt bin (1 Cor. 13). Und abermal: So Jemand Gott liebet, der ist von ihm erkannt (C. 8).

Ich kann mich freilich nicht genugsam verwundern über dieses Geheimniß, daß ich höre: wer Gott liebet, daß der von ihm erkannt werde. Wie mag doch solche Erkenntniß im Himmel zugehen? Wo eheliche Liebe ist, da ist auch eheliche Erkenntniß zwischen Mann und Frau. Wo natürliche Liebe ist, wie zwischen Eltern und Kindern, Brüdern und Schwestern, da regiert auch natürliche Erkenntniß. Nun ist aber Gottes Liebe, damit er uns liebet, eine übernatürliche, übermenschliche und überenglische Liebe, die mit ihrer Kraft und Süßigkeit aller Menschen und aller Engel Liebe und Lieblichkeit übersteiget: – wie viel tausendmal hoher, edler und lieblicher muß denn auch sein die Erkenntnis!, damit er erkennet alle die ihn lieben?

Höre Tochter, spricht David, schaue darauf und neige deine Ohren! Also sage ich auch: merke auf, meine Seele, und neige deine Ohren! Es werden die Auserwählten in jenem Freudensaal des ewigen Lebens sehr freundlich mit unaussprechlicher Leutseligkeit von Gott erkannt, und diese Erkenntniß gebieret eitel himmlische Freude und Erquickung, sintemal sie gehet über alle natürliche Erkenntniß und ist viel hunderttausendmal süßer, tröstlicher und lieblicher, denn wo Braut und Bräutigam, wo Mann und Weib, wo Eltern und Kinder, und wo Brüder und Schwestern auf dieser Welt sich kennen.

Gott kennet die Seinen in jener Welt so lieblich und so freundlich, daß er sie füllet mit seinem Geist, und tränket sie mit Wollust, wie mit einem Strom. Er hat sie in seine Hände gezeichnet und schaffet alles, was sie vor- und nachher thun. Und wie sich ein Bräutigam freuet über die Braut, also freuet er sich über sie, und kann ihrer viel weniger denn eine Mutter ihres Kindes vergessen. Er liebet und kennet sie, als trüge er sie in seinem Leibe und als lägen sie ihm in seiner Mutter (Jes. 46, 3). Er hält seine Hand über ihnen und erfüllet sonderlich, was Christus sagt: Ich erkenne die Meinen und bin bekannt den Meinen. Und Ich gebe ihnen das ewige Leben: und sie werden nimmermehr umkommen, und Niemand wird sie Mir aus Meiner Hand reißen (Joh. 10).

Gleich wie er nun sie kennet, also kennen sie ihn wieder, und seines Herzens Freude ist, daß sie die tiefen Geheimnisse seiner Herrlichkeit sehen und verstehen, weil sie ja seine Freunde sind und seine auserwählte Braut. Ein Knecht, sagt der Herr Christus (Joh. 15), weiß nicht was sein Herr thut. Euch aber habe ich gesagt daß ihr Freunde seid, denn alles was ich habe von meinem Vater gehöret, habe ich euch kund gethan.

Darum ist ihre Vernunft vom heiligen Geist mit einem Wunderliche der vollkommenen Erkenntniß Gottes angezündet, daß sie wissen, wie reichlich sie von Gott begnadigt sind, verstehen seine heimliche Weisheit und bedürfen keines Lehrmeisters, sondern sind alle von Gott gelehret. Sie erkennen ihn, der allein wahrer Gott ist, und den er gesandt hat, Jesum Christum. Solch Leben und solche Erkenntnis gehet da in voller Freude, wo sie unserem lieben Gott in sein Herz sehen, schauen seine große Güte, Weisheit, Gnade, Gerechtigkeit und Barmherzigkeit, genießen auch und schmecken die himmlische Süßigkeit seiner Liebe in ihren Herzen und erfahren's in der That und Wahrheit, wie der Herr sehr freundlich ist und seine Güte ewiglich währet.

3.
Gott und seine Auserwählten haben einerlei Willen.

Ferner stimmet auch der Wille der Auserwählten mit Gottes Willen überein. Da nun Gott will, (weil er die wesentliche Liebe ist und Engel und Menschen nach diesem seinem Bilde erschaffen hat), daß sie ihn lieben von ganzem Herzen, von ganzer Seele und von ganzem Gemüthe, und einer den Andern als sich selbst: so thun sie solches ohne Verdruß, ohne Murren, ohne Einreden, aus herzlicher Liebe, und lieben ihren himmlischen Vater und ihren ewigen Bräutigam, so wie auch ihren himmlischen Tröster aus allen Kräften, und Jeder seinen Nächsten wie sich selbst. Was also Gott will, das wollen sie auch, und was sie wollen, das will Gott wiederum. Ja es ist ihr Wille dem Willen Gottes so gleichförmig, daß beider Wille aus herzlicher Liebe herquillet und daß die auserwählten Himmelsbürger und Himmelsbürgerinnen an Gottes Willen ihre vollkommene Lust und ewige Freude haben.

Wenn auf Erden ein großmächtiger König ein armes Mägdlein zur Ehe nähme, ließe sie krönen, setzte sie in alle seine Güter, und begehrte dagegen nichts von ihr, denn daß sie ihn herzlich liebte, – würde sie das nicht mit Freuden thun? Wie viel tausendmal herrlicher aber muß es in der Stadt des lebendigen Gottes droben zugehen, da Gott als die Liebe selbst über alle Königliche Pracht in Europa, Asien, Afrika und der ganzen weiten Welt seine Kinder mit himmlischen Gütern sehr hoch erhebet, auch über alle irdische Brautliebe, Elternliebe, Kindesliebe und über alle natürliche Liebe sehr hoch herfähret, und liebet die Seinen mit unaussprechlicher ewiger Liebe, dafür er nichts Anderes suchet und will, denn daß man ihn wieder liebe? O wie werden sie das so herzlich gerne thun, die lieben Engel und die seligen Menschen, und kommen dem Willen Gottes nach mit großer Freude und aus allem Vermögen! sehen dem lieben Gott in sein Herz und verstehen alles was er von ihnen begehret, thun es auch freiwillig, fröhlich, unverdrossen und einmüthiglich, daß er an solchem ihrem kindlichen Gehorsam eine väterliche Freude, Königliche Lust und ewiges Wohlgefallen hat.

Daher beten wir im heiligen Vaterunser: Dein Wille geschehe, wie im Himmel, also auch auf Erden! Das ist: o gieb, Du barmherziger Gott, daß es auf Erden mit gehorsamer Erfüllung Deines göttlichen Willens unter den Christen doch so lieblich und so herrlich zugehen möge, wie droben im Himmel, da die Engel und Erzengel sammt allen heiligen Patriarchen, Propheten, Aposteln und anderen Auserwählten mit großer Freude und ewigem Frohlocken Dir zu Willen stehen und thun alles was Dir gefällig ist! O lieber Gott, also laß es doch auf Erden auch zugehen! Lobet den Herrn, sagt David (Ps. 103), ihr seine Engel, ihr starken Helden, die ihr seine Befehle ausrichtet, daß man höre die Stimme seines Wortes! Lobet den Herrn, alle seine Heerschaaren, seine Diener die ihr seinen Willen thut!

Was Gott ihnen gebeut, das fleußt aus unaussprechlicher großer Liebe, und was sie nach seinem Willen thun, wird alles aus vollkommener Gegenliebe verrichtet. Also loben ihn miteinander die schönen Morgensterne und jauchzen ihm alle Kinder Gottes. Alle Engel, Himmel, Cherubim und alle Gewaltigen erzählen seine Ehre, und die Seraphim singen ihm ohne Unterlaß: Heilig, heilig, heilig ist Gott, der Herr Zebaoth! (Jes. 6, 3). Dazu lobet die herrliche Gesellschaft der Apostel und der löbliche Haufe der Propheten, auch der reinen Märtyrer Schaar, sammt der ganzen triumphirenden Kirche den Vater voll unermeßlicher Majestät, seinen rechten einigen Sohn, wie auch den Tröster, den theuer werthen heiligen Geist.

4.

Gott und Menschen im Himmel trauen sich unter einander.

Sodann wird diese Liebe und Gegenliebe im himmlischen Paradies bestätigt und bekräftigt mit ewiger Treue und Wahrheit, da Gott seinen Auserwählten als einem heiligen Volke und wahrhaftigen Kindern väterlich trauet und sie wiederum auch herzlich auf ihn sich verlassen.

Ei, sagt er zu ihnen, ihr frommen und getreuen Knechte, Ich habe euch in der Welt meine Gaben gleich Centnern und Pfunden, dem Einen weniger, dem Andern mehr vertrauet. Ihr habt damit gehandelt als treue Haushalter über meine Geheimnisse. Ihr habt einen guten Kampf gekämpft und mir Glauben gehalten. Ihr habt um meines Namens willen auf Erden müssen Schmach, Hohn und Spott erleiden, dazu Bande und Gefängniß. Ihr seid gesteinigt, zerhackt, zerstochen und durch's Schwert getödtet. Ihr seid umhergezogen in Pelzen und Ziegenfellen, mit Mangel, mit Trübsal, mit Ungemach. Die Welt ist euer nicht werth gewesen, da sie euch hassete und über eure Traurigkeit sich erfreute. Ihr seid im Elend gegangen in der Wüste, auf den Bergen und in den Klüften und Löchern der Erde. Ich versuchte euch in der Welt und läuterte euch, wie das Silber geläutert wird. Ich ließ euch in den Thurm werfen und legte auf eure Lenden eine Last. Ich ließ Menschen über eure Häupter fahren, daß ihr in Feuer und Wasser kamet. Aber ihr habt fest gehalten und nicht gewanket. Ihr habt alles, was euch widerfuhr, erlitten und seid geduldig gewesen in aller Trübsal. Ihr habt geeifert um mein Wort und euch gegrämet daß euch das Herz verschmachtete. Ihr habt geredet von meinen Zeugnissen vor Königen und euch nicht geschämet. Ihr habt mein Wort behalten, und meinen Namen nicht verläugnet. Ihr seid getreu gewesen bis in den Tod. Darum setze ich euch nun über große Güter, und gebe euch die Krone des ewigen Lebens.

Dies sind Worte der heiligen Schrift (Luc. 19, 2 Tim. 4, 1 Cor. 4, Ebr. 11, Ps. 66), damit ohne Zweifel unser lieber Gott die Treue seiner Auserwählten im ewigen Leben rühmet, und vertrauet ihnen darauf alle die reichen Güter seines Hauses. Der Sohn Gottes läßt sie in weißen Kleidern mit ihm wandeln und bekennet ihre Namen vor seinem Vater und seinen Engeln (Offb. 3, 4, 5). Und der heilige Geist vertrauet ihnen nicht allein die Erstlinge, sondern auch den vollen Schnitt seiner großen Gaben, daß sie die Tiefe der mancherlei Geheimnisse Gottes erfahren, und ewig in seinem Bunde bleiben.

So trauen dagegen die Auserwählten durch völlige Kraft und Wirkung des heiligen Geistes ihrem Gott wieder und sagen: Treu ist Gott und ist kein Böses an ihm, gerecht und fromm ist er (5 Mos. 32, 4). Gericht und Gerechtigkeit ist seines Stuhles Festung, Gnade und Wahrheit sind vor seinem Angesicht. Er ist nicht ein Mensch, daß er lüge, noch ein Menschen-Kind, daß ihn etwas gereue (4 Mos. 23, 19). Alle seine Verheißungen sind Ja in ihm und sind Amen in ihm, und ist kein Betrug in seinem Munde (2 Cor. 1, 20). Herr, Dein Wort ist wahrhaftig, und was Du zusagst, das hältst Du gewiß. Du liebest Gerechtigkeit und Gericht; Du bist Sonne und Schild, Du giebst Gnade und Ehre, Du wirst kein Gutes mangeln lassen den Frommen (Ps. 84). Darum trauen wir Dir, und unser Herz verläßt sich auf Dein Wort. Du wirst Deine Gnade nimmer von uns wenden und Deine Wahrheit nicht lassen fehlen. Du wirst Deinen Bund, mit uns aufgerichtet, nicht entheiligen, noch ändern was aus Deinem Munde gegangen ist. Nach Deinem Wort (Ps. 92) leben wir nun ewiglich, grünen wie die Palmbäume und wuchsen wie die Cedern auf Libanon.

5.

Gott und seine Kinder im Himmel sehen einander freundlich an.

Die himmlische Liebe und Gegenliebe wird aber auch merklich gestärket durch die ewige Anschauung des göttlichen Wesens. Wir werden ihn sehen, sagt St. Johannes, wie er ist. Desgleichen betet Christus: Vater, ich will daß wo ich bin, auch die bei mir seien, die Du mir gegeben hast. Spricht auch (Joh. 14 u. 16): Ihr sollt mich sehen. Denn ich lebe, und ihr sollt auch leben. Ich will euch wieder sehen, und euer Herz soll sich freuen, und eure Freude soll Niemand von euch nehmen.« Auch sagt er von den lieben Engeln (Matth. 18): Ihre Engel im Himmel sehen allezeit das Angesicht meines Vaters im Himmel. Desgleichen freuen sich Hiob und David, daß sie Gottes Angesicht sehen werden. Hiob spricht (C. 19): Ich werde in meinem Fleisch Gott sehen und meine Augen werden ihn schauen. Also auch David (Ps. 42): Wann werde ich dahin kommen, daß ich Gottes Angesicht schaue? Ich will schauen Dein Antlitz in Gerechtigkeit (Ps. 17). Denn bei Dir ist die lebendige Quelle, und in Deinem Lichte sehen wir das Licht (Ps. 36).

Da nun Gott die Liebe selbst ist und im Himmel sein Wesen sichtbarlich offenbart, also daß Engel und Menschen sein Antlitz anschauen: Lieber, was sehen sie denn an Gott mit ihren reinen Augen Anderes, denn eitel Liebe? und was ist die majestätische Klarheit des göttlichen Wesens mehr, denn eitel Liebes-Klarheit, die mit hellem Schein zu allen Himmelsbürgern stark hineinleuchtet? Was könnte aber die Kinder Gottes mehr erfreuen und erquicken, als die selige Anschauung solches allerlieblichsten Wesens?

Ist's doch eitel Freude, wenn gottselige Eltern und Kinder, holdselige Brautleute, einträchtige Brüder und Schwestern sich freundlich einander mischen und zusammen einig sind. Und wird (Hesek. 24, 16) ein freundlich Weib ihres Mannes Augenlust oder Augentrost genannt. »Denn, wie Mathesius schreibt in seiner zwölften hochzeitlichen Predigt, wenn ein ehrlicher Mann sein liebes Weib ansiehet, so hat er eitel Lust und Freude an ihr. Sie erfreuet ihm das Herz im Leibe, macht ihn lustig und guter Dinge, daß er allen Unmuth aus dem Herzen schlägt und vergisset alle Mühe und Arbeit, die er in seiner Handthierung oder Amt bekommen hat.«

Auch rühmet sonst Mancher ein menschlich Angesicht, daß ihn dünket, es sei kein lieblicher Bild auf Erden zu finden. Die Königin Dido siehet den trojanischen Fürsten Aeneas an und kann seiner nicht müde werden, wie Virgilius schreibet. Der Patriarch Jakob wollte gerne sterben, da er seinen Sohn Joseph wieder gesehen hatte. Der römische Dichter Catullus preiset sehr die schöne Gestalt des Jünglings Roscius und darf sie als blinder Heide dem schönen Angesichte Gottes vorziehen. Herodot erzählt von des Clistenes Tochter, genannt Agarista, und ihrer Anmuth, die so groß gewesen, daß die Jünglinge aus Griechenland in Haufen zu dieser Jungfrau auf ihren hochzeitlichen Ehrentag gekommen seien, ihr Angesicht zu sehen und der Freude beizuwohnen.

Nun aber ist aller menschliche Schmuck und Schönheit eitel Kinderspiel und armseliges Flick- und Flitterwerk gegen die wunderschöne und wundertröstliche Gestalt der allerheiligsten Dreifaltigkeit, so sich in jenem Leben zur großen Freude aller Seligen herrlich sehen läßt. Ich denke diesem Geheimniß nach und sage also: Ist irgend ein schönes menschliches Angesicht auf Erden, das vieler Leute Augen zu sich wenden kann, wie ein Magnet das Eisen an sich ziehet; und ist das Anschauen der vertrauten Freunde köstlich und so angenehm, daß es das Herz erfreuet, da doch Menschen nicht sind die Liebe selbst, sondern haben nur herzliche Zuneigung zu ihren Freunden: – wie viel tausendmal freundlicher muß denn sein das schöne Wesen Gottes, welcher die Liebe selbst ist; das helle aufgedeckte Angesicht unseres himmlischen Vaters und seines eingebornen Sohnes, unseres allerschönsten und allerholdseligsten Bräutigams Jesu Christi, wie auch des heiligen Geistes im ewigen Leben?

O wie überaus herrlich müssen da die majestätischen Augen Gottes leuchten und brennen von eitel Liebesflammen! o wie stark wird er da mit seinem freundlichen inbrünstigen Anblick aller Engel und aller Menschen Augen zu sich wenden, daß sie nichts im Himmel noch auf Erden so gerne sehen als ihn, und sich von keinem Dinge so sättigen lassen, als von der Anschauung Gottes!

Da sehen sie an Gott dem Vater so eine väterliche Liebe, wie kein väterlich noch mütterlich Angesicht auf Erden zeigen kann. Der Sohn Gottes läßt sich sehen wie ein lieber Bruder und himmlischer Bräutigam, schöner und prächtiger denn irgend ein Bräutigam auf Erden. Auch sehen sie an dem heiligen Geist so ein tröstlich Bild, daß nichts Tröstlicheres weder im Himmel noch auf Erden zu finden ist. Und weil denn die heilige Dreifaltigkeit mit ihrem allerschönsten hellen Angesicht lieblicher wie ein Vater, tröstlicher wie eine Mutter, freundlicher wie ein Bruder und fröhlicher wie ein prächtiger Bräutigam sie anblickt und anlacht: – so genesen sie von solchem Anschauen, ihr Herz freuet sich und wird viel mehr davon erquickt, als ein junges Kind von dem freundlichen Anblick seiner holdseligen Mutter, oder eine Braut von der Stimme und Gegenwart ihres herzliebsten Bräutigams erquickt werden kann.

Hier soll aber Niemand denken: weil doch kein menschlich Auge in dieser Welt die helle klare Gestalt der Sonne ohne Verletzung des Gesichts ertragen mag, daß eben darum der Glanz des göttlichen Wesens sich noch viel weniger in jener Welt mit menschlichen Augen sehen lasse. Denn es hat dort eine ganz andere Bewandtniß mit den Auserwählten, als mit uns Christen in dieser Welt. Wir schleppen uns hier auf Erden noch mit unserm sündlichen Fleisch und Blut herum. Aber in jener Welt sind die Kinder Gottes ohne Mangel, ohne Fehl, ohne Uebertretung, ohne Sünde und ohne sündliche Lust, und haben ewiglich mit Gott ihren herrlichen Verkehr und ihre selige Gemeinschaft. Daher können sie das Angesicht Gottes mit fröhlichen Augen in Heiligkeit und Gerechtigkeit wohl anschauen und die unendliche, feurige Liebe Gottes durch des heiligen Geistes Kraft wohl ertragen, daß sie dadurch nicht vergehen noch sterben, sondern vielmehr herzlich ergötzt, gestärkt und gelabet werden.

Es ist ihnen das liebliche und wunderfreundliche Angesicht Gottes eine rechte Augensalbe, und vermag kein Heilwasser noch präparirte Salbe, Latwerge oder Pulver das blöde menschliche Gesicht auf Erden so zu stärken und trübe Augen so hübsch, wacker, rein, lauter und scharfsichtig zu machen, als Gottes Antlitz und Wesen der Auserwählten Augen im Himmel erfrischet, erleuchtet und läutert. Sie sehen da den klaren hellen Schein der majestätischen Herrlichkeit Gottes mit Freuden, und sagt ein Jeder mit dem Patriarchen Jakob: Ich sehe Gott von Angesicht, und meine Seele geneset davon (1 Mos. 32, 30); und sie alle zugleich mit dem Apostel Philippus: Wir sehen den Vater, darum genüget uns (Joh. 14).

Und während man alles Dinges auf Erden zuletzt satt und müde wird, ist Gottes Wesen und Angesicht so sehr freundlich, schön und lieblich, daß Engel und Menschen dessen nimmer überdrüssig werden, sondern sehen allezeit neue Schönheit, neue Freude, neuen Trost, neue Klarheit und neue Wunder, darob ihnen das Herz vor Freude springt und davon ihre Augen ewiglich durchleuchtet werden.

Wiederum hält Gott auch seine Augen offen, und wie seine Kinder ihn ohne Unterlaß inbrünstig anschauen, und können aus herzlicher Liebe solches Anschauens nimmer satt werden: also siehet er sie auch mit ewiger Freude an und hat seine Herzens-Lust an ihrer schönen Gestalt. Und weil sie durchaus engelrein, heilig, unbefleckt und ohne Sünde sind, daß sie ihren Schöpfer, Erlöser und Tröster mit vollkommener Liebe lieben und solche inbrünstige Liebe zu Gott ihnen zu den Augen und allen Gliedern herausblicket: – so träget der König Himmels und der Erden an solchem Glanz und Schein seiner Auserwählten ein groß Wohlgefallen, hält sie für einen Augapfel in seinem Auge und läßt ihre Gestalt, Schönheit und Wesen ihm lieber, werther und angenehmer sein, denn die schöne Gestalt der Sonne, des Mondes und aller Sterne am Himmel mit ihrem Licht, Glanz und Klarheit.

6.
Gott und seine Auserwählten halten unter einander freundlich Gespräch.

Die Liebe Gottes und die Gegenliebe seiner Reichsgenossen in jener Welt ist auch keine stumme Liebe, sondern wird mit holdseligem Gespräch, lieblichen Unterredungen und fröhlicher Stimme öffentlich bezeuget und mit hellen Lobgesängen bestätigt, daß der ganze Himmel davon erschallet.

Es muß aber wundertröstlich und wunderlieblich lauten, da Gott seine lebendige Stimme der ganzen triumphirenden Christenheit lässet durchs Herz gehen und redet sie freundlicher an, denn kein Vater auf Erden, holdseliger denn keine Mutter, lieblicher denn kein Bräutigam und angenehmer denn kein Bruder und Schwester, und spricht: Ich habe dich mir zugerichtet daß du sollst meinen Ruhm erzählen (Jes. 43, 21). Siehe, Ich, dein Schöpfer, bin dein und dein Erlöser, der Heilige in Israel, der aller Welt Gott genennet wird (Jes. 54, 5). Du heißest meine Lust, und bist meine schöne Krone und ein königlicher Hut in meiner Hand (Jes. 62, 3). Ich habe dich mir bereitet, daß deine Lippen seien wie triefender Honigseim, und Honig und Milch sei unter deiner Zunge, daß du seiest durch und durch schön, ohne Sünde, ohne Runzel, ohne Flecken und ohne allen Mangel (Eph. 5, 27), schön wie Thirza, lieblich wie Jerusalem, daß du hervor brechest wie die Morgenröthe, schön wie der Mond, auserwählt wie die Sonne und schrecklich wie die Heeresspitzen (Hohel. c. 4 u. 6.)

Was für große Freude und Wonne muß es sein, wenn ihm das ganze himmlische Heer mit Frohlocken antwortet!

> **Ubi sunt gaudia?** (wo sind die Freuden?)
> Nirgends mehr denn da.
> Da die Engel singen
> **Nova cantica,** (neue Lieder)
> Und die Schellen klingen
> **In regis curia** (an des Königs Hofe).
> Eya! wir sind da!
> Eya! wir sind da!

Wie herrlich muß es sein, wenn die himmlischen Chöre im lieblichen Wechselgesang ihr: »Heilig, Heilig, Heilig« ertönen lassen, und Jedermann aus den Kindern des Lichts vor der hohen

Majestät Gottes aus inbrünstiger Liebe sich demüthigt, schüttet sein Herz mit Freuden gegen ihn aus und spricht:

HErr mein Gott, Du bist sehr herrlich, Du bist schön und prächtig geschmückt. Licht ist Dein Kleid, das Du anhast (Ps. 104). Du bist der Schönste unter den Menschenkindern, holdselig sind Deine Lippen (Ps. 45). Du bist unser Ruhm und Stärke, und durch Deine Gnade erhöhest Du unser Horn. Dein Haupt ist das feinste Gold, Deine Backen sind wie die wachsenden Würzgärtlein der Apotheker. Deine Lippen sind wie Rosen, die mit fließenden Myrrhen triefen. Deine Hände sind wie güldene Ringe voll Türkise. Dein Leib ist wie rein Elfenbein, mit Sapphiren geschmückt. Deine Beine sind wie Marmorsäulen, gegründet auf goldenen Füßen (Hohel. 5, 11 ff). Deine Kleider sind eitel Myrrhen, Aloes und Kezia, wenn Du aus den elfenbeinernen Palästen daher trittst in Deiner schönen Pracht! (Ps. 45, 9). Deine Kehle ist süß und ganz lieblich. Du bist ewig mein Freund, unter vielen Tausenden auserkoren.

Wer bin ich aber, HErr mein Gott, daß Du mich bis hieher gebracht hast? daß Du mich ansiehst in der Gestalt eines Menschen, der in der Höhe Gott der Herr ist? Was ist der Mensch, daß Du sein gedenkest, und des Menschen Kind, daß Du Dich seiner annimmst? (Ps. 8). Ich bin zu gering aller Barmherzigkeit und aller Treue, die Du an mir gethan hast (1 Mos. 32). Daß Du mich je und je geliebet und mich aus großer Gnade zu Dir gezogen (Jerem. 31, 3). Daß Du mich hast mit Freuden umgürtet und mich zum Segen gesetzt ewiglich. Daß Du eine güldene Krone hast auf mein Haupt gesetzt, und erfreuest mich mit Freuden Deines Antlitzes. Daß Du so große Dinge an mir thust, der Du mächtig bist und deß Name heilig ist! Darum will ich singen von Deiner Gnade ewiglich und Deine Wahrheit verkündigen mit meinem Munde für und für. Ich will Dich loben allezeit und Dein Lob soll immerdar in meinem Munde sein.

Solcherlei himmlische Zwiegespräche erweckt da der heilige Geist und ist die Rechnung gut zu machen: Hat Johannes dem Täufer auf Erden über der Stimme Christi als eines Bräutigams sich so hoch können erfreuen; ist auch das geschriebene Wort Gottes bei den Rechtgläubigen in dieser Welt, durch Kraft und Wirkung des heiligen Geistes im Glauben ergriffen, so stark, so lieblich und so tröstlich, daß es alle Anfechtungen Leibes und der Seele überwindet, den Satan verachtet, den Tod vertreibet, des Kreuzes Bitterkeit durchzuckert, das Herz erfreuet, dringet durch wie ein zweischneidiges Schwert, ist köstlicher als Silber und Gold und süßer denn Honig und Honigseim, wie David (Ps. 19) sagt: – wie viel tausendmal lieblicher, herrlicher und süßer muß denn Gottes Wort lauten in jenem Leben, da Gott selbst redet und läßt seine fröhliche Stimme aus seinem holdseligen Munde in aller Engel und aller Menschen Ohren mit unaussprechlicher Lieblichkeit ertönen?

Zwar auf Erden, wie Salomo schreibt (Pred. 12, 12), machet viel predigen den Leib müde; und wenn auch die allerbesten Freunde zusammen kommen und über ihrem holdseligen Gespräch vor großer Freude die Zeit verläuft, daß sie ein ganzer Tag kaum dünkt eine Stunde lang zu währen: so werden sie doch zuletzt müde, daß sie aufbrechen und von einander gehen müssen.

Aber des lebendigen Gottes Stimme in jenem Leben heißt: Jelänger – Jelieber!! Ihrer können die auserwählten Gottes-Kinder nimmer überdrüssig werden, hören immer aus Gottes Munde neue Freude, neue fröhliche Zeitung, neue Geheimnisse, neue Seelenlust und neue Offenbarung, sonderlich die himmlische Weisheit von der ewigen Geburt des Sohnes Gottes, von dem ewigen Ausgang des heiligen Geistes, von der ewigen Gnadenwahl, von der wunderbaren Schöpfung Himmels und der Erde, von der persönlichen Vereinigung beider Naturen in Christo, vom Werk der Erlösung, von der allmächtigen Regierung der Welt, von den himmlischen Gütern, himmlischer Herrlichkeit, himmlischem Wohlleben und dergleichen, darüber sie sich mit Freuden verwundern, auch mächtigen Trost, Kraft, Leben, Heil und Stärke daraus ewiglich schöpfen.

7.

Gott ruhet aus großer Liebe in seinen Himmels-Kindern, und sie in Ihm.

Endlich ist die Liebe und Gegenliebe in Gott und seinen Auserwählten im Himmel voll ewiger freudenreicher Ruhe, weil da Gott in seinen Kindern einen ewigen Sabbath oder Ruhetag hält und wiederum auch ihre Liebe ewiglich in ihm ruhet.

Des Menschen Herz ist wie ein siedender Topf, kochet, schäumet und läuft immer über von Begierden und allerlei Lüsten, und mag auf dieser Welt nimmer recht gestillt noch gesättigt werden. Denn Alles, was auf Erden erlustigt, als: Speise, Trank, Gold, Silber, vergängliche Ehre, zeitliche Pracht, Schönheit des Leibes, Augenlust, Leibes-Wollust und dergleichen – ob man schon sehr danach trachtet und ringet – so ist es doch nicht das vollkommene Gut, darin das Herz also seine vollkommene Ruhe fände, daß es aufhörte zu sieden, ganz zufrieden würde und nichts Höheres mehr wünschen noch begehren sollte. Das Erste, was den Menschen gefällt, wenn sie noch Kinder sind, ist Schönheit. Danach folget Lust zum Ehestande. Im Ehestande trachtet man nach Reichthum, im Reichthum nach Vermehrung der Güter, wie auch nach zeitlicher Ehre und Herrlichkeit. Und hat solch Dichten und Trachten und solche Begierde kein Maaß noch Ende, dieweil alle vergänglichen Güter sind arme Parteken und Bettelstücke, die das Herz nicht können zu vollkommener Genüge ersättigen.

Aber in jenem Leben siehet man an Gott ein solches Gut, an welchem das Herz sein vollkommen Genügen hat und in welchem die Liebe ihre völlige Ruhe findet. Denn da knüpfet die Liebe und Gegenliebe Gott und seine Auserwählten stark und unauflöslich zusammen. Da ist Gott der Allerschönste und Allersäuberlichste in den Augen seiner Kinder, das Freundlichste und Allerholdseligste in ihren Ohren, das Allersüßeste in ihrem Munde und auf ihren Zungen, das Allerwertheste und Allerangenehmste in ihren Händen, das Alleranmuthigste und Allerfröhlichste in ihren Herzen, und das Allerlieblichste und Allerkräftigste in allen ihren Gliedern, also daß sie nicht begehren einen Augenblick ohne Gott allein zu sein und auch Gott wiederum nicht einen Augenblick sie verlassen will. Gott ruhet ewiglich in seinen Auserwählten, und sie ruhen ewiglich in ihm. –

II

Die Ehre und Herrlichkeit solcher Liebe und Gegenliebe

Die andere Eigenschaft des ewigen Lebens ist die Ehre und Herrlichkeit der himmlischen Liebe und Gegenliebe in Gott und seinen Auserwählten. Diese Herrlichkeit bestehet aber darin, daß die Auserwählten unserem lieben Gott im Himmel gleichförmig sind. Wir werden ihm gleich sein, spricht St. Johannes. Und St. Paulus: »Welche er zuvor versehen hat, die hat er auch verordnet, daß sie gleich sein sollten dem Ebenbilde seines Sohnes« (Röm. 8, 29).

Wie sind sie aber Gott gleich? Antwort: Gott ist die Liebe, sagt die Schrift. Daraus folgt: Weil alle gottseligen Himmelsbürger in jener Welt das Bild Gottes tragen, so müssen sie helle und sonnenklare Spiegel der allerheiligsten und allerreinsten Liebe Gottes sein, und wie Er in sie leuchtet und scheinet, so müssen sie auch einen Gegenglanz und Gegenschein von sich geben. 1. Er ist die Liebe selbst und liebet seine Kinder im Himmel mit unaussprechlicher Liebe. Also lieben sie ihn wieder von ganzem Herzen, von ganzer Seele und von ganzem Gemüth. 2. Er kennet sie, als wären sie Sternlein, in seine rechte Hand gezeichnet; und wie Er sie kennet, also kennen sie ihn nach gegebenem Maaß vollkömmlich wieder. 3. Desgleichen alles, was Er will, das wollen sie auch. 4. Er ist weise, gerecht, heilig und unsterblich – das sind sie auch. 5. Er ist selbst ihr Tempel, in welchem sie einmüthiglich wie Glieder an Einem Leibe sich zusammenhalten. So sind auch sie wiederum seine Tempel und Lust-Häuser, darin er aus großer Liebe residirt und ruhet.

Sonderlich aber sind sie ähnlich unserem einigen Erlöser und Seligmacher JEsu Christo. 1. Denn Christus ist Gottes Sohn, ein Abglanz der Herrlichkeit des Vaters und das Ebenbild seines Wesens. Also sind sie durch Christum auch Gottes Kinder, erwecket und wiedergeboren nach dem Bilde Gottes. Siehe da, sagt Christus, Ich und die Kinder, welche mir Gott gegeben hat (Jes. 8, 18). Sie sind ja mein Volk und Kinder die nicht falsch sind. Sie sind meine Brüder und Schwestern. 2. Er ist ein Erbe des ewigen Lebens. Also sind sie durch Christum auch Erben aller himmlischen Güter. 3. Er ist ein König und herrschet ewiglich. Also hat er sie auch zu Königen gemacht, daß sie mit ihm sitzen auf seinem Stuhl und tragen Kronen der Gerechtigkeit. 4. Er ist ein ewiger Priester und erscheint immerdar vor dem Angesichte Gottes. Also sind sie durch ihn auch zu Priestern gemacht, daß sie Gottes Angesicht mit Freuden ewiglich anschauen. 5. In ihm wohnet die ganze Fülle der Gottheit leibhaftig (Col. 2, 9) und der heilige Geist ohne Maaß. Also sind sie durch ihn auch Tempel Gottes und Wohnungen des heiligen Geistes. 6. Er liebet sie wie ein Bruder und Bräutigam. Also lieben sie ihn wiederum wie ein Bruder und Schwester und wie eine himmlische Braut. 7. Er hält sich wunderlieblich zu ihnen und wohnet in ihnen. Also halten sie sich zu ihm und sind wiederum auch vollkommen Eins in ihm. 8. Er lebet ewiglich, und durch ihn leben auch sie ewiglich.

Alle diese Herrlichkeit der Kinder des Lichts und ihre Gleichheit, die sie mit Gott haben, ist in heiliger Liebe und Gegenliebe gegründet. »Gott der Vater, spricht St. Augustinus, ist die Liebe, Gott der Sohn ist die Liebe, und Gott der heilige Geist ist die Liebe des Vaters und des Sohnes.« Diese Liebe suchet ein Gleiches in uns, nämlich eine Liebe, dadurch wir als durch eine Sippschaft oder Verwandtschaft mit Gott vereiniget werden. Und diese Verwandtschaft und Herrlichkeit der himmlischen Liebe und Gegenliebe wird von Gott dem Vater, von Gott dem Sohn und von Gott dem heiligen Geist ewiglich bekräftigt und bestätigt.

Denn Gott der Vater siehet in Christo und durch Christum alle Auserwählten an und giebt ihnen durch seinen eingebornen Sohn den edlen theuren Namen, daß sie ewiglich seine Kinder heißen. »Dieser Trost, sagt Luther, ist zu groß, die Freude zu hoch, die Seligkeit zu überschwänglich, und dagegen des Menschen Herz zu klein und enge, und der elende Bettelsack, unsere alte Haut, ist zu schläfrig und träg, solches mit Gedanken und Worten zu erlangen und mit dem Herzen zu fassen. Ja die Herrlichkeit des Dinges ist so groß, daß sie in unser Herz nicht gehet. Denn es ist zu fern von den Sinnen und zu hoch über Menschen-Verstand, als daß unser armer stinkender Madensack dahin komme, da er solche treffliche göttliche Herrlichkeit ewig vor Augen sehen soll.«

Freilich ist es eine überschwängliche Herrlichkeit, daß Menschen im Himmel wohnen, welche nicht heißen des römischen (russischen) Kaisers, nicht des Königs von Persien (Preußen) oder sonst eines irdischen Herrn, sondern des ewigen allmächtigen Gottes Kinder, Gottes Erben, Gottes Söhne und Töchter. Die Welt prangt mit ihrer Herrlichkeit und hält das für einen trefflichen Adel und hohe Ehre, wenn Jemand ist eines Fürsten, berühmten Edelmanns oder sonst eines großen Mannes Sohn. Und noch höher wäre es, wenn sich Jemand könnte wahrhaftig rühmen, daß er wäre eines heiligen Engels Sohn.

Aber was ist das Alles gegen das ewige Leben im Himmel, da die seligen Menschen sind Kinder und Erben der hohen göttlichen Majestät? Diese Kindschaft ist wunderlieblich, wundertröstlich und schwingt ihre Flügel hoch über aller Welt Ehre und Herrlichkeit. Und dazu kommen noch die allerholdseligsten, allerlieblichsten und allerfreundlichsten Werke der ganzen heiligen Dreifaltigkeit, daß Gott der Vater seinen Auserwählten sich lieblicher erzeiget, denn kein Vater auf Erden thun mag, Gott der Sohn wie ein lieber Bruder und himmlischer Bräutigam, und Gott der heilige Geist als ein rechter Tröster und Freudenspender.

1. Des Vaters Antlitz leuchtet daselbst überväterlich, übermütterlich, überenglisch. Das ist viel tausendmal lieblicher, als wenn alle Engel im Himmel und alle Eltern auf Erden ihre Freundlichkeit und natürliche Liebe könnten zusammenschmelzen und sie zugleich einem Kindlein erzeigen, daß sie es auf gut englisch, väterlich und mütterlich erfreuten. Denn Gott ist die Liebe und ein recht liebreicher Vater über alles, was da Kinder heißet im Himmel und auf Erden (Ephes. 3, 15). Die Auserwählten aber schon als Kinder Gottes ihrem himmlischen Vater ähnlich; und wie sie der Vater übermütterlich, übermenschlich und überenglisch liebet, so lieben sie ihn auch nach ihrem Maaß mit vollkommener Gegenliebe herzlich und kindlich wieder.

Und dies ist eine rechte himmlische Freude, die kein Ende nimmt. Ewig leuchten, blicken und scheinen die brünstigen Augen Gottes des Vaters von majestätischer, feuriger Liebe, und die Fülle solcher großen Liebe und göttlichen Klarheit offenbaret er in seinem Sohn, und durch den Sohn scheinet er allen auserwählten Himmelsbürgern in ihr Herz, erkennet sie alle für seine Kinder und siehet in ihnen als in einem klaren reinen Spiegel das schön formirte Ebenbild seines göttlichen Wesens, das da heißet: die Liebe. Die seligen Menschen, als verherrlichte Kinder Gottes mit göttlicher Klarheit umgeben, sehen hinwiederum an mit fröhlichen reinen Augen das Angesicht des Vaters, wie er ist in Christo, seinem Sohn, das wundertröstliche Wesen, das da heißet: die väterliche Liebe.

2. Danach brennet auch von unsäglicher Menschenliebe unser Herr und Heiland JEsus Christus, in welchem Gott der Vater ist und der da ist der wahrhaftige Gott und das ewige Leben (1 Joh. 5, 20). Die seligen Kinder Gottes erkennet er für seine allerliebsten Brüder und Schwestern, und läßt die ganze triumphirende und frohlockende Christenheit ihm sein seine allerschönste, allerwertheste und alleredelste Braut.

Da sind seine Augen eitel leuchtende Liebesstrahlen, feurige Liebespfeile und brennende Flammen der allersüßesten, unaussprechlichen Leutseligkeit, damit er seiner lieben Brüder und Schwestern verklärte Augen tröstlich berührt, tröstlich erfüllt und tröstlich zu sich wendet.

Sie dagegen sehen ihn wieder also an, daß ihre Augen, Herz, Muth und Sinn und alle Glieder von ungefärbter, keuscher, inbrünstiger, feuriger Liebe zu Christo brennen und sich statt seiner nichts Lieberes im Himmel noch auf Erden wünschen. Ueber solche Liebe erfreuet sich denn der Seelen-Bräutigam gar hoch und rühmet vor allen heiligen Engeln, daß die himmlische freudenreiche Christenheit recht sei seine vertraute Braut und Freundin, die ihm das Herz nehme mit ihrer Augen einem und mit ihrer Halsketten einer (Hohel. 4, 9), und daß ihre Augen ihm seine Augen brünstig machen und seien ihm lieblich wie Jerusalem.

Keine natürliche Freundschaft der Brüder und Schwestern gegen einander auf Erden, keine irdische Liebe zwischen Bräutigam und Braut kann dieser ewigen himmlischen Gemeinschaft, diesem ewigen Freudentage und dieser ewig währenden Hochzeit gleich kommen. So ist auch die Gestalt und das ganze Wesen des himmlischen Bräutigams unendlich lieblicher, schöner und freundlicher, denn das majestätische Wesen, Pracht und Ansehen eines königlichen Bräutigams bei seiner königlichen Braut in einem großen Palast und schön gebauten und geschmückten Saal auf Erden. Und wie der große König Himmels und der Erde ist ein prächtiger Bräutigam und der Schönste unter den Menschenkindern, also schmückt er auch die triumphirende Kirche, seine werthe Braut, daß sie tausendmal schöner, prächtiger, herrlicher und lieblicher vor seinen Augen scheinet als eine königliche Braut auf Erden in güldenen Stücken, güldener Krone, gestickten Kleidern, Perlen, Halsketten und säuberlicher Gestalt, darin sie ihrem Könige gefällt und ihm das Herz abgewinnt.

Die lieben Himmelsbürger sind alle mit Christo und durch Christum in jenem Leben herrliche Kinder Gottes und ewige Miterben aller himmlischen Güter. Dazu sind sie mächtige Könige und Priester vor Gott, welche Tod, Teufel und Hölle überwunden haben durch des unschuldigen Lammes Blut, und herrschen mit Christo ewiglich, angezogen mit Kleidern des Heils und mit dem Rock der Gerechtigkeit bekleidet, wie ein Bräutigam mit priesterlichem Schmuck gezieret und wie eine Braut in ihrem Geschmeide bereitet (Jes. 61, 10). Sie tragen die unvergängliche Krone und führen ewiglich mit Christo ein Leben, darin keine Trennung, keine Spaltung noch irgend eine Separation mehr gefunden wird.

3. Zu dem läßt sich da tröstlich sehen und hören der himmlische Paraklet und Anwalt, Gott der heilige Geist, mit seinen edlen Früchten als: Liebe, Friede und Freude, die er daselbst ohne Mittel vollkömmlich in den auserwählten Kindern Gottes wirket. Er wohnet in ihnen und ist selbst das ewige Pfand, Siegel und Mahlschatz der ewigen Seligkeit, daß sie daher von gutem Muthe jauchzen, haben feurige Zungen, reden fröhlich mit Gott und Gott mit ihnen. Und ist ihr holdseliges Gespräch ohne Zweifel von den herrlichen Thaten der Leutseligkeit Gottes und von der himmlischen Kindschaft, daß Gott den seligen Kindern sehr freundlich erzählet, wie er sie aus großer Liebe erschaffen, aus großer Liebe durch JEsum Christum vom ewigen Tode erlöset und aus großer Liebe zum ewigen Leben erwählet habe. Die seligen Kinder danken ihrem himmlischen Vater und ihrem allerliebsten Bräutigam, wie auch dem werthen heiligen Tröster für solche große Wohlthaten und preisen die heilige Dreifaltigkeit mit ihren ewigen Lobgesängen und Freudenliedern.

III. Gottes liebliche Wohnung in seinen Auserwählten

Die dritte Eigenschaft des ewigen Lebens heißt Gottes liebliche Wohnung in seinen auserwählten Kindern. Wie geschrieben stehet (3 Mos. 26, 11. 12): »Ich will in ihnen wohnen, spricht Gott, und in ihnen wandeln, und will ihr Gott sein und sie sollen mein Volk sein.« Das Mittel solcher Einwohnung ist die Liebe und Gegenliebe oder die herzliche Erkenntniß, da Gott die Seinen lieblich erkennet und wiederum lieblich von ihnen erkannt wird. Wie denn St. Petrus sagt, daß die Kinder des Lichts durch Erkenntniß dessen, der sie berufen hat, der göttlichen Natur theilhaftig werden (2 Petr. 1, 4). Und St. Paulus heißt sie etlichemal Tempel Gottes, dieweil die ganze heilige Dreifaltigkeit aus großer Liebe in ihnen wohnet.

Das lasse ich mir eine rechte Himmelslust und eine starke durchdringende Liebe im ewigen Leben sein, da Gott seine Liebhaber so erkennet, daß er in ihnen wesentlich residirt. Darum wenn wir die schönen Schriftsprüche lesen, als da St. Paulus schreibt: So Jemand Gott liebet, der ist von ihm erkannt; und da Christus sagt: »Wer mich liebet, der wird von meinem Vater geliebt werden, und ich werde ihn lieben und mich ihm offenbaren; und mein Vater wird ihn lieben, und wir werden zu ihm kommen und Wohnung bei ihm machen (Joh. 14): – da mögen wir wohl stille halten und recht nachdenken, was doch dies für eine Erkenntniß und für eine Liebe sei und wie hoch sie mit ihrer Kraft und Tugend über alle irdische und natürliche Liebe und Erkenntnis sich erstrecke, sintemal sie zur Einwohnung Eines in dem Andern gereichet.

Denn wo findet man auf Erden zwischen Eltern und Kindern, Mann und Weib, Bräutigam und Braut solche Liebe oder solche Erkenntniß und solche Zuversicht, daß Jemand in Kraft solcher Liebe seines Freundes Herz wesentlich einnehmen und eigenthümlich besitzen könnte? Es ist wohl in Eltern und Kindern die eingeprägte natürliche Liebe so groß, daß wo eine Mutter siehet ihr schwaches krankes Kindlein mit dem Tode ringen und in der Angst und Noth liegen, da wollte sie gern, wenn's möglich wäre, ein Stück von ihrem Herzen aus großer mütterlicher Liebe dem Kindlein mittheilen und seinem zarten Herzlein zusetzen, des geliebten Kindes Gesundheit und Leben damit zu retten. Aber solches ist ihr unmöglich, sie kanns nicht thun, wenn gleich die mütterliche Liebe noch tausendmal so stark wäre. Desgleichen auch in einer gottseligen, wohlgerathenen Ehe sind Mann und Weib nach Gottes heiliger Ordnung Ein Fleisch. Und doch erstreckt sich diese Liebe nicht so weit, daß dadurch ein Theil sein Herz, seine Seele und sein Leben könnte dem anderen mittheilen, daß es im anderen wohnte und daß sie beide durch solche Einwohnung eins würden.

Der liebe Gott hat sich solche Macht allein vorbehalten und beweiset sie am kräftigsten in jener Welt, da er seine Kinder herzlich liebet, kennet und umfähet; wird auch wiederum so herzlich erkannt und umfangen, daß er vermittelst solcher durchdringenden Liebe in einem Jeglichen als in seinem herrlichen Palast, Tempel und Lusthause mit großem Wohlgefallen residirt, und macht sie theilhaftig seiner göttlichen Natur, daß sie mit ihm sind wie Ein Geist und keine Gewalt sie trennen noch scheiden mag. Daraus denn abzunehmen: so die Lust, Freude und Anmuth der Liebe zwischen Eltern und Kindern, Mann und Weib, Bräutigam und Braut, Brüdern und Schwestern in diesem vergänglichen Leben sich schon also hervor thut, daß dann die Wohnung Gottes in den seligen Kindern des Lichts droben alle solche Freude, Lust und Lieblichkeit unaussprechlich weit übertreffen muß.

Und hier mögen wir uns billig über dieses große Geheimniß verwundern, daß die Tiefe der Gottheit in jenem Leben, dahin alle Rechtgläubigen auf dieser Welt von Herzen verlanget, sich so lieblich offenbart und in den Auserwählten als in seinen Tempeln ewiglich wohnet, gewurzelt durch feurige Liebe in ihrem Herzen, daß sie ewiglich durch den Geist Gottes getrieben werden, ewig in Gott sind und Gott ewig in ihnen. Ihr Herz trauet ihm und verläßt sich auf ihn ganz und gar. Und was sie ihm zutrauen, das finden und erfahren sie in der That mit ewiger Verwunderung, ewigem Ruhm und ewiger Herrlichkeit, Er ist und bleibt ihr ewiges Gut, indem er sie als seine heiligen Werkstätten mit dem Reichthum seiner himmlischen Güter ewiglich erfüllet.

Wird doch in dieser Welt dem seligmachenden Glauben, der nur eine Partikel oder ein Stücklein ist der wahren Erkenntniß Gottes, solche Kraft zugeschrieben, daß er Christum mit seinen himmlischen Gütern ergreift und daß unser lieber Heiland mit dem Vater und heiligen Geist durchs Wort zu uns einkehre und durch den Glauben in uns wohne. Ja es wird der Glaube einem Munde verglichen, der da isset und trinket, und ist Christi Leib und Blut dieses Mundes Speise und Trank. Darum wer unserem Seligmacher trauet und glaubet dem Evangelio, der ziehet das Reich Gottes mit Gewalt zu sich und ergreift Christum. Und dieser Zug, dieser selige Griff gefällt unserem trauten Heilande so herzlich wohl, daß er sich dem Gläubigen zu eigen giebt und zu ihm einkehret aus großer Liebe, als ließe er sich essen und trinken laut seiner Worte, da er spricht: »Wer mein Fleisch isset und trinket mein Blut, der hat das ewige Leben, und ich werde ihn am jüngsten Tage auferwecken. Denn mein Fleisch ist die rechte Speise und mein Blut ist der rechte Trank. Wer mein Fleisch isset und trinket mein Blut, der bleibet in mir und ich in ihm (Joh. 6, 54-56).«

Siehe, so nahe thut der Sohn Gottes auch in diesem Leben aus großer Liebe sich zu uns durch den Glauben, da doch unser Glaube, unsere Wissenschaft und unsere Erkenntniß eitel Stückwerk und nichts als ein schwacher Anfang ist.

Zieht nun ein Christ auf Erden mit solchem Stückwerk seinen allerliebsten Heiland zu sich und in sich, da er ihn geistlich isset und trinket, daß er von solchem Genuß Stärke, Kraft und Leben empfähet, kann auch darauf gewaltiglich wider den Teufel und alle Feinde, sichtbare und unsichtbare, trotzen und sagen: Der in mir ist, ist größer denn der in der Welt ist! (1 Joh. 4, 4): – thut Solches, sage ich, unser Stückwerk, was thut denn nicht die vollkommene Liebe droben im Himmel, da die Kinder Gottes ihren himmlischen Vater und Christum, ihren himmlischen Bräutigam, nicht im dunkelen Räthsel-Wort, sondern in augenscheinlicher Offenbarung völlig erkennen, von Angesicht zu Angesicht sehen und ihn völlig lieben in Ewigkeit? Wahrlich, da muß Gott wunderlieblich und wundertröstlich in seinen Kindern wohnen, daß sie aus solcher Einwohnung viel hundert tausendmal größere Kraft, größere Freude und größere Herrlichkeit bekommen.

Besonders herzerquicklich ist aber das Alles, wenn man an die Ursach gedenkt, warum unser lieber Gott wesentlich droben in seinen Heiligen wohnt und ist auch selbst wiederum ihre Behausung, darin sie einträchtiglich wie Glieder an Einem Leibe sich zusammen halten. Er ist die Liebe, Er brennet von Liebe gegen seine Kinder, und zündet sie an mit vollkommener Gegenliebe. Nun ist dies die Natur und Art der Liebe: je stärker einer liebet, je mehr er sich neiget und sehnet nach dem das er liebet und von welchem er wieder geliebt wird, und kann nicht zufrieden sein, bis sie beide zur rechten Union erwachsen und vollkommen eins werden. Alsdann hat die Liebe ihr gewünschtes Ziel erreicht, erst dann findet sie Ruhe.

Ein Exempel haben wir an jungen Leuten, welche in den Ehestand zusammen treten wollen. Je größer die Liebe wird, desto mehr sehnet sich ein Theil nach dem anderen, und läßt nicht ab, bis sie sich verloben und nachher zur Ehe schreiten. Dann ruhen sie Beide in der Liebe und sind nach Gottes keuscher Ordnung Mann und Weib, Ein Fleisch und Ein Leib. Also liebet auch Gott seine Auserwählten im Himmel und wird von ihnen wieder geliebt. Er ist selbst ihr Tempel, in welchem sie ewiglich wohnen, und sie sind wiederum seine Tempel, in welchen er auch ewiglich wohnet. Und das Ende solcher Einwohnung ist auf beiden Seiten die süße Ruhe, daß Engel und Menschen ewiglich ruhen in Gott und Gott ewiglich in ihnen. Daher sagt David: »Der Herr hat Zion erwählet und hat Lust daselbst zu wohnen. Dies ist meine Ruhe ewiglich, hier will ich wohnen, denn es gefällt mir wohl« (Ps. 132, 13. 14). Und Jesaias heißt das ewige Leben einen Sabbath nach dem andern, das ist einen ewigen Ruhetag, da Gott in seiner triumphirenden Christenheit und sie wiederum in Ihm ewiglich ruhet (Jes. 66, 23).

Denket aber, lieben Freunde, was dies für eine edle Rast und süße Ruhe sein muß, da Gott aus großer Liebe in Engeln und Menschen als in seinen Palästen wohnet, und die Engel und Menschen wiederum in Gott ihre ewige Ruhe finden. Alle irdische Liebe, alle Brautliebe, alle eheliche Liebe, und allerlei Liebes-Freude, Liebes-Herrlichkeit, Liebes-Ruhe hienieden sind doch für gar nichts zu schätzen gegen die himmlische Hochzeit und den ewigen Sonntag droben, da die rechte selige Ruhe ewiglich grünet und blühet und Gott die Fülle seiner großen Liebe in seine Kinder ausgeußt, ruhet selbst in ihnen und läßt sie wiederum sanft und lieblich in ihm ruhen, daß alle ihre Glieder davon gestärket und erfreuet werden und sie nichts Lieblicheres, nichts Höheres, nichts Besseres und nichts Angenehmeres suchen noch begehren.

Aber noch mehr. Es schaffet diese Einwohnung Gottes in seinen Heiligen auch viele himmlische Früchte, wie Christus sagt: »Wer in mir bleibet und ich in ihm, der bringet viele Frucht (Joh. 15, 5).« Was aber dies für Frucht sei, erkläret St. Paulus, wenn er schreibet, daß die Früchte des Geistes seien: Friede Freude, Freundlichkeit, Gütigkeit, Glaube, Sanftmuth, Keuschheit (Gal. 5, 22); und daß das Reich Gottes sei Gerechtigkeit und Friede und Freude in dem heiligen Geist (Röm. 14, 17).

Aus welchen Worten abzunehmen, daß, gleich wie ein guter Baum, gepflanzt am Wasserbach, zu rechter Zeit ausschlägt, grünet und Frucht bringt; und gleich wie die Seele des Menschen in ihrem Leibe nicht müßig ist, sondern besitzt und erfüllet mit ihrer Wirkung und lebendiger Kraft den ganzen Körper durch verschiedene Aemter, daß die Augen sehen, die Ohren hören, die Nase rieche, der Mund rede, die Zunge schmecke und alle Glieder sich regen: – also wohnet und ruhet auch Gott in seinen himmlischen Kindern, den edlen Tempeln und geistlichen Palästen, daß sie aus solcher Einwohnung sind voll aller göttlichen Tugenden, voll Liebe, voll Gerechtigkeit, voll Gütigkeit, voll Friedens und voll aller himmlischer Freuden.

Gott Alles in Allem

Die vierte Eigenschaft wird von St. Paulo beschrieben (1 Cor. 15. 28), und angezeigt daß in jenem Leben Gott sei Alles in Allem. D. h.: Gott ist da das alleredelste, das allerbeste und das allerhöchste Gut, welches alle Sinne, alle Gedanken und alle Begierden der Himmelsbürger zur Genüge erfüllt, daß sie nichts Lieberes sehen, nichts Lieberes hören, nichts Lieberes schmecken, nichts Lieberes fühlen und nichts Lieberes reden als von ihrem allmächtigen Liebhaber.

Auf dieser Welt ist alles eitel, und alles Thun ist so voll Mühe und Unruhe, daß es Niemand ausreden kann. Auch wo der Mensch in seinem Hause daheim sitzet und hat äußerlichen Frieden von umsitzenden und umherwohnenden Freunden und Nachbarn, da wallet ihm doch sein, Herz und ist wie ein großes ungestümes Meer voll unruhiger und ungestümer Gedanken.

Das Auge siehet sich nimmer satt und das Ohr höret sich nimmer satt (Pred. Salom. 1, 8). Ein Geiziger ist stets geldsüchtig und je mehr er zusammen kratzt, je mehr sein Herz begehret. Könige, Fürsten, Grafen und Herren trachten vielmals dahin, wie sie ihre Herrschaft erweitern und ein Land nach dem anderen an sich bringen. Junge Leute sind geneigt zu hören, wenn man ihnen sagt von Hochzeiten, vom Freien, von Junggesellen und Jungfrauen. Andere haben Lust die Welt zu durchreisen und zu besehen. Und kommt doch alles irdische Trachten nimmer dahin, daß der Mensch sage: nun genug, nun habe ich den Schatz gefunden, darin ich ewig ruhen will! Nun bin ich ganz zufrieden, nun begehre ich nichts mehr, nun sind mir meine Augen, meine Ohren und mein Herz zu vollkommener Genüge erfreuet und ersättigt, daß ich nichts Höheres und nichts Edleres mehr wünsche! Sondern es heißt und bleibet Eitelkeit über alle Eitelkeit.

Solches Alles kommt daher, daß irdische Königreiche, Wollust, Pracht, Ehre, Herrlichkeit, Silber, Gold, Schätze und Reichthum sind arme Bettelstücke, die das menschliche Herz und seine fünf Sinne nicht können ersättigen noch ihnen vollkommene Ruhe schaffen. Darum spricht Salomo (Sprw. 27, 20): »Hölle und Verderben werden nimmer voll, und der Menschen Augen sind auch unersättlich.« Aber Gott ist allein das unendliche, unermeßliche und unaussprechliche Gut. Und weil er im ewigen Leben seine sonderliche Lust hat, bei den Menschenkindern sichtbar zu sein und wohnet bei ihnen in großer Liebe: so wirkt diese Einwohnung auf beiden Seiten eine süße vollkommene Ruhe,daß die unaussprechliche Liebe Gottes in seinen Auserwählten lieblich ruhet und sie wiederum sanft und lieblich in Gott ruhen und sagen mit dem Apostel Philippo: nun genüget uns! Und mit dem Könige David: sei nun zufrieden, meine Seele, denn der Herr ist mein Gut und mein Theil (Pf. 116, 7). Herr Mein Gott, sagt da Jederzeit nun bin ich satt, dieweil ich Dein Antlitz sehe, und nun frage ich nichts nach Himmel und Erde, dieweil ich Dich habe und weil Du bist mein Theil und meines Herzens Trost (Ps. 73).

Von dieser seligen Ruhe schreibt Augustin: »Es ist fürwahr eine sichere Ruhe des Herzens, wenn es sich ganz einläßt in die Liebe Gottes und begehret nicht irgend etwas Anderes, sondern hat seine süße selige Lust an dem, das es fasset. Wenn es aber durch eitele, nichtige Gedanken oder sonst durch andere Geschäfte von solcher Liebe abgezogen wird, so eilet es doch wieder zurück und hält es für ein Elend, daß es anders wohin kommt, da es eine Weile verziehen und harren soll. Denn gleich wie der Mensch jeder Zeit, alle Stunden und Augenblicke, der göttlichen Gütigkeit genießet und gebrauchet, also soll auch keine Zeit, keine Stunde noch Augenblick hingehen, daß er nicht den lieben Gott in seinem Herzen und Gedachtniß gegenwärtig habe.«

Desgleichen schreibt auch Joh. Ludw. Vives in seinem Buch von der Wahrheit des christl. Glaubens gar trefflich hiervon: »Das beste und edelste Werk des menschlichen Willens ist in der Liebe. Die Liebe aber hat Lust und Begierde, daß sie den geliebten Schatz an sich bringe und seiner genieße. Und wenn solches des Menschen Wille erlanget, als dann ruhet er und ist ihm wohl dabei. Wie nun dasjenige ist, das er liebet und zu gebrauchen begehret, also wirds ihm ein Gut sein und also wird er auch selbst gesinnet sein müssen. Vollkommen wohl kann ihm nicht sein, er genieße denn des allerbesten Gutes, welches im Stande ist, die Breite seiner Liebe oder seiner Begierde zu sättigen und zu erfüllen. Nun kann aber nichts, denn allein Gott, solche seine

Begierde erfüllen.. Denn alle anderen Dinge, nach denen des Menschen Wille und Streben auch wohl hingereizt und hingelenkt werden kann, sind zu schwach, zu kurz, zu unbeständig und zu gering. Darum ist ihm vollkommen wohl allein in dem Genuß Gottes und in der Vereinigung mit ihm. Alle anderen Güter können uns nicht sättigen; sieverschwinden uns unter der Hand und zerrinnen, so daß das rechte Gut, welches wir suchen, nicht darin begriffen sein kann. So kann auch unsere Vereinigung mit Gott in diesem Leben nicht die Beschaffenheit haben, daß wir dadurch vollkommen selig wären. Darum ist ein anderes Leben nöthig, darin sie vor sich gehet. Denn in diesem Leben können wir wegen der Finsterniß unseres Fleisches unseren lieben Gott nicht so völlig erkennen noch lieben, als wohl vonnöthen wäre. Wir werden von solcher Erkenntniß und von solcher Liebe abgezogen durch den Leib, wenn ihn hungert oder dürstet, oder wenn er schläfrig, krank, mit Schmerzen behaftet oder müde ist. So genießen mir auch nicht vollkömmlich solcher Güter Gottes; ja je heißer allhier die Liebe ist, desto heftiger werden wir mit dem Stachel der Begierde gequälet. Aber wenn wir den Leib abgelegt haben, und wenn er dermaleinst wird verwandelt und verklärt sein: – alsdann werden wir viel heller sehen und viel stärker lieben, mit Gott aufs engste vereinigt sein und seiner unaussprechlichen Güter vollständig genießen.«

Wir können dem ganzen Geheimniß, wie Gott ist Alles in Allem, sein Nachdenken, wenn wir die menschlichen fünf Sinne und die innerlichen Seelenkräfte ordentlich nach einander vornehmen und in Gottes Wort nachforschen, wie sie der liebe Gott alle mit seinem Wesen und mit fröhlichem Genuß seiner großen unaussprechlichen Güte lieblich fülle und erquicke.

1.

Gott ist das schönste Gut, welches die Auserwählten in jenem Leben sehen

Was zunächst die Augen anlangt, so ist einmal gewiß, daß die Auserwählten im himmlischen Paradies den lieben Gott von Angesicht zu Angesicht sehen, nicht im dunkeln Wort, wie hier auf Erden, sondern in seiner ganzen Majestät und Herrlichkeit; ohne Vorhang und Decke. Sie schauen die hochwürdigste Dreifaltigkeit mit aufgedecktem Angesicht und sehen den Vater im Sohn, den Sohn im Vater und den heiligen Geist im Vater und Sohn. Auch schauen sie die persönlichen vereinigten Naturen in Christo, wie das Wort ist Fleisch geworden und wie die Fülle der Gottheit in JEsu, der Jungfrau Maria Sohn, leibhaftig wohnet. Sie sehen seine Herrlichkeit, die er hatte bei seinem himmlischen Vater, ehe denn der Welt Grund geleget war (Joh. 17, 5). Sie wandeln in dem Lichte seines Angesichts, sind fröhlich über seinem Namen und herrlich in seiner Gerechtigkeit. So ist auch da keine Nacht, und sie bedürfen keiner Leuchte, noch des Lichts der Sonnen. Denn Gott der Herr erleuchtet sie und seine Herrlichkeit scheinet über ihnen, daß sie in seinem Licht das Licht sehen und werden davon herzlich erfreuet, erquicket und gesättiget, daß sie nichts Höheres zu sehen begehren (Offenb. 22, 5).

Die Königin vom Reich Arabien preiset die Männer und Knechte selig, die allerwege vor Salomo standen und seine Herrlichkeit sahen (1 Kön. 10, 8). Der König Ahasverus tröstet sein betrübtes Gemahl, die gottselige Esther, und da er sie freundlich ansah und fragte: was ist dir Esther? ich bin dein Bruder, fürchte dich nicht! – antwortete sie: »da ich dich ansah, däuchte mich, ich sähe einen Engel Gottes; darum erschrak ich vor deiner großen Majestät, denn du bist sehr schrecklich und deine Gestalt ist ganz herrlich« (Stücke in Esther 4, 8-12). Aber was ist solche Herrlichkeit gegen die Herrlichkeit des ewigen himmlischen Vaterlandes, welches Gott als ein Vater der Barmherzigkeit und Gott alles Trostes von allem Zorn und Schrecken rein gefegt und mit eitel Sicherheit und Freuden erfüllet hat, läßt sich von Angesicht zu Angesicht daselbst aufs Allerlieblichste sehen und lachet seine Kinder freundlich an mit allen heiligen Engeln, daß sie auch nur für einen Augenblick solcher Herrlichkeit nicht die ganze weite Welt nehmen würden?

O wie herzlich hat den heiligen Augustin nach diesem Licht verlanget, daß er Gott von Angesicht zu Angesicht in Freuden anschauen möchte! »Das Licht auf Erden, sagt er, das an die Schranke des Raumes gebunden ist, das mit der Zeit abnimmt, das mit Eintritt der Nächte sich ändert und das wir mit den Thieren gemein haben: – das ist im Vergleich mit jenem allerhöchsten Licht nicht für ein Licht, sondern für eine Nacht zu halten. O du allerältestes Licht, welches vor allen andern Lichtern auf den heiligen Bergen der ewigen Tage geleuchtet hat und dem alle Dinge bekannt und offenbar waren, ehe denn sie ihren Anfang nahmen; o Licht, das du hassest allen Makel und bist das allerreinste und allersauberste Licht – sage mir: was hast du für eine Lust an dem Menschen? Was hat das Licht für eine Gemeinschaft mit der Finsterniß? Wo hast du mich bereitet zu einem würdigen Heiligthum Deiner Majestät, daß du zu mir einkehrest und deine Freude an mir habest? Wenn wir werden zu dir kommen, o du Brunnen der Weisheit, du unermeßliches, du ewig brennendes Licht, daß wir dich nicht als durch einen Spiegel, sondern von Angesicht zu Angesicht sehen – alsdann wird unseres Herzens Wunsch gänzlich erfüllet werden. Denn es wird von außen nichts Vorkommen, das man begehre, ohne Dich allein, HErr, Du höchstes Gut, der Du wirst sein der Lohn aller Gottseligen und ihre Ehrenkrone, wie auch die ewige Freude über ihren Häuptern, daß Du sie befriedigst inwendig und auswendig mit Deinem Frieden, welcher höher ist denn alle Vernunft. Da werden wir Dich recht sehen, da werden wir Dich recht lieben, da werden wir Dich recht loben.«

»Denn bei Dir ist die lebendige Quelle und in Deinem Licht werden wir sehen das Licht. Was ist das aber für ein Licht? Es ist ein unermeßlich Licht, ein geistlich Licht, ein unbegreiflich Licht, ein unvergänglich Licht, ein ewig brennendes Licht, dahin Niemand kommen kann, ein unerschaffen Licht, ein Licht der Wahrheit und ein göttlich Licht, welches auch der Engel Augen erleuchtet, welches die schöne Jugend der Heiligen erfreuet, welches ist ein Licht aller Lichter und eine lebendige Quelle. Solches Alles bist Du, HErr mein Gott. Denn Du bist das Licht, in welchem wir werden sehen das Licht, d. h. Dich werden wir sehen in Dir selbst und in dem hellen Scheine Deines Antlitzes, wenn wir Dich werden sehen von Angesicht zu Angesicht.«

»Was heißet aber – Dich sehen von Angesicht zu Angesicht – sonst, als was der Apostel zur Erklärung sagt: erkennen gleich wie ich bin erkannt worden? Ich werde Deine Wahrheit und Deine Herrlichkeit, das ist Dein Antlitz, erkennen. Ich werde erkennen des Vaters Gewalt, des Sohnes Weisheit und des heiligen Geistes Gnade, dazu der allerhöchsten Dreifaltigkeit einiges und unzertheiltes Wesen.«

»Solche Erkenntniß und Anschauung Gottes ist das allerhöchste Gut, ist aller Engel und aller Heiligen Freude. Ja Gott sehen ist der Lohn des ewigen Lebens, eine Herrlichkeit der himmlischen Geister, eine ewige Freude und eine rechte Ehren-Krone. Es ist das wahre Kleinod der Seligkeit, eine wahre Ruhe, eine inwendige und auswendige Freude. Zudem ist's ein Paradies Gottes, ein himmlisches Jerusalem, ein seliges Leben, eine Fülle der Seligkeit, eine ewige Freude und der edle Friede Gottes, der alle Erkenntniß übersteigt und den die Welt nicht kennt.«

»Darin stehet eben die rechte völlige Seligkeit und des Menschen vollkommene Herrlichkeit, daß er sehe das Antlitz seines Gottes, daß er Den sehe, der Himmel und Erde gemacht, der auch ihn geschaffen, erlöset und herrlich gemacht hat. Diesen seinen Schöpfer wird er sehen und ihn sichtbarlich erkennen, er wird ihn mit herzlicher Liebe umfangen, er wird ihn lobend besitzen in alle Ewigkeit. Denn Er, Gott selbst, wird sein das Erbtheil seines Volkes; Er wird sein das Erbe seines heiligen Volkes, das er erlöset hat; Er wird sein ihr Heil, und ihre Vergeltung. Ich bin, sagt er (1 Mos. 15, 1), dein sehr großer Lohn. Wie denn auch sonst große Herren große Geschenke zu verehren pflegen.«

»Ja wahrlich, HErr mein Gott, Du bist sehr groß über alle Götter, und Dein Lohn ist ein großer Lohn. So groß Du bist, so groß ist auch Dein Lohn; sintemal Du nichts Anderes bist, denn Selbst der Lohn. Du bist derjenige, der uns krönet, und bist selbst die Krone; Du bist derjenige, der da verheißt, und bist selbst die Verheißung. Du bist der Vergelter und das Geschenk; Du bists, der da lohnet, und bist selbst der Lohn des ewigen Heils. So bist Du nun, Herr mein Gott, mein Kröner, meine Krone und der Kranz meiner Hoffnung, strahlend in großer Herrlichkeit. Du bist mein Licht, das erfreuet, ein Licht das verneuet, und ein Zierrath, der schön schmücket. Du bist meine Hoffnung, Du bists, nach dem alle Heiligen von Herzen verlanget.«

»Dich sehen, lieber Gott, das ist ein vollkommener Lohn, eine vollkommene Vergeltung und eine vollkommene Freude, deren wir warten. Und das ist das ewige Leben. Darum, wenn wir Dich, den wahren, lebendigen, allmächtigen, unsichtbaren, unumschriebenen und unbegreiflichen Gott, und Deinen eingebornen Sohn, der mit Dir gleiches Wesens von Ewigkeit her ist, unsern HErrn Jesum Christum, welchen Du zu unserem Heil in die Welt gesandt hast in Kraft des heiligen Geistes; wenn wir also Dich, mein Gott, dreifältig in Personen und einig im Wesen, Dich den allein heiligen Gott, ohne welchen kein anderer Gott ist, sehen werden: – erst dann werden wir ganz haben, was wir jetzt noch suchen: das ewige Leben. Ja die ewige Herrlichkeit, welche Du bereitet hast denen, die Dich lieben; behältst sie denen, die Dich furchten, und wirst sie geben denen, die Dein Antlitz immerdar suchen.« So weit St. Augustinus.

2.
Gottes Stimme ist das Allerfröhlichste, was seine Auserwählten im Himmel hören.

Es erfüllet aber Gott auch die Ohren seiner Auserwählten, und seine Stimme ist das Allerlieblichste, was sie hören. Denn sie hören Freude und Wonne, wie der Herr selbst redet (Ps. 51, 10) und Friede predigt seinem Volk und seinen Heiligen (Ps. 85, 9). Und diese seine holdselige Stimme ist die allerherrlichste Musik, also daß keine Harfen, Trompeten, Posaunen, Pauken, Pfeifen, Lauten, Cythern, Cymbeln, kein Saitenspiel, keine noch so wohllautenden Instrumente, keine noch so schöne Orgel so königlich die menschlichen Ohren erfreuen können, als die allerfreundlichste Stimme Gottes, damit er sich wie ein ewiger Vater, wie ein himmlischer Bräutigam und wie ein rechter Seelentröster in jener Welt hören läßt.

Was kann tröstlicher lauten als wenn der himmlische Vater selbst redet und seine Kinder tröstet wie einen seine Mutter tröstet? Wenn der Vater sein väterlich Antlitz sehen läßt in dem Sohn und redet durch den Sohn, und sagt zu einem jeglichen Auserwählten: also habe ich dich geliebt, daß ich dir meinen eingebornen Sohn gab! Ich habe dich je und je geliebet, darum habe ich dich zu Mir gezogen aus lauter Güte? Du bist mein theurer Sohn und mein trautes Kind. Du bist ein Zweig meiner Pflanzung und ein Werk meiner Hände, mir zum Preise (Jerem. 31). Durch Christum, meinen Sohn, habe ich dich erwählet vor Grundlegung der Welt, und durch denselbigen habe ich dich zur Kindschaft verordnet gegen Mich selbst, nach dem Wohlgefallen meines Willens, zu Lob meiner herrlichen Gnade, durch welche ich dich angenehm gemacht habe in dem Geliebten, daß du seiest heilig und unsträflich vor Mir in ewiger Liebe (Eph. 1, 4-6). O du mein liebes Kind, Ich bin dein rechter Vater und Erlöser. Von Alters her ist das mein Name (Jes. 63, 16). Du sollst dich nun ewiglich freuen, und fröhlich sein über dem was ich schaffe. Dich soll fortan weder hungern noch dürsten, und keine Hitze noch Sonne soll dich stechen. Nun soll der Himmel jauchzen und die Erde sich freuen, und die Berge sollen mich mit Jauchzen loben über dem daß ich dich tröste (Jes. 49, 10. 13).

Desgleichen muß es wunderlieblich zu den Ohren eingehen, da Christus, sitzend in des Vaters Schooß, selbst spricht: Ich habe aus großer Liebe mein Leben für dich gelassen. Ich habe dich als einen Gefangenen dem höllischen Riesen abgenommen, ich habe dich als den Raub des Starken losgemacht, und allhier in meines Vaters Hause, da viele Wohnungen sind, hab ich dir die Stätte bereitet und dich zu mir genommen, daß du nun seiest, wo ich bin. Ich habe mich mit dir verlobet in Ewigkeit; Ich habe mich mit dir vertrauet in Gerechtigkeit und Gericht, in Gnade und Barmherzigkeit (Hosea 2, 19). Ich will dir die Treue und Gnade halten, die ich deinen Vätern vorlängst geschworen. Darum freue dich und sei fröhlich von ganzem Herzen! Ich habe dich erlöst aus der Hölle und vom Tode errettet. Den Tod habe ich verschlungen ewiglich und wische alle Thränen von deinem Angesicht (Hos. 13, 14; Jes. 25, 4. 8. 9). Nun soll sich dein Herz freuen und deine Freude soll Niemand von dir nehmen. Nun will ich dich recht leiten zu dem lebendigen Wasserbrunnen (Offenb. 7.) und dir schaffen Schmuck, Freudenöl und schöne Kleider. Nun sollst du essen und trinken und fröhlich sein, und vor gutem Muth jauchzen. Und deinen Namen bekenne ich allhier vor meinem Vater und seinen Engeln, daß du sehest, wie dich mein Vater ehre, darum daß du mir gedienet hast und mir nachgefolgt bist!

Also muß auch des heiligen Geistes Stimme wundersüß und wundertröstlich sein, da diese seine Worte gehöret werden: Dein Leib, deine Glieder und dein Geist sind mein Tempel und meine Ruhe ewiglich. Hier will ich wohnen, denn es gefällt mir wohl. Ich bin dein Tröster, dein Siegel und das Pfand deiner ewigen Erlösung und deines ewigen Lebens, der Geist der Gnaden und des Gebetes, der Geist der dich lebendig gemacht hat, der Geist des Vaters und des Sohnes, der Geist der Weisheit und der Offenbarung, wie »das Licht des Morgens, wenn die Sonne aufgehet des Morgens ohne Wolken, da vom Glanz nach dem Regen das Gras auf der Erde wächst« (2 Sam. 23, 4). Ich erforsche alle Dinge, auch die Tiefe der Gottheit, und offenbare dies, daß du wissest, wie reichlich du von Gott begnadigt seist. O Lätare nun! freue dich sehr und jauchze, denn ich nicht bin ein knechtischer Geist, daß du dich abermal fürchten müßtest, sondern ein kindlicher Geist (Röm. 8, 15) und lasse meine Frucht in dir sehen durch eitel Liebe, eitel Freude, eitel Frieden, eitel Freundlichkeit und Gütigkeit!

Was thut nun die triumphirende Christenheit gegen diese allerholdseligste Stimme ihres Gottes? Zion höret es, sagt David (Ps. 97, 8), und ist froh, und die Töchter Juda sind fröhlich darüber, daß Gott redet in seinem Heiligthum. Sie höret die Stimme ihres Freundes, der anklopft, und preiset seine Kehle daß sie süß und ganz lieblich sei, und seine holdseligen Lippen daß sie seien wie Rosen, die mit fließender Myrrhen triefen.

3.

Gott ist das höchste Gut, davon man im Himmel redet.

Darum ist denn auch der Mund der seligen Zioniten voll Lachens und ihre Zunge voll Rühmens (Ps. 126), daß nichts im ganzen Himmel verkommt, was sie, die triumphirenden Christen, so hoch erheben, preisen, rühmen und ehren, als den starken allmächtigen Gott, ihren ewigen Vater, und JEsum Christum, ihren ewigen Bräutigam, und Gott den heiligen Geist, ihren ewigen Tröster. Ihr Herz ist voll Freuden und brennet von vollkommener Liebe gegen die ganze heilige Dreifaltigkeit. Und weß ihr Herz voll ist, deß gehet der Mund über, daß sie mit fröhlicher Stimme unseren Gott ewiglich loben.

Wir danken Dir, Gott, sagen sie, wir danken Dir und verkündigen Deine Wunder (Ps. 75, 2). Groß und wundersam sind Deine Werke, Herr, allmächtiger Gott; gerecht und wahrhaftig sind Deine Wege, Du König der Heiligen (Offenb. 15, 3). Deines Lobes ist der Himmel voll und Deiner Ehre ist die Erde voll (Habak. 2, 14). Gott, Du bist unser Heil, und wir sind sicher und fürchten uns nicht. Du bist unsere Stärke, unser Psalm und unser Heil. Mit Freuden schöpfen wir nun Wasser aus dem Heilsbrunnen und danken Dir, Herr, und verkündigen Deinen Namen, wie der hoch ist (Jes. 12, 2-4). Wir loben Dich in Deinem Heiligthum, wir loben Dich in der Veste Deiner Macht. Wir loben Dich in Deinen Thaten; wir loben Dich in Deiner großen Herrlichkeit. Wir loben Dich mit Posaunen, Psaltern und Harfen. Wir loben Dich mit Pauken und Reigen; wir loben Dich mit Saiten und Pfeifen. Wir loben Dich mit hellen Cymbeln, wir loben Dich mit wohlklingenden Cymbeln (Ps. 150).

4.
Gott ist im Himmel ein Baum und Wasser des Lebens.

So schmecken sie auch, die seligen Auserwählten, wie freundlich der Herr sei; sie essen vom verborgenen Manna und werden trunken von den reichen Gütern seines Hauses. Ja Er tränket sie mit Wollust als mit einem Strom. Esset, sagt er, meine Lieben, und trinket, meine Freunde, und werdet trunken; esset das Gute, daß eure Seele in Wollust fett werde (Jes. 55, 2).

Dieser fröhlichen Stimme folgen sie und sitzen mit Abraham, Isaak und Jakob und allen gottseligen Patriarchen ewiglich zu Tische. Sind daher ewig schön, lieblich und allezeit trunken, nicht von irdischem Wein, daraus ein unordentlich Wesen folget, sondern voll heiligen Geistes und voll vom Wasser des Lebens, daß sie vor Freuden jauchzen, singen, springen, jubiliren, triumphiren. Ihre Seele lobet den Herrn, und ihr Geist freuet sich Gottes, ihres Heilandes. Reden unter einander von Psalmen und geistlichen Liedern, singen und spielen dem Herrn in ihrem Herzen (Col. 3, 16). Und weil Er ja selbst ist ihr Manna, Himmelsbrot und Wasser des Lebens, so bekommen sie davon immerdar neue Kraft, als ob er sie mit Blumen erquickte und mit Aepfeln labete, daß sie wie die Adler verjünget werden und von keinem Sterben noch Krankheit wissen.

Wer will uns aber nun sagen, wie solch Essen und Trinken in jenem Leben zugehe? Wahrlich, es ist ein tief Geheimniß, das sich in diesem Leben nicht läßt ergründen. Wir müssen damit warten, bis wir in jene Welt kommen und alles gegenwärtig selbst erfahren.

Doch können wir ihm etlichermaßen nachdenken, wenn wir lassen das Wort Gottes unserer Füße Leuchte und das Licht auf unserem Wege sein. Denn einmal ist gewiß, daß »den Leib Christi geistlich essen und sein Blut geistlich trinken« in diesem Leben nichts Anderes ist, denn an Christum glauben und ihn mit herzlichem Vertrauen ergreifen, so daß er durch den Glauben in uns wohnet und lebet. Nun aber höret in jenem Leben der Glaube sammt der Hoffnung auf und bleibt allein die Liebe. Daraus folgt, daß im Himmel »Gottes Güte schmecken, essen und trinken« nicht kann verstanden werden von dem Genießen im Glauben, sondern nur von einem Genießen, welches geschieht in feuriger Gluth der reinen inbrünstigen Liebe. Denn statt des Bauch's und der irdischen Speise, welche dort abgeschafft sind, läßt Gott sich selbst von den Kindern des Licht's mit vollkommener herzlicher Liebe umfangen, und durch solche seine Liebe machet er sie der Süßigkeit seiner wesentlichen Liebe und seines lieblichen Wesens also theilhaftig, als gäbe und reichte er aus großer Leutseligkeit sich selbst zu schmecken, zu essen und zu trinken, und wirket dadurch himmlische Kraft und Freude in ihnen.

So schmeckt ihnen denn auch unser lieber Gott so lieblich, so süß und so angenehm, daß sie dafür keiner leiblichen Speise noch irdischen Tranks, keiner Confekte, keines Weins noch irgend welcher vergänglichen Erquickung begehren. Gott allein ist ihre allersüßeste Speise und ihr süßester Trank, wie Augustin sehr lieblich hiervon schreibet und sein herzliches Verlangen dahin richtet.

»O HErr mein Gott, sagt er, Du süße Liebe, laß doch meinen Leib Dich essen und alle meine Glieder mit dem süßen Trank Deiner Liebe erfüllet werden, und gieb meinem Herzen, daß es hiervon dichte ein feines Lied. O mein Gott, Du bist mein Honig und Milch, mein süßer Honig und meine weiße Milch. Du bist die rechte Speise für alle, die geistlich stark sind. Laß mich doch in Dir wachsen und zunehmen, daß ich Dich mit starkem Munde essen möge. Du bist mein Leben, das ich lebe; Du bist meine Hoffnung, darüber ich halte; und meine Herrlichkeit, die ich zu erlangen begehre. O Gott, halte Du mir mein Herz, regiere mir meine Sinne, lenke mir meinen Verstand, richte auf meine Liebe, erhebe mein Gemüthe, und ziehe den Mund meines durstigen Geistes hinauf zu den himmlischen Wasserströmen!«

Also ist unser lieber Gott nicht allein das Schönste im Himmel, welches die Augen sehen, das Fröhlichste, das die Ohren hören, und das Lieblichste, davon mit menschlichen und englischen Zungen geredet wird; sondern er ist auch das Allersüßeste und Allerlieblichste, welches sie schmecken.

Wie nun der große König Himmels und der Erde seine unaussprechliche Gütigkeit genießen lässet, also findet er an seiner himmlischen Braut, was ihm wiederum auch ist wie eine angenehme Speise, wie Milch, wie Honig und wie ein süß Opfer, – aus großer inbrünstiger Liebe gegen sie. Das ist das Lobopfer und die Farren ihrer Lippen, wie auch ihr ganzes Herz, mit reinen Liebesflammen durchfeuert und dermaaßen zu ihm gerichtet, daß sie, die auserwählte Braut, allerwege in ihm wallet, in ihm lebet, in ihm wohnet, ruhet, frohlocket und ihm so wohlgefällig dienet, als reichte sie ihm ihre Brüste und gäbe ihm Honig zu essen und Milch zu trinken. Und dies ist das rechte Freudenmahl, davon die Braut in dem Hohenliede rühmet: »Ich sitze unter dem Schatten, deß ich begehre, und seine Frucht ist meiner Kehle süße. Er führet mich in den Weinkeller, und die Liebe ist sein Panier über mir. Er erquicket mich mit Blumen und labet mich mit Aepfeln; denn ich bin krank vor Liebe (Hohel. 2, 3-5).« Dagegen ergötzet sich der himmlische Bräutigam auch wiederum an ihr und spricht: »Deine Brüste, meine Schwester, liebe Braut, sind lieblicher denn Wein und der Geruch deiner Salbe übertrifft alle Würze. Deine Lippen sind wie triefender Honigseim, Honig und Milch ist unter deiner Zunge. Ich habe meine Myrrhen sammt meinen Würzen abgebrochen; ich habe meines Seims sammt meinem Honig gegessen; ich habe meines Weins sammt meiner Milch getrunken« (Hohel. 4, 10, 11; 5, 1).

5.
Gott ist im Himmel ein Geruch des ewigen Lebens.

Weiter ist der Name Gottes in seinem himmlischen Paradies auch wie eine ausgeschüttete Salbe, edler, kräftiger und lieblicher, denn kein Freudenöl, keine Myrrhen, keine Aloe noch Kezia (wie in der Schrift solche Gerüche gerühmet werden) sein mag. Dazu köstlicher als der Balsam, welcher vom Haupte Aarons in seinen Bart und Kleid herabfloß und von edlen Spezereien, als Myrrhen, Cinnamet, Kalmus, Kasien und Oel von Oelbäumen nach der Apotheker-Kunst bereitet war (2 Mos. 30, 23 ff.). Er ist ein Geruch des ewigen Lebens und läßt seine gute Salbe ewiglich riechen. Und wie er der allerlieblichste Geruch für seine Kinder ist, also sind sie ihm wiederum mit ihrer heiligen Liebe ein köstlicher, süßer Geruch und Rauchopfer, und riechen ihm lieblicher denn im alten Testament alle Spezereien von Balsam, Stackten, Galban und reinem Weihrauch zusammengemengt und nach der Apothekerkunst bereitet, daß es hieß das allerheiligste Rauchwerk.

Wendet sich der König, sagt die Schrift, so giebt seine Narde alsbald den lieblichen Geruch, und sind seine Kleider wie eitel Myrrhen, Aloes und Kezia, seine Backen wie die wachsenden Würzgärtlein der Apotheker, und seine Lippen wie Rosen die mit fließender Myrrhen triefen. Desgleichen übertrifft die himmlische Braut mit ihrem Geruch alle Würze. »Ihre Kleider sind wie der Geruch Libanons, ihr Gewächs wie ein Lustgarten von Granatäpfeln, mit edlen Früchten, Cypern mit Narden, Narden mit Safran, Kalmus und Cynnamen, mit allerlei Bäumen des Weihrauchs, Myrrhen und Aloes, mit allen besten Würzen. Wie ein Garten-Brunnen, wie ein Born lebendiger Wasser, die vom Libanon fließen.« So kommt auch der heilige Geist immer dazu, »stehet auf wie ein Nordwind und kommt wie ein Südwind, und wehet durch den himmlischen Lustgarten, daß seine Würze ewiglich triefen« (Hohel. 4, 11-16). Mit solchen verblümten Worten redet die Schrift von diesem Geheimnis. Dabei wollen wir es bleiben lassen, bis wir seinen rechten Verstand im ewigen Leben erreichen.

6.
Gott läßt sich im Himmel von seinen Kindern aufs Lieblichste fühlen.

Noch kommt dazu, daß unser lieber Gott als ein Wort des Lebens sich auch im Himmel fühlen läßt, indem er seine auserwählte und triumphirende Christenheit daselbst recht herzet, küsset sie mit dem Kuß seines Mundes und spricht: »Ich bin dein Schild und habe dich in meine Hände gezeichnet. Ich stärke dich und helfe dir auch. Ich erhalte dich durch die rechte Hand meiner Gerechtigkeit (Jes. 41, 10). Meine Gnade soll nicht von dir weichen und der Bund meines Friedens soll nicht hinfallen (Jes. 54, 10). Ich bin eine feurige Mauer um dich her und bedecke dich unter dem Schatten meiner Hände, daß Wonne und Freude dich ergreifen und Trauern und Seufzen ferne von dir seien (Zach. 2, 5). Darum setze mich wie ein Siegel auf dein Herz und wie ein Siegel auf deinen Arm. Denn meine Liebe ist stark wie der Tod, und ihr Eifer ist fest wie die Hölle. Ihre Gluth ist feurig und eine Flamme des Herrn, daß auch viele Wasser nicht mögen die Liebe auslöschen, noch die Ströme sie ersäufen« (Hohel. 8).

Nicht aber gehet dies Herzen, Küssen und Fühlen leiblicherweise zu, weil ja Gott als ein Geist nicht wie die erschaffenen Körper gefühlet wird. Sondern es ist ein tief und doch sehr lieblich Geheimniß, davon wir nach Anleitung der Schrift mit menschlichen Worten reden, und nehmen unsere Vernunft gefangen, daß wir den rechten Verstand desselben sparen bis in jenes Leben, da wir's vollkommen verstehen und in Wahrheit erfahren werden.

Aber doch freuen sich über diesen allerfreundlichsten, ewig währenden Kuß die Auserwählten im Herrn, und ihre Seele ist fröhlich in dem lebendigen Gott. O wohl mir, sagt das himmlische Heer, die auserwählte Braut, zu ihrem Ehren-König und ewigen Bräutigam: daß ich habe den Mann, den Herrn. Ich lasse Dich nicht, Du Herrscher der ganzen Welt und Ausgang von Ewigkeit, der Du mich aus großer Liebe zu Dir gezogen hast. Darum folge ich Deinem Wort und setze Dich wie ein Siegel auf mein Herz und wie ein Siegel auf meinen Arm. Und weil ich Dich habe, HErr mein Gott, mein Heil, meine Stärke, und mein Psalm, so frage ich nichts nach Himmel und Erde; denn Du bist mein und ich bin Dein, bin auch gewiß und in alle Ewigkeit mit Deinem heiligen Geiste versichert und verpfändet, daß mich Niemand kann aus Deiner Hand reißen.

Und dieser himmlische Umgang, diese selige Liebes-Gemeinschaft Gottes mit seinen auserwählten Kindern höret nicht auf, erzeugt auch keine Sattsamkeit noch Ueberdruß, sondern bleibt immer neu und herrlich, und ist viel zu hoch und wunderbar, als daß sie auf dieser Welt mit menschlichen Sinnen sich fassen und ergründen ließe.

7.

Gott ist die Liebe und sättiget im Himmel alle englische und menschliche Liebe.

Es ist auch nichts vorhanden, das die seligen Einwohner im himmlischen Jerusalem herzlicher lieben könnten, als unseren lieben Gott, der da alle englische und alle menschliche Liebe mit dem wundertröstlichen Anblick seines lieblichen Wesens zur Genüge sättigen und erfüllen kann. Darum obwohl im Himmel auch eine vollkommene Liebe des Nächsten unter den Kindern des Lichts ist, daß Einer den Andern liebet als sich selbst, so hat doch die inbrünstige Liebe zu Gott den Vorzug, daß sie ihren allmächtigen Liebhaber über alle Creaturen aufs höchste erheben und weit vorziehen, dieweil sie alle von ihm herzlich geliebet werden und er sie aus großer Liebe wie stattliche Paläste und sonnenklare Tempel bewohnet.

Die Seele des Menschen ist doch nach Gott gebildet und trägt das himmlische Bild völlig in jenem Leben, so daß sie, wie Augustin sagt, mit dem Sohne Gottes zur hochzeitlichen Freude und zur ehelichen Verbindung sich einlassen, und mit dem Könige aller heiligen Engel das süße Joch der Liebe ziehen darf. Diese Liebe zu Gott zwingt alle anderen Kräfte und Bewegungen der Seele unter sich, auf daß sie allein herrsche und das einige höchste Gut, unseren lieben Gott, ergreife und besitze. Also wird die Seele durch Liebe mit Gott vereinigt und die herzliche Liebe und Gegenliebe macht aus den Zweien Einen Geist, und indem die Seele ihren Schöpfer, himmlischen Bräutigam und ewigen Tröster ewiglich liebet, müssen alle Neigungen, alle Regungen, alle Kräfte und alle Gedanken der Seele hierzu dienen und der heiligen reinen Liebe unterthänig sein.

8.

Gott ist im Himmel das seligste Gut, das die Engel und Menschen mit Freuden erkennen.

Endlich ist Gott mit seiner Weisheit auch das höchste Gut, welches die Kinder des ewigen Lebens zu verstehen begehren, und das sie nach gegebenem Maaß auch wirklich erkennen. Denn sie haben da nicht nur die Erstlinge, auch nicht allein den Zehnt, sondern den ganzen Schnitt des heiligen Geistes, daß sie recht sehen und erkennen das Geheimniß der heiligen Dreifaltigkeit, das Werk der wunderbaren Schöpfung, der gnadenreichen Erlösung und der seligsten Heiligung. Es sind die Geheimnisse Gottes ihnen offenbar, denn auch seine heimliche Weisheit und seinen Bund läßt er sie wissen, nicht im dunkeln Wort als in einem Spiegel, sondern im Licht der gegenwärtigen himmlischen Offenbarung, mit lebendiger Stimme, daß Keiner mehr dem Andern sagt, er kenne den Herrn, sondern sie erkennen ihn alle zugleich, beide Kleine und Große.

Und je länger sie die Tiefe der himmlischen Weisheit Gottes mit Verwunderung erforschen und ihr nachdenken, jemehr sie gelüstet, sammt allen heiligen Engeln darein zu schauen, werden's nimmer müde, nimmer satt, nimmer überdrüssig; unangesehen, daß solche hohe, tiefe, breite, weite und unermeßliche Weisheit nach ihrem unendlichen Abgrund unbegreiflich und unergründlich bleibt, und nicht auszumessen noch zu erzählen ist. Dennoch läßt sie sich etlichermaaßen finden, so daß die hocherleuchteten Kinder Gottes soviel aus diesem Abgrunde schöpfen und fassen, als ihnen noth ist; sehen auch, daß die Tiefe der Gottheit eitel wesentliche Liebe ist, und schauen hinein als in einen Feuerofen, Gluth und Brunst solcher Liebe, welche Himmel und Erde füllet. Diesen lieben Gott sammt der Tiefe seiner Weisheit und grundlosen

Güte erkennen sie gründlich und trauen ihm ewiglich mit großer Freude und Wonne als ihrem allmächtigen Liebhaber.

Sehet, lieben Freunde, also ist unser Gott droben Alles in Allem, da er in seinen auserwählten Kindern wohnet und ruhet. Er erquickt und erfreuet alle ihre Glieder, Sinne, Herz, Muth und Gedanken, und ist das Schönste das die Augen sehen, das Fröhlichste das die Ohren hören, das Beste das sie riechen, das Edelste davon sie reden, das Süßeste was sie schmecken, das Lieblichste was sie fühlen, das Freundlichste was sie lieben, und das Tiefste dem sie immer nachdenken, obschon dies Sehen, Hören, Schmecken, Reden, Riechen, Fühlen nach unbegreiflicher himmlischer Art geschiehet und unser Fleisch und Blut dies große Geheimniß nicht ergründen kann.

Es ist keiner unter den heiligen Vätern, der dieser Seligkeit und verborgenem Gut so fleißig nachgeforschet hat, als der selige Augustin. Derselbe redet hin und wieder so lieblich und so tröstlich hiervon, als hätte er mit St. Paulo im dritten Himmel gestanden und alles augenscheinlich gesehen und erfahren. Darum bittet er so flehentlich, daß doch Gott mit seiner lieblichen Güte ihm alle seine Gedanken, Herz, Muth und Sinn erfüllen, besitzen und erfreuen wolle.

»O lieber Herr, spricht er, laß mich Dich erkennen, gleich wie Du mich erkannt hast. Laß mich Dich erkennen, der Du bist meiner Seele Kraft und Tugend. Erzeige Dich mir, Herr mein Tröster, und laß mich Dich sehen, der Du bist mein Licht und mein Augentrost. Komm, o Du Freude meines Herzens; laß mich Dich lieb haben, Du Leben meiner Seele. Erscheine mir, mein süßer Trost, Herr mein Gott, Du vollkommene Herrlichkeit meiner Seele. Laß mich Dich finden, Du höchste Begierde meines Herzens; laß mich Dich halten, Du ewige Liebe meiner Seele. O laß mich Dich herzen, mein himmlischer Bräutigam, der Du bist meine höchste Frohlockung inwendig und auswendig. Laß mich Dich besitzen, Du ewige Seligkeit; laß mich Dich besitzen, Du seliges Leben, Du höchste Süßigkeit meiner Seele!

Laß mich Dich lieben, HErr, meine Stärke, mein Fels, meine Zuflucht, mein Erlöser. Laß mich Dich lieben, Gott, mein Helfer, mein starker Thurm und meine süße Hoffnung in aller meiner Trübsal. Laß mich Dich herzen, Du edles Gut, ohne welches nichts Gutes sein kann. Laß mich Deiner genießen, Du Allerbester. Thue mir auf das Inwendigste in meinen Ohren mit Deinem Wort, welches mehr durchdringet wie ein zweischneidiges Schwert, daß ich höre Deine Stimme. Donnere von oben herab, Herr, mit Deiner großmächtigen und starken Stimme. Das Meer brause und was darinnen ist. Das Feld sei fröhlich und alles was darauf ist. Erleuchte meine Augen, Du unbegreifliches Licht. Schieß Deine Strahlen und zerstreue sie, daß sie nicht sehen die Eitelkeit. Laß sehr blitzen und erschrecke sie, daß man sehe die Wassergüsse, und des Erdbodens Grund aufgedeckt werde (Ps. 18).

Gieb mir Augen, Du unsichtbares Licht, die Dich sehen. Schaffe in mir Ruhe, Du Geruch des Lebens, daß ich Dich rieche und daß ich in dem Geruch Deiner Salbe Dir nacheile. Heile mir die Zunge meines Herzens, daß sie schmecke und unterscheide, wie groß und mannigfaltig Deine Süßigkeit sei, Herr, welche Du verborgen und beigelegt hast denen, so in Deiner Liebe völlig sind. Gieb mir ein Herz das an Dich gedenke, ein Gemüth das Dich liebe, Sinne die sich Deiner erinnern, rechten Verstand der Dich ergreife, und Vernunft welche Dir als dem allerhöchsten Gut stark anhange und Dich weislich liebe, der Du bist die allerweiseste Liebe.

O Gott, dem alle Dinge leben, von dem ich das Leben habe, durch den ich lebe und ohne den ich sterbe, mit dem ich mich erfreue und ohne den ich mich ängsten muß, mein liebstes Leben, dessen ich nimmermehr vergessen kann – sage mir doch: wo bist Du und wo soll ich Dich finden, daß ich möge in mir abnehmen und in Dir zunehmen? Ach sei doch nahe meinem Herzen, nahe meinem Munde, nahe meinem Ohren, nahe mit Deiner Hülfe, denn ich bin krank vor Liebe und muß sterben, wenn ich Dich nicht bei mir habe. Wenn ich nur an Dich gedenke, dann werde ich gleich als vom Tode erwecket.

Dein Geruch erquicket mich und Dein Gedächtniß stärket mich. Aber satt werde ich erst sein, wenn mir Deine Herrlichkeit wird sichtbarlich erscheinen. Meine Seele brennet von Liebe und herzlichem Verlangen nach Dir. Wann werde ich doch kommen und vor Dir erscheinen, o Gott meine Freude? Warum verbirgst Du Dein Antlitz? Wo mag er sich doch so verborgen halten, der Schönste, nach dem mich so sehr verlanget? Deinen Geruch schöpfe ich und lebe davon und erfreue mich daran, Dich aber sehe ich nicht. Ich höre Deine Stimme und werde lebendig. Aber warum lässest Du Dich nicht sehen? Vielleicht sprichst Du: kein Mensch kann mich sehen und lebendig bleiben. Ei mein lieber Herr, so laß mich doch sterben, auf daß ich Dich sehe! Und laß mich Dich sehen, auf daß ich dieser Welt sterbe! Ich will nicht leben, ich will sterben, ich begehre aufgelöst und bei Dir zu sein. Mich verlanget zu sterben, auf daß ich meinen Heiland sehe. Mich verdrießt, länger auf der Erde zu leben, und ich sehne mich danach, mit ihm zu leben im Himmel.

O Herr JEsu Christe, nimm auf meine Seele! O Du meine Freude, ziehe mein Herz nach Dir! O Du meine süße Speise, laß mich Dich essen! Herr mein Haupt, regiere mich; Du Licht meiner Augen, erleuchte mich; Du Gott, mein Psalm, erfreue mich; Du mein Geruch, mache mich lebendig; Wort Gottes, erquicke und labe mich! Du Herr, mein Lob, erfreue die Seele Deines Knechtes und kehre zu ihr ein. Kehre zu ihr ein, Du höchste Süßigkeit, auf daß sie Deine seligen Güter schmecke. Du ewiges Licht, mache Dich auf über sie, daß sie Dich erkenne, und Dich liebe in Ewigkeit! –«

V. Die himmlische Liebe aller Auserwählten unter einander

Die fünfte Eigenschaft des ewigen Lebens bestehet in der Liebe des Nächsten und ist der ersten Eigenschaft, da der himmlischen Liebe aller Auserwählten zu Gott gedacht wird, nahe verwandt; gleich wie das andere Hauptgebot im Gesetz: liebe Deinen Nächsten als Dich selbst! nach Christi Wort dem ersten und vornehmsten Gebot, daß wir Gott lieben sollen, aufs engste verbunden ist.

Denn weil das ewige Leben, wie droben gemeldet, ein Leben ist der freudenreichen Liebe, da Gott seine Kinder herzlich liebt und von ihnen auch herzlich wieder geliebt wird, und weil das Gesetz im Grunde von nichts Anderem handelt als von der Liebe, auch nirgends besser erfüllt wird als im Himmel: – so folgt, daß gleichwie die Engel und Menschen daselbst ewiglich mit Gott leben in vollkommener Liebe, also muß auch ihr Leben, das sie unter einander führen, nichts sein denn eitel Liebe, eitel selige Treue, eitel Freundschaft und eitel ewigwährende Freude, Lust und Herrlichkeit.

1.

Wie freundlich und herzlich die Engel und Menschen im Himmel sich unter einander lieben.

Darum, wenn man fragt, was die heiligen Engel und die seligen Menschen droben im Himmel unter einander thun und wie sie leben, so ist die rechte Antwort: es liebet Einer den Andern als sich selbst. Da wissen sie von keinem Haß, von keinem Krieg, von keinem Hader, von keiner Zwietracht, von keiner Uneinigkeit. Keiner treibt Muthwillen, keiner blähet sich, keiner stellet sich ungebehrdig, keiner suchet seinen eigenen Nutzen, keiner erbittert den Anderen, keiner trachtet nach Schaden, sondern sie sind alle mit einander sehr freundlich und sehr liebreich. Es ist unter ihnen eine inbrünstige herzliche Liebe, eine süße Einigkeit, welche ihnen das Herz erfreut und allen Gliedern sanfter thut, als der Thau, der vom Hermon herab fiel auf die Berge Zion (Ps. 133). Denn von dieser ihrer holdseligen Einigkeit ist Gott selbst der Stifter, darum er sie auch mit seinem heiligen Geiste ewiglich stärket und den lieben einträchtigen Kindern mit seinem Segen immer und ewiglich beiwohnet.

Auch siehet man an ihnen eine himmlische Klarheit, daß sie von der majestätischen Einwohnung der heiligen Dreieinigkeit wie die helle Sonne leuchten. Und obwohl Einer vor dem Andern nach verschiedener Wirkung und den mancherlei Gaben des heiligen Geistes einen Vorzug hat – nicht anders wie auch ein Türkis den anderen übersticht, und die Sonne heller scheinet als der Mond und der Mond heller als die Sterne und ein Stern größere Klarheit hat denn der andere –: so erhebt sich doch darüber keine Spaltung noch Mißgunst, und neidet keiner seinen Nächsten der besonderen Vorzüge halber, sondern sie halten einträchtig zusammen, daß ein Jeder über des Anderen Ehre, Schmuck und Gaben sich eben so sehr erfreuet, als wenn es ihm selbst widerfahren wäre, und ein Jeder dem Andern seine Herrlichkeit von Herzen gönnet und sie ansieht, als wenn sie seine eigene wäre.

2.

Wie die Auserwählten im Himmel sich unter einander kennen.

Es ist unrecht, daß man darüber viel Disputirens macht: ob die verherrlichten Kinder Gottes und Bürger im himmlischen Jerusalem sich auch unter einander kennen und Jedermann wisse, wer der Andere sei. Wer wollte doch im geringsten daran zweifeln, zumal die Schrift noch ausdrücklich bezeuget, daß das himmlische Leben lauter Liebe ist? Die Liebe, spricht St. Paulus, höret nimmer auf, so doch die Weissagungen aufhören werden, und die Sprachen aufhören werden, und das Erkenntniß – d. h. das Stückwerk – aufhören wird. Höret nun die Liebe nimmer auf, so bleibt sie ewiglich, und wird der Kontrakt der Liebe im ewigen Leben vollkommen fest und unauflöslich gehalten. Was sollte aber das für eine Liebe, Einigkeit und freudenreiche Gemeinschaft der Heiligen sein, wenn keiner den Anderen kennte?

Ist doch aller Liebe Natur und Art, daß sie vor allen die zwei Tugenden in sich faßt, die da heißen: Erkenntniß der Gemüther und Gleichförmigkeit des Willens. Denn wo sich Freunde unter einander lieben, da müssen sie sich ja kennen und einerlei gesinnet sein, damit sie nicht wider einander laufen.

Weil denn die Liebe des Nächsten an keinem Orte in der ganzen weiten Welt so stark, so herrlich und so vollkommen im Schwange geht, als im ewigen Leben, da die seligen Engel und Menschen sich herzlich unter einander lieben und in der Liebe ewiglich bleiben; so folget unwidersprechlich, daß solche Liebe und solch Leben die Anschauung und Erkenntniß der Personen mit begreift und daß die Engel den Menschen und die Menschen den Engeln, ebenso auch ein Engel dem anderen und ein Mensch dem anderen viel hundert tausendmal besser, genauer und eigentlicher bekannt sein müssen, denn Mann und Weib, Eltern und Kinder, Brüder und Schwestern, Bräutigam und Braut, Nachbarn, Freunde und Blutsverwandte in dieser Welt sich kennen und jemals erkannt haben.

Daselbst erkennet Moses den Eliam und Elias Mosen, obschon keiner den Andern zuvor in diesem Leben mit leiblichen Augen je gesehen noch leiblich erkannt hat. Desgleichen obwohl der gottselige gläubige Hauptmann zu Capernaum, welcher in seiner Noth Christum ersuchte, der heiligen Patriarchen und Propheten im Fleisch auf Erden nie ist ansichtig geworden: so stehet und kennet er sie doch in jenem Leben, und sitzet mit Abraham, Isaak und Jakob zu Tische. Ja darum kennen sich die lieben Engel und seligen Menschen dort alle unter einander, weil sie alle voll sind des heiligen Geistes, dem nichts verborgen ist. Und kann ich hier recht vom Größeren aufs Geringere schließen in der Weise: Ist der heilige Geist in den Auserwählten und wohnet in ihnen als in seinen lebendigen Tempeln mit solcher Kraft und Klarheit, daß sie völlig illuminirte, hocherleuchtete Herzen haben und die Tiefe der Gottheit mit fröhlicher Verwunderung und ewiger Freude erkennen – was fürwahr eine große überschwängliche Herrlichkeit ist –: wahrlich, so müssen sie auch in Gott dem allmächtigen und ewigen Lichte sich unter einander kennen. Ja in dem Glanz der Herrlichkeit Gottes muß jeder Engel alle Engel und alle Menschen erkennen. Ebenso muß jeder Mensch alle Menschen und alle Engel – obwohl ihrer viel tausendmal tausend sind – unterschiedlich kennen und einen Jeglichen bei seinem Namen zu nennen wissen.

Kennen sich aber die Auserwählten im Himmel, welche auf Erden zu den verschiedensten Zeiten gelebt und sich unter einander im Fleisch nie gekannt haben: so können doch bekannte Freunde, als gottselige Eltern und Kinder, Mann und Weib, Bräutigam und Braut, Bruder und Schwester, Verwandte und Nachbarn, welche in dieser Welt bei einander gewesen und in Liebe und Leid sich freundlich zu einander gehalten haben, in jenem ewigen Leben unmöglich einer dem Anderen unbekannt sein.

Ja mit ganzer, voller Wahrheit kann man sagen, daß ihre Bekanntschaft auf Erden nichts als elendes Halbwerk gewesen gegen die selige himmlische Erkenntniß, da sie sich untereinander tausendmal genauer, besser und eigentlicher erkennen, dazu mit inbrünstiger Liebe sich tausendmal stärker lieben und freundlicher umfangen, denn auf dieser Welt Jemand auszudenken im Stande ist. Die Liebe des Nächsten gehet da in vollem Schwange und in voller Lieblichkeit, als waltete und wohnete Einer in dem Andern, und läuft doch keine stündliche Begier, keine unzüchtige Brunst, noch säuische Weltlust und Fleischeslust mit unter. Sondern Alles ist eitel Keuschheit, eitel Zucht, eitel reine Liebe, reine Erkenntniß, Ehre, Heiligkeit und Herrlichkeit. Denn hier auf Erden waren sie noch Sünder, aber dort leben sie und lieben sie sich ohne Sünde. Und in solcher seligen Liebe finden sie ihre Himmels-Freude, und wissen so gar von keiner Zeit, daß ihnen in ihrer großen Freude und Wonne tausend Jahre sind wie Ein Tag.

3.

Wie die Gottseligen in jenem Leben so einmüthig sind.

Danach folget aus der Liebe, daß die Seligen dort auch müssen alle einerlei gesinnet und nicht irgend worin wider einander sein. Was demnach Moses, Enoch, Elias, die Patriarchen, Propheten und Väter des alten Testaments wollen, das wollen die Apostel und Christen des neuen Testaments auch. Gottes Wille gehet und leuchtet ihnen allen vor, und nach seinem vorhergehenden Willen ist ihrer aller Wille einerlei Wille und einerlei Meinung, und die ganze

Summa solches Willens ist, daß sie Gott lieben von ganzem Herzen, von ganzer Seele, von ganzem Gemüthe, und darnach auch Einer den Andern als sich selbst.

Was nun die Kinder des Lichts einmüthiglich wollen, das thun sie einmüthiglich, und ihr Herz ist der einmüthigen Liebe und einmüthigen Freude voll. Und wovon ihr Herz voll ist, davon gehet ihr Mund über, so daß sie vom ewigen Leben und von der süßesten Liebe Gottes gegen sie, wie auch von ihrer Gegenliebe zu ihm ohne Unterlaß reden, pflegen der Liebe mit holdseligen freundlichen Worten, herzen sich freundlich, halten sich freundlich zusammen, haben freundliche Gespräche, singen und jubiliren ewiglich dem Herrn Zebaoth, danken ihrem Gott, preisen ihren Schöpfer, ehren ihren Vater, rühmen ihren himmlischen Bräutigam, gehorchen alle dem heiligen Geiste. So sind sie voll der vollkommenen Liebe zu Gott und voll ungefärbter Liebe gegen den Nächsten, voll aller Ehren und Tugenden, voll Gerechtigkeit, voll Keuschheit, voll Wahrheit, Mäßigkeit, reden allein was wahrhaftig ist, was ehrbar, was gerecht, was keusch, was lieblich und wohllautet, und ist etwa eine Tugend oder ein Lob (Phil. 4, 8) – das läßt sich in ihren Worten und Werken reichlich sehen, hören und merken.

VI
Die wahre Union

Die sechste und letzte Eigenschaft des ewigen Lebens ist die wahre Union oder die vollkommene Einigkeit und Verknüpfung durch das Band der Liebe. Gott, Engel und Menschen sind da durch den stärksten unauflöslichen Liebes-Bund wie Ein Geist und Ein Leib, sintemal sie alle von der heiligen Dreifaltigkeit sehr lieblich ersticket werden und sind alle Eins in Gott und Gott Eins mit ihnen, nicht anders wie alle Glieder des Menschen mit dem Haupt Ein Leib sind und sich einträchtig zusammen halten.

Dieser Union gedenket St. Paulus, da er spricht: Wer dem Herren anhanget, der ist Ein Geist mit ihm. Und: Lasset uns rechtschaffen sein in der Liebe, und wachsen in allen Stücken an Dem, der das Haupt ist, Christus; aus welchem der ganze Leib zusammen gefüget, und ein Glied am andern hänget, durch alle Gelenke; dadurch eins dem andern Handreichung thut, nach dem Werk eines jeglichen Gliedes in seiner Maaße (Eph. 4, 15. 16). Und abermal: Gleich wie Ein Leib ist, und hat doch viele Glieder; alle Glieder aber Eines Leibes, wiewohl ihrer viele sind, sind sie doch Ein Leib. Also auch Christus (l Cor. 12, 12). Ich habe ihnen, sagt Christus zu seinem himmlischen Vater, gegeben die Herrlichkeit die Du mir gegeben hast, daß sie Eins seien gleich wie wir Eins sind; ich in ihnen und Du in mir, auf daß sie vollkommen seien in Eins. Und kurz zuvor: Auf daß sie alle Eins seien, gleich wie Du Vater in mir und ich in Dir, daß auch sie in uns Eins seien (Joh. 17).

O der wunderlieblichen und wundertröstlichen Union, deren allhier mit ganz vortrefflichen Worten gedacht wird! Auf Erden hält man's für eine Freude und Herrlichkeit, und ist auch wirklich eine Lust und gewünschtes Leben, wenn Mann und Weib nach Gottes heiliger Ordnung in keuscher ehelicher Liebe sich lieblich und holdselig vertragen und mit einander wohl begehen, sind Ein Fleisch und Ein Leib; desgleichen wenn Eltern und Kinder aus angeborener, natürlicher Liebe sich halten wie Ein Geschlecht, Bruder und Schwester wie Ein Blut, wenn also die Glieder Einer Familie fest und treu zusammen halten. Aber was sind alle diese Vereinigungen und natürlichen Verknüpfungen gegen die himmlische Union, und Hochzeit, da Gott, Engel und Menschen Ein Geist, Ein Leib und vollkommen Eins genannt werden? Wahrlich, diese himmlische Union muß viel tausendmal stärker, köstlicher, theurer und angenehmer sein, denn alle menschlichen Vereinigungen auf Erden sind. Sie muß wahrlich nichts denn eitel herzliche Freude, eitel grundlose Lieblichkeit, eitel unaussprechliche Frohlockung, eitel himmlische Lust in sich begreifen.

Solches können wir abnehmen aus dem edlen Spruch unseres Herrn Christi, da er diese himmlische Union mit einem so prächtigen Namen begabet und heißet sie die Herrlichkeit Gottes.

Hier denket, lieben Freunde, an die göttliche Herrlichkeit, wie Christus und der Vater Eins sind; alsdann werden wir dem andern Geheimniß viel näher kommen und die himmlische Einheit der Auserwählten mit Gott um so besser verstehen.

Gott ist die Liebe und nach der Liebe Art in ihm selbst geschäftig wie eine lebendige Quelle, aus welcher eitel Werke der Liebe, als: – gebären, geboren werden und im Schooß sitzen, und ausgehen –, entspringen und an dem Vater, Sohn und heiligen Geist sich offenbaren. Und weil die wesentliche Liebe an ihr selbst keine wesentliche Trennung leidet, so sind der Vater, Sohn und heilige Geist – unangesehen daß sie unterschiedliche Eigenschaften haben – nicht drei Götter, sondern nur Ein Gott und Ein Wesen in drei Personen. Dies wesentliche Eins ist an sich selbst eitel Herrlichkeit, Freude und Leben, weil es eitel reine Liebe und der ewige Quell der Liebe ist. Zudem ist Christus auch Eins mit dem Vater, nach der ihm gegebenen Herrlichkeit. Denn Er ist nach seiner menschlichen Natur ein Tempel der ganzen Dreieinigkeit, in welchem die ganze Fülle der Gottheit aus unaussprechlicher Wunderliebe nicht ohne große Freude und Herrlichkeit wohnet.

Dies Geheimniß behalt wohl und denke nun weiter nach, was für eine große Herrlichkeit da sein muß, wo Gott, Engel und Menschen Eins sind nicht auf irdische Weise, wie Mann und

Weib Ein Fleisch genannt werden, auch nicht wie Eltern und Kinder Ein Geschlecht sind, oder Brüder und Schwestern Ein Blut; sondern so vollkommen Eins, daß diese Vereinigung kann an die Seite gestellt werden der Union, welche Christus mit dem Vater hat.

Es will nämlich unser Herr Christus anzeigen, daß nichts Höheres, nichts Edleres, nichts Lieblicheres, nichts Besseres zu finden sei als der einige Gott, der seinem Wesen nach quellet von ewiger Liebe und ist voll von Werken der Liebe, indem der Vater aus Liebe gebieret, der Sohn aus Liebe geboren wird und der heilige Geist aus Liebe von beiden ausgehet. Nun, will Er ferner sagen, sei nächst dieser Einheit und nächst Seiner Vereinigung mit dem Vater keine Herrlichkeit zu finden, die diesem Geheimniß so nahe käme, als die himmlische Gemeinschaft Gottes mit seinen Auserwählten, Engeln und Menschen, da sie alle durch vollkommene Liebe und Gegenliebe vollkommen Eins sind. Da umfängt unser lieber Gott sehr lieblich alle seine Kinder mit den feurigen Ringmauern seiner inbrünstigen Liebe, daß sie in ihm einmüthiglich ruhen und ihn ewiglich loben. Und er wohnet wiederum in ihnen als in seinem Eigenthum. Siehe da eine Herrlichkeit, welche die seligen Bürger und Hausgenossen Gottes nicht für die ganze Welt hingeben würden!

St. Paulus vergleicht diese Union einem Leibe, der wohl viele Glieder hat, aber doch sind die Glieder alle nur Ein Leib. Also, will er sagen, sind Gott, Engel und Menschen wie Ein Mann oder wie Ein Leib.

Was thun nun die Glieder an einem Leibe? Sie hangen an einander und nimmt sich eins des andern an, als wäre es sein eigen. Werden die Füße verwundet und beschädigt, so kränkt sich das Herz, als wären die Füße ein Stück vom Herzen. Ist das Haupt schwach, so hat erst jedes Glied Mitleiden, als wäre es selbst das Haupt. Dies Alles kommt daher, daß sie Ein Leib sind und alle von Einer Seele durch und durch bewohnt werden. Also sind die Kinder des ewigen Lebens im himmlischen Paradies auch wie Glieder Eines Leibes mit dem heiligen Geist durch und durch eingenommen. Gott ist das Haupt und sagt von ihnen: sie sind alle mein! wer sie ängstet, der ängstet mich (Jes. 63, 9). Desgleichen spricht jeder Mensch: alles ist mein! Gott ist mein! die Patriarchen, Propheten und Apostel, Paulus, Apollo, Kephas, sind alle mein! Also sagt ohne Zweifel auch jeder Engel: Gott ist mein, alle Engel und Menschen sind mein, und ist nichts im Himmel, das nicht mein wäre (1 Cor. 3, 21 ff.)

Wo sich Einer erfreuet, da erfreuen sie sich alle; und wo einem Menschen oder einem Engel irgend eine Widerwärtigkeit, Elend oder Unfall begegnete (was doch in alle Ewigkeit nimmer geschieht): so würde solches Gott selbst sofort empfinden, als wären ihm seine Augäpfel angetastet; und das ganze Himmels-Heer würde es durch Anregung des heiligen Geistes mitherzlichem Mitleiden fühlen, als ginge es einen Jeden selbst an. Da würden sie, gleich den Gliedern am Leibes alle mit einander trauern, zuspringen, Rettung thun und nicht eher zufrieden sein können, als bis dem Elenden geholfen wäre. Nun hat man solche Gefahr im Himmel ganz und gar nicht zu besorgen. Ich führe es auch nur an, um anzuzeigen, daß die selige Union unseres Gottes und seiner lieben Engel und Menschen im Himmel über alle Maaßen stark und mächtig ist und daß sie alle brennen von feuriger Liebe, Liebesflammen, Liebesklarheit und Liebesherrlichkeit.

Da sind die Auserwählten und seligen Menschen einig mit dem allmächtigen lebendigen Gott, dessen Bild sie tragen, und sind ihm gleich, daß sie ihn lieben als ihren Liebhaber, ihn erkennen als ihren Erkenner, und wollen alles was er will; sind weise, gerecht, heilig und unsterblich, wie er auch ist. Auch sind sie ähnlich unserem einigen Erlöser und Seligmacher, und sind mit ihm und durch ihn Kinder Gottes, Priester des Allerhöchsten und herrliche Himmelsfürsten, welche in Christo und mit Christo vor dem Angesicht des Vaters ewiglich erscheinen und tragen die Kronen der Gerechtigkeit.

Einig sind sie in Gott ferner mit den heiligen Engeln. Diesen sind sie auch darin gleich, daß sie keines leiblichen Essens und Trinkens mehr bedürfen, auch nicht auf irdische Weise mehr freien noch sich freien lassen, sondern fühlen mit den Engeln eitel reine himmlische Lust, haben gleiche Freude und gleiche Eiligkeit, sehen zugleich das allerlieblichste Angesicht der heiligen Dreifaltigkeit, lieben sich unter einander herzlich, loben ihren Gott einmüthiglich und singen ihm das himmlische Freudenlied: Heilig, heilig, heilig ist Gott der HErr Zebaoth!

Desgleichen halten auch die Auserwählten unter sich Einigkeit und sind wie Ein Leib, vollkommen Eins in Gott und einer dem andern ähnlich, in der Liebe, in der Erkenntnis, im Willen, in der fröhlichen Anschauung Gottes, in der Seligkeit. Einer liebet den Andern als sich selbst, Einer kennet den Andern als sich selbst, und was Einer will, das will der Andere auch. Vater, Mutter, Weib, Kinder, Brüder, Schwestern, Patriarchen, Propheten, Apostel und alle Auserwählten sind alle gleich gesinnt, einmüthig im heiligen Geist und fröhlich in dem Herrn, sie lieben einmüthig das ganze Heer der heiligen Engel als sich selbst, werden auch von den Engeln einmüthig wieder geliebt als wären sie Engel, und haben sie, Engel und Menschen, alle einerlei Lust, einerlei Leben und einerlei Seligkeit.

Sie wissen von keiner Traurigkeit, von keiner Trübsal, von keiner Angst, Schmerzen, Uebeln noch Krankheit, und klaget Keiner dem Andern irgend eine Noth, Gefahr oder Unfall. Sie sind völlig in der Liebe und Keiner schmähet, beleidigt oder verfolgt den Andern. So läßt auch Gott den Tod, welcher ist der Sünden Sold, mit seinen Plagen und Wehetagen zum himmlischen Paradies keines Weges hinein brechen. Denn seine Heiligen leben daselbst ohne Sünde und sind mit keinen sündlichen Gedanken, viel weniger mit groben Schanden und Lastern vergiftet.

Zudem fühlen sie keinen Hunger noch Durst, sondern werden mit himmlischen Gütern gesättigt. Und ob wohl sie mit keinem irdischen Brot, Semmel, Bier, Malvasier- noch Champagner-Wein sich speisen und tränken lassen, so essen dennoch die Lieben Gottes zusammen, daß sie satt werden, und trinken daß sie trunken werden, sitzen zu Tische und sind von Herzen fröhlich. Denn Gott ist selbst ihre Speise und Trank, und kann dem sterblichen, Menschen auf Erden keine Speise, kein feines Gebäck, kein köstlicher Trank, kein duftend Rauchwerk so werth und angenehm sein. Gott selbst ist seinen Auserwählten, Engeln und Menschen, hundert tausendmal anmuthiger und lieblicher. Er speiset und tränket sie mit den reichen Gütern seines Hauses. Er füllet sie mit seinem Geist, daß sie unter einander reden von Psalmen und Lobgesängen und geistlichen Liedern, singen und spiele dem Herrn in ihrem Herzen, und sagen Dank allezeit für Alles Gott und dem Vater in dem Namen unseres HErrn JEsu Christi.

Ein lieblicher Anblick. St. Augustins schöne Gedanken von der Herrlichkeit des ewigen Lebens

Was ist, sagt Augustin, das du liebest, mein Fleisch? und was begehrest du, meine Seele? Dort in jenem Leben ist alles, was du liebst und begehrest. Hast du Lust zur Schönheit? dort werden die Gerechten leuchten wie die Sonne! Begehrest du schnell zu sein, oder willst gern Stärke und Freiheit des Leibes haben ohn alle Hindernisse und Hemmschuhe? dort werden sie gleich sein den Engeln Gottes! Denn es wird gesäet ein natürlicher Leib, und wird auferstehen ein geistlicher Leib; nicht geistlich am Wesen, sondern nach der Kraft (1 Cor. 15). Trachtest du nach einem langen und gesunden Leben? dort wird sein eine gesunde Ewigkeit und eine ewige Gesundheit! Denn die Gerechten werden ewiglich leben, und ihr Heil ist von dem Herrn. Wolltest du gern satt sein? dort sollen sie gesättigt werden, wenn die Herrlichkeit des Herrn erscheinet! Wolltest du gern trunken sein? dort sollen sie trunken werden von den reichen Gütern des Hauses Gottes! Gefällt dir eine schöne wohllautende Musik? dort werden die Engel unserem lieben Gott ohne Unterlaß singen! Willst du keine unreine, sondern eitel reine Wollust? dort wird sie der Herr tränken mit dem Strom der Wollust!

Verlanget dich nach Weisheit? dort wird Gott sich in ihnen erzeigen, wie er selbst die Weisheit ist. Verlanget dich nach Freundschaft? dort werden sie Gott lieben mehr denn sich selbst, und Einer den Andern als sich selbst. Denn Gott wird sie mehr lieben, als sie sich selbst lieben; und sie werden ihn lieben und sich unter einander durch ihn. Verlanget dich nach Einigkeit? dort werden sie alle Einen Willen haben, indem ihrer aller Wille nichts sein wird als der allerhöchste Wille Gottes. Verlanget dich nach Gewalt? dort werden sie allmächtig sein nach ihrem Willen, wie Gott allmächtig ist nach seinem Willen. Denn gleich wie Gott Alles kann, was er will, durch sich selbst: also werden sie auch können Alles, was sie durch Gott wollen. Und gleich wie sie nichts wollen können, als was er will: also wird er auch wollen, was sie wollen. Alles aber, was er will, das muß geschehen.

Verlanget dich nach Ehre und Reichthum? dort wird Gott seine frommen und getreuen Knechte über viele Güter setzen; ja sie sollen Kinder Gottes und Götter heißen, und werden Erben Gottes und Miterben Christi sein. Verlanget dich nach beständiger Sicherheit? dort werden sie deß sicher und gewiß sein, daß es ihnen an solchem Gut nie mangeln wird; so sicher und gewiß sie sind, daß sie es nimmer werden verlieren und daß der leutselige Gott eben solches Gut seinen Liebhabern wider ihren Willen nimmer nehmen wird, daß auch Niemand stärker ist als Gott, der ihn und sie von einander reißen könnte. Ist nun das Gut so herrlich und so groß, wie herrlich und wie groß muß dann wohl die Freude darüber sein?

O du menschlich Herz, du mangelhaftes Herz, du armes Herz, das eitel Trübsal schmelzet und mit Elend hienieden beladen ist – wie hoch würdest du dich freuen, wenn du könntest voll werden solcher edler Güter? Frage deine äußersten und allertiefsten Gedanken, ob sie auch ergründen, und fassen können solche Himmels-Wonne und Seligkeit? Nun denke: wenn Jemand aus deinen allerliebsten Freunden, der dir so lieb wäre als du dir selbst bist, eben dieselbe Seligkeit hätte, so würde deine Freude eine doppelte Freude sein. Denn du würdest dich seinethalben nicht weniger freuen, als du dich deinethalben erfreuest. Desgleichen wenn zwei oder drei oder sonst noch viele von deinen besten, intimsten Freunden eben desselben Gutes theilhaftig wären, da würdest du dich über einen jeglichen ja so sehr freuen als über dich selbst, dieweil du einen jeden so lieb hast wie dich selbst.

Was muß es nun für eine Herrlichkeit sein in der vollkommenen Liebe so vieler heiliger Engel und Menschen, welche nicht zu zählen, da keiner den anderen weniger lieben wird als sich selbst? Denn ein Jeder wird über seines Nächsten Wohlfahrt sich nicht anders freuen, als ginge es ihn selbst an. Und nun bedenke: wenn das menschliche Herz sich nicht genug freuen kann über sein eigen Heil, Wohlfahrt und Seligkeit, sondern ist viel zu schmal und zu eng dazu: wie soll es denn begreifen die Menge und Größe so vieler anderer Freuden, welche den Nächsten angehen?

Denke ferner daran, wie die Freude gemeiniglich mit der Liebe übereinstimmt, indem man gerade so hoch über seines Freundes Heil und Wohlfahrt sich zu erfreuen pflegt, als man ihn liebet. Nun aber, wird dort im ewigen Leben jeder unseren lieben Gott ohn alles Maaß und über alle Dinge lieben, ja mehr denn er alle seine Nächsten sammt sich selbst liebt. Daraus folgt, daß er auch über Gottes Ehre und Majestät sich weit mehr erfreuen wird, als er über seine eigne Herrlichkeit und über die aller Engel und Menschen sich erfreuet. Und wie die Auserwählten Gott vollkommen lieben – doch also daß ihr ganzes Herz, ihre ganze Seele und ihr ganzes Gemüth viel zu gering sind, solcher Liebe nach zu kommen, – so werden sie sich auch ebenso völlig freuen, nur daß ihr ganzes Herz, ihre ganze Seele und ihr ganzes Gemüth zu gering ist, die Fülle solcher Freuden genugsam zu erreichen.

Summa: sie sind alle von Herzen fröhlich, und alle vollkommen Eins durch das Band der Vollkommenheit, welches ist die Liebe, wie St. Paulus (Col. 3, 14) redet. Und diese vollkommene Union ist wegen der inbrünstigen Liebe und Gegenliebe voll majestätischer Klarheit, voll Trostes, voll himmlischer Süßigkeit, voll großer Pracht, großer Herrlichkeit, großer Freude und Wonne, dergleichen kein Auge gesehen, kein Ohr gehöret und kein fleischlich Herz auf Erden jemals hat erdenken noch ergründen können.

Wer möchte genugsam ausreden, was für eine unzählbare Menge der seligen Geister und der himmlischen Herrschaften vor dem Angesichte des allmächtigen Gottes stehen? Was ist das für ein ewiges Fest der Anschauung Gottes? was für eine Freude, die nimmer abnimmt? Wie muß da sein eine Brunst der Liebe, welche nie quälet, sondern nur erfreuet! wie muß da in ihnen eine Begierde sein, Gott zu sehen! Und ist doch all ihr Verlangen nicht eine sündliche Lust, der die Strafe stets auf dem Fuße nachfolgt. Also werden sie gesättigt mit der Anschauung Gottes, und bekommen doch nimmer einen Ueberdruß daran. Wer kann genugsam ausreden, wie selig sie in alle Ewigkeit sind? Wie herrlich müssen sie mit dem wahren Lichte vereinigt sein, nachdem sie selbst zu Lichtern geworden sind!

O Jerusalem, du heilige Stadt Gottes, du erwählete Braut Jesu Christi, ich habe dich von Herzen lieb und es verlanget mich sehr nach deiner Schönheit. O wie prächtig, o wie herrlich und stattlich bist du! Du bist durchaus schön, und ist kein Fehl noch Makel an dir. O sei fröhlich und jauchze, du schöne Fürsten-Tochter, denn der König hat Lust zu deiner Gestalt, und der Schönste unter den Menschenkindern liebet dein edles Wesen.

Aber was ist dein Freund vor anderen Freunden, du Schönste unter den Weibern? Mein Freund, sprichst du, ist **weiß und roth**, auserkoren unter vielen Tausenden. Wie ein Apfelbaum unter den wilden Bäumen, so ist mein Freund unter den Söhnen. Siehe, ich sitze unter dem Schatten deß ich begehre, und seine Frucht ist meiner Kehle süß. Mein Freund stecket seine Hand durch's Loch, und mein Leib erzittert davor. Ich suchte des Nachts in meinem Bett, den meine Seele liebt, ich suchte Ihn und fand Ihn (Hohel. 2, 3; 5)!

O Jerusalem, ich habe ihn auch gefunden, und halte ihn, und will ihn nicht lassen, bis er mich führet in sein Haus und in seine himmlische Kammer. Da wirst du, o meine liebe Mutter Jerusalem, mir deine Brüste reichlicher zu saugen geben, und mit deiner wunderlichen Fülle mich sättigen, daß mich in alle Ewigkeit nicht hungere und dürste. O wie selig wird meine Seele sein, wenn ich dermaleinst sehen werde deine Herrlichkeit, deine Schönheit, deine Thore, deine Mauern, deine Gassen, deine vielen Wohnungen, deine alleredelsten Bürger, und deinen allerdurchlauchtigsten, großmächtigsten König, deinen allergnädigsten König und Herrn in aller seiner Himmels-Pracht und Majestät?

Deine Mauern sind von Edelsteinen gemacht, und deine Thore von den allerbesten Perlen bereitet; deine Gassen von lauterem Golde, darauf ein freudenreiches Halleluja ohn Unterlaß gesungen wird. Deine Häuser und Wohnungen sind auf viereckigen Steinen gegründet, von Saphiren gebaut und mit goldenen Ziegeln gedecket. Zu ihnen gehet Niemand ein, er sei denn rein von Sünden; in ihnen wohnet Niemand, er sei denn unbeflecket (Offenb. 21).

O Jerusalem, meine Mutter, wie schön und lieblich bist du! Dir begegnet nichts Widerwärtiges, wie wir elende Adamskinder auf dieser Welt leiden und in diesem betrübten Jammerthale sehen müssen. In dir ist keine Finsterniß, keine Nacht, keine Abwechselung der Zeiten. Auch ist da kein Licht der Laternen, kein Schein des Mondes, kein Glanz der Sterne. Sondern der Herr JEsus Christus, das Licht vom wahren Licht, die Sonne der Gerechtigkeit, erleuchtet dich ewiglich.

Das weiße und unbefleckte Lamm Gottes ist dein helles Licht und allerschönste Lucerne. Ja das ist deine Sonne und deine Klarheit, daß du dieses Königs Herrlichkeit ohne Unterlaß darfst anschauen. Er, der König aller Könige, sitzt mitten in der Stadt, und seine Kinder stehen um ihn her. Da lassen die Chöre der Engel ihre fröhliche Stimme hören, da läßt sich sehen die Gemeinde der himmlischen Bürgerschaft. Da ist ein süßes Frohlocken aller Auserwählten, welche von dieser betrübten Wallfahrt zu deiner Freude eingegangen sind. Da siehet man die göttlich begabten Propheten, die zwölf Apostel und das sieghafte Heer der unzählbaren Märtyrer. Da erscheinen bei einander die heiligen theuren Bekenner der Wahrheit. Da kommen die stillen Eremiten, die einsamen Klosterbrüder; da kommen die lieben heiligen Frauen; welche alle die Wollüste dieser Welt überwunden haben. Da sind die Jünglinge und Jungfrauen, die ihre Zeit mit heiligem Leben zugebracht. Da sind die Schafe und Lämmer, welche dem Strick der weltlichen Lüste entgangen sind. Sie frohlocken alle mit einander in ihren Wohnungen, Jeder hat seine besondere Herrlichkeit, Alle aber haben einerlei Freude.

Es herrschet da die vollkommene Liebe, weil Gott ist Alles in Allem. Ihn sehen sie ewiglich; und indem sie ihn sehen, brennen sie von Liebe gegen ihn. Sie lieben und loben ihn, sie loben und lieben ihn. Ja sie loben Gott ohne Aufhören, und ohne Mühe.

O wie selig und abermal selig werde ich in alle Ewigkeit sein, wenn ich werde nach Auslösung und Ablegung dieses meines Leibes die himmlischen Freudengesänge hören, welche von den Bürgern des himmlischen Vaterlandes und den Heerschaaren der seligen Geister dem ewigen Könige zu Ehren gesungen werden! O wie selig werde ich sein, wenn ich werde mitsingen und da stehen können vor dem Herzog meiner Seligkeit, und sehe ihn in seiner Herrlichkeit, wie er mir verheißen und gesagt hat: Vater, ich will, daß wo ich bin, auch die bei mir seien, die du mir gegeben hast, daß sie meine Herrlichkeit sehen, die ich bei dir hatte, ehe denn die Welt gegründet ward. Und an einem anderen Orte: Wer mir dienen will, der folge mir nach, und wo ich bin, da soll mein Diener auch sein. Abermal sagt er: Wer mich liebet, der wird von meinem Vater geliebt werden, und ich werde ihn lieben, und mich ihm offenbaren (Joh. 14, 21).

O meine Seele, komm und laß uns alle unsere Gedanken der himmlischen Stadt zuwenden, da wir angeschrieben und zu Bürgern verordnet sind. Laß uns so viel immer möglich als Mitbürger der Heiligen und Hausgenossen Gottes, als Gottes Erben und Miterben Christi den herrlichen Zustand unserer weitberühmten Stadt wohl betrachten und mit dem Propheten David sprechen: »Sie ist fest gegründet auf den heiligen Bergen; der Herr liebet die Thore Zions über alle Wohnungen Jakobs. Herrliche Dinge werden in dir gepredigt, du Stadt Gottes« (Ps. 87, 2. 3).

Ei Du lieber Gott, wann werde ich denn der schönen herrlichen Stadt ansichtig werden, von der geschrieben stehet: die Pforten Jerusalems werden von Saphir und Smaragd gebauet werden, und aus Edelsteinen ringsum alle ihre Mauern?

O du heilige Stadt, du schöne herrliche Stadt, ich grüße dich, du liebe werthe Stadt, von ferne! All mein Verlangen stehet nach dir, du Traute! Ach wie herzlich gerne möchte ich bei dir sein und als ein Bürger in dir haben das Leben mein! Aber das kann mir nicht widerfahren, weil ich noch im Fleisch wohne und mich mit der alten zähen Haut herumschleppe. –

O wie bist du eine gewünschte Stadt! Alle deine Mauern sind nur ein einziger Stein. Gott der Herr selbst ist dein Hüter und Schützer. Deine Bürger sind allezeit fröhlich und guter Dinge. Wie könnten sie auch traurig sein, da sie dich stets von Angesicht zu Angesicht schauen? In dir ist keine Schwachheit, kein Gebrechen, kein Alter. In dir ist kein Zorn, Hader, Zank, Uneinigkeit, Zwietracht; sondern ewiger Friede und Einigkeit, eitel Ehre, ewige Freude, Wonne, Jauchzen und Frohlocken. In dir ist eine stete blühende Jugend und zierliche Tugend. In dir ist Heil, Leben und Seligkeit. In dir ist Gott, an dem die Auserwählten Alles haben, was ihr Herz begehret.

Herrliche Dinge werden von dir gesagt, du Stadt Gottes. Alle, die deine Einwohner sind, freuen sich von Herzen. In dir ist keine Furcht, keine Schwermuth, keine Traurigkeit. Alles was man wünschen kann, bekommt man reichlich in dir. Ja alle deine Bürger und Einwohner empfangen ein voll, gedrückt, gerüttelt und überflüssig Maaß in ihren Schooß. Alle Auserwählten sind Eins, wie der Herr Christus für sie gebeten hat: Gieb, lieber Vater, daß wie du in mir und ich in dir, also sie auch, die du mir gegeben hast, in uns Eins seien. Darum freuet sich die ganze, selige Stadt, und Alles was darin ist, frohlocket und ist guter Dinge. Die glückliche Braut hat ihre Lust und Freude daran, daß ihr der Bräutigam lieblich zuspricht, sie freundlich herzet und holdselig küsset; dafür sie ihrerseits ihren lieben Herrn, ihren Schatz über alle Schätze, lobet und preiset in alle Ewigkeit. –

Ein segensreicher Anblick. Der rechte Gebrauch des edlen hohen Artikels vom ewigen Leben

Da haben wir nun einen kurzen Bericht von dem allerseligsten Vaterland und freudenreichen Paradies des ewigen Lebens. Da haben wir das himmlische Jerusalem, die Stadt Gottes und den Friedenssaal, dahin vor uns gezogen sind alle unsere lieben Freunde, Vater, Mutter, Mann, Weib, Kinder, Brüder, Schwestern und alle Bekannte, welche auf dieser Welt dem Herrn Christo Glauben gehalten, einen guten Kampf ritterlich gekämpfet und den Lauf ihres Lebens seliglich vollendet haben. O der edlen Krone, die ihnen nunmehr, nach erlangtem Siege, von dem großen Feldherrn droben wird aufgesetzt! O der seligen Freude und Wonne, die sie da sehen, fühlen, schmecken, hören und erfahren durch das fröhliche Anschauen Gottes und die ewig währende Gemeinschaft mit allen heiligen Engeln und allen auserwählten Patriarchen, Propheten, Aposteln und allen Bürgern im himmlischen Jerusalem! O der seligen Ruhe, o der ewigen Liebe Gottes, o der großen Herrlichkeit und des freudenreichen Lebens, damit sie nun ewiglich erquicket und getröstet werden! Victoria! der Sieg ist da! drum singen sie: Halleluja!

Ich freue mich vom Grund meines Herzens, sage ich abermal, wie zu Anfang, und meine Seele frohlocket in dem Herrn, so oft ich an dies himmlische Vaterland gedenke. Und ist mir kein Zweifel, wenn nur dies edle hohe Geheimniß, diese trostreiche Lehre uns recht tief eingeprägt und auf die Tafel unseres Herzens gegraben wäre – wir würden die Zeit unseres Lebens mit keinen Gedanken auf der weiten Welt so viel umgehen, als mit den allersüßesten Gedanken an das ewige Leben. Wir würden allerwege davon reden, singen, schreiben, predigen und Gespräche halten, daß uns auch alle Nächte im Schlaf und in den Träumen nichts Anderes als solche Gedanken und Bilder begegneten.

O wie fröhlich würden wir allezeit sein in der Hoffnung, und voll großer Freude und heiligen Ernstes immer trachten nach dem himmlischen Jerusalem, nach der Stadt Gottes und nach der Wohnung der triumphirenden Christenheit, daß wir möchten je eher je lieber dahin kommen! O wie würden wir hierum zu Gott flehen und immerdar seufzen, und gar nichts fragen nach dieser Welt Pracht, Ehre und Wollust, sondern mit unseren Gedanken, Glauben und Hoffnung stets im Himmel sein!

Ihr betrübten Wittwen und Waisen, ihr gottseligen Eltern und Kinder, ihr Brüder und Schwestern, und alle Freunde in Christo, die ihr beweinet den tödtlichen Weggang eurer Lieben, welche in dem Herrn seliglich entschlafen sind: – o wie einen edlen reichen Trost würdet ihr aus dieser süßen Himmels-Lehre schöpfen, wenn ihr sie euch ließet recht zu Herzen gehen! Denn ob wohl ihr herzlich betrübt seid und eure Augen thränen über den Riß, welchen der Tod an eurer Freundschaft und Gemeinschaft gethan, ja ein Stück von eurem Herzen weggenommen hat, da eben die Liebe am größesten war – – – so würdet ihr euch doch darüber freuen, daß eure Geliebten nun bei Gott sind im himmlischen Paradies des ewigen Lebens, da ihr auch, geliebt es Gott, bald werdet hinkommen, und sie mit Freuden wiedersehen, und Einer den Andern tausendmal besser kennen und tausendmal mehr lieben als ihr hier auf Erden gethan habt. Denn das Leben in jener seligen Welt ist eitel himmlische Liebe, ist ein Freuden-Leben, da Gott seine Liebe sehen läßt und wird von seinen Kindern herzlich wieder geliebt. Da ist auch die Liebe des Nächsten vollkommen rein und ohne Sünde, daß Einer den Andern liebet als sich selbst. Und warum nimmt euch der liebe Gott eure Freunde? warum hat er sie von der Welt ab und zu sich gefordert; und euch durch den zeitlichen Tod getrennt? warum anders als weil Er will, daß ihr alle eure Gedanken sollt von der Erde gen Himmel hinwenden? Er will es, daß wir unser herzliches Verlangen nach ihm und nach dem ewigen Leben hinrichten, damit wir alle droben in heiliger Liebe, Liebes-Freude und Liebes-Herrlichkeit wieder zusammen kommen. Ja das walte Gott!

Ihr Jünglinge und Jungfrauen, wolltet ihr nur einmal den fröhlichen Artikel vom ewigen Leben recht fassen und fest behalten: wie würdet ihr euch dann aller weltlichen Lustseuche entschlagen und mit heiliger himmlischer Liebe umgehen! Wie würdet ihr singen eitel geistliche Brautlieder von Christo, dem Schönsten unter den Menschenkindern, und seiner ewigen Hochzeit in dem himmlischen Paradies des ewigen Lebens! Ja dann würdest du zu deiner Seele sagen: O meine Seele, es freiet um dich der König Himmels und der Erden, JEsus Christus, der da hat holdselige Lippen und ist ein König aller Könige und ein Herr aller Herren. O meine Seele, der dich geschaffen hat, der ist dein Bräutigam. Da du verdammt warst in Sünden zur Hölle, da hat er dich geliebet bis in den Tod. Er ist aus großer Liebe für dich gestorben, daß du vom Tode zum ewigen Leben errettet würdest. Und nun läßt er dich aus großer Liebe durch sein Wort berufen, daß du an ihn glaubest und dein herzliches Vertrauen auf ihn setzest. Wenn du das thust, wird er dich nach diesem Leben aus großer Liebe zu sich hinauf nehmen in das Paradies seines Vaters, und daselbst in großer herrlicher Versammlung seiner heiligen Engel eine ewige freudenreiche Hochzeit mit dir halten. O meine Seele, wie wird Gott der Vater in seinem Sohne, und der Sohn im Vater, dich so freundlich und so lieblich anblicken und anlachen, dazu aus großer Liebe mit seinem heiligen Geist dich so tröstlich erfüllen als wäret ihr Ein Leib und Ein Geist, daß du für solche Herrlichkeit nicht aller Welt Freude und Wollust nehmen würdest. O meine Seele, willst du nun etwas von Herzen lieben, so habe nicht lieb die Welt noch was in der Welt ist, sondern laß deine Liebe hingerichtet sein zu dem allerschönsten, allerfreundlichsten, allerreichsten und allerprächtigsten Ehrenkönig, der dir dein Herz zur Genüge sättigen wird, was doch sonst keine irdische Pracht, Freude und Lust thun kann.

Also würdet auch ihr Könige, Fürsten und Regenten auf Erden, wenn dieser Artikel euch nur recht bekannt wäre, mit himmlischen Gedanken umgehen und mit dem König David sagen: »Wie der Hirsch schreiet nach frischem Wasser, so schreiet meine Seele, Gott, zu dir! Meine Seele dürstet nach Gott, nach dem lebendigen Gott! wann werde ich dahin kommen, daß ich Gottes Angesicht schaue (Ps. 42)?« Ihr würdet in ernstlicher Erwägung, daß das ewige Leben ein Leben der inbrünstigen und ungefärbten Liebe ist, über alle Dinge unseren lieben Gott, und danach eure Unterthanen herzlich lieben, und den Anfang des ewigen himmlischen Lebens mit solcher Liebe beweisen. Ihr würdet aus aufrichtiger Liebe zu Gott mit allem Fleiß über rechter reiner Lehre des Evangelii in euren Städten, Flecken, Dörfern, Kirchen und Schulen halten. Ihr würdet die Thore weit machen und die Thüren in der Welt hoch aufthun, daß der König der Ehren zu euch und den Euren einzöge (Ps. 24). Aus rechter väterlicher Liebe würdet ihr Recht schaffen den Armen und Waisen, und helfen den Elenden und Dürftigen (Ps. 82). Ihr würdet euch als Kinder des Lichts aller weltlichen Pracht und Hoffahrt entschlagen; nach Liebe, Frieden und Einigkeit trachten, Land und Leute mit neuen Bürden und neuer Schatzung nicht beschweren, sondern als Himmelreichs-Fürsten würdet ihr brennen von heiliger himmlischer Liebe und die christliche Liebe im ganzen Regimente leuchten und merken lassen.

Ihr Christen hohen und niedrigen Standes, ihr Edelleute, ihr Bürger und Bauern, ihr Männer und Frauen, ihr Reichen und Armen, ihr Großen und Kleinen, ihr Alten und Jungen: ihr würdet euch in der Welt Händel und Geschäfte, in Sorgen der Nahrung, in zeitliche Güter, Reichthum, Pracht, Herrlichkeit und vergängliche Wollüste nicht so sehr vertiefen und verwickeln. Ihr würdet euch mit Maria halten zu Gottes Wort, zu den Füßen Christi, und das beste Theil erwählen, das uns nicht kann genommen werden (Luc. 10). O wie würdet ihr trachten nach dem Reiche Gottes und nach seiner Gerechtigkeit (Matth. 6)! Wie würdet ihr Gott, euren allmächtigen Liebhaber, so herzlich lieben, und daran denken mit allem Fleiß, wie ihr nur möchtet in seiner Liebe und in seiner Erkenntniß täglich wachsen und zunehmen! Und welch eine Liebe des Nächsten würde unter euch sein, daß Einer den Andern liebete als sich selbst! Ja, ihr ließet allen Groll, Hader, Haß, Zorn, Verbitterung, Neid und Feindschaft fahren!

Desgleichen alle ihr armen elenden Christen, die ihr müsset auf dieser Welt durchs Jammerthal gehen und traurige Augenbrunnen machen: o daß ihr diesen edlen Artikel vom ewigen Leben recht wüßtet und verständet! Wie würdet ihr dann so fröhlich sein in der Hoffnung, und dem Herrn Christo sein sanftes Joch, welches er euch aufgelegt hat, so geduldig nachtragen! Ihr würdet immer an das ewige Leben und an das himmlische Vaterland gedenken und mit St. Paulo sagen: »Unsere Trübsal, die zeitlich und leicht ist, schaffet eine ewige und über alle Maaßen wichtige Herrlichkeit, uns, die wir nicht sehen auf das Sichtbare, sondern auf das Unsichtbare. Denn was sichtbar ist, das ist zeitlich; was aber unsichtbar ist, das ist ewig« (2 Cor. 4, 17. 18).

Ja, wir alle mit einander würden dieser trostreichen Lehre vom ewigen Leben uns jederzeit hoch erfreuen, und so lange wir auf Erden sind, sie zu vielerlei Nutz und Frommen gebrauchen. Fürs Erste würden wir sie uns dienen lassen zur Vermahnung, daß wir stets in heiliger Liebe wandelten gegen Gott und den Nächsten. Fürs Andere würden wir daraus schöpfen lebendigen und beständigen Trost in allerlei Kreuz und Anfechtung. Fürs Dritte würde sie uns geben fröhliche Anleitung, daß wir lernten der Welt absterben aus inbrünstiger Hoffnung auf das himmlische Vaterland. Endlich zum Vierten würden wir uns dadurch bewegen lassen zum Gebet, daß wir ein immerwährendes Verlangen nach Gott trügen und um das ewige Leben recht seufzeten.

I

Die heilige Mahnung zum Wandel in der Liebe gegen Gott und den Nächsten

Zunächst ist wohl über allen Zweifel gewiß: wenn wir uns aus heiliger göttlicher Schrift immer recht daran erinnerten, was die Auserwählten im Himmel für einen Wandel führen, so würden wir mit allem Fleiß danach trachten, daß unser Leben in dieser Welt jenem Leben in der anderen Welt so viel als möglich ähnlich werde. Nun aber ist das ewige Leben im himmlischen Jerusalem, dahin wir ein sehnliches Verlangen tragen, nichts Anderes, denn eine ewige Hochzeit und ein Leben der ewigen inbrünstigen Liebe zwischen Gott und seinen Auserwählten. Stirbt ein Christ und dringt durch den Tod zum ewigen Leben hinein, so kommt die Seele alsbald in das Paradies (Luc. 23, 43), da Alles leuchtet und brennet von unaussprechlicher süßer Liebe, von heiliger Liebes-Freude, Liebes-Kraft und Liebes-Herrlichkeit. Also warten wir auch am jüngsten Tage eines neuen Himmels und einer neuen Erde, darin Gerechtigkeit wohnet, und diese Gerechtigkeit wird sein eitel reine Liebe zwischen Gott und seinen herzlieben Engeln und Menschen (2 Petr. 3, 13).

Solches würden wir ohne Unterlaß jederzeit fleißig bedenken, und uns also bei Zeiten schicken lernen in die Art und Weise des himmlischen Lebens; uns auch hüten vor allem gottlosen Haß, Neid, Feindschaft und teuflischen Werken, welche der Liebe zuwider sind und nicht in den Himmel, sondern in die Hölle gehören. Wir würden als Kinder Gottes und Erben des ewigen Lebens, als Kinder des Lichts, voll heiliger Liebe sein, wie auch voll heiliger Freundschaft und voll heiliger Einmüthigkeit. Darin würden wir fort und fort wandeln und von keinem teuflischen Zorn, Hader noch Rachgierigkeit wissen. Und gleichwie ein Mensch den Anfang seines Lebens schöpfet im Mutterleibe, ehe denn er des vollkommenen Lebens auf dieser Welt fähig und theilhaftig wird, also würden auch wir in dieser Welt durch Regierung und Kraft des heiligen Geistes den Anfang machen des himmlischen Lebens, welches ist ein Leben der ewigen Liebe, ehe denn wir aus dem Reich des Glaubens in das Reich des Schauens versetzt werden.

Wer Gott liebet und den Nächsten, und in solcher Liebe wächset und zunimmt, der führet ein Paradies-Leben auf Erden und einen himmlischen Wandel, ob er gleich noch im Fleisch pilgert und wallet. Wie St. Johannes sagt: »Wir wissen, daß wir aus dem Tode ins Leben kommen sind, denn wir lieben die Brüder« (1 Joh. 3, 14). Und einem solchen Leben würden wir immer weiter nachtrachten und in heiliger Liebe wandeln, wenn wir anders begehren, in den Himmel zu kommen und Gemeinschaft zu haben mit Gott und seinen Auserwählten, welche durch eitel Liebe und Gegenliebe stark zusammen geknüpft sind. So ist auch die Liebe das Kennzeichen, daran Gott die Seinen kennet und urtheilet, ob sie Theil haben am ewigen Leben. »Dabei, sagt Christus, wird Jedermann erkennen, daß ihr meine Jünger seid, so ihr Liebe unter einander habt« (Joh. 13, 35).

O wie würden wir uns dies lassen einen Ernst sein, wenn nur das Verlangen nach dem ewigen Leben in unseren Herzen als ein Feuer brennete und wallete! Wie würden wir dahin stets trachten, daß wir vor allen Dingen Gott liebeten von ganzem Herzen, von ganzer Seele und von ganzem Gemüthe, und danach auch unseren Nächsten als uns selbst! Denn solche Ordnung der Liebe schreibt uns das Gesetz vor. Das ist der ewig unwandelbare Wille Gottes, der keine Aenderung leidet, wie menschliche Verfassungen, und nirgends vollkommener als im Himmel erfüllt wird.

Dann würde kein Blutstropfen in unseren Adern und kein Aederlein an unserem ganzen Leibe sich regen, ja nichts in unseren Seelen, nichts in unseren Gedanken und nichts in unseren Herzen sein, das nicht glühete von inbrünstiger feuriger Liebe zu Gott dem Vater, zu Gott dem Sohn und zu Gott dem heiligen Geist. Dann würden Jünglinge und Jungfrauen von keiner Liebe so viel unter einander reden, singen und Gespräch halten, als von der Liebe, damit uns Gott liebet, und von unserer Gegenliebe zu ihm. Mann und Frau würden Gottes Liebe ohne Unterlaß rühmen, preisen und hoch erheben, und mit ihren Kindern und Gesinde nichts Höheres suchen noch wünschen, denn daß sie eine lebendige **Hauskirche** des allmächtigen Gottes, mit Leib und Seele sein Eigenthum, sein Tempel und seine Wohnung wären. Es würde ein armes Dienstmägdlein oder sonst ein verachtetes Erdwürmlein in Betrachtung dieses edlen Artikels jederzeit vor Freuden in vollen Sprüngen gehen und denken: was frag ich danach, ob ich in der Welt unwerth und verachtet bin! ist doch Gott im Himmel mein Freund, mein allerliebster Vater, mein allertheuerster Heiland und mein höchster Tröster! Du würdest mitten im Kreuz dich mit der grundlosen Liebe deines Gottes herzlich trösten und allerwege voll himmlischer Freude sein. Du würdest brennen von himmlischer Liebe Tag und Nacht, und dein Herz mit solchen Liebes-Pfeilen durch Gottes Wort vom heiligen Geist verwunden lassen, daß du es fühletest in allen deinen Gliedern. Dazu würdest du täglich zu Gott dem Herrn seufzen und mit solchen Worten dein Herz gegen ihn ausschütten:

O mein allerliebster Gott, ich bin krank vor Liebe zu Dir und kann nicht eher zufrieden sein, als bis ich Dein Antlitz in Gerechtigkeit schaue.

> »Laß mich in Deiner Liebe
> und Erkenntniß nehmen zu,
> Daß ich im Glauben bleibe
> und diene im Geist also,
> Daß ich hier möge schmecken
> Dein' Süßigkeit im Herzen
> und dürsten stets nach Dir!«

Laß mich doch Dich lieben von ganzem Herzen, von ganzer Seele und von allen Kräften, und meinen Nächsten als mich selbst; auf daß in dieser Welt mein Herz möge angezündet und angesteckt werden mit dem Licht des himmlischen Lebens, welches in Deinem Paradiese ist!

Ich liebe dich, Herr mein Gott, sagt meine Seele mit St. Augustin, und wollte Dich gern je länger je mehr lieben. Denn Du mir in Wahrheit süßer schmeckest als Honig. Du nährest mich lieblicher, als die beste Milch, und bist mir heller als das hellste Licht. Darum liebe ich Dich über Gold und Silber und über alles Edelgestein. Alles was ich auf Erden anfange, das mißfällt mir und will nicht fort; so gar hat mich die Liebe besessen und das Verlangen, das ich nach Deiner Süßigkeit und dem schönen Schmucke Deines Hauses trage. O Gott, Du edles Feuer das stets brennet und nimmer ausgehet noch ausgelöscht werden kann; o du himmlische Blume, die nimmer welk wird: zünde mich doch an und laß mich von dir angesteckt werden, daß ich Dich ganz und gar liebe und alle meine Liebe nur nach Dir hingerichtet sei. Denn Du wirst nicht vollkommen, sondern schlecht geliebt, wenn man etwas neben Dir liebt, das man nicht in Dir und allein um deinetwillen liebt.

Ich will Dich lieben, Herr mein Gott, denn Du hast mich erst geliebet. Aber woher nehme ich Worte, damit ich genugsam rühme und ausstreiche die Zeichen Deiner großen Liebe, die Du zu mir trägst? Unzählig sind die Wohlthaten, damit Du mich von Anfang her begabet hast. Da ich nichts war, hast Du mich geschaffen nach Deinem Bilde. Du hast mich geehret und erhöhet über alle Creaturen, welche Du gemacht hast. »Du hast mich wie Milch gemolken und wie Käse lassen gerinnen. Du hast mir Haut und Fleisch angezogen, mit Beinen und Adern hast Du mich zusammengefügt. Leben und Wohlthat hast Du an mir gethan, und Dein Aufsehen bewahret meinen Odem« (Hiob 10, 10-12).

Das Alles hast Du aus großer Liebe gethan. Und da ich todt war in Sünden, hast Du aus großer Liebe mir Deinen allerliebsten Sohn geschenkt, und ihn lassen Mensch werden und sterben um meiner Sünde willen, und auferstehen um meiner Gerechtigkeit willen; auf daß ich an ihn glaube und durch den Glauben selig werde. Du giebst mir auch aus großer Liebe, um Deines allerliebsten Sohnes willen, den lieben heiligen Geist, der mich erleuchte, regiere und führe, auf daß ich Dich, den wahren Gott, und den Du gesandt hast, Jesum Christum, recht erkenne.

Darum liebe ich Dich, Herr mein Gott, mit großer Liebe, und wollte Dich von Herzen gern noch viel mehr lieben. Ach verleihe mir doch, daß ich Dich allerwege liebe, so viel als ich selbst will, und so viel als ich Dich zu lieben schuldig bin. Daß Du allein mögest sein das Ziel, dahin ich alle meine Sinne und alle meine Gedanken immerdar richte. Wo finde ich Dich aber, mein allerliebster Vater, und wo willst Du Dich finden lassen, denn nur in Deinem allerliebsten Sohn? Und wo läßt sich Dein Sohn finden, daß ich ihn liebe, denn nur in seinem Wort? »Wer mich liebet, der wird mein Wort halten, und mein Vater wird ihn lieben, und wir werden zu ihm kommen und Wohnung bei ihm machen« (Joh. 14, 23). Dies Wort will ich behalten in meinem Munde und in meinem Herzen. So gieb nun, daß ich Dich liebe in Deinem Sohn, und liebe Deinen Sohn in seinem Wort, und liebe sein Wort in meinem Herzen, daß ich nichts liebe, nichts begehre und nichts suche, was fleischlich, irdisch und des alten Adams ist, sondern daß ich Dich liebe und Dich habe, mit Deinem eingebornen Sohn und mit seinem Wort, in meinem Munde und in meinem Herzen. –

Desgleichen liebe ich Dich, mein allerliebster Herr Jesu, ich habe Dich von Herzen lieb und wollte daß ich Dich könnte immer mehr und mehr lieben. Ach gieb mir doch, mein Herr und mein Gott, daß ich ein fortgehendes Verlangen nach Dir trage und Dich liebe so sehr als ich will und soll. Du bist unermeßlich, und solltest billig ohne Maaß geliebet werden, sonderlich von uns, die Du hast bis in den Tod geliebet und hast uns erlöst und so große Dinge an uns gethan.

O Jesu, du ewig brennende Liebe, Du süßer Herr Christe, Du guter Jesu, du wahre Liebe: zünde doch an alles, was ich habe, mit dem Feuer Deiner Liebe! Stecke mich an mit Deiner Lieblichkeit, mit Deiner Freude, mit immerwährender Begierde nach Dir! Denn solche Begierde ist eine heilige, gute, keusche, reine Begierde; daß ich, ganz und gar mit der Süßigkeit Deiner Liebe erfüllet und mit Deinen Liebesflammen durchfeuert, Dich meinen allersüßesten, allerschönsten Herrn und Heiland lieben möge von ganzem Herzen, von ganzer Seele und von allen Kräften. Wende alle meine Gedanken zu Dir, daß mir das Herz im Leibe wehe thut und daß ich herzlich schreien und weinen möge von inbrünstiger Liebe zu Dir. Laß mich Deiner wahrnehmen mit Furcht und Zittern, und Dich haben und behalten in meinem Herzen, in meinem Munde und vor meinen Augen an allen Orten, damit nicht irgend fremde Liebe mich ergreife.

Ach komm, mein allerliebster Herr Jesu, kehre zu meiner Seele ein und bereite sie Dir, die Du erschaffen und so theuer erworben hast, daß sie möge Dein eigen sein. Ich bitte Dich: verschmähe nicht mein herzlich Flehen! Denn ehe ich Dich anrief, hast Du mich gerufen und gesucht, damit ich Dein Eigenthum würde und Dich suchte. Und wenn ich Dich suchte, sollte ich Dich finden, und wenn ich Dich fände, sollte ich Dich lieben. Nun habe ich Dich gesucht und habe Dich gefunden, Herr mein Gott, und begehre Dich zu lieben.

Darum vermehre in mir doch das inbrünstige Verlangen nach Dir und versage mir nicht, darum ich Dich bitte. Wenn Du mir gäbest alles was Du gemacht hast, so könnte doch Deinen Diener solches Alles nicht sättigen, wo Du nicht Dich Selbst mir schenktest. Ach Herr, ja Dich selbst wollte ich gern haben, Dich selbst wollest Du mir schenken! Ach mein Gott, gieb Dich mir! Siehe ich habe Dich herzlich lieb, und ist es zu wenig, so laß mich Dich noch stärker lieben. Mit Deiner Liebe bin ich umfangen und brenne von inbrünstigem Verlangen nach Dir. Du hast mir mein Herz besessen, Deiner kann ich nicht vergessen.

Siehe, während meine Seele nach Dir seufzet und gedenket an Deine unaussprechliche Güte, fühle ich Linderung meines Jammers und Elends auf dieser Welt, daß mich die Bürde meines Fleisches nicht so hart beschweret wie sonst. Ja meine verworrenen und unruhigen Gedanken legen sich, und meine Sterblichkeit, wie auch meine vielfältige Trübsal kränket mich nicht, wie es sonst zu sein pflegt. Es wird alles still, mein Herz fängt mir an zu brennen, mein Gemüth frohlocket, mein Gedächtniß verjünget sich, mein Verstand wird hell, mein Geist ist angezündet mit inbrünstiger Begierde Dich zu schauen und trachtet mit großer Liebe nach den unsichtbaren himmlischen Gütern.

O daß mein Geist könnte Adlerflügel nehmen und fliegen rastlos und würde nicht müde! Daß er flöge und käme zu Deinem allerschönsten Hause, Du Sohn Gottes, zu dem Thron Deiner Herrlichkeit, und möchte da mit allen Himmelsbürgern erquicket werden! Daß er möchte schmecken Deine heimlichen Güter auf der schönen Aue, bei dem Strom des lebendigen Wassers! O Jesu, Du bist meine ganze Hoffnung, meine beste Freude, mein zukünftiger Lohn. O gieb daß meine Seele Dich stets suche und nimmer müde werde!

Ach wehe der armen Seele, die Christum nicht suchet und nicht liebet! wie muß sie doch verdorren und verschmachten in ihrem Elend! Es ist alles verloren, was ein Mensch liebt, der Dich, Herr mein Gott, nicht liebt. Wer nicht bedenkt, daß er um Deinetwillen, Dir zu Lob und zu Ehren zu leben hat, der ist für nichts Großes zu achten. Wer Dir nicht leben will, der ist lebendig todt, und wer in Dir nicht weise ist, der ist ein Narr.

Du allerbarmherzigster Herr Jesu, ich befehle mich Dir, ich ergebe und übergebe mich Dir. Durch Dich bin ich, was ich bin; Dir leb ich allein. Dir traue ich, auf Dich baue ich, der Du mich wirst vom Tode aufwecken, der Du mich lebendig machest und schaffest mir Ruhe. Dich allein begehre ich, Dich liebe ich, Dich rufe ich an, mit Dir werde ich bleiben, mit Dir werde ich herrschen, mit Dir ewig selig sein. Eine Seele, die Dich nicht suchet, die liebet die Welt und dienet den Sünden, ist den Lastern unterworfen und kann nimmer still und nimmer sicher sein.

O Du allergütigster Herr Jesu, gieb daß meine Sinne Dir ewiglich dienen. Laß mich in dieser meiner betrübten Wallfahrt und Pilgrimschaft doch ja ohn Unterlaß nach Dir seufzen! Es müsse meine Seele in Dir ruhen und in ihrer Ohnmacht stets auf Dich schauen, Du Anfänger und Vollender des Glaubens. Laß mich doch Dein Lob singen mit großem Frohlocken, und gieb daß ich hieran meinen Trost habe in diesem meinem Elend! ja daß mein Gemüth von der Hitze der weltlichen Gedanken sich abwende und seine Flucht nehme zu dem Schatten Deiner Flügel! Mein Herz müsse Rast und Ruhe in Dir haben. Denn außer Dir ist es wie ein wild und wallend Meer voll unruhiger Gedanken, die daher rauschen wie Fluthen und brausen wie Wasserwogen.

O reicher Gott, der Du mit guter himmlischer Speise uns kannst mildiglich sättigen, speise mich doch auch, der ich matt und müde bin. Bring meine zerstreueten Gedanken wieder zurecht. Errette mich armen Gefangenen, heile meinen zerknirschten und zerschlagenen Geist! Siehe, ich stehe vor Deiner Gnadenthür, und klopfe an mit meinem Gebet. Ich bitte Dich durch Deine herzliche Barmherzigkeit, damit Du uns besucht hast, Du Aufgang aus der Höhe: gebeut doch, daß mir Elenden werde aufgethan, damit ich mit freien Tritten zu Dir einkehre, in Dir ruhe und mit Deinem Himmelsbrot gespeiset und erquicket werde! Denn Du bist das wahrhaftige Manna und die lebendige Wasserquelle. Du bist das wahre Licht, das da leuchtet in ewiger Klarheit. Du bist alles das, woraus Deine Liebhaber ihr seliges Leben schöpfen.

O mein Gott, der Du bist das Licht aller Herzen die an Dich glauben, das Leben aller Seelen die Dich lieben, die Kraft aller Gedanken die Dich suchen: verleihe mir, daß ich in Deiner heiligen Liebe wandle! Ich bitte Dich: komm doch und kehre zu meinem Herzen ein, daß es aller zeitlichen Dinge vergesse und nur nach den ewigen Gütern trachte. Ich schäme mich zu sehen, was die schnöde Welt begehret und anrichtet. Was ich auf Erden sehe, das ist mir lauter Traurigkeit. Was ich von vergänglichen Dingen höre, das ist mir beschwerlich und verdrießlich. Darum hilf mir, Herr mein Gott, und gieb meinem Herzen die rechte selige Freude! Komm zu mir! o komm zu mir! Kehre bei mir ein, wie bei dem glücklichen Zachäus, und laß mich Dein Antlitz sehen!

Aber freilich ist mein Herz ein enges Haus. Es ist viel zu klein, viel zu gering, Dich zu empfangen. Darum wollest Du es Selbst erweitern! Es ist sehr baufällig – darum wollest Du es Selbst repariren, lieber Herr, und Dir zur Wohnung bereiten! Auch bekenne ich, daß es mit vielen Untugenden befleckt ist, die Deine heiligen reinen Augen anekeln müssen. Aber wer kann es sonst reinigen, als Du? und wem soll ich es klagen, denn Dir, Herr, allein? Verzeihe mir meine verborgenen Fehler, und bewahre mich vor den Stolzen!

Ach Du süßer Heiland, Du guter Jesu, verleihe mir doch daß ich aus inbrünstiger Liebe und herzlicher Sehnsucht nach Dir von mir ablege und abwerfe alle fleischlichen Lüste und alle irdischen Begierden! Laß mich ja nicht gehorchen des Fleisches Trieben, sondern gieb, daß das Fleisch der Seele, die Seele der Vernunft, die Vernunft Deiner Gnade unterthänig sei. Laß mich ganz und gar, sammt allem was ich bin und habe, mein Auswendiges und mein Inwendiges, Dir unterworfen sein! Gieb mir, daß meine Zunge und alle meine Gebeine Dich loben. Auch erweitere mir meine Sinne, und wende die Augen meines Herzens zu Dir hinauf in die Höhe, daß mein Geist mit schnellen Gedanken zu Dir komme und Dich erreiche, der Du bist die ewige Weisheit. Zudem bitte ich Dich, Du wollest mich lösen von allen Banden der zeitlichen Sorge, daß ich mit Hintenansetzung aller Dinge zu Dir eile, um Dich allein mich bekümmere, und Deiner stetig warte!

Ei Du allersüßester Jesu, ei Du allergütigster, Du allerbester, Du allerwerthester, Du allerangenehmster, Du allerfreundlichster und allerschönster Herr Jesu! ich bitte Dich: geuß doch sehr tief in mein Herz hinein die Ströme Deiner Süßigkeit und die Flamme Deiner Liebe, daß ich nichts möge begehren was irdisch, was fleischlich und vergänglich ist, sondern daß ich allein Dich liebe und allein Dich habe in meinem Herzen und in meinem Munde. Schreibe mit Deinen Fingern in mein Herz das Gedächtniß Deines honigsüßen Namens, daß ich meines JESU nimmermehr vergesse. Schreibe auf die Tafel meines Herzens Deinen Willen und Deine Rechte, daß ich Dich und Deine heiligen Gebote stetig vor Augen habe.

Zünde meine Seele doch an mit Deinem Feuer, welches Du vom Himmel auf die Erde herab gebracht hast, und wolltest daß es sehr brennete. Zünde mich damit an, daß ich Dir einen zerknirschten Geist und ein zerschlagenes Herz alle Tage mit Thränen opfern kann. O mein lieber HErr, es verlanget mich sehr nach Dir, und ich bitte Dich von ganzem Herzen: gieb mir eine heilige Liebe zu Dir, die mich fasse und erfülle ganz und gar. Und gieb mir doch auch ein augenscheinlich Kennzeichen solcher Liebe! Darum, bitte! laß meine Augen zwei lebendige Wasserbrunnen und Thränenquellen sein, die stets fließen und übergehen, daß meine Thränen mögen öffentlich Zeugniß geben von meiner inbrünstigen Liebe zu Dir.

Ich weiß wohl und bekenne, Herr mein Gott: Du hast mich geschaffen, darum bin ich Dir mich selbst ganz und gar schuldig. Du hast mich auch erlöst und bist um meinetwillen Mensch geworden, darum bin ich Dir noch mehr schuldig. Ja ich bin Dir ein Größeres schuldig, als mich selbst, und zwar ein so viel Größeres, als Du größer bist wie ich, für den Du Dich dahingegeben hast. Aber siehe, nun habe ich nichts mehr, und ohne Dich habe ich überhaupt gar nichts, das ich Dir geben könnte. Darum nimm Du mich, und zeuch mich nach Dir, daß ich Dein eigen sei, und Dir, mein Held, wahrhaftig nachfolge! –

Desgleichen habe ich Dich herzlich lieb, Herr Gott heiliger Geist. Du Geist des Vaters und des Sohnes, erleuchtest mich aus großer Liebe und machst mich aus großer Liebe lebendig. O Du wahrhaftiges Licht, Du heiliges Licht, Du wunderliebliches und wundertröstliches Licht! komm mit starker Kraft, brich zu meinem finstern Herzen ein und erleuchte es mit Deinem Glanz, Deiner Klarheit, Deinem hellen Schein! Verwunde alle meine heimlichsten und inwendigsten Gedanken mit dem Pfeil Deiner Liebe, und zünde sie an mit inbrünstigen Flammen der herzlichen Begierde nach Dir. Komm und wohne in mir, und mache mich zu einer Behausung Gottes des Vaters und seines eingebornen Sohnes! Komm, Du allergütigster Tröster, komm Du heiliges Licht, edler Hort, komm und tränke mich mit dem Strom deiner Wollust, daß ich ja nicht lüstern werde nach der giftigen Süßigkeit dieser Welt!

Herr mein Gott, das Licht Deiner Liebe und Deiner Erkenntniß ist angegangen in meinem Herzen – deß bin ich froh. Es ist aufgegangen wie ein Morgenstern und erfreuet mir alle meine

Glieder. O vermehre es doch, daß es größer werde und mich ganz und gar einnehme! Was mag es doch für eine Freude sein? was mag es doch für ein Feuer sein, das mir mein Herz so erwärmt? was mag es doch für ein Licht sein, das in meinem Herzen so hell scheinet? O du heiliges Feuer, das nicht ausgehet, zünde mich an! O du heiliges Licht, das nimmer dunkel wird, erleuchte mich! O Herr Gott heiliger Geist, daß ich möchte brennen von dem Feuer Deiner Liebe! Ei du stille heilige Ampel, wie süß brennest du! wie heimlich leuchtest du! wie sanft zündest du die Herzen an!

Erleuchte mich, Herr mein Gott, und reinige mir die Augen meines Herzens, daß ich Dich sehen möge! Wird Dich doch Keiner sehen, der nicht reines Herzens ist. Nimm weg und thue von mir ab die Schuppen meiner Finsterniß, daß ich Dich selbst und in Deinem Lichte das Licht sehen kann. Nun Herr, mein ewiges Licht, ich danke Dir. Siehe, ich sehe Dich mit den Augen meines Herzens, o vermehre und stärke in mir solch Gesicht, daß es heller und klarer werde. Eröffne mir meine Augen, daß ich bedenke die Wunder Deiner Rechten, der Du so wunderbarlich bist in Deinen Heiligen. Ich danke dir, mein allerliebstes Licht. Siehe, ich sehe dich, aber durch einen Spiegel im dunkeln Wort. Wann soll es sein von Angesicht zu Angesicht? Wann kommt doch einmal der Tag der Freude und Frohlockung, da ich eingehen werde zu den Hütten der Gerechten und zu dem Hause meines Gottes, da ich dich sehe von Angesicht zu Angesicht und da mein höchster Wunsch endlich in Erfüllung geht? – –

Sehet, lieben Freunde, also würden wir unser Herz gegen Gott ausschütten und ein unablässig Verlangen nach ihm tragen, wenn nur die Lehre vom ewigen Leben recht in uns eingepflanzt wäre.

Denn wer Gott recht liebt, der denkt immer: wann werde ich zu Gott kommen? wann werde ich die Welt verlassen? wann werde ich von meiner sterblichen Hülle erlöst werden, daß ich den rechten beständigen Frieden finde? Solcher Mensch hat sein Herz und sein Verlangen immer gen Himmel gerichtet, und wo er sitzt, wo er steht, wo er geht, wo er ruht, wo er was thut, da ist sein Herz nimmer von Gott abgewandt. Er reizet und vermahnet alle Leute zu der Liebe Gottes; er rühmet gegen Jedermann, wie süß diese Liebe, und wie dagegen der Welt Liebe eine gallenbittere und schädliche Liebe sei. Er verachtet alle weltliche Pracht, schilt die Bauchsorge, lehret was für eine große Eitelkeit es sei, sein Vertrauen auf vergängliche Dinge zu setzen, und verwundert sich über der Menschen Blindheit, die das Vergängliche so sehr lieben. Auch verwundert er sich, daß die Leute das baufällige und unbeständige Gut so gar ungern wollen verlassen. Denn er meinet: was ihm wohlschmeckt, das müsse Jedermann süß sein; was er lieb hat, das müsse Jedermann gefallen. Er siehet stets den Herrn seinen Gott mit den Augen des Glaubens an, und von solcher geistlichen Anschauung wird er je länger je mehr erquicket. Denn wie ihm Gott ist das Angenehmste, das er liebet und lobet, also ist er ihm auch das Süßeste, daran er ohne Unterlaß gedenket.

Zudem höret er aus herzlicher Liebe zu Gott gern Gottes Wort. Er preiset aus inbrünstiger Liebe die großmächtige Gnade und alle Wohlthaten der ganzen heiligen Dreifaltigkeit. Er betet gern und hält fleißig Gespräch mit Gott, er gehet beständig mit Ihm um. Er denket: Gott ist mein höchster, bester Freund und mein allerliebster Vater; der Herr JEsus ist mein allerschönster und allerwerthester Bräutigam; der heilige Geist ist mein allerfreundlichster Tröster. Die ganze heilige Dreifaltigkeit liebet mich, bereitet mich, und wartet meiner, daß ich zu ihr komme in das ewige Leben. Darum will ich hier auf Erden den Anfang machen meiner Unterhaltung, meines Verkehrs, meiner Communion mit Gott, und will ihn hier loben, ehren, rühmen und preisen, so viel ich kann, bis ich zu ihm komme aus dem Reich des Glaubens in das Reich des Schauens. Dann soll es aus dem vollen Faß gehen, und will ich ihn vollkommen loben in Ewigkeit. –

Danach liebet er auch seinen Nächsten, weil er einen himmlischen Wandel führet und weiß, daß er aus dem Tode zum Leben gekommen ist. Er denket: Gott ist die Liebe, und das ewige Leben ist ein Leben der inbrünstigen Liebe, zu welchem Gott alle Menschen geschaffen. Und hat seinen eingebornen Sohn aus großer Liebe der ganzen Welt geschenkt, auf daß Alle an ihn glauben und durch den Glauben zu solchem Leben eingehen. Ist nun das ewige Leben ein Leben der Liebe, und bin ich zu diesem Leben von Gott dem Vater geschaffen, zu diesem Leben

von Christo erlöset, wie auch eben zu diesem Leben durch Gott den heiligen Geist geheiligt: –
warum sollte ich denn nicht wandeln in der Liebe und meinen Nächsten nicht herzlich lieben,
mit dem ich bei Gott droben in ewiger Liebe und Liebesherrlichkeit leben werde?

Er siehet das Exempel Christi an und lernet von ihm sanftmüthig und von Herzen demüthig
sein. Er ist langmüthig und freundlich, er eifert nicht, er treibet nicht Muthwillen, er blähet
sich nicht. Er stellet sich nicht ungeberdig, er suchet nicht das Seine, er läßt sich nicht erbittern,
er trachtet nicht nach Schaden. Wo er giftige Schlangen sieht und Krötenmäuler, die heimlich
auf ihren Nächsten stechen und ihn verleumden, das thut ihm wehe, und hasset er von Herzen
Alles, was der ungefärbten christlichen Liebe zuwider ist. Er freuet sich, wenn es recht zugehet,
er verträgt alles, er vertrauet alles, er hoffet alles, er duldet alles, und läßt die Liebe nimmer
aufhören.

Summa: Wer den Artikel vom ewigen Leben recht bedenkt und wohl zu Herzen nimmt, der
ist ein Kind des Lichts und wandelt auf Erden unter den Menschen in ungeschminkter Liebe, als
ob er droben im himmlischen Paradies unter den Engeln und seligen Auserwählten lebte. Er ist
mit heiliger Liebe umfangen, und was er auch vornimmt, es fließt alles aus inbrünstiger Liebe.

II

Lebendiger und beständiger Trost in allerlei Kreuz und Anfechtung

Fürs Andere müssen alle gottseligen und rechtgläubigen Christen bekennen, fühlens auch genug in ihrem Kreuz und Widerwärtigkeit, daß nächst der Zuversicht auf das Blut Jesu Christi und auf seine fröhliche Auferstehung nichts so tief zu Herzen geht und einen so seligen Trost gewährt, als wenn man den letzten Artikel vom ewigen Leben täglich betrachtet und mit gläubigem Herzen oft davon redet.

Deß tröstet sich der fromme Tobias, als er in seinem Hauskreuz von seinen eigenen Freunden verspottet ward und sie mit höhnischen Worten ihm vorwarfen: »Wo ist nun dein Vertrauen, darum du deine Almosen gegeben und so viele Todte begraben hast?« Da strafte er sie und sprach: »Saget nicht also; denn wir sind Kinder der Heiligen, und warten auf ein Leben, welches Gott geben wird denen so im Glauben stark und fest bleiben vor ihm« (Tob. 2, 15-18). Also fasset diesen Trost auch jener Knabe, welcher von Antiochus, dem gräulichen Bluthunde, schrecklich gemartert und zu Tode gepeinigt ward, und sprach zum Könige da er sterben sollte: »Das ist ein großer Trost, daß wir hoffen, wenn uns die Menschen erwürgen, daß uns Gott wird wieder auferwecken« (2 Maccab. 7, 14).

So mache es auch, du lieber Christ, in deinen Nöthen und großen Trübsalen. Wenn dir aller irdische Trost zerrinnt und dein betrübtes Herz durch nichts mehr erfreuet werden kann: dann laß dir diesen edlen Artikel einen Labetrunk sein. Damit wird deine arme Seele sich wieder zufrieden stellen, die Hoffnung wird dir wieder grünen und wirst das Ende in Geduld erwarten.

1.
Die Traurigkeit der Christen über den Tod ihrer Lieben.

Bist du eine arme Wittwe, oder ein armes Waiselein, oder sonst trostlos, und besprengest dich mit deinen eigenen Thränen über das bittere Sterben deiner allerbesten Freunde auf Erden? Ja, da weinest da billig und tragest billig Leid, wie der liebe Sirach spricht: »Mein Kind, wenn einer stirbt, so beweine ihn und klage ihn, als sei dir groß Leid geschehen, und verhülle seinen Leib gebührlicher Weise, und bestatte ihn ehrlich zum Grabe. Du sollst bitterlich weinen, und herzlich betrübt sein, und Leid tragen, danach er gewesen ist« (Sirach 38, 16. 17).

Aber doch, wenn du weißt, daß dein liebster Freund in wahrer beständiger Anrufung und im Bekenntniß des Namens JEsu die Welt gesegnet hat und seliglich in dem Herrn entschlafen ist: so kannst du deine Traurigkeit lindern mit diesem Artikel und sagen: Was betrübst du dich, meine Seele, und bist so unruhig in mir? Habe ich doch meinen Freund **nicht verloren**, sondern ihn nur lassen vor mir herziehen in das ewige freudenreiche Paradies, da alle gottseligen Patriarchen, Propheten und Apostel, Abraham, Isaak, Jakob, Henoch, David, Elias, Johannes der Täufer, Petrus, Paulus und die Andern wohnen. Zu diesen seligen Vätern, wie auch zu allen auserwählten Engeln und Kindern des Lichts, ist er gesammlet, siehet den lieben Gott von Angesicht zu Angesicht und freuet sich mit vollkommener Freude in alle Ewigkeit. Meine liebe Seele, das solltest du ihm ja von Herzen gönnen! Und darum solltest du dich billig nicht so sehr betrüben, sondern viel mehr fröhlich sein, daß » sein Jammer, Trübsal und Elend ist kommen zu einem seligen End.« Er ruhet von seiner Arbeit, und nähme nicht für einen Augenblick seiner himmlischen Freude diese ganze weite Welt mit allen ihren Reichen, aller ihrer Pracht, Ehre und Herrlichkeit. Er kommt auch nicht wieder zu uns in dies elende Jammerthal.

Du aber, meine Seele, wirst bald zu ihm kommen, und ihn in unaussprechlicher Freude mitten unter den Engeln und allen Auserwählten sehen! Wenn du nur auch erst die sterbliche Hütte deines Leibes abgelegt hast! Es währet hier eine kleine Zeit, und alle Dinge eine Weile. Dort aber wirst du nicht allein deine lieben Freunde wiedersehen, sondern auch den lieben Gott selbst mit deinen Augen schauen. Und Er wird dann abwischen alle Thränen von deinen Augen, und dich führen zu der lebendigen Quelle, daß du in seinem Lichte sehest das ewige Licht und werdest getränket mit Wollust wie mit einem Strom.

Siehe, lieber Christ, den Trost giebt dieser Artikel, und erweckt dazu noch viele liebliche und freudenreiche Gedanken. So bitte ich dich denn um Christi willen, daß du an deinen in Gott verstorbenen Freund nicht anders denkest, als an Einen, der in ein wunderschönes Königreich fern über das große Meer gezogen und daselbst in eine wunderschöne Stadt auf eine sehr prächtige fröhliche Hochzeit gekommen. Dort wartet er auch deiner Ankunft, und sitzt in großen Gütern, in großer Freude und in großer Herrlichkeit, die kein Ende nehmen wird. Warum wolltest du dich dessen nicht von Herzen freuen, und nicht wünschen daß du je eher je lieber auch dahin kommen möchtest?

2.

Das Kreuz der Christen durch Feinde, Krankheiten und leibliche Anfechtungen.

Hast du andere dir aufliegende Noth, Angst, Kammer und Elend, daß du etwa um deine Güter kommst, wirst beraubt, oder unter dem falschen Schein des Rechten um dein Bischen Hab und Gut gebracht? Oder wirst du schmählich an deiner Ehre und gutem Namen von deinen Widersachern angetastet, auch sonst unbillig angefeindet und verfolgt? Kannst auch sonst nirgend zurecht kommen, mußt manchen tiefen Pfützen die Augen austreten, trägst Krankheit, Schmerzen, Plagen und Wehetage am Hals, welche dir keine Rast noch Ruhe lassen, sondern kränken immer das Herz und gebären eitel Schwermuth, ja ein unablässig Seufzen und Weinen?

Siehe, da will abermal dieser Artikel wie ein Trostbecher dir einen Labetrunk geben. Er leitet dich an, daß du dir vorhaltest: Das ist ja ein großer Trost, daß mein Kreuz und Elend nicht ewig währen soll. Denn ich weiß, daß meine Trübsal, die zeitlich und leicht ist, mir schaffet eine ewige und über alle Maaßen wichtige Herrlichkeit, und ist nicht werth der unaussprechlichen Glorie, Freude und Wonne, die an mir soll geoffenbaret werden (2 Cor. 4, 17; Röm. 8, 18). Warum sollt ich denn meinem lieben Heiland und Seligmacher Jesu Christo das Kreuz, welches er mir aufleget, nicht geduldig nachtragen? Es kann doch einmal nicht anders sein, als daß wir, wie die Schrift (Apostelgesch. 14, 22) sagt, durch viele Trübsal müssen in das Reich Gottes eingehen; und daß wir uns zu freuen haben der mancherlei Anfechtungen, da uns ja die Krone des Lebens soll dort gegeben werden (Jak. 1, 2. 12). Leide ich nun hier ein Quentchen Kreuz und Trübsal, wohlan! so ist's um wenige Jahre, oder vielleicht um noch kürzere Zeit zu thun, dann bin ich nicht mehr in der Welt, sondern im ewigen Leben. Da werde ich für ein Quentchen Angst, Noth und Trübsal, die ich auf der Welt erlitten, viele hundert tausend Centner der himmlischen Freude und ewig währenden Herrlichkeit, ja ewige Kraft und ewige Gesundheit von meinem lieben Gott bekommen!

O meine liebe Seele, spricht St. Augustin, was soll ich viel dazu sagen? Wenn wir gleich täglich müßten viel Marter und Qual fühlen, ja auch die höllischen Feuerflammen mit großen Schmerzen eine Zeit lang darum leiden, daß wir den Herrn Jesum Christ in seiner Herrlichkeit droben sehen und mit seinen Heiligen selig sein möchten: so sollten wir's ja billig thun und alles dulden und leiden, was uns wehe thun kann, damit wir nur solches köstlichen Gutes und solcher großen Herrlichkeit möchten theilhaftig werden.

Ei wohlan! so mag mir nun der leidige Teufel immer nachstellen und seine Anfechtungs-Pfeile auf mich hinrichten. Mein Leib werde immerhin ausgehungert, mit mühseliger Arbeit beschweret und mit vielem Wachen ausgemergelt. Es mag mich jetzt Dieser, dann Jener, anschnattern, anschreien, anpochen und unruhig machen. Es mag mich großer Frost und Kälte zur Erde krümmen, und meine Schwermuth mag mir keinen Frieden lassen. Es mag mich eine große Hitze brennen, und das Haupt mir wehe thun. Es mag mich in der Brust stechen, der Magen mag entzündet werden, meine Gestalt mag erbleichen und sich schwach anlassen. Es mag mein Leben von Schmerzen abnehmen und meine Jahre von Seufzen. Es mögen meine Gebeine verfaulen und mein Leib mag zu Staub und Asche werden. Laß immer kommen den letzten Tag meiner Trübsal – ich will gern Alles leiden, daß ich nur zuletzt ruhen möge und hinaus fahren zu unserem seligen Volk.

Mit solchen Trostreden kannst du deiner nothleidenden Seele mitten in der Angst zusprechen und sie damit stärken, auf daß du deine Widerwärtigkeit in der mühseligen Wallfahrt dieses vergänglichen Lebens desto geduldiger ertragest.

3.

Das Aergerniß der Frommen an der Gottlosen Glück und Pracht auf Erden.

Siehest du, daß es gottlosen Weltkindern, verzweifelten Buben, Augendienern, Schalksknechten, Hurern, Verläumdern, verlogenen Doegsgesellen, falschen Brüdern, Distelköpfen und Maulchristen, die mit Gottes Namen, Wort und Sacrament Spott und Hohn treiben, fort und fort wohl gehet? daß sie nicht in Gefahr sind wie andere Leute, du aber wirst täglich geplaget und denkest mit dem Propheten Jeremia: ach Du lieber Gott, wie kommt's doch, daß es den Gottlosen so wohl gehet, und die Verächter haben alles die Fülle? Du pflanzest sie, daß sie wurzeln und bringen Frucht? Du lässest sie viel von Dir rühmen, und züchtigest sie nicht? Mich aber, Herr, kennest Du, und siehest mich, und prüfest mein Herz vor Dir!?

Hier greif flugs zum Artikel vom ewigen Leben und erinnere dich, daß Gott lasset die Buben und verzweifelten Belials-Kinder darum wie die Mastsäue immerhin sicher leben und ihren Muthwillen glücklich fortgehen, weil sie mit dem höllischen Feuer sollen gestraft werden. Aber weil die Kinder des Lichts im Himmel sollen getröstet werden, so müssen sie allhier durch's Jammerthal gehen und Augenbrunnen machen, wie es von Anfang der Welt allen Auserwählten jeder Zeit ergangen ist. Etliche haben Spott und Geißeln erlitten, dazu Bande und Gefängniß. Sie sind gesteinigt, zerhackt, zerstochen, durchs Schwert getödtet. Sie sind umhergegangen in Pelzen und Ziegenfellen, mit Mangel, mit Trübsal, mit Ungemach, derer die Welt nicht werth war, und sind im Elend gegangen in den Wüsten, auf den Bergen, und in den Klüften und Löchern der Erde.

»Diese alle, sagt der Apostel zu den Hebräern (c. 11, 13-16), sind gestorben im Glauben, und haben die Verheißung (das ist die verheißene Seligkeit und Herrlichkeit des ewigen Lebens, durch Christum Jesum erworben und von Anfang der Welt allen Auserwählten bereitet) nicht empfangen, sondern sie von ferne gesehen, und sich deren vertröstet, und wohl begnügen lassen, und bekannt daß sie Gäste und Fremdlinge auf Erden sind. Denn die solches sagen, die geben zu verstehen, daß sie ein Vaterland suchen. Und zwar, wo sie das gemeinet hätten, von welchem sie waren ausgezogen (d. h. daß ihre irdische Heimath allein ihr rechtes Vaterland wäre) hatten sie ja Zeit wieder umzukehren. Nun aber begehren sie eines besseren, nämlich eines himmlischen. Darum schämet sich Gott ihrer nicht, zu heißen ihr Gott. Denn er hat ihnen eine Stadt zubereitet.«

Gleichwie nun unser lieber Gott mit vielem Jammer diese Wunderleute stark angegriffen und weidlich durch die spitze Angsthechel gezogen hat, damit sie der Welt von Tage zu Tage mehr abstürben und ein herzlich Verlangen nach dem himmlischen Vaterlande des ewigen Lebens trügen, während es den Gottlosen auf Erden wohlging: also läßt er auch heutiges Tages fromme und rechtschaffene Christen auf Erden im Elend wohnen, daß sie verachtete Kreaturen, ja aller Welt Fußboden und Haderkammer sein müssen, und reichet ihnen den Kreuzbecher, von bitterer Galle und Wermuth der Trübsal zugerichtet, immerdar zu trinken, auf daß sie ihre Gedanken von der Welt nach dem seligen Paradies des ewigen Lebens hinwenden, stets nach ihm dürsten und aller weltlichen Pracht, zeitlichen Gütern und vergänglicher Herrlichkeit jelänger jemehr den Rücken zukehren.

Darum sollst du dich an der Gottlosen epicuräischen Pracht, Wollust und zeitlichem Glück nicht ärgern, sondern sie in fröhlicher Betrachtung dieses Artikels verachten lernen und sagen: Liebe Gesellen, es gehe euch nach eurem Willen, so lange Der im Himmel wohnet, eurem Bubenwandel ruhig zusiehet. Ihr mögt immerhin mit Gottes heiligem Namen, Wort und Sakrament euer Gespött treiben, fressen, saufen, geizen, leben in Saus und Braus und aller Lüderlichkeit, ohne alles Kreuz und Anfechtung. Für solche Säue gehören solche Träber. Vor Gott habt ihr nichts, seid verachtet und verworfen. Ich begehre eurer Wollust nicht, warte aber auf ein Anderes, davon ihr gar nichts wißt. Denn mir hat Gott verheißen, daß ich nach diesem

Leben soll ewiglich bei Christo sein; während ihr fahren werdet an den Ort, da das Lachen theuer ist. Das Ende meines Glaubens heißet: das ewige Leben. »Laß immer sein, schreibt St. Chrysostomus, daß Einer hundert Jahre in allen Lüsten auf dieser Erde lebte, – Lieber, was ist diese Zeit gegen die Ewigkeit zu rechnen? Wenn wir es recht bedenken, so ist die ganze Zeit dieses vergänglichen Lebens, darin wir in Freude und Wollust unserem Gutdünken nach leben, nichts als der schnell verschwindende Traum einer einzigen Nacht.«

4.
Die Verfolgung treuer Prediger des Evangelii.

Bist du ein Prediger, und mußt für deine treue Lehre, Vermahnung und Warnung manchen Fersenstich vom Satan und seinen aufgeblasenen Halunken empfangen, und leiden was sie wider dich vornehmen mit verschlagenen Kunstgriffen und heimlichen Fallstricken, indem sie ihre Köpfe zusammen stecken und sprechen, wie das Buch der Weisheit meldet (c. 2, 12-20): »Laßt uns auf den Gerechten lauern; denn er macht uns viel Unlust, und setzet sich wider unser Thun, und schilt uns, daß wir wider das Gesetz sündigen, und rufet aus unser Wesen für Sünde. Er giebt vor, daß er Gott kenne, und rühmet sich Gottes Kind; strafet was wir im Herzen haben. Er ist uns nicht leidlich auch anzusehen; denn sein Leben reimet sich nicht mit den Anderen und sein Wesen ist gar ein anderes. Er hält uns für untüchtig und meidet unser Thun als ein Unflath; und giebt vor, wie es die Gerechten zuletzt gut haben werden; und rühmet daß Gott sein Vater sei. So laßt doch sehen, ob sein Wort wahr sei. Ist der Gerechte Gottes Sohn, so wird er ihm helfen und ihn erretten von der Hand der Widersacher. Mit Schmach und Qual wollen wir ihn stöcken, daß wir sehen, wie fromm er sei, und erkennen, wie geduldig er sei. Wir wollen ihn zum schändlichen Tode verdammen. Da wird man ihn erkennen an seinen Worten.« Ists so bei dir?

Nun so merke auf das, was auf dies Pochen und Dräuen folgt. »Solches schlagen sie an, heißt es gleich weiter (Vers 21. 22), und fehlen. Ihre Bosheit hat sie verblendet, daß sie Gottes heimliches Gericht nicht erkennen. Denn sie haben die Hoffnung nicht, daß ein heilig Leben belohnet werde, und achten der Ehre nicht, so die unsträflichen Seelen haben werden.« Und bald hernach (c. 3, 1-3): »Aber der Gerechten Seelen sind in Gottes Hand, und keine Qual rühret sie an. Von den Unverständigen werden sie angesehen, als stürben sie; und ihr Abschied wird für eine Pein gerechnet; aber **sie sind im Frieden.**«

Da siehest du, lieber Prediger, was dir der Artikel vom ewigen Leben für herrlichen Trost gewähret. Du darfst nun sprechen: Wohlan! es gehe in der Welt so wüst und verkehrt zu, wie es wolle. Der Teufel und seine verzweifelten Kreaturen mögen immerhin über mich rathschlagen, wüthen, blitzen, donnern und toben, so lange es ihnen Gott zuläßt. Ich will darum nicht ablassen, sondern will es nur desto schärfer machen, desto ernster strafen was zu strafen ist, und in meinem Beruf getrost fortfahren. Meine Feinde sollen das Spiel wider mich keine hundert Jahre treiben. Es ist nur um eine geringe Zeit zu thun. Wenn mich Gott von hinnen abfordert, dann bin ich in einer anderen Welt und in einem besseren Leben. Da wird es aus einem anderen Tone gehen! Da werde ich die Krone der Gerechtigkeit von meinem Feldobersten Jesu Christo, unter dessen Panier ich streite, dessen Kreuzesfahne ich folge; mit Freuden empfangen. Und wie der höllische Leviathan mit seinen Schuppen jetzt die Oberhand hat und ich muß unten liegen, also soll er mit seinem Gesindel mir daselbst wieder zu Füßen liegen, und ich werde mit Christo, meinem Heilande, emporschweben und ewiglich über sie herrschen.

Ebenso tröstet sich auch St. Augustin und spricht: »Die Welt mag wohl wüthen und toben, mit Zungen lästern und schänden, mit Waffen und Wehren drohen und schnauben, und thun was sie nicht lassen kann. Was ist solches alles zu rechnen gegen die Herrlichkeit, deren wir in jenem Leben gewärtig sind? Ich überlege und wäge das, so ich hier leide, gegen das, was ich hoffe; und ob ich gleich fühle, was ich leide, was ich aber hoffe, noch nicht sehe: so ist doch das, was die Christen zukünftig hoffen, überschwänglich größer und besser, denn das uns hier genommen wird.«

Desgleichen sagt Luther: »Sollte man nicht des lieben Herrn Wort und Trost theurer und mehr achten, denn eines ohnmächtigen, unfläthigen, stinkenden Madensacks, oder eines gottlosen Buben und Pochers Zürnen, Drohen, Bannen, Fluchen und Donnern? wenn er gleich die ganze Grundsuppe und ganze Hölle seiner Ungnade und Fluchs wie einen Wolkenbruch über uns ausschüttete? Dieweil ich höre, daß es meinem Herrn Christo so herzlich wohlgefällt, und mich selbst heißet fröhlich dazu sein, dazu trefflichen Lohn verheißet, daß das Himmelreich soll mein sein und alles, was Christus sammt allen Heiligen und der ganzen Christenheit hat. Summa: es ist hier ein solcher Schatz und Trost, dafür ich nicht soll nehmen aller Welt Gut, Freude und Saitenspiel, obgleich alles Laub und Gras eitel Zungen wären; da nicht ein Christ, ja nicht ein Engel mich selig preiset, sondern der Herr aller Engel, dem beide, sie und alle Creaturen, müssen zu Füßen fallen und anbeten. Darum müssen sie mit allen Creaturen, auch Laub und Gras, mich loben und preisen, fröhlich von mir singen und springen. – Was wäre es nun dagegen, wenn alle Creaturen, Blätter und Gras im Walde und Sand am Meere, eitel Zungen wären und sie mich auf das Aeußerste tadelten, lästerten und vernichteten – gegen dieses Mannes einig Wort? Denn Seine Stimme klinget so hell, daß Himmel und Erde davon voll werden und erschallen muß, dagegen verschwinden das spitälische (krankhafte) Heischen, Scharren und Husten seiner Feinde.«

Ich muß allhier gedenken des frommen und Großmüthigen Churfürsten zu Sachsen, Herzogs Johann Friedrich, hochlöblichen Gedächtnisses, welcher, als die evangelischen Prediger zu Augsburg um des leidigen, schändlichen Interims willen verjagt waren, nach derselbigen einem schickte und fragte, wie es ihm ginge. »Gnädiger Herr,« antwortete der Prediger, »der Kaiser hat uns verjagt und das ganze römische Reich verboten.« Darauf fing der Churfürst an zu weinen, daß ihm die Zähren über die Backen liefen; stand auf und ging an das Fenster; wandte sich aber bald wieder und fragte weiter: »Hat er euch denn auch den Himmel verboten?« Der Prediger sagte: »Nein!« »Ei,« antwortete der Churfürst, »so hat es keine Noth! seid getrost, das Reich und der Himmel muß uns doch bleiben.« »Ließ darauf seine Satteltaschen langen und sprach: »Darinnen ist Alles, was ich auf Erden habe; daraus will ich euch einen Zehrpfennig verehren, den theilet unter eure Brüder und Kreuzgesellen. Wiewohl ich auch ein armer gefangener Fürst bin, so wird mir doch wohl Gott was wieder bescheeren.« [1]

Wir Prediger des göttlichen Wortes sollen in unserem täglichen Streit, welchen wir wider den Teufel und seinen Anhang führen, den Artikel vom ewigen Leben unseren höchsten Trost uns sein lassen und mit St. Paulo sagen: »Hoffen wir allein in diesem Leben auf Christum, so sind wir die elendesten unter allen Menschen (1 Cor. 15, 19).« Nun aber ist »unser Leben verborgen mit Christo in Gott« und wir wissen »wenn Christus, unser Leben, sich offenbaren wird, dann werden wir auch offenbar werden mit ihm in der Herrlichkeit (Col. 3, 3. 4).« »Ihr habt, spricht der Sohn Gottes, nun Traurigkeit. Aber ich will euch wieder sehen, und euer Herz soll sich freuen, und eure Freude soll Niemand von euch nehmen« (Joh. 16, 22). Solche Sprüchlein fassen wir zu Herzen und verzagen nicht, weil wir wissen, daß Gott Selbst unser Lohn im Himmel sein wird.

5.

Der Sterbens-Trost.

Ach bedenke, lieber Bruder, wenn du mit dem Tode ringest und deine Kräfte dich verlassen, kannst kein Tröpflein mehr über deine Lippen bringen, der Hals ist verschwollen, die Zunge bleibet am Gaumen kleben, die Sprache entfällt, das Gesicht vergehet, das Gehör nimmt ab, und der Athem bleibt aus: – ob dir dann auch irgend Etwas tröstlicher sein könne, als eben dieser Artikel. Sonderlich wenn du mit dem Glauben an Christum verwahret bist, und all dein Verlangen nach dein ewigen Leben stehet.

Darfst du doch vor keiner Hölle, vor keinem Teufel, noch vor der häßlichen Gestalt des Todes dich fürchten, nachdem der Sohn Gottes den Teufel dir zum Besten überwunden, die Hölle um deinetwillen erobert und geschleift, dazu dem Tode seine Macht genommen hat, daß er dich muß aus diesem Jammerthal in das ewige Leben durchdringen lassen. Ich werde nicht sterben, sagt David (Ps. 118), sondern leben und des Herrn Werk verkündigen. O Herr, ich bin Dein Knecht, Deiner Magd Sohn. Du hast meine Bande zerrissen. Denn Du hast meine Seele aus dem Tode gerissen, mein Auge von den Thränen, meinen Fuß von dem Gleiten. Ich will wandeln vor dem Herrn im Lande der Lebendigen.

Ja wenn mir die Feinde der göttlichen Wahrheit den Tod droheten, was könnte mir denn tröstlicher sein, als dieser Artikel, und daß Christus sagt (Joh. 16): »Seid getrost, Ich habe die Welt überwunden!« »Sie drohen uns mit dem Tode! spricht Luther. Wenn sie so klug wären, als thöricht sie sind, sollten sie uns mit dem Leben drohen! Es ist ein spöttliches schimpfliches Drohen, daß man Christum und seine Christen mit dem Tode schreckt, so sie doch Herrn und Siegmänner des Todes sind! Gleich wenn ich wollte einen Mann damit erschrecken, daß ich ihm sein Roß aufzäumte und ihn darauf reiten ließe! Aber sie glauben nicht, daß Christus auferstanden von den Todten und ein Herr ist des Lebens und des Todes. Er ist bei ihnen noch im Grabe, ja noch in der Hölle. Wir aber müssen trotzen und sind freudig, daß er auferstanden und der Tod nichts mehr ist, denn ein Ende der Sünde und sein selbst. Denn das Leben in diesem Fleisch klebt noch an und in den Sünden, und kann nicht ohne Sünde sein, des Fleisches halben. Darum schreiet der angefangene Geist in uns: Komm Tod und jüngster Tag, und mache beiden, der Sünde und dem Tode, ein Ende! Amen. Wie St. Paulus Röm. am 7. und 8. schreibet.«

Siehe, so wundertröstlich ist der letzte Artikel unseres christlichen Glaubens vom ewigen Leben, und erquicket über alle Maaßen sehr die gottseligen Herzen in ihrer Trübsal, Kreuz und Widerwärtigkeit. Darum wir auch alle unsere Sinne, Gedanken und Begierden mit geduldigem Ertragen alles zeitlichen Elendes, und Verachtung aller weltlichen Pracht, Güter, Freude und Wollust nach dem ewigen Gut hinlenken würden: wenn wir es nur recht verständen und die selige Freude jenes ewigen Lebens, welche mit keiner irdischen Herrlichkeit zu vergleichen, sich vollkommen wollte fasten und begreifen lassen.

III

Die beste Anleitung der Welt abzusterben

So giebt dieser Artikel auch fröhliche Anleitung, daß wir lernen der Welt täglich absterben, aus inbrünstiger Hoffnung auf das himmlische Vaterland. Denn was ist das Leben auf dieser Welt anders als eine mühselige Wallfahrt? Und was ist die Welt mit ihrer Herrlichkeit, denn ein Hospital voll elender Leute, da bettlerische Pracht und stinkende Hoffahrt, wie auch Hader, Zank, Neid, Krieg, Geiz und ewige Unruhe stets uns begegnet? Wer wollte nun Lust haben, in solchem Spital lange zu hausen, der mit himmlischen Gütern und mit gewisser Verheißung des ewigen Lebens versichert ist?

»Mich verdrießt, sagt Augustin, über die Maaßen sehr diese mühselige Pilgrimschaft. Denn es ist doch dies Leben ein elend Leben, ein baufällig Leben, ein ungewiß Leben, ein mühevoll Leben und ein unrein Leben. Es ist ein Leben voll Bosheit, voll Hoffahrt, voll Elends und voll Irrthums, daß es billig kein Leben sollte genannt werden, sondern ein Tod, in welchem wir alle Augenblicke sterben, sind vielfältigen Mängeln unterworfen und sterben auf mancherlei Weise.«

Ja wenn auch ein Mensch auf dieser Welt etliche Jahre bankettiret, ist reich, prächtig, weise, gesund, ansehnlich und blühet wie eine Blume aus dem Felde, lebet lange und trotzet auf seinen Reichthum: so muß er doch endlich sterben und sowohl als die Thoren und Narren umkommen, und muß sein Gut Anderen lassen. Der Welt-Leute Herz ist guter Dinge, wenn ihre Kammern voll sind, daß sie herausgeben können einen Vorrath nach dem anderen; wenn ihre Schafe tausend tragen und mehr auf ihren Dörfern; wenn ihre Ochsen viel erarbeiten; wenn kein Schade, kein Verlust noch Klage auf ihren Höfen ist; wenn ihre Häuser währen immerdar und ihre Wohnungen bleiben für und für; wenn sie große Ehre haben vor den Menschen. Aber sie bleiben nicht lange in solcher Würde, sondern müssen davon wie das Vieh. Und nachdem sie sich getröstet haben dieses guten Lebens, und gepreiset wenn einer nach guten Tagen trachtet, müssen sie ihren Vätern endlich nachfahren, das Licht nimmermehr sehen und nichts in ihrem Sterben mitnehmen. Wo ist Artaxerxes, der über hundert und siebenundzwanzig Länder herrschte? Wo ist der großmächtige König Alexander? Wo sind die schönen Weiber Abigail, Abisag von Sunem, Judith, Lucretia, Helena und andere?

»Ich that große Dinge; schreibt Salomo von sich selbst, ich bauete Häuser, pflanzete Weinberge. Ich machte mir Gärten und Lustgärten, und pflanzete allerlei fruchtbare Bäume darein. Ich machte mir Teiche, daraus zu wässern den Wald der grünenden Bäume. Ich hatte Knechte und Mägde, und Gesinde; ich hatte eine größere Habe an Rindern und Schafen, denn alle die vor mir zu Jerusalem gewesen waren. Ich sammelte mir auch Silber und Gold, und von den Königen und Ländern einen Schatz. Ich schaffte mir Sänger und Sängerinnen, und Wollust der Menschen, allerlei Saitenspiel. Und nahm zu über alle, die vor mir in Jerusalem gewesen waren. Auch blieb Weisheit bei mir; und Alles was meine Augen wünschten, das ließ ich ihnen und wehrete meinem Herzen keine Freude, daß es fröhlich war von aller meiner Arbeit. Da ich aber ansah alle meine Werke, die meine Hand gethan, und die Mühe, die ich gehabt hatte: siehe, da war es Alles eitel und Jammer, und nichts mehr, unter der Sonne« (Pred. 2, 4-11).

Dieweil wir denn sehen, und nicht allein die Schrift uns lehret, sondern auch die tägliche Erfahrung bezeuget, daß dies Leben auf Erden voll Mühe ist, voll Eitelkeit, und zuletzt mit dem Tode beschlossen wird – was kann uns denn besser dazu dienen, daß wir dieser Welt lernen den Rücken zukehren und das Herz gen Himmel zu unserem ewigen Vaterlande erheben, als eben dieser letzte Artikel unseres christlichen Glaubens?

Gott hat uns berufen, spricht St. Petrus, zu einer lebendigen Hoffnung durch die Auferstehung Jesu Christi von den Todten; zu einem unvergänglichen Erbe, das uns behalten wird im Himmel (1 Petr. 1, 3. 4). Und St. Paulus (Tit. 2, 13) vermahnet uns, daß wir auf diese selige Hoffnung warten sollen. Das ist: wir sollen lernen, dies gegenwärtige vergängliche und jenes zukünftige unvergängliche Leben unterscheiden. Sollen wenig ansehen dies arme Leben, das so eilend vorbeigeht und welches wir endlich lassen müssen, und jenes zukünftige Leben stets in das Gesicht fassen als das ewig bleibet und darein wir gehören. Sollen also in guten Werken, in Zucht, Gerechtigkeit und Gottseligkeit stets mit solcher seligen Hoffnung umgehen und auf das himmlische Vaterland viel fester bauen, ob wirs schon noch nicht sehen und fühlen, als wir auf dies gegenwärtige Leben, das wir sehen und fühlen, jetzt bauen und hoffen.

»Es sind aber sehr wenige Leute auf Erden, wie Luther in einer Predigt sagt, die auf die selige Hoffnung des zukünftigen unvergänglichen Erbes und Reiches warten, so gewiß darauf warten, wie es wohl sein sollte, daß sie dies gegenwärtige Leben nicht so gewiß besitzen. Wenige sind, die dies zeitliche Leben nur durch ein gemalet Glas und gleichsam blindlich, aber jenes ewige Leben mit klaren, aufgethanen Augen ansehen. Der seligen Hoffnung und des himmlischen Erbes wird leider allzuoft vergessen. Aber des zeitlichen Lebens und des vergänglichen Reichs auf Erden wird allzuviel gedacht. Dies vergängliche hat man stets im Gesichte, denket daran, sorget dafür und freuet sich darob. Aber jenem unvergänglichen kehrt man den Rücken. Diesem jagt man nach Tag und Nacht, jenes – schlägt man in den Wind.«

Nun sollte es wahrlich bei den Christen nicht so sein, sondern das Widerspiel sollte sein. Ein Christ soll dies zeitliche Leben nur mit zugethanen Augen anschauen. Aber das zukünftige ewige Leben sollte er mit ganz offenen Augen und mit klarem hellen Licht ansehen. Und sollte nur mit der linken Hand in diesem Leben auf Erden sein; aber mit der rechten Hand und mit der Seele und ganzem Herzen sollte er in jenem Leben sein, d. i. im Himmel, und dessen in gewisser Hoffnung allezeit fröhlich warten.

Denn so lehret St. Paulus in der ersten Epistel an die Corinther am siebenten: »Weiter ist das die Meinung: Die da Weiber haben, daß sie seien, als hätten sie keine; und die da weinen, als weineten sie nicht; und die sich freuen, als freueten sie sich nicht; und die da kaufen, als besäßen sie es nicht; und die dieser Welt brauchen, daß sie derselbigen nicht mißbrauchen. Denn das Wesen dieser Welt vergehet.« Mit diesen Worten möchte uns der liebe Apostel dies Leben auf Erden, das wir jetzt mit leiblichen Augen sehen, gern verdunkeln und ins Finstere stellen, dieweil es nicht unser recht Leben ist. Aber jenes Leben im Himmel will er gern hervorziehen und ins Licht stellen, auf daß wir lernen unsere Augen, Herz und Seele darauf schicken und desselben in frischer Hoffnung mit Freuden warten. Denn so wir Christen sein wollen, soll unser Hauptbegehren auf Erden nicht sein: freien, oder uns freien lassen, kaufen, verkaufen, pflanzen, bauen, wie Christus Matth. 24 sagt daß die Gottlosen sonderlich vor dem jüngsten Tage thun werden, – ob wir schon deß auch zur Nothdurft des Leibes brauchen müssen. Sondern unser Endziel soll etwas Besseres und Höheres sein, nämlich das selige Erbe im Himmel, welches nicht vergehet.

Desgleichen schreibt er 2 Cor. am 5. »Wir wissen, so unser irdisches Haus dieser Hütte zerbrochen wird, daß wir einen Bau haben von Gott erbauet, ein Haus nicht mit Händen gemacht, das ewig ist, im Himmel. Und über demselbigen sehnen wir uns auch nach unserer Behausung, die vom Himmel ist. – Wir sind getrost allezeit, und wissen, daß, dieweil wir im Leibe wohnen, so wallen wir dem HErrn. Denn wir wandeln im Glauben, und nicht im Schauen. Wir sind aber getrost, und haben viel mehr Lust außer dem Leibe zu wallen und daheim zu sein bei dem HErrn.« Da macht er auch einen Unterschied zwischen diesem vergänglichen und jenem unvergänglichen Leben und sagt, daß dies Leben auf Erden nicht unsere Heimath und das wahre Leben sei, darauf wir unser Datum zu setzen haben. Sondern wir sollen uns nach dem rechten Vaterland sehnen und nach der ewigen Behausung im Himmel ein herzlich Verlangen haben.

Und zu den Philippern spricht er: »Unser Wandel (d. i. unser Bürger-Recht) ist im Himmel, von dannen wir auch warten des Heilandes JEsu Christi, des HErrn. Welcher unsern nichtigen Leib verklären wird, daß er ähnlich werde seinem verklärten Leibe, nach der Wirkung, damit er kann auch alle Dinge Ihm unterthänig machen« (c. 3, 20. 21). Als wollte er sagen: Es bürgert, wandelt und wohnet sich mit uns Christen nicht in dieser Welt, sondern im Himmel ist unsere Bürgerschaft, Wandel und Wohnung. Wir sind wohl Bürger und Bauern aus Erden eine Zeit lang nach dem äußerlichen weltlichen Wesen. Aber solches ist nicht unsere rechte erbliche bleibende Bürgerschaft. Sondern unsere rechte Bürgerschaft ist mit Christo im Himmel, da wir ewig Bürger bleiben werden, wenn Er vom Himmel kommen und uns hinauf holen wird. Darum sollen wir uns halten als die zwar in dieser Welt, aber nicht von dieser Welt sind noch darein gehören, sondern anderswohin gehören, in eine andere Bürgerschaft und Reich, da wir ein bleibend Wesen haben.

Desgleichen lehret auch St. Petrus: »Lieben Brüder, ich ermahne euch als die Fremdlinge und Pilgrimme: enthaltet euch von fleischlichen Lüsten, welche wider die Seele streiten« (1 Petr. 2, 11). Er nennet uns Fremdlinge und Pilgrimme, anzuzeigen was unser Leben auf Erden sei und wofür man's halten soll. Ein Fremdling heißt ein Einkömmling oder Ausländer, der an dem Ort, wo er wohnet, nicht Bürger ist von Ankunft und Geburt, sondern anderswoher gekommen: der also nicht einheimisch ist, wie die Kinder Israel Fremde und nicht Einheimische waren in Egypten, darein sie kommen waren aus dem Lande Kanaan durch die Theurung, wie Moses ihnen oft vorhält und spricht: ihr seid Fremdlinge gewesen in Egyptenland. Ein Pilgrim heißt ein Wanderer, der ein Land durchreiset und nicht in seiner Stadt oder aus seinem Dorf ist, da er hingehöret, sondern an einem fremden Ort nur herberget als im Durchgang; der nicht allein ein Einkömmling ist wie ein Fremder, sondern auch ein Gast, und nichts Eigenes hat noch zu haben gedenkt an dem Ort seiner Wallfahrt, sondern lediglich durchpassirt, wie die Kinder Israel Pilger waren in der Wüste. Also sind die Christen Fremdlinge und Pilger in dieser Welt. Fremdlinge sind sie darum, weil sie nach der fleischlichen Geburt von Gott kommen in diese Welt, aus nichts geschaffen, und nicht in dieser Welt bleiben, sondern müssen die Welt lassen gleich allen andern Menschen auf Erden. Wie Hiob spricht: »Ich bin nackend von meiner Mutter Leibe gekommen, nackend werde ich wieder dahinfahren« (c. 1, 21). Pilger sind sie darum, weil sie nach der geistlichen Geburt, da sie durchs Wasserbad im Wort aus dem heiligen Geist wiedergeboren sind, auf Erden sind als Gäste, und ihr Leben nur eine Wallfahrt ist, wie es der Patriarch Jakob nennet (1 Mos. 47, 9).

So will nun St. Petrus anzeigen, daß wir dies Leben nicht anders ansehen sollen, als ein Fremdling und Pilgrim das Land ansiehet, darin er ein Ausländer und Gast ist. Ein Fremdling darf nicht sagen: hier ist mein Vaterland! denn er ist da nicht einheimisch. Ein Pilgrim gedenket nicht, zu bleiben im Lande, da er wallet, und in der Herberge, da er über Nacht liegt, sondern sein Herz und Gedanken stehen anderswohin. In der Herberge nimmt er nur seine Nothdurft, Mahl und Lager, und wandert immer wieder davon, bis er an den Ort kommt, wo er daheim ist. Also seid ihr Christen, spricht er, nur Fremdlinge und Gäste in dieser Welt und gehöret in ein ander Land, da ihr eine stete Herberge und bleibende Statt habt ewiglich. Darum stellet euch als Fremdlinge und Gäste in diesem fremden Land und Gasthof, nehmt daraus nicht mehr denn Essen, Trinken, Kleider, Schuhe und was ihr bedürft zu dieser Nachtherberge, und denket immer an euer Vaterland, da ihr Bürger seid.

Das ist nun bald gesagt, aber nicht so leicht gefaßt und nicht so bald gethan. Denn auch wir Christen, so getauft sind, das Evangelium hören, und angefangen haben zu glauben, fühlen noch, daß der Geist in uns schwach, Fleisch und Blut aber, und Vernunft zumal, stark sind und uns immerdar zurückziehen, daß wir jenes Leben gering achten, auch wohl gar zuweilen in Zweifel stellen. Also daß wir, wo wir anders recht wollen beichten, selbst bekennen müssen: wir gedenken selten daran, daß wir endlich davon, und dies Leben lassen müssen. Wir haben von Natur Alle weltliebende, weltsieche und weltschmeckende Herzen, und der größeste Haufe gehet sicher dahin, trachtet nach Frieden und guten Tagen, suchet Lust und Freude auf Erden, ist ersoffen im Geiz, Unzucht, Hoffahrt und andern Lastern und flicht sich so gar in die Welt, als wollte er hier ewig bleiben und Gott den Himmel allein lassen.

Vor solchem epikuräischen, fleischlichen Wesen warnet uns nun die Schrift und heißet uns Fremdlinge, Gäste, und Pilgrimme, unsere Gedanken und Sinne damit von der Welt abzuwenden, daß wir uns nicht zu tief in dies zeitliche Leben vergaffen und versenken wie die Säue und unvernünftigen Thiere, welche sich um das zukünftige Leben gar nicht kümmern. Eine Sau liegt auf dem Koben oder auf dem Mist, ruhet und schnarchet, und denkt nur, wo Traber und Kleie seien, weist von keinem Tod, fürchtet sich vor keiner Hölle, freuet sich keines Himmels, sondern Traber und Kleie sind ihr Himmelreich. Also sind die Leute auch, die nicht weiter gedenken, denn wie sie aus der Welt Alles vollauf haben mögen.

Wir sollen als Kinder des Lichts mit allem Fleiß trachten nach dem das droben ist (Col. 3), und dieser Welt also brauchen, daß wir derselben nicht mißbrauchen und uns in Sorgen der zeitlichen Nahrung und weltliche Geschäfte nicht tief verwickeln. Mit solchen Gedanken soll ein Christ umgehen und sagen: Weil ich ja auf Erden leben muß, so lange Gott will, so will ich also essen, trinken, freien, pflanzen, bauen Haus und Hof, und was Gott beschenkt, brauchen, nicht als wäre solches das rechte Gut, sondern als eine zeitliche Nothdurft. Und gleich wie ein Fremdling und Gast im fremden Lande und Gasthofe solches alles gedenkt zu verlassen und seinen Stab weiter zu setzen: also denke ich auch aus dieser Welt als aus dem fremden Lande und aus dem bösen unsicheren Gasthofe immer hinweg in das rechte Vaterland, des ewigen Lebens, da eitel Sicherheit, Ruhe, Friede und Freude sein wird ewiglich.

Wenn wir also uns wüßten zu schicken und den Unterschied des zeitlichen und ewigen Lebens recht merkten, so würde uns dieser Artikel endlich zu Herzen gehen. Wir würden dann nach St. Pauli Vermahnung allem irdischen Wesen den Rücken wenden und Weiber haben als hätten wir keine, weinen als weinten wir nicht. Wir würden uns freuen, als erfreuten wir uns nicht. Wir würden dies ganze Leben für einen Traum und Schatten ansehen und mit unseren Gedanken am meisten droben im Himmel sein, am liebsten vom ewigen Leben reden und singen, dahin denken und trachten, Abends und Morgens, Tag und Nacht, daß uns auch in unseren Träumen nichts denn eitel himmlische Freude, himmlische Glorie und die himmlische Gesellschaft der heiligen Engel vorkommen könnte.

IV

Das herzliche Seufzen nach dem ewigen Leben

Endlich ist kein Zweifel, wenn uns der Artikel vom ewigen Leben tief eingebildet wäre und tief zu Herzen ginge, so würden wir eine selige Sehnsucht nach dem Himmel tragen. Und wie die jungen Küchlein, wenn sie von der Henne abkommen sind, immer schirpen und trauern, bis sie wieder kommen unter der Mutter Flügel: also wurdest du dein Herz auf dieser Welt nimmer können vollkömmlich zufrieden stellen, sondern zu Gott wenden und Abends und Morgens nach dem ewigen himmlischen Vaterland seufzen und mit dem Propheten Jeremia sagen: »Meine Augen fließen, und können nicht ablassen, denn es ist kein Aufhören da, bis der HErr vom Himmel herabschaue, und sehe darein« (Klagel. 3, 49. 50). Diesem Exempel folge nach, du lieber Christ, und lerne zu Gott seufzen, daß dein herzlich Verlangen nach keiner Freude, nach keinem Gut und nach keinem Trost noch Erquickung auf Erden so sehr hingerichtet sei als nach Gott und nach Seinem himmlischen Freudensaal. Laß, wie der Prophet vermahnet (Klagl. 2, 18. 19), Tag und Nacht Thränen herabfließen wie einen Bach, und höre nicht auf, und dein Augapfel lasse nicht ab! Stehe des Nachts auf und schreie, schütte dein Herz aus in der ersten Wache gegen den HErrn! Lerne beten mit David, mit St. Paulus, mit dem heiligen Augustin, und sprich:

O Du frommer treuer Gott, der Du mich inwendig und auswendig kennest, mein allerbester Vater! Du Sohn Gottes, mein allerliebster Heiland, HErr JEsu Christe! Und Du HErr Gott, heiliger Geist! O Du heilige Dreifaltigkeit, Du wahrer Gott! Ich werde Dich in jenem Leben im Schauen kennen, wer Du bist. Ich werde Dich kennen und sehen, der Du bist meiner Seele Kraft und Stärke. O Du Tröster mein, Du wollest Dich ja mir zeigen und offenbaren, hier im Glauben und dort im Schauen, daß ich Dich als meiner Augen Licht und Trost sehen möge! Meine Augen thränen zu Dir, frühe wache ich zu Dir. Es dürstet meine Seele nach Dir, mein Fleisch verlanget nach Dir in einem trockenen und dürren Lande, da kein Wasser ist (Ps. 63). Betrübt ist meine Seele und gebückt, und gehet jämmerlich einher und hat ihre Augen schier ausgeweint. Ich schreie mich müde, mein Hals wird heiser und das Gesicht vergehet mir, daß ich so lange auf Dich harren muß. Du sprichst: ja, Ich komme bald! Und der Geist und die Braut sollen sprechen: komm! Und wer es hört, der soll sprechen: komm! Nun rufe ich ja Tag und Nacht, und meine Seele harret von einer Morgenwache bis zur andern. Ach komm, HErr JEsu, komm und gieb Dich mir zu erkennen, Du höchste Freude meines Geistes! Ach daß Du den Himmel zerrissest und führest herab, daß die Berge vor Dir zerflössen, wie ein heißes Wasser vom heftigen Feuer versiedet! (Jes. 64, 1. 2).

O Du lieber Gott, wie ängstlich harre ich Deiner! meine Seele harret und ich hoffe aus Dein Wort. Ich will Dich mit Wonne meines Herzens anschauen. Ich will Dich herzlich lieben, der Du bist das Leben meiner Seele. O HErr, erscheine mir, der ich an Dir meine große Lust und Freude habe, der Du mein süßer Trost bist, der Du bist mein Leben und meiner Seele Ehre. Ich habe Dich stets in meinem Herzen, ich trage ein groß Verlangen nach Dir. Ich werde Dich einmal antreffen, ich werde Dich einmal zu sehen bekommen, der Du mir so herzlich lieb bist. Ich will Dich, Du himmlischer und leutseliger Bräutigam, noch mit Freuden herzen und küssen. O Du lieber Gott, der Du meine allerhöchste Freude, der Du mein ewiges Leben und Seligkeit, meine trostreiche Lieblichkeit und Süßigkeit beides Leibes und der Seele bist: ich werde noch Deiner ansichtig werden und Deiner augenscheinlich genießen. Ich will Dich lieben, HErr, der Du bist meine Stärke, meine feste Burg, meine Zuflucht und mein Erlöser, mein einziger Trost und Hoffnung in allem Unfall.

O Du unbegreifliches und in diesem Leben unsichtbares Licht, erleuchte meine Augen und gieb mir ein solch Gesicht, daß ich Dich hier aus Deinem Wort im Glauben und dort im Schauen sehen möge! O Du süßer lieblicher Geruch meines Lebens, schaffe in mir, daß ich Deine gute Salbe immerdar rieche. Gieb mir einen solchen Geschmack, daß ich erkenne und inne werde, wie groß Deine Güte ist, die Du verborgen hast denen, die Dich fürchten und denen erzeigst, die vor den Leuten auf Dich trauen! Gieb mir ein solch Herz das stets an Dich denke, eine solche Seele die Dich liebe, ein solch Gemüth das Deiner nicht vergesse, einen solchen Verstand der Dich recht erkenne, einen solchen Sinn der nach Dir als dem lieblichsten Gut ein stetiges Verlangen habe und an Dir hange, bis ich zu Dir komme und Dich gegenwärtig anschaue.

O mein Leben, von dem ich und alles was da lebet, das Leben habe, dem auch alles lebet, durch Dich lebe ich, ohne Dich sterbe und verderbe ich, durch Dich werde ich wiederum lebendig und auferwecket, in Dir freue ich mich, ohne Dich habe ich keine Freude noch Trost. O Du lebendiges, holdseliges, liebliches Leben, wo bist Du anzutreffen? Zeige mir solches durch Dein Wort und Geist, daß ich mein ganzes Sinnen und Beginnen nicht auf das zeitliche Leben, sondern auf Dich als auf das ewige Gut setze.

O Du lieber Gott, sei mir nahe durch Dein Wort in meinem Gemüth, in meinem Herzen, in meinem Munde, in meinen Ohren. Eile mir zu helfen, denn ich bin krank vor Liebe. Wenn ich an Dich gedenke, werde ich gleich lebendig. Dein süßer Geruch erquickt mich. Ich will satt werden, wenn ich erwache nach Deinem Bilde. Meine Seele verlanget und sehnet sich nach Dir, Herr, mein Leib und Seele freuen sich in dem lebendigen Gott. Wo ist doch der allerschönste und lieblichste Gott? Ich rieche wohl Deinen lieblichen Geruch aus Deinem Wort, ich höre wohl Deine Stimme, aber sehen kann ich Dich nicht. Wenn ich nun frage: warum verbirgest Du Dein Antlitz vor mir? so bekomme ich zur Antwort: »kein Mensch wird leben, der Mich siehet« (2 Mos. 33, 20). Ist dem so, ei Du lieber Gott, so will ich ja gern sterben, daß ich Dich sehen möge! Ich habe nicht Lust hier länger zu leben, sondern wünsche daheim zu sein bei meinem lieben Herrn. Ich bin dieses Lebens müde und überdrüßig, und seufze danach daß ich bei und mit Christo dort ewiglich lebe.

Komm Tod, komm letzter Tag, mein bester Geburtstag, komm Du letzte Stunde meines Abschieds! komm und hole mich von dieser gegenwärtigen argen Welt! Ach daß ich endlich aus dem betrübten Jammerthal errettet würde und heim führe aus diesem Elende in das rechte Vaterland des ewigen Lebens! Ich bin ein Gast und Fremdling auf Erden und habe doch hier keine bleibende Statt, die zukünftige suche ich (Ebr. 13, 14). Ich gräme mich aus inbrünstigem Verlangen nach meinem Gott, daß mir das Herz verschmachtet. Ich bin »gleich wie eine Rohrdommel in der Wüste; ich bin gleich wie ein Käuzlein in den verstörten Stätten. Ich wache und bin wie ein einsamer Vogel auf dem Dach« (Ps. 102, 7. 8). »Meine Hand ist des Nachts ausgereckt und läßt nicht ab, denn meine Seele will sich nicht trösten lassen« (Ps. 77, 3). Wie der Hirsch schreiet nach frischem Wasser, so schreiet meine Seele, Gott, zu Dir. Meine Seele dürstet nach Gott, nach dem lebendigen Gott. Wann werde ich dahin kommen, daß ich Gottes Angesicht schaue? (Ps. 42). O HErr mein Gott, Du Brunnen des Lebens, Du lebendige Wasserquelle, wann soll ich kommen aus dem trocknen und dürren Lande zu den Strömen Deiner Süßigkeit, daß ich Deine Kraft und Deine Herrlichkeit sehe und meinen Durst lösche mit dem süßen edlen Wasser Deiner Barmherzigkeit? Mich dürstet! riefst, seufztest Du, mein JEsu. Ja es dürstet Dich auch nach mir, nach meinem Heil und Leben. Und mich, lieber HErr, mich dürstet nun, ja mich dürstet nach Dir! O wann werde ich kommen, daß ich vor Deinem Angesicht erscheine?

Aber was bekümmerst du dich denn, meine Seele, und bist so unruhig in mir? Ich weiß, daß ich werde sehen den edlen Tag, ja den edlen Tag der Freuden und des Frohlockens. O des herrlichen Tages, der von keinem Abend weiß und hat keinen Untergang, an welchem ich werde hören die Stimme des Lobens, die Stimme des Dankens und des öffentlichen Bekennens! O des edlen Tages, da ich werde hören die fröhliche Stimme: Gehe hin in deines Herrn Freude, in die ewige Freude, in das Haus des Herrn deines Gottes, da große, unausforschliche, wunderbarliche Geheimnisse sind, welche man nicht alle erzählen kann! gehe hin in die Freude, die von keiner Traurigkeit weiß! Da ist eitel Gutes und nichts Böses; da ist Alles was dein Herz begehrt, und was du nicht willst, das ist da auch nirgends vorhanden. Da ist ein recht lebendig Leben, ein süß, lieblich Leben, ein Leben dessen man nimmer kann müde werden. Da ist kein Feind, der wider dich streitet und processirt. Auch keine sündliche Lust als inwendiger Widersacher. Sondern eine hohe Sicherheit, eine sichere Rast und Ruhe, ein ruhig Frohlocken, ein fröhlich

Heil, eine heilsame Ewigkeit, eine ewige Seligkeit, eine selige Dreifaltigkeit, ja Gott einig im Wesen und dreifältig in Personen, der einige wahre Gott und die selige Anschauung seines freudenreichen Wesens.

O Freude über Freude, du selige Freude, die über alle vergängliche Weltfremde hoch herfährt und ohne welche nirgends beständige Freude angetroffen wird! Du selige Freude, wann werde ich zu dir eingehen, daß ich sehe den HErrn meinen Gott, der in dir wohnet? Ich sage mit Mose (2 Mos. 3, 3): «ich will dahin und sehen dies große Gesicht!« Aber was ist es, das mich so aufhält und zurückzieht? Ach wehe mir, daß ich so lange Zeit muß ein Fremdling sein unter Mesech und wohnen in den Hütten Kedars (Ps. 120, 5)! Wehe mir, daß ich so lange in dieser Welt pilgrimme! Es ist wie ein Mord in meinen Gebeinen, daß man täglich zu mir sagt: wo ist nun dein Gott? und daß ich immer diese Worte hören muß: harre hier, harre da! hier ein wenig, da ein wenig!

Und wessen soll ich nun so lange harren, auf wen soll ich so lange warten? HErr Gott Vater, sollen wir nicht warten Deines eingebornen Sohnes, unsres Heilandes, JEsu Christi, des Herrn? welcher unsern nichtigen Leib verklären wird, daß er ähnlich werde seinem verklärten Leibe? Ja, so stehet es in Deinem Wort (Phil. 3). Wir, Deine Kinder, warten ja auf Ihn, wenn Er kommen wird von der Hochzeit, daß Er uns mit Sich zu Seiner Hochzeit führe.

So komm doch nun, Du allerliebster HErr, und verziehe nicht länger! Komm, mein Jesu, komm und suche uns heim in Frieden! komm und führe die Gebundenen aus dem Gefängnis, ja löse die Ketten, laß sie springen, dann können wir springen, Dir Jubilate und Cantate bringen und vor Dir uns freuen von ganzem Herzen! Komm, Heiland, komm Du Hochgewünschter aller Völker, und laß leuchten Dein Antlitz – so genesen wir. Komm, mein Licht und mein Erlöser, und führe meine Seele aus dem Kerker, daß ich Deinen heiligen Namen preise! Wie lange soll ich umgetrieben werden in den Fluthen meiner Sterblichkeit, und zu Dir schreien, HErr, daß Du mich nicht erhörest? Erhöre doch, HErr, mich Elenden, der ich aus diesem großen ungestümen Meer des Jammers auf dieser Welt zu Dir schreie! recke aus Deine starke Hand und ziehe mich in den Hafen der ewigen Seligkeit!

O was sind das für selige Leute, die aus dem Meer der Trübsal an das Ufer des Heils und aus diesem Elend in das rechte Vaterland, aus dem Gefängniß in den himmlischen Palast kommen sind, da sie nun leben in der seligen und hochgewünschten Ruhe und haben erlangt das Kleinod der ewigen Herrlichkeit, das sie hier durch viele Trübsal gesucht haben! Sie habens erlangt und freuen sich nun mit seliger Frohlockung in alle Ewigkeit. O wie sind sie so selige Leute, daß sie nun frei und sicher sind von allem Bösen, von allem Jammer, von aller Angst und Noth, und haben erreicht die unverwelkliche Herrlichkeit und das schöne Reich des ewigen Lebens! – O was für ein Reich ist das! ein Reich von Ewigkeit zu Ewigkeit, da das Licht scheinet, welches nimmer abnimmt, und der Friede Gottes herrschet, welcher höher ist denn alle Vernunft. O des edlen Reichs, in welchem die Seelen der verstorbenen Heiligen sanft ruhen, da ewige Freude ist über ihren Häuptern, da sie haben Freude und Frohlocken und da Angst und Seufzen fern von ihnen ist! O was ist es für ein herrlich Reich, da Du, allmächtiger Herr Gott Zebaoth, lässest alle Deine Heiligen mit Dir ewiglich herrschen, angezogen mit Licht wie mit einem Kleid und tragend auf ihrem Haupt die alleredelste Krone ihrer Herrlichkeit, und lassest Dich von ihnen sehen von Angesicht zu Angesicht!

Da ist eine unmäßige und unendliche Freude, eine Freude ohne Traurigkeit, da ist eitel Heil ohne Schmerzen und Wehetage. Da ist die schöne Straße, darauf man wandelt und wird nimmer müde. Da ist ein Licht ohne Finsterniß und ein Leben ohne Anfechtung des Todes. Da sind Alle Kinder Gottes, schöne frische junge Leute und werden nimmer alt. Da weiß der Anfang von keinem Ende, das Leben von keinem Tode, da wird die schöne Gestalt der Auserwählten nimmer häßlich, nimmer eingeschrumpft, nimmer bleich, ihre inbrünstige Liebe verwelket und erkaltet nicht, ihre Gesundheit verwandelt sich nicht und ihre Freude gehet nimmer zurück. Auch fühlen sie nimmer Schmerzen, sie hören kein Seufzen, sie sehen nichts Trauriges, sie haben ewige Freude und fürchten kein Unglück, keine Widerwärtigkeit und nichts Böses, weil sie besitzen das allerhöchste Gut, weil sie mit Freuden allerwege sehen das Angesicht des Herrn aller

Heerschaaren. Darum sind sie ja selig und überselig alle, welche von dem Schiffbruch dieses vergänglichen Lebens erlöset und zu solcher großen Freude durch den Tod hineingedrungen sind.

Dagegen ach wie arm und wie unselig sind wir elenden Adamskinder, die wir noch in diesem Jammerthal als auf einem ungestümen Meer das Schiff unseres Lebens durch viele große Fluthen, Wellen und rauschende Wasserwegen des Elendes ziehen müssen und wissen nicht, wie lange es währen soll und zu welcher Zeit und Stunde der HErr kommen und uns erlösen werde! Unser Leben ist allhier im Elend und unser Weg in eitel großer Gefahr. Wir sind mitten im Leben mit dem Tod umfangen. »Da ist immer Sorge, Furcht, Hoffnung, und zuletzt der Tod. Sowohl bei dem der in hohen Ehren sitzt, als bei dem Geringsten auf Erden. Sowohl bei dem der Seide und Krone trägt, als bei dem der einen groben Kittel anhat« (Sir. 40, 2-4). Darum weine ich so und meine Augen fließen mit Wasser, daß der Tröster, der meine Seele soll erquicken, so fern von mir ist. Und was soll ich sagen? was soll ich machen? wo soll ich hin? wo soll ich ihn suchen? wo werde ich ihn finden? wen soll ich fragen? und wer will dem Herrn meinem Gott, meinem allerliebsten Freund ansagen daß ich vor Liebe krank bin? Die Freude meines Herzens hat abgenommen und mein Lachen ist in Weinen verkehrt. Ach Gott, Du ewiger Trost meines Herzens und mein Erbtheil in Ewigkeit: mein Fleisch verdorret, mein Herz verschmachtet und meine Seele will sich nicht trösten lassen denn nur von Dir allein, der Du bist meine höchste Süßigkeit. Denn was suche ich sonst im Himmel und auf Erden als Dich allein? Dich will ich, auf Dich hoffe ich, und mein Herz sagt Dir: ich suche Dein Angesicht HErr, Du wollest Dein Antlitz ja nicht von mir wenden!

O Du allergütigster Liebhaber der Menschen, die Armen befehlen sich Dir, Du bist der Waisen Helfer. O mein treuster Anwalt, mein Mittler und Fürsprecher bei Gott dem Vater, erbarme Dich meiner, Deines verlassenen Waiseleins! Mein Vater und meine Mutter haben mich verlassen, und meine Seele ist wie eine Wittwe. Schaue doch die Thränen meines Elends und meines Jammers, die ich Dir opfere, bis Du zu mir kommst. Ei so erscheine mir doch, mein allerliebster Herr, so bin ich getröstet! Zeige mir Deine Gegenwart, so habe ich was mein Herz begehrt. Offenbare mir Deine Herrlichkeit, so wird meine Freude vollkommen sein. Meine Seele dürstet nach Dir und mein Fleisch verlangt nach Dir. Es dürstet meine Seele nach Dir, HErr, Du lebendige Quelle. Wann wirst Du kommen, mein Tröster, und wie lange soll ich harren? Wann werde ich Dich sehen, Du hochgewünschte Freude? Wann wirst Du mein Thränenwasser verwandeln in Freudenwein?

Ich bitte Dich durch Deine heiligen und heilsamen Wunden, die Du Dir am Kreuz zu unserem Heil hast schlagen lassen, und daraus Dein theures Blut zu unserer Erlösung geflossen ist: verwunde doch meine sündige Seele, für welche Du auch gestorben bist! Verwunde sie mit dem starken feurigen Pfeil Deiner großen Liebe und Barmherzigkeit! Verwunde sie mit Deinem Wort, das da ist lebendig und kräftig, und schärfer denn kein zweischneidig Schwert! O mein HErr und mein Gott, der Du mit Deiner Gewalt den starken Panzer des menschlichen Herzens durchstoßen kannst: – ich bitte Dich, triff doch mein Herz mit dem auserwählten Pfeil Deiner Gnade, daß meine Seele zu Dir sage: ich bin durch Deine Liebe verwundet, also daß mir aus solcher Wunde meine Thränen mildiglich fließen Tag und Nacht. Schlage doch, lieber HErr, ich bitte Dich: schlage doch mein steinhart Felsenherz mit der starken Spitze Deiner Liebe und drücke mit Deiner mächtigen Kraft fest nach und tief hinein! ja locke mir das Augenwasser hervor immer und immer wieder, und laß meine Augen Thränenbrunnen sein, die aus innerlicher Begierde und herzlichem Verlangen nach Deiner Schönheit fließen und rinnen, daß ich um Dich und nach Dir weine und in diesem Leben mir keinen zeitlichen Trost zu Herzen gehen lasse, bis ich Dich sehe auf Deinem himmlischen Thron, im ewigen Freudensaal, Du allerliebster und allerschönster Bräutigam!

Wenn ich allda mit allen Auserwählten Dein herrlich, wunderbarlich Angesicht voll aller Süßigkeit mit meinen Augen sehe; wenn ich Deine große Majestät in tiefster Demuth ehre, lobe, preise und anbete; und wenn ich voll bin der himmlischen, unaussprechlichen Freude und ewigen Frohlockung: – dann, ja dann will ich triumphiren und jauchzen mit Allen die Dich lieben, und sagen: Eia, nun hab ich vor Augen, darauf ich so lange gehoffet und danach ich so herzlich gerungen habe! Nun besitze ichs, und was ich so hoch gewünscht, das ist nun mein! Nun ist mir das Loos gefallen aufs Lieblichste, nun ist mir ein schön Erbtheil geworden! Denn nun bin ich im Himmel, in seligster Gemeinschaft mit Dem, dem ich auf Erden mit ganzer Liebe anhing! Nun lobe ich ihn, nun preise ich ihn, nun bete ich ihn ewiglich an, den HErrn meinen Gott, der da lebet und herrschet von Ewigkeit zu Ewigkeit! Amen.

Erster Anblick. Wie das ewige Leben von Gott allein herkommt

Bis daher habe ich von der Freude und Herrlichkeit des ewigen Lebens, wie auch von dem seligen Nutz und Gebrauch dieses edlen hohen Geheimnisses Erinnerung gethan. Will nun zum andern Theil fortgehen und anzeigen, von wem es herkommt, und wie wir dazu bereitet werden.

*

Es rühret das ewige Leben ursprünglich nicht von Engeln noch Menschen, sondern von Gott dem Allmächtigen her, wie die Schrift ausdrücklich meldet und spricht: »Der uns zu demselbigen bereitet, das ist Gott, der uns das Pfand, den Geist, gegeben hat« (2 Cor. 8, 5). »Wir rühmen uns der Hoffnung der zukünftigen Herrlichkeit, die Gott geben soll« (Röm. 8, 2). »Gott hat uns nach seiner großen Barmherzigkeit wiedergeboren zu einer lebendigen Hoffnung, durch die Auferstehung Jesu Christi von den Todten; zu einem unvergänglichen und unbefleckten und unverwelklichen Erbe, das behalten wird im Himmel« (1 Petr. 1, 3. 4). Das sollen wir wissen und fleißig merken, damit wir auch Gott allein die Ehre geben, den Himmel für sein Gnadengeschenk halten, und die ewige Seligkeit nicht unserem Verdienst noch Würdigkeit, sondern allein der grundlosen Güte Gottes und seiner unaussprechlichen Leutseligkeit zuschreiben.

Freilich aber muß es eine sehr große Wunderliebe sein, und ein Geheimnis, dessen Höhe, Tiefe, Breite und Länge wir Adams-Kinder in dieser Welt nimmer ausforschen noch ausgründen können, daß Gott die Menschen allen sichtbaren Creaturen, dem Himmel, der Erde, der Sonne, dem Monde, den Sternen und allem was in der Luft und auf Erden, wie auch im Wasser und in der Erde lebt, so weit vorziehet, und machet sie des ewigen Lebens theilhaftig. Solches widerfahret keiner andern Creatur; und mögen wir deswegen wohl ein Mal über das andere voll Verwunderung ausrufen: »Wie hat doch Gott die Leute so lieb! HErr, was ist der Mensch, daß Du Dich seiner so annimmst, und des Menschen Kind, daß Du ihn so achtest?« (5 Mos. 33, 3; Ps. 144, 3).

Willst Du nun wissen, mein Lieber, auf welche Weise wir von Gott zum ewigen Leben bereitet werden: so ist dies die kurze, summarische Antwort der heiligen Schrift, daß Gott der Vater anfänglich den Menschen zum ewigen Leben geschaffen habe. Unsere ersten Eltern aber, Adam und Eva, wichen durch ihren sündlichen Fall von Gott ab, und verloren das ewige Leben durch des Teufels Antrieb, Betrug, List und Neid; nicht ihnen selbst allein, sondern auch allen ihren Kindern und Nachkömmlingen. Da erbarmte sich Gott der Vater unseres Elends, sandte seinen eingebornen Sohn aus großer Liebe in unser Fleisch und Blut, und ließ denselben für unsere Sünde sterben, daß wir von Sünde, Tod, Teufel und Hölle zum ewigen Leben wieder erlöset würden. Giebt auch seinen heiligen Geist zu diesem Ende, daß er uns durchs Evangelium zum ewigen Leben sammle, erleuchte, regiere und erhalte. Und wer nun Christum im Wort durch den Glauben ergreift, den hält er für sein liebes Kind, läßt ihn durch den zeitlichen Tod zum ewigen Leben hinein bringen, und wird auch desselbigen Leib am jüngsten Tage zur ewigen Freude und Herrlichkeit wieder auferwecken.

In dieser summarischen Anzeige, wie uns der liebe Gott zum ewigen Leben bereite, werden uns, die alleredelsten Werke und Wohlthaten Gottes vorgehalten, welche voll sind seiner grundlosen Liebe und Treue gegen das menschliche Geschlecht.

Denn siehe, was thut Gott? Aus großer Liebe hat er uns nach seinem Bilde geschaffen. Aus großer Liebe hat er sich unseres Jammers und Elends erbarmt. Aus großer Liebe ist er vom Himmel gekommen, und ist nicht ein Engel, nicht eine Sonne, noch sonst ein Stern, sondern aus großer Menschenliebe ein Mensch geworden. Aus großer Liebe stirbt er für uns, und erlöset uns vom Tode, vom Teufel, und von der Hölle. Aus großer Liebe giebt er uns im heiligen hochwürdigen Abendmahl seinen Leib zu essen und sein Blut zu trinken, daß er in uns wohne, und wir in ihm. Aus großer Liebe ist er mit seinen heiligen Engeln bei uns gegenwärtig, und beschirmet uns gegen den Teufel und seinen Anhang. Aus großer Liebe schenkt er uns seinen heiligen Geist. Aus großer Liebe läßt er uns rufen zur himmlischen Hochzeit, und aus großer Liebe macht er uns selig.

»Das hat Er Alles uns gethan, sein' groß Lieb' zu zeigen an,« und das ewige Leben unter uns zu bringen, welches ist ein Leben der inbrünstigen feurigen Liebe, daß wir mit ihm und allen heiligen Engeln im Himmelreich sollen leben in eitel heiliger Liebe, ewiger Liebes-Freude, Liebes-Wonne, Liebes-Klarheit und Liebes-Herrlichkeit. Es ist also das ewige Leben ein Geschenk und Gabe der großen Liebe Gottes. Es quillt und fließt her aus ewiger Liebe, es bestehet in eitel reiner Liebe, und es wird bleiben in alle Ewigkeit ein Leben der Liebe. Und es ist die große, unermeßliche Menschen-Liebe, Freundlichkeit und Leutseligkeit unseres Gottes an keinem Dinge so prächtig und mächtig zu erkennen noch zu spüren, als an dem ewigen Leben, dazu er uns aus großer Liebe geschaffen, aus großer Liebe erlöset und aus großer Liebe wiedergeboren hat, und läßt es sein ein Leben der ewigen Liebe. –

Zweiter Anblick. Die sechs großmächtigen Wohlthaten Gottes, damit Er das ewige Leben befördert

Solches ist Alles bald gesagt, aber nicht alsbald verstanden, noch zu Herzen gefasset. Denn wir sind von Natur träge und kalt zu glauben, und langsam das einzunehmen und zu verstehen, was von diesem hohen Geheimniß aus heiliger göttlicher Schrift kürzlich angezogen und vorgetragen wird. Darum so wirs nicht eilend wollen überhüpfen oder leicht überlaufen, sondern mit Lust und Liebe fleißig bedenken: so müssen wir sechs Wohlthaten Gottes ordentlich betrachten, die hieher gehören, und sie nach einander wohl erwägen. Die erste Wohlthat ist unsere Schöpfung zum ewigen Leben. Die andere: unsere Erlösung zum ewigen Leben. Die dritte: unsere Wiedergeburt zum ewigen Leben. Die vierte zeigt sich in der gottseligen Christen Heimfahrt aus diesem Jammerthal in das himmlische Vaterland. Die fünfte leuchtet uns entgegen in dem seligen Zustande der auserwählten Seelen bei Gott in seinem Paradies. Die sechste offenbaret sich in der Auferstehung unserer Leiber am jüngsten Tage zum ewigen Leben.

I

Die Erschaffung der Menschen zum ewigen Leben

Was die erste Wohlthat anlangt, so sollte uns billig das Herz im Leibe vor großer Freude lachen, wenn wir die Ursach und das Ende unseres seligen Ursprungs und Herkommens von dem ewigen allmächtigen Gott nur ein klein wenig bedenken.

»Erkennet, sagt David, daß der HErr Gott ist. Er hat uns gemacht, und nicht wir selbst, zu seinem Volk und zu Schafen seiner Weide« (Ps. 100, 3). Was hat aber Gott bewogen und dahin gebracht, die Menschen nach seinem Bilde zu schaffen, wenn nicht seine unaussprechliche Liebe? Wozu hat er uns auch anders erschaffen, denn zur Liebe, daß wir ihn lieben sollten von ganzem Herzen, von ganzer Seele und allen Kräften, und unseren Nächsten als uns selbst? Und warum sonst sollen wir in solcher Liebe wandeln, als um des ewigen Lebens willen, welches ist und sein wird ein Leben der ewigen Liebe? »Du liebest, Herr Gott, sagt die Schrift, alles das da ist, und hassest nichts, das Du gemacht hast. Denn Du hast freilich nichts bereitet, da Du Haß zu hättest« (Weish. 11, 25). Und abermal: » Gott hat den Menschen geschaffen zum ewigen Leben, und hat ihn gemacht zum Bilde, daß er gleich sein soll, wie er ist« (Weish. 2, 23).

Das lasse mir nun eine Liebe über alle Liebe sein, daß der große König Himmels und der Erde uns Menschen aus großer Liebe zu eitel inbrünstiger Gegenliebe und zum ewigen Leben der ewigen Liebe geschaffen hat. O der überschwänglichen Liebe und der tiefen Leutseligkeit unseres Gottes! wie hat er die Menschen so herzlich lieb! Was mag das für eine Kraft, für ein Feuer, für ein Wunder und für eine Süßigkeit der Liebe sein, daß das ganze Werk unserer Erschaffung seinen Ursprung hat aus Liebe, wird auch vollbracht in Liebe, siehet sich um nach Liebe, und fordert nichts Anderes von uns, denn eitel Gegenliebe! Wie muß doch Gott der Vater ein wunderliebreicher Vater und ein wundersüßer Liebhaber der Menschen sein! Was muß auch das ewige Leben für ein mächtig und prächtig Leben der allersüßesten Liebe sein, da zu solchem Leben Alles von Gott dem Vater, durch seinen eingebornen Sohn, in allmächtiger Kraft des heiligen Geistes, als von Liebe, durch Liebe und in Liebe hingemeinet und hingerichtet ist?

Es mahnet mich dies Werk Gottes an einen großmächtigen König, welcher sich vermählen will. Bauet einen überaus stattlichen Palast, mit Flügeln und schönen Nebengebäuden, Hof und Garten mit güldenen Stacketen; nimmt viele Diener an, hält ein groß Gesinde von Grafen, Freiherrn, Edelleuten, Rittern, Trabanten und allerlei Knechten am Hofe; zeugt danach Kinder nach seinem Bilde, welche ihm ähnlich sind, liebet sie herzlich, läßt sie bei sich wohnen, auch seine Fürsten, Grafen, Freiherrn und alle Diener hohen und niedrigen Standes fleißig ihnen aufwarten. An den Kindern aber suchet er nichts denn kindliche Liebe, daß sie ihn als ihren lieben Vater kindlich ehren und kindlich fürchten. Hier muß Jedermann sagen: der König hat seine Kinder herzlich lieb; er hat sie in Liebe gezeuget und aus Liebe räumt er ihnen den königlichen Palast ein, daß sie ihn mit besitzen; gebeut auch aus großer Liebe gegen sie, daß die stattlichen Hofleute sammt allen Dienern um die königlichen Kinder sein müssen. Und ist also das Leben des Königs mit seinen Kindern und der Kinder mit ihrem königlichen Vater gewiß ein Leben der wahren Liebe.

Eben eine solche Gelegenheit hat es auch mit der Schöpfung. Unser lieber Gott und himmlischer Vater hat das schöne Gebäude Himmels und der Erde wie einen königlichen Palast innerhalb fünf Tagen bereitet, auch Engel geschaffen als himmlische Fürsten, Grafen, Edelleute und Trabanten, Ihm zu Dienst und zu ewiger Herrlichkeit. Danach schuf er den Menschen als ein Kind nach seinem Bilde, und setzte ihn zum Herrn über den Erdboden und alles was darauf ist. Verordnete auch seine heiligen Engel dem Menschen zum Dienst, daß sie sein warteten; desgleichen die Sonne, den Mond, die Sterne und das ganze Heer des Himmels, daß sie uns alle mit ihrem Scheine, Kraft und Wirkung dieneten. Von dem Menschen aber forderte er für solche unermeßlichen Wohlthaten nichts, denn nur die Liebe, und machte die Liebe zum Haupt-Gebot, daß wir mit ihm sollen in ewiger Liebe ein ewiges Leben führen und unser ewiges Leben eine ewige Liebe sein lassen.

1.

Gott schuf die Menschen aus Liebe nach Seinem Bilde.

So ist nun nichts, das Gott zur Schöpfung des Menschen anfänglich bewogen hat, als seine unaussprechliche Liebe. Aus väterlicher Liebe hat er dem Menschen das große Gebäude Himmels und der Erde wie zu einem Palast und königlicher Wohnung bereitet. Aus großer Liebe macht er seine himmlischen Frohngeister und englischen Heerschaaren zu Dienern, daß sie unserer warten. Aus großer Liebe hat er uns geschaffen, zu keinem anderen Ende denn daß wir ihn lieben sollen, und zu keinem anderen Leben denn zu einem ewigen Leben der ewigen Liebe. Diesen Endzweck der allerseligsten Schöpfung giebt Moses deutlich zu verstehen, da er schreibt, daß Gott den Menschen » nach seinem Bilde« formirt und geschaffen habe.

Denn, Lieber, was ist Gottes Bild, Gottes Gestalt und Wesen? Hier antwortet St. Johannes überaus tröstlich und malet Gott eigentlich ab mit lebendiger Farbe, da er spricht: Gott ist die Liebe. Welche eigentliche Art zu reden wir ihm um so mehr ablernen und fleißig-behalten sollen, als sie so wunderfreundlich lautet und so großen Trost gebieret, wie wir hernach hören werden.

Auch sollen wir unter allen Eigenschaften Gottes die Liebe für die allervornehmste halten, also daß die anderen alle unter der Liebe begriffen find. Denn es werden Gott neben dem, daß er die Liebe selbst ist, noch mancherlei Eigenschaften zugeschrieben, als: ewige Gerechtigkeit, ewige unendliche Weisheit, Heiligkeit, Allmacht, Barmherzigkeit, Wahrheit und dergleichen. Und wird recht gesagt: Gott ist die Allmacht selbst, die Wahrheit, die Barmherzigkeit selbst, die Gerechtigkeit selbst, die Weisheit selbst, und so fort. Denn es ist keine Eigenschaft des göttlichen Wesens, die nicht das Wesen selbst wäre. Aber doch hat die Liebe unter allen Eigenschaften den Vorzug und ist wie ein Zirkel, der alle anderen Eigenschaften umschreibt und in sich faßt, dieweil alles aus der Liebe herfließt, was Gott thut und wirket, auch wenn er nach seiner Gerechtigkeit zürnet, blitzet und donnert, wir Doctor Martin Luther fein deutlich in seinem Sermon von der Liebe erkläret.

Ist nun Gott die Liebe selbst und nichts denn eitel Liebe, wie die Schrift zeuget, so kann man bald hieraus abnehmen, was das Ebenbild Gottes in dem Menschen vor dem Fall muß gewesen sein. Es war eine edle hohe Gabe, eine solche Beschaffenheit und Tugend, welche mit einem Wörtlein heißt: die Liebe. Das merke wohl. Gott ist die wesentliche Liebe. Also war das Ebenbild Gottes in Adam vor dem Fall nichts Anderes als eine anerschaffene Gegenliebe, daß der Mensch brannte von feuriger reiner Liebe, erstlich gegen Gott und danach gegen seinen Nächsten. Und gleichwie Gott in seinem geoffenbarten Wort mit einem Namen genannt wird: die Liebe, unter welchem Namen alle seine anderen Eigenschaften mit begriffen werden: – so heißet auch das Ebenbild Gottes, wie es im Gesetz geoffenbaret ist, mit einem Wörtlein: die

Liebe; und diese Liebe ist das Prinzipal-Mandat oder Hauptgebot, welches alle anderen Tugenden, als: Gott recht erkennen, Gott loben, vollkommen gerecht und heilig sein, ohne Sünde leben, und dergleichen, mit fasset und gleich als umzirkelt, daß sie alle in die Liebe oder unter die Liebe gehören.

Zudem schaffte Gott, daß auch das menschliche Wesen an ihm selbst dem göttlichen Wesen nicht unähnlich war, wie solches unter den Altvätern Hilarius, Augustinus, sammt anderen Scribenten, und zu unseren Zeiten Melanchthon auf mancherlei Weise erklärt haben. Sie führen etliche Gleichnisse an, der eine so, der andere auf anderen Wegen und mit anderen Meinungen. Ich halte aber dafür: wenn wir nur das Gesetz als einen Spiegel der göttlichen Weisheit recht ansehen, so werden wir darin dies Geheimniß so hell und klar entdeckt finden, daß gottselige Christen solche Erklärung ihnen gefallen lassen und keiner weitläuftigeren bedürfen.

Denn wie in der Gottheit drei Personen sind, welche alle drei den Menschen mit unaussprechlicher Liebe umfangen: also gebeut das Gesetz, daß der Mensch soll Gott, seinen Liebhaber, wieder lieben erstlich von ganzem Herzen, fürs Andere von ganzer Seele, und zum Dritten von ganzer Kraft. Deswegen ist in Beiden, in Gott sowohl als in dem Menschen eine Dreifaltigkeit. In Gott sind: der Vater, der Sohn, und der heilige Geist. In dem Menschen sind: das Herz, die Seele, und die Kraft. Und beide Geheimnisse: die Dreifaltigkeit Gottes und die Dreifaltigkeit des Menschen – haben in Gottes Wort ihren Grund. Gott liebt die Menschen und will von den Menschen wieder geliebt sein, als die er nach seinem Bilde geschaffen hat. Es liebet uns Gott Vater, Gott Sohn, und Gott heiliger Geist. Also sind wir schuldig Gott wieder zu lieben: von ganzem Herzen, von ganzer Seele, und von ganzer Kraft.

Gott der Vater ist wie des Menschen Herz. Gott der Sohn, aus dem Herzen des Vaters geboren, wie die Seele oder wie das Leben im Herzen. Und Gott der heilige Geist wie die Kraft des Herzens und der Seele. Wenn ich nun das Herz, die Seele, und die Kraft des Menschen auch einzeln nenne, so verstehe ich doch nicht drei Menschen, sondern einen, zu dem alle drei: Herz, Seele und Kraft gehören. Also sind auch Gott Vater, Gott Sohn, und Gott heiliger Geist nicht drei Götter, sondern drei Personen, und nur ein einiger Gott.

Da siehest du, wie der Mensch vor dem Fall nach seiner Beschaffenheit und ganzem Wesen unseres lieben Gottes Spiegel und Ebenbild gewesen ist. Nun merke ferner, daß zu diesem edlen Spiegel und Ebenbilde zwei große Güter gehört haben. Das erste Gut hieß der Bund Gottes mit dem Menschen. Das andere war das himmlische Leben oder die Einwohnung des heiligen Geistes, daß Gott in dem Menschen als in einem Tempel und Lusthause seine Residenz und Wohnung hatte.

Was erstlich den Bund anlangt, so sollen wir wissen, daß es gewesen ist ein Contract und Verknüpfung der Liebe. Gott erzeigte sich dem Menschen als ein Vater, Freund und großer Liebhaber. Daher der Mensch mit heiliger vollkommener Gegenliebe ihm verknüpft und verbunden war, daß er wirklich seinen Gott wieder liebte von ganzem Herzen, von ganzer Seele, und von allen Kräften. Und dieser Bund ist der erste und allerälteste, welcher dem Menschen durch die Schöpfung mit eingebildet und eingepflanzt war, daß er ihn recht halten könnte, auch aus anerschaffener Weisheit recht verstände und keines irdischen Lehrmeisters bedürfte. Denn wie eine natürliche Zuneigung in der Gluckhenne zu ihren Küchlein und in den Küchlein zu ihrer Mutter ist; und wie zwischen Eltern und Kindern, Brüdern und Schwestern ein angeborener und angeerbter Bund der natürlichen Liebe sich findet, so daß einer den Anderen, wo es anders recht zugehet, herzlich liebet, und dürfen dazu keiner Lehre noch eines geschriebenen Gesetzes, weil sie's ja aus der Natur fassen und behalten: – eben so bedurften auch Adam und Eva vor dem Fall keiner Mosaischen Tafeln noch eines weitläuftigen Rechtsbuches, um zu wissen, wie sie Gott und ihren Nächsten lieben sollten; sintemal ihnen dieser Bund anerschaffen war, daß sie aus eingepflanzter und eingegossener Heiligkeit ihm nachkommen und bei sich selbst denken konnten: weil Gott sie liebte, so müßten sie ihn freilich wieder lieben.

Auf diese Weise kamen nun die zwei Lieben zusammen: die göttliche und die menschliche; die ewige wesentliche Liebe, welche alles geschaffen hatte, und die Gegenliebe in dem Menschen, welche nach dem Bilde Gottes in der Zeit erschaffen worden. Da liebte Gott den Menschen, und der engelreine Mensch liebte seinen Gott. Gott ist das Wesen, und der Mensch war wie ein reiner krystallener Spiegel dieses Wesens. Und wo Gott als die wesentliche Liebe in seinen Spiegel sah, da gab der erschaffene Spiegel seinen Gegenschein und liebte seinen Liebhaber, daß also auf beiden Seiten eitel reine Liebe sich anblickte und nichts als Liebe und Gegenliebe zu finden war.

Deswegen haben diese zwei Lieben vor dem Fall sich geherzet und geküsset, und sehr freundlich umfangen, die göttliche und die menschliche, oder Gott und Adam. Gott liebte sein Ebenbild, den Adam, wie ein Vater sein Kind, und sah ihn an, als hätte er im Spiegel sein Bild angesehn. Denn Adam war Gottes Spiegel, und wenn Gott mit Liebesstrahlen zu diesem Spiegel hinein blickte, so gab der Spiegel seinen Gegenblick oder Gegenglanz heraus, und leuchtete von feuriger Liebe zu Gott, seinem Schöpfer, dem er ähnlich sah und den er recht kannte, wieder hinein, so daß sich auf beiden Seiten ein edler Schein, Glanz und Klarheit der edelsten Liebe und Gegenliebe ergab.

Zudem liebte Adam seinen Nächsten als sich selbst. Denn als ihm die Eva zugeführt ward, nahm er sie zu sich und erkannte sie für sein Fleisch und Blut. Und lief allhier keine sündliche Lustseuche mit unter, sondern ihrer Beider Liebe gegen einander war eine keusche, heilige, reine, ja eine solche Liebe, welche der ganzen heiligen Dreifaltigkeit wohlgefiel und von Gott dem Allmächtigen selbst angezündet, dazu mit seinem heiligen Geiste als mit einem starken Bande lieblich verknüpft und bestätigt war. Und wenn sie in ihrer anerschaffenen Gerechtigkeit, Heiligkeit und Unschuld geblieben wären, so hätten sie in heiliger Liebe ihre ehelichen Beilager gehalten, in heiliger Liebe heilige Kinder gezeuget, einen heiligen Samen und eitel heilige Nachkommen hinter sich gelassen, und damit beide Paradiese: erstlich das Paradies auf Erden, und darnach das Paradies im Himmel erfüllet. –

Das andere Gut ihres himmlischen Bildes war das übernatürliche geistliche Leben. Denn es hatte der Mensch vor dem Fall zweierlei Leben. Das eine war leiblich und natürlich. Das andere aber war geistlich und übernatürlich, oder ein himmlisch und göttlich Leben.

Was das erste betrifft, so bedarf solches keiner weitläuftigen Beschreibung, da ja ein Jeder weiß, was das natürliche Leben des Menschen für ein Leben ist. Es ist eine Verknüpfung Leibes und der Seele, daß die Seele im Leibe als in ihrer Behausung wohnet und ihre Kräfte durch alle Glieder unterschiedlich vertheilet. Ueber diesem natürlichen Leben aber führten Adam und Eva auch ein himmlisches Leben aus der Einwohnung der ganzen heiligen Dreifaltigkeit in ihrem Leibe und in ihrer Seele. Denn weil sie Beide, Gott und Mensch, von Liebe und Gegenliebe gegen einander brannten, so wohnte Gott durch solche Liebe in dem Menschen und hielt seinen Sabbath in ihm, also daß der ganze Mensch mit Leib und Seele nicht sein eigen, sondern Gottes Eigenthum, Gottes Tempel, Gottes Palast, Gottes Behausung war. Wie daher das natürliche Leben eine Verknüpfung und Gemeinschaft Leibes und der Seele ist, so war das göttliche Leben in Adam und Eva eine Verknüpfung und Gemeinschaft mit Gott, daß Gott in ihnen ruhete und wohnete, und ihr Leib und Seele mit dem lebendigen Gott durch und durch besessen waren.

So wußten sie denn auch von keinem Tode, sondern waren immer stark an Leib und Seele. Der Leib war schön, frisch und gesund. Der Seele widerfuhr keine Angst, keine Beschwerung, kein Jammer, keine heimlichen Leiden oder verborgenes Herzeleid. Das Leben des Leibes war die Seele, und das Leben der Seele war Gott selbst, wie Augustinus und Prosper von Aquitanien reden. Und wie unser Leib sich von der Seele regieren läßt, so waren beide, der Leib und die Seele, dem einwohnenden göttlichen Wesen unterthan, und gehorchten dem heiligen Geiste.

So war auch unser Vater Adam aus solcher Einwohnung Gottes heilig, gerecht, weise, und aller Dinge so erfahren, daß er zuvörderst Gott, seinen Schöpfer, recht erkannte, und ihm von Herzen und mit Freuden diente. Danach kannte er auch alle Thiere auf Erden und alle Vögel unter dem Himmel, und gab einem jeglichen Thiere seinen Namen. Und obwohl er geschlafen hatte, als sein Weib von seiner Rippe gebauet ward, erkannte er sie doch im ersten Augenblick für sein Fleisch und Blut und sprach: »Man wird sie Männin heißen, darum daß sie vom Manne genommen ist.« Er war verständig, klug, schön, stark, unverzagt, fromm, und wußte von keiner

Sünde noch sündlichen Lust. Seine Gewalt und Herrlichkeit erstreckte sich so weit, daß er herrschte über die Fische im Meer, über die Vögel unter dem Himmel und über alles Gethier, das auf Erden kreucht. Alles mußte ihm unterthan sein.

Auch halte ich dafür, daß er vor dem Fall, als er noch ein Tempel und Wohnung der heiligen Dreifaltigkeit war, aus solcher Einwohnung Gottes an seinem Leibe müsse eine äußerliche Klarheit und Glanz gehabt haben und damit umwolket gewesen sein, gleich wie Mosis Haut und Angesicht vor dem Volke Israel glänzte, wenn er mit dem Herrn geredet hatte. Denn weil die Schrift zeuget, daß Adam und Eva nach dem Fall erst gesehen und erfahren haben, daß sie nackend waren, – welches ihnen so schändlich und schimpflich zu sein däuchte, daß sie sich mit Feigenblättern zudeckten –: so werden sie zweifelsohne vor dem Fall wie helle Sterne oder wie brennende Fackeln geleuchtet haben und anstatt der Kleider mit einem äußerlichen Glanz und Schein wie der Mond umgeben, bekleidet und gleich als umwolket gewesen sein, daß man ihre Leiber nicht so bloß und nackend, sondern mit unbeschreiblicher Klarheit und lichten Wolken verhüllet gesehen hat; weswegen sie sich auch nicht haben schämen dürfen. Sie waren ohne Sünde, und Gott der Herr wohnete so lieblich in ihnen, daß sie davon leuchteten und von keiner sündlichen Blöße an ihrem Leibe wußten. –

2.

Der Menschen Herrlichkeit, wenn Adam und Eva nicht gesündigt hätten.

Also stand es mit unseren ersten Eltern vor dem Fall, und ging alles so lieblich, so herzlich, so ordentlich und so fein nach Gottes Willen zu, daß Gott im Himmel mit seinen heiligen Engeln seine Lust, Freude und herzliches Wohlgefallen daran hatte.

Und ist kein Zweifel: wenn sie beständig geblieben wären in der Liebe, mit fleißiger und sorgfältiger Bewahrung des edlen himmlischen Bildes, das ihnen von Gott eingepflanzt, eingedrückt und anerschaffen war – würden sie auch Kinder gezeugt haben nicht allein nach ihrem Bilde, sondern auch dem Bilde Gottes ähnlich und gleichförmig, so daß wir alle aus angeerbter und angeborener Heiligkeit unseren himmlischen Vater sammt seinem eingebornen Sohn und heiligen Geist würden geliebt haben von ganzem Herzen, von ganzer Seele und allen Kräften, und ein Jeder den Andern auf dem ganzen Erdboden als sich selbst.

Dies Ebenbild Gottes würde sich in allen Adams-Kindern gezeigt haben mit seinen zwei Gütern, deren zuvor schon gedacht worden ist.

Denn erstlich hätte der Bund der Liebe keiner sonderlichen Offenbarung vom Himmel herab auf dem Berge Sinai durch Mosen oder sonst durch einen andern Mittler bedurft; sondern gleich wie es freundliche und süße Liebes-Triebe, Liebes-Freude und liebliche Zuneigung in Eltern und Kindern, Brüdern und Schwestern, Vettern, Basen und nahen Blutsverwandten giebt, welchen diese natürliche Liebe oder Blutliebe und Blutfreundschaft von Natur eingeprägt und eingebildet ist: also würde der Bund und das Gesetz der heiligen vollkommenen Liebe zu Gott und gegen den Nächsten uns durch die natürliche Geburt auch mit angeerbt und eingepflanzt worden sein.

O wie herrlich wäre es dann allenthalben in der ganzen weiten Welt mit der Religion zugegangen, daß man von keinem Zwiespalt, von keinen unnützen Disputationen, keinem Schulgezänk, keinen leeren Streitigkeiten und keinen traurigen Separationen würde gehört haben. O wie einmüthig würden alle Völker in Europa, Asien, Afrika, Amerika und Australien Gott ihren Herrn von ganzem Herzen, von ganzer Seele und von ganzer Kraft geliebt haben! O wie oft wären dann die Adams-Kinder aus allen Landen mit herzlicher Freude und Frohlockung zusammen gekommen, daß wir einhellig den Herrn unseren Gott geehret, gerühmet, gelobet, und seine große Güte, Gnade, Wunder und Wohlthaten gepreiset und ausgebreitet hätten! Wie wäre allenthalben nur Eine Religion, einerlei Glaube, einerlei Gottes-Dienst und einerlei Kirchen-Ordnung, nämlich die wahre Erkenntniß Gottes, in vollem Schwange gegangen! Wie lieblich, wie brüderlich, wie freundlich und wie herrlich hätten alle Nationen, alle Heiden und alle Menschen unter der Sonne, Deutsche, Italiener, Spanier, Türken, Mohren, Indianer u. s. w. im Glauben, in dem Bekenntniß der Wahrheit und in dem heiligen Geiste zusammen gestimmet!

Wie würde auch die Liebe des Nächsten allenthalben das menschliche Geschlecht besessen und eingenommen haben! Ja da hätte ich sicher und ohne alle Gefährlichkeit zu Wasser und zu Lande können die ganze Welt durchreisen, und würde alle Völker in den Morgenlanden, in den Gegenden nach Mitternacht, und in den Landschaften nach Mittag und Abend gelegen, gekannt haben, und einem jeden Menschen in aller Welt so lieb, so angenehm und so willkommen gewesen sein, als meinem leiblichen Bruder und nächsten bekannten Freunden. Man würde von keinem Kriege, von keinem Hader, von keinem Blutvergießen irgend wo gehört haben. Und wären keine anderen neuen Zeitungen aus allen Landen, aus Rußland, aus der Türkei, aus Arabien, aus Amerika und aus den neu gefundenen Inseln gekommen, denn von eitel inbrünstiger reiner Liebe, wie die Leute allenthalben Gott liebten von ganzem Herzen, von ganzer Seele, von ganzem Gemüthe, und einer den Andern als sich selbst; auch daß kein Streit wäre, denn wie einer dem Anderen mit Ehrerbietung, mit großer Liebe und mit ungefärbter Freundschaft möchte zuvorkommen.

Da wäre keine sündliche Lustseuche gewesen. Da hätten Bräutigam und Braut, wie auch Jünglinge und Jungfrauen mit eitel heiliger keuscher Liebe aus Anregung des heiligen Geistes sich unter einander geliebet. Da würden Mann und Weib in geistlicher Wollust Kinder gezeuget und mit ihren Kindern das Reich Gottes vermehret haben. Die natürliche Liebe zwischen Eltern und Kindern, Brüdern und Schwestern würde eine heilige, reine, vollkommene Liebe gewesen sein. Die heiligen Engel würden nach Gottes Befehl mit Freuden auf uns gewartet haben.

Wir hätten auch von Anfang unserer Geburt an allerwege zweierlei Leben geführt: das natürliche und das geistliche. Der Leib hätte ohne Schmerzen und ohne Anfechtung des Todes immerfort natürlich gelebt, aus wirklicher Kraft der Seele, die in ihm wohnet. Aber beide, der Leib und die Seele, würden über diesem natürlichen Leben auch mit einem anderen himmlischen Leben gekrönet und bekleidet gewesen sein. Denn es hätte Gott im Leibe und in der Seele wie in einem schönen Tempel wunderlieblich und wundertröstlich gewohnet, und würde unser ganzes Leben mit Gott, in Gott und durch Gott, desgleichen Gottes Leben, Gottes Wohnung, Gottes Sabbath in uns, und folglich auch unser aller Leben und Wandel unter einander auf Erden nichts Anderes gewesen sein, denn ein Leben der inbrünstigen feurigen Liebe und Gegenliebe, oder ein Bund der Liebe, daß, wie uns Gott liebet, würden wir ihn auch wieder geliebt haben von ganzem Herzen, von ganzer Seele und von allen Kräften, und einer den Anderen als sich selbst.

Es wäre die ganze Welt ein schönes Paradies gewesen voll solcher Kinder Gottes und solcher edlen Tempel des heiligen Geistes, daß es an allen Orten auf dem ganzen Erdboden, wo ich nur hätte Menschen gesehen, würde geschimmert, geschienen und geleuchtet haben, als hätte ich eitel Himmels-Sterne oder eitel helle Lichter gesehn. Denn wir würden anstatt der Kleider alle, wie Adam und Eva vor dem Fall, aus lieblicher Einwohnung der heiligen Dreifaltigkeit als Tempel Gottes schön geleuchtet und eine äußerliche Klarheit gehabt haben, nur der Eine größere und herrlichere, denn der Andere, je nach den unterschiedenen Gaben und Wirkungen Gottes des heiligen Geistes. Auch wäre überall einerlei Sprache geblieben, daß du hättest einen Hindu, Türken, Araber, Russen oder einen Indianer aus Amerika eben so leicht und bald verstehen können, wie die Sprache deiner Mutter. Man hätte von keinen Kriegen, von keinen Mordthaten noch anderen gräulichen Verbrechen, von keinem Neid, Haß, Aufruhr und Revolutionen; desgleichen von keinem Ungewitter, Hagelschlag, Wolkenbrüchen, Wind- und Wasserhosen, von keinem Unfall, Angst, Jammer, Krankheit, Elend, wie auch von keinem Tode oder Sterben gehöret. Das Erdreich hätte keine Disteln und Dornen, sondern eitel Rosen, Lilien und die allerlieblichsten Blumen, wohlriechende Kräuter, duftend Gewürz und die alleredelsten Früchte getragen, sowohl in Norwegen, Rußland und allen mitternächtlichen Ländern, als in Egypten, Arabien und dergleichen weitberühmten Morgenlanden. Die Vögel unter dem Himmel, die Thiere auf Erden, und die Fische im Meer wären uns ohne alle Scheu und Schrecken unterthänig, folgsam und zugethan gewesen.

Wenn endlich ein Mensch auf Erden seine Zeit vollbracht und seinen Lauf vollendet hätte, würde er ohne alle Leibes-Schmerzen, ohne Krankheit und ohne Todes-Gefahr lebendig mit Leib und Seele von dieser Welt gen Himmel aufgefahren sein. Er hätte den Tod nicht geschmeckt und nicht den geringsten Jammer gefühlt, sondern wäre aus dem irdischen Paradies in das himmlische Paradies aufgenommen worden. Auf feurigem Wagen wäre er hingefahren, wie Henoch und Elias, von viel tausend Engeln umgeben und begleitet. Er hätte mit großer Freude seinem Weibe, seinen Kindern, seinen Brüdern und Schwestern das Valet gegeben, und alle seine hinterlassenen Freunde würden über seinen herrlichen und prächtigen Hinzug nicht im geringsten geweinet und getrauert, sondern sich hoch erfreuet und gejauchzet haben. Sie hätten dem ewigen allmächtigen Gott dafür mit Freuden und Frohlocken herzlich gedanket, der ungezweifelten Zuversicht, daß sie nach Erfüllung ihrer Zeit bald nachfolgen und auch eine selige Himmelfahrt halten würden. – – –

3.

Der Sündenfall.

Dieweil sie aber Beide gefallen sind, von welchen wir alle herkommen, Adam und Eva, und haben sich von dem listigen verfluchten Teufel jämmerlich berücken und verführen lassen –, so haben sie damit Gottes Ebenbild, nämlich die edle eingepflanzte Gottesgabe der vollkommenen Liebe verloren, und hat sie dagegen des leidigen Satans Bild, das ist Angst und Furcht ergriffen, daß sie anstatt der edlen heiligen Liebe zu Gott nach dem begangenen Apfelbiß sich peinlich vor ihm fürchteten.

Da sind sie gefallen und abgewichen von dem alterältesten und ersten Bunde der Liebe, damit sie ihrem Gott verknüpft waren, und haben mehr geliebt die Creatur oder das Geschöpf, als ihren Schöpfer, und ihre heilige vollkommene Liebe in eine sündliche und verdammliche Lustseuche verkehret. Deswegen wurden auch alsbald ihrer beider Augen aufgethan, wie Moses schreibt, und wurden gewahr, daß sie nackend waren. Wie aber ging das zu? Die heilige Dreifaltigkeit, Gott Vater, Gott Sohn und Gott heiliger Geist, das himmlische Leben, wich von ihnen aus, daß sie nicht mehr seine Tempel, Tabernakel und Lusthäuser waren. Und da er von ihnen seine Residenz und Einwohnung zurückzog, verloren sie auch alsbald den äußerlichen Glanz und Schein an ihrem Leibe, daß einer den Anderen bloß und nackend mit Schaam und Schanden ansah, und sie beide, als geistlich todte Leute des himmlischen Lebens beraubet, wohl merkten daß sie nicht mehr Kinder des Lichts, sondern der höllischen Finsterniß Larven und des Teufels Stankgefäße wären. Darum, als sie blos und nackend waren, suchten sie eilend Rath, flochten Feigenblätter zusammen und machten sich Schürzen.

Nun war das natürliche Leben noch übrig in ihnen. Wohl waren sie geistlich todt, doch konnten sie gleichwohl noch gehen, sehen, hören, reden, rathschlagen und der fleischlichen Vernunft gebrauchen. Allein da sie des göttlichen Lebens als des besten und alleredelsten ganz und gar beraubet waren, hatten die anerschaffene Liebe zu Gott in eine irdische Lustseuche verkehret und sahen an ihren bloßen und nackten Gliedern, daß dieselben, gegen ihre erste Herrlichkeit gerechnet, nichts Anderes waren als todte Leichname, verglichen mit den lebendigen Menschen; hatten auch ganz und gar nicht mehr die Schönheit, Kraft, Stärke und Tugend, auch nicht den äußerlichen Glanz und Schein, wie zuvor: – siehe, da geriethen sie in eitel Furcht, Angst und Schrecken, daß sie vor Gott peinlich flohen, und sich hinter die Bäume versteckten. Der Leib aber nahm hernach durch allerlei Schmerzen und Krankheit ab und ward ausgemattet, bis endlich der Tod dazuschlug und sie Beide unter die Erde brachte.

Gleichwie nun Adam nach dem Fall von Natur nicht mehr himmlisch, sondern allein irdisch und fleischlich gesinnet war, also hat er auch nach diesem irdischen Bilde Kinder gezeuget. Und daher sind wir alle von Natur nicht mehr Freiherrn, sondern in Sünden empfangen und in Sünden geboren, und durch die Sünde der Knechtschaft des Todes unterworfen. Das Ebenbild Gottes oder die vollkommene Liebe ist überall hinweg, ausgethan und verloschen, und des leidigen Teufels Bild oder die sündliche Lustseuche und die höllische Furcht vor Gottes Gericht – ist an seine Stätte kommen. Denn gleich wie Adam und Eva nach dem Fall vor Gott flohen und sich versteckten, also tragen wir auch von Natur einen peinlichen Schrecken und Abscheu vor dem Angesichte Gottes, und fürchtet sich unser Fleisch und Blut vor ihm als vor einem verzehrenden Feuer oder wie vor einem gestrengen Richter, den es von ganzer Seele hasset. – –

4.

Gottes gnadenreiche Erbarmung über uns.

Nun merke aber auch weiter, was Gott an uns gewendet und wohin seine große Liebe und Leutseligkeit ihn getrieben hat. Es ist damit gerade, als wenn ein braver, frommer Mann sein abgewichenes und ehebrecherisches Weib aus grundloser herzlicher Liebe wiederum zu Gnaden annähme, sonderlich da er gehöret, daß sein abgesagter Feind sie ihm mit listigen Worten abgelockt und entführet, hielte sie ganz übel, buhlete die eine Zeit mit ihr, darnach schlüge er sie und träte sie mit Füßen. Solches alles erfährt der Ehemann, und ob er wohl dazu still schweigen und der Ehebrecherin ihr Fegefeuer und tiefe Trübsal mit allem Recht gönnen könnte, jammert es ihn doch aus großer unverdienter Liebe zu ihr; zeigt daher Barmherzigkeit gegen sie und nimmt sie wieder zu seinem ehelichen Gemahl an.

Nicht anders handelt der leutselige Gott mit uns, da er das menschliche Geschlecht, die ehebrecherische Art, unter der Gewalt des Todes, des Teufels und der Hölle liegen sieht; da er gewahrt, daß sie vom Satan, ihrem höllischen Buhlen, sich fort und fort in den Haaren zausen, martern und plagen lassen muß. Solches jammert Gott aus großer Liebe, Er ruft sie wieder zu sich, vergiebt ihr ihre Sünde und richtet den Bund der Liebe mit ihr aufs Neue auf; wie er denn selbst bei dem Propheten Jeremias dieses Gleichniß anführet: »Wenn sich ein Mann von seinem Weibe scheiden läßt, und sie zieht von ihm und nimmt einen andern Mann, darf er sie auch wieder annehmen? Ist es nicht also, daß das Land verunreiniget würde? Du aber hast mit vielen Buhlern gehuret. Doch komm wieder zu mir! spricht der Herr. Kehre wieder, du abtrünnige Israel, spricht der Herr, so will ich mein Antlitz nicht gegen euch verstellen. Denn Ich bin barmherzig, spricht der Herr, und will nicht ewiglich zürnen« (c. 3, 1. 12).

Ja, sprichst du, wie kann aber Gott das menschliche Geschlecht wiederum zu Gnaden auf- und annehmen ohne Verletzung seiner strengen Gerechtigkeit und seines Wortes, darin er uns den Tod gedrohet hatte?

Antwort: Es war wohl der Bund der Liebe unsererseits gebrochen und verletzt, daß wir also uns selbst um das ewige Leben brachten und dasselbe danach aus menschlicher Kraft und Vermögen nicht konnten wieder erlangen. Aber von Gottes Seiten ist nie wider den Bund gesündigt, indem Er ja den Menschen von Herzen liebte und ihm nicht die geringste Ursach gab zum Abfall und zur Uebertretung. Fest, treu und beständig ist Gott geblieben in der Liebe allezeit, auch nach unserm unseligen Abfall, wie St. Paulus schreibt: daß uns Gott geliebt hat, auch da wir noch Feinde waren (Röm. 5, 10). Damit aber solche Liebe der Gerechtigkeit nicht zuwider liefe, dachte er auf Mittel und Wege, wie der Gerechtigkeit möchte genug geschehen, daß er uns ohne Verletzung derselben zu Gnaden und in den Bund der Liebe wieder auf- und annehmen könnte, damit wir wiederum seine Tempel, Organe, Lusthäuser, seine Werkstätten und sein Eigenthum würden.

Darum – o lasset uns voll heißen Danks und tiefer Beugung jederzeit hören – ließ Er Seinen eingebornen Sohn Mensch werden und senkte denselben als das Leben seines Herzens in unser Fleisch und Blut; warf auf Ihn aller Welt Sünde, Schmach, Schuld und Strafe; ließ ihn sterben und zur Hölle fahren, auf daß wir durch den Glauben an Ihn von Sünde, Tod, Teufel und Hölle erlöset und des ewigen himmlischen Lebens wiederum fähig und theilhaftig würden.

Solche gnadenreiche Erbarmung Gottes über uns wird uns gar lieblich und tröstlich ausgestrichen in dem schönen Luther-Gesange: »Nun freut euch, lieben Christen gmein«, wenn wir singen:

> »Dem Teufel ich gefangen lag.
> im Tod war ich verloren;
> Mein' Sünd' mich quälet Nacht und Tag,
> darin ich war geboren.
> Ich fiel auch immer tiefer drein,

es war kein Guts am Leben mein:
die Sünd' hatt' mich besessen.

Mein' gute Werk die galten nicht,
war mit ihn'n verdorben;
Der frei Will' hasset Gotts Gericht,
er war zum Gut'n erstorben.
Die Angst mich zu verzweifeln trieb,
da nichts denn Sterben bei mir blieb:
zur Höllen mußt ich sinken.

Da jammert Gott in Ewigkeit
mein Elend übermaaßen;
Er dacht an sein Barmherzigkeit,
Er wollt mir helfen lassen.
Er wandt zu mir das Vaterherz;
es war bei ihm fürwahr kein Scherz:
Er ließ sein Bestes kosten.

Er sprach zu seinem lieben Sohn:
die Zeit ist hie zu erbarmen.
Fahr hin, meins Herzens werthe Kron,
und sei das Heil dem Armen!
Und hilf ihm aus der Sünden Noth,
erwürg für ihn den bittern Tod,
und laß ihn mit dir leben.« –

Wer kann nun diese Wunderliebe und Leutseligkeit unseres Gottes genugsam preisen? Wer
kann die Tiefe, die Breite, die Höhe und die Länge solcher Güte und solcher Freundlichkeit
ergründen? Wenn schon alle Blätter auf den Bäumen, alle Gräslein auf dem Felde, alle Sand-
körnlein in und am Ufer des Meeres, und alle Stäublein in der Sonne nicht allein menschliche,
demosthenische, ciceronianische, perikleische, sondern auch englische Zungen hätten: würde
ihnen doch unmöglich sein, mit aller ihrer Beredtsamkeit solche Wohlthaten genugsam zu loben und auszureden. Denn sag selbst: wenn du dein Leben verwirkt hättest und solltest dir
lassen vom Scharfrichter die Haut über die Ohren ziehen, oder alle Adern mit glühenden Zan-
gen aus deinem Leibe reißen; und ein großmächtiger König gäbe seinen Sohn für dich, ließe
ihn so gräulich zermartern und zerhandeln, und nähme dich zum Sohn und zum Erben an – –
wie könntest du solche Liebe genug rühmen und loben? Du würdest ja erkennen und leichtlich
begreifen, daß er keine unfreundliche Ader noch einen bittern Blutstropfen in seinem ganzen
Leibe gegen dich haben könne. Also thut Gott gegen uns! Da wir sollten von allen Teufeln
in den Abgrund der Hölle weggeführet und ewig mit höllischem Feuer gemartert werden, da
stellt er seinen eingeborenen Sohn für uns ein, zieht uns den Dorn aus unserem Fuß und steckt
ihn seinem geliebten einigen Sohn in den seinen, nimmt uns zu seinen Erben an und schenkt
uns das ewige Leben. – –

Das sind die rechten Eingeweide der Barmherzigkeit, die innersten Gemächer des Erbarmens,
wie Zacharias in seinem Lobgesange zeugt. Das ist »die herzliche Barmherzigkeit unseres Gottes,
durch welche uns besucht hat der Aufgang aus der Höhe. Auf daß Er erscheine denen, die da
sitzen in Finsternis und Schatten des Todes, und richte unsere Füße auf den Weg des Friedens«
(Luc. 1, 78. 79). Darum singen wir auch:

» **In dulci jubilo** (in süßem Jubel)!
nun singet und seid froh!
Unsres Herzens Wonne
liegt in **praesepio** (in der Krippe);
Und leuchtet als die Sonne
Matris in gremio (in der Mutter Schooß).
Alpha es et O! (bist das A und O)
Alpha es et O!

O Jesu parvule! (kleiner Knabe)
nach Dir ist mir so weh.
Tröst mir mein Gemüthe,
o puer optime! (bestes Kind)
Durch alle Deine Güte,
o princeps gloriae! (Fürst der Ehre)
Trahe me post te! (ziehe mich nach Dir)
trahe me post te! —«

5.

Anbetende Betrachtung dieser großen Wohlthat Gottes.

»O der unermeßlichen Freundlichkeit, sagt Augustinus, o der grundlosen Liebe! Du hast, Herr Gott Vater, Deinen Sohn hingegeben, auf daß der Knecht erlöset würde. Gott ist Mensch geworden, auf daß der verlorene Mensch von der Gewalt der bösen Geister errettet würde. O lieber Gott Vater, wie ist doch Dein Sohn, der Herr unser Gott, ein sehr gütiger Liebhaber der Menschen, dieweil seiner herzlichen Liebe nicht genug gewesen, daß er sich herab ließe und Mensch würde, geboren von der reinen Jungfrau Maria, sondern hat auch den Tod des Kreuzes auf sich genommen und sein Blut für uns und um unserer Seligkeit willen vergossen! Der fromme Gott ist zu uns kommen, er ist kommen nach seiner Frömmigkeit und Gütigkeit. Er ist kommen, zu suchen und selig zu machen das verloren war. Das verlorne Schaf hat er gesucht. Er hat es gesucht und gefunden, und auf seinen Achseln zu den Hürden seiner Heerde wiedergebracht, der rechte, treue, gute Hirt.

O der großen Liebe, o der großen Güte! Wer hat solches mehr gehört? Wer wollte dieser herzlichen Barmherzigkeit nicht immer Nachdenken? wer wollte sich nicht verwundern? wer wollte sich nicht hoch erfreuen der großen Liebe, damit Du uns geliebet hast? Deinen Sohn hast Du gesandt in der Gestalt des sündlichen Fleisches, und die Sünde im Fleisch durch Sünde verdammt, auf daß wir in Ihm würden Deine Gerechtigkeit. Denn Er ist das rechte unbefleckte Lamm, welches der Welt Sünde wegnimmt, und hat durch seinen herben bitteren Tod den Tod verschlungen, und durch seine Auferstehung das ewige Leben wiedergebracht.

Was können wir aber Dir wiedergeben und wiedererzeigen, Herr unser Gott, für solche große Wohlthaten Deiner Barmherzigkeit? Wie können wir Dich genugsam loben und Dir genug danken? Wenn wir gleich so weise und so stark wären, als die heiligen Engel sind, so könnten wir doch nichts Würdiges schaffen, damit Deine große Treue und Deine große Gütigkeit vergolten würde. Ja wenn alle unsere Glieder in eitel Zungen sich verwandelten, so würden wir doch noch viel zu gering sein, Dich mit schuldigem Lob zu ehren und zu rühmen.

Denn Deine unausforschliche Liebe, welche Du allein nach Deiner Güte und Leutseligkeit uns Unwürdigen erzeiget hast, gehet über alle Vernunft; sintemal Dein eingeborner Sohn, unser Gott, nicht hat Engel-, sondern Abrahams Samen angenommen und ist uns in allen Dingen gleich worden, doch ohne Sünde. Deswegen hat er nicht die englische, sondern die menschliche Natur angenommen und sie mit dem weißen Kleide der Auferstehung und des ewigen Lebens herrlich gemacht; auch über alle Himmel, über alle Chöre der Engel, über Cherubim und Seraphim sie erhoben und zu seiner Rechten gesetzt. Daselbst wird sie gelobt und angerufen von den Engeln und Herrschaften, und des ganzen Himmels Heer fürchtet diesen Menschen, der da Gott ist.

So setze ich nun auf Ihn alle meine Hoffnung und all mein Vertrauen. Denn in diesem Christo JEsu, unserem HErrn, ist unser aller und eines jeden Menschen Theil; das ist unser aller Fleisch und Blut. Wo nun mein Theil regieret, da glaub ich daß ich auch regieren werde. Wo mein Fleisch ist erhöhet worden, da werde ich auch herrlich gemacht werden. Wo mein Blut herrschet, da werde ich auch herrschen. Und ob ich wohl ein Sünder bin, trag ich doch keinen Zweifel an solcher Gemeinschaft der Gnade. Und obschon meine Sünden mir im Wege liegen, so heischt und erfordert solche Herrlichkeit doch meine Substanz, mein Sein und Wesen in Christo. Ob auch meine Uebertretungen mich ausschließen, so kann mich doch die Verwandtschaft und Gemeinschaft der Natur nicht zurückstoßen. Denn so hart und ungnädig ist Gott nicht, daß er des Menschen vergäße und daß er nicht an den gedächte, welchen er in Einigkeit seiner Person trägt, und den er meinethalben hat angenommen.

Freundlich und sehr gütig ist unser Gott, und liebet sein Fleisch, seine Gliedmaaßen und seinen Leib. In unserem Gott und in unserem allersüßesten, allergnädigsten und allergütigsten Herrn JEsu Christo, in welchem wir sind aufgestanden und nun gen Himmel gefahren, und führen einen himmlischen Wandel: – in demselben, sage ich, liebet uns unser Fleisch; denn in Ihm finden und haben wir den edlen Vorzug und die Vermählung unseres Blutes, weil wir seine Glieder und sein Fleisch sind, und Er ist unser Haupt, durch welches der ganze Leib bestehet, wie die Schrift sagt: »Bein von meinen Beinen und Fleisch von meinem Fleisch. Es werden die Zwei ein Fleisch sein. Niemand hat jemals sein eigen Fleisch gehastet, sondern er nähret es und pfleget sein. Das Geheimniß ist groß. Ich sage aber von Christo und der Gemeinde« (Ephes. 5, 29-32).

Darum sage ich mit Mund und Herzen und aus allen meinen Kräften Dir, HErr unser Gott, Lob und Dank für alle Deine Barmherzigkeit, damit Du uns armen verlorenen Sündern bist zu Hülfe erschienen durch denselben Deinen Sohn, unseren Seligmacher und Erlöser, welcher gestorben ist um unserer Sünden willen und auferstanden um unserer Gerechtigkeit willen, und lebet nun ewiglich und sitzet zu Deiner Rechten, da er uns vertritt und für uns bittet.

Nun, mein liebster Vater, dieweil Du uns so große Wohlthat hast erzeiget durch Deinen Sohn, der in seinem Wort (Joh. 6, 44; 14, 6) ausdrücklich spricht: Niemand kommt zu mir, es sei denn, daß der Vater, der mich gesandt hat, ihn ziehe; und Niemand kommt zum Vater, denn durch mich – so bitte ich Dich und rufe Dich an demüthiglich: ziehe mich allerwege zu ihm, auf daß Er mich zu Dir ziehe, dahin wo Er sitzet zu Deiner Rechten, wo sich hervorthut das ewige Leben, die vollkommene Liebe ohne alle Furcht, dazu der ewige Tag, der einige Geist in allen, dir höheste und gewisseste Sicherheit, die sichere Ruhe, die ruhige Fröhlichkeit, das fröhliche Heil, die heilsame Ewigkeit, die ewige Seligkeit und die selige Anschauung Deines Antlitzes, wie auch Dein Lob, Der Du mit demselbigen Deinem Sohn, und Er mit Dir, in des heiligen Geistes Einigkeit herrschest und regierest, wahrer Gott, in alle Ewigkeit! Amen.« – Amen.

Das ist also das Erste, so an diesem Orte zu merken und zu behalten: wozu hat uns Gott erschaffen und uns seinen eingeborenen Sohn gegeben? nicht um zeitlichen Gutes, Gewalt, Pracht, Ehre und Wohlfahrt willen, sondern zum ewigen Leben. Wie die Schrift sagt: Gott ist die Liebe. Daran ist erschienen die Liebe Gottes gegen uns, daß Gott seinen eingeborenen Sohn gesandt hat in die Welt, daß wir durch ihn leben sollen. (1 Joh. 4, 9). Also hat Gott die Welt geliebet, daß er seinen eingeborenen Sohn gab, auf daß alle die an ihn glauben, nicht verloren werden, sondern das ewige Leben haben (Joh. 3, 16). Gott preiset seine Liebe gegen uns, daß Christus für uns gestorben ist, da wir noch Sünder waren. So werden wir viel mehr durch ihn behalten werden vor dem Zorn, nachdem wir durch sein Blut gerecht geworden sind (Röm. 5, 8. 9). Die Gabe Gottes ist das ewige Leben in Christo JEsu, unserm Herrn (Röm. 6, 23).

II

Unsere Erlösung zum ewigen Leben

Auf das Werk der großen Liebe und Leutseligkeit unseres himmlischen Vaters, daß er uns zum ewigen Leben erschaffen, und da wir verloren waren, uns seinen eingeborenen Sohn geschenkt hat, damit wir die verlorene Seligkeit durch ihn wieder erlangten – folget nun die andere Wohlthat: unsere Erlösung zum ewigen Leben. Und gleichwie die Schöpfung Gott dem Vater zugeschrieben wird, also wird das Werk der Erlösung seinem herzlieben Sohne, unserem Seligmacher JEsu Christo, mit Recht zugeeignet.

Denn siehe, was thut der Sohn Gottes? Aus großer Liebe und Menschenfreundlichkeit ist er Mensch worden; aus großer Liebe nimmt er auf sich aller Welt Sünde, aller Welt Schmerzen und des Gesetzes Fluch. Aus großer brünstiger Liebe ließ er sich um unserer Sünden willen kreuzigen, tödten, verfluchen und mit seines Vaters unerträglichem Zorn beladen, auf daß er uns vom Tode, vom Teufel und von der Hölle erlösete und seinem himmlischen Vater wieder versöhnete. Und hier war recht der wunderliche Krieg, da der Tod mit dem Leben rang; da das Leben behielt den Sieg und den Tod verschlang. Die Schrift verkündigt, daß, wie ein Tod den andern fraß, ein Spott aus dem Tode ward. Christus hat ihn überwunden, der Schlange den Kopf zertreten, und die Hölle gestürmt, erobert, zerstört und geschleift. Ist am dritten Tage wiederum auferstanden von den Todten, aufgefahren gen Himmel, sitzet zur Rechten des allmächtigen Vaters, da Er uns nun aus großer Liebe vertritt, auf daß alle, die an ihn glauben, nicht verloren werden, sondern das ewige Leben haben.

Ihr Kinder und Einfältigen könnt Solches fein lernen und behalten aus unserm Lutherlied, wenn ihr weiter singt:

> Der Sohn dem Vater g'horsam ward:
> Er kam zu mir auf Erden,
> Von einer Jungfrau rein und zart;
> Er sollt mein Bruder werden.
> Gar heimlich führt er sein Gewalt,
> Er ging in meiner armen Gestalt;
> den Teufel wollt er fangen.

> Er sprach zu mir: halt dich an mich.
> es soll dir jetzt gelingen.
> Ich geb mich selber ganz für dich,
> da will ich für dich ringen:
> Denn ich bin dein und du bist mein,
> und wo ich bleib, da sollst du sein;
> uns soll der Feind nicht scheiden.

> Vergießen wird man mir mein Blut,
> dazu mein Leben rauben:
> Das leide ich all's dir zu gut;
> das halt mit festem Glauben.
> Den Tod verschlingt das Leben mein.
> Mein Unschuld trägt die Sünde dein;
> da bist du selig worden.

Denket aber nach, ihr Kinder des Lichts, was dies für eine Wunder-Liebe und unaussprechliche Leutseligkeit von unserem trauten Erlöser und Seligmacher JEsu Christo sein muß, daß dieser große GOTT uns sündige Erdenwürmlein so hoch über alle Sterne des Himmels, über Sonne und Mond, auch über alle Engel und himmlische Heerschaaren ehret und so weit vorziehet, daß er nicht wird ein Mond, nicht eine Sonne, nicht ein Stern, auch nicht ein Engel – sondern ein Mensch und Jungfrauen-Sohn, und nimmt aus unaussprechlich großer Liebe sich unserer Noth, unserer Trübsal und unseres Elendes herzlich an, daß er um unseretwillen eines herben schmählichen Todes stirbt.

Gleichwie der weit bekannte Vogel Pelikan, wenn er seine Jungen scheinbar todt vor sich liegen sieht, von der Schlange umgebracht; alsdann verwundet er sich selbst aus herzlicher Liebe, hackt in seine Brust und spritzt Blut heraus, damit besprenget er seine Jungen und macht sie wieder lebendig: – also liebet dieser himmlische Pelikan uns Menschen als seine Blutsverwandten mit keiner schlechten Liebe, sondern mit einer feurigen Wunderliebe. Er liebet uns bis in den Tod, bis in den Tod des Kreuzes, ja bis in die tiefe Hölle und in die höllische Marter, Angst und Qual hinein, sintemal er den Tod, die Hölle, die Höllen-Angst um unserer Sünden willen leidet und vergießt sein rothes rosinfarbenes Blut am Stamm des Kreuzes, damit wir vom ewigen Tod zum ewigen Leben erlöst und wieder gebracht würden. Das lasse ich mir eine Liebe und Barmherzigkeit sein!

Man schreibt von dem Könige Xerxes, da er den großen Krieg wider die Griechen führete und eilfmalhundert tausend Mann bei einander hatte, sei er auf einen hohen Berg gestiegen, und als er die große Menge von oben herab übersah, da habe er bitterlich angefangen zu weinen. Wie er nun gefragt ward, warum er weine, antwortete er: »Ach sollt ich nicht weinen? ich sehe das große Volk und denke daran, daß ihrer keiner nach hundert Jahren mehr lebendig sein wird!« – Wie viel mehr hat den Sohn Gottes der ganzen weiten Welt gejammert, da so viel hundert tausend mal tausend Menschen sollten verstoßen sein in Ewigkeit! Und weil er sich eben darum tödten läßt und sein Blut zu unserer Erlösung vergießt – wer siehet denn nicht, daß er uns herzlich und treulich lieb haben muß? Scheinet es doch, wie Tauler schreibt, als ob dem himmlischen Vater mehr an uns als an seinem eingebornen Sohn, und dem Herrn Christo mehr an uns als an ihm selbst gelegen sei, und daß die heilige göttliche Majestät unserer nicht entbehren könne.

Damit wir nun dies edle süße Geheimniß fruchtbarlich verstehen und reichlicher uns aneignen, so müssen wir allhier auf zwei Stücke gute Achtung geben. Erstlich müssen wir bedenken, was es für ein Schatz ist, den uns der Herr Christus erworben und dazu wir von ihm erlöset sind, daß wir ihn haben und besitzen sollen. Danach müssen wir auch seine Hand kennen lernen, in welcher uns der heilsame und theuer verdiente Schatz von ihm dargereicht, angeboten und vorgetragen wird.

Der erworbene Schatz heißt mit einem Worte: unsere Seligkeit, und wird hierunter verstanden der Herr Christus selbst mit allen seinen Gütern und gnadenreichen Wohlthaten, wie Er uns gemacht ist von Gott zur Weisheit, zur Gerechtigkeit, zur Heiligung und zur Erlösung (1 Cor. 1, 30). Wer Christum recht kennt und im Glauben recht ergreift, der ergreift die Fülle der Gottheit, den Vater, den Sohn und den heiligen Geist, den rechten Schatz, das ewige Leben und das ewige Gut. Wenn du auch alles verlierst – wenn du nur Christum behältst. Wer alles hat in dieser Welt, was sein Herz begehrt, und hat Christum nicht – der ist arm, nackend und bloß, und hat weniger denn nichts. Dagegen wer nichts Eigenes hat in der Welt, und glaubet an Christum – der ist reicher denn der türkische Groß-Sultan oder ein indischer Nabob, und hat einen Schatz, der da gehet über Silber und Gold.

»Wenn ich nur Dich habe, sagt Assaph, so frage ich nichts nach Himmel und Erde. Wenn mir gleich Leib und Seele verschmachtet, so bist Du doch, Gott, allezeit meines Herzens Trost und mein Theil« (Ps. 73, 25. 26). Desgleichen schreibt St. Paulus: »Ich achte alles für Schaden gegen der überschwänglichen Erkenntniß Jesu Christi, meines Herrn, um welches willen ich alles habe für Schaden gerechnet, und achte es für Dreck, auf daß ich Christum gewinne.« Und bald hernach: »Nicht daß ichs schon ergriffen habe oder schon vollkommen sei; ich jage ihm aber nach, ob ichs auch ergreifen möchte, nachdem ich von Christo Jesu ergriffen bin« (Phil. 3, 8. 12). Dies ist der selige Schatz, den weder Motten noch Rost fressen, und welchen die Diebe nicht können stehlen.

1.
Christus der Baum des Lebens mit Wurzelgütern, Stammgütern und Fruchtgütern.

Ein einfältiger Christ kann sich das ganze Geheimniß dieses edlen hohen Schatzes fein einbilden und mit seligem Nutzen zu Herzen fassen, wenn er JEsum Christum oder die Seligkeit, durch Ihn erworben, sich vorstellet als hätte er vor sich einen ganzen Baum mit seinen zugehörigen Stücken, als da sind: die Wurzel, der Stamm, und die auserlesenen Früchte. Denn es ist Christus ja der Baum des Lebens, dessen in der Offenbarung St. Johannis gedacht wird (c. 2, 7). »Ich will sein, sagt er bei dem Propheten Hosea, wie eine grünende Tanne; an mir soll man deine Frucht finden« (Hos. 14, 9). Und in dem Hohenliede Salomonis singt die christliche Kirche von ihrem himmlischen Bräutigam: »Wie ein Apfelbaum unter den wilden Bäumen, so ist mein Freund unter den Söhnen. Ich sitze unter dem Schatten, deß ich begehre, und seine Frucht ist meiner Kehle süß« (c. 2, 3).

Gleichwie nun zu einem Baum die genannten drei Stücke gehören, also finden wir am Baum des Lebens, das ist an unserem lieben Herrn und Heilande, auch dreierlei Güter, welche wir nennen können: die Wurzelgüter, die Stammgüter, und die Fruchtgüter. –

Die Wurzelgüter sind die ersten Wohlthaten, die uns unser Herr Christus erworben hat, das Fundament aller anderen. Darum wie man den Baum erst setzen und die Wurzel in die Erde bringen muß, ehe er ausschlägt und man seiner Frucht genießet: also kann von dem edlen Baum des Lebens Niemand weder der Stammgüter noch der Fruchtgüter theilhaftig werden, er habe denn die Wurzel zuvor gefasset und die Grundgüter im Glauben recht ergriffen.

Solcher Wurzel- und Grundgüter sind vornehmlich drei: erstlich die Gerechtigkeit, im Evangelio geoffenbaret: sodann der wahre Friede oder unsere Versöhnung mit Gott; und endlich die Victoria oder der Sieg, welchen Christus über den Teufel erworben hat.

Die Gerechtigkeit, im Evangelio geoffenbaret, begreift in sich die Erfüllung des Gesetzes, daß Christus aller Welt Sünde, Schuld und Uebertretung auf sich genommen und mit seinem heiligen Leben, Wandel, Gehorsam, Werken und herben bittern Tode unsere Schuld bezahlet und das Gesetz für uns erfüllet hat. Hiervon sagt die Schrift also: »Christus ist des Gesetzes Ende; wer an den glaubt, der ist gerecht« (Röm. 10, 4). »Gott hat seinen Sohn unter das Gesetz gethan, auf daß er die, so unter dem Gesetz waren, erlösete« (Gal. 4, 4. 5). »Er hat Den, Der von keiner Sünde wußte, für uns zur Sünde gemacht, auf daß wir würden in Ihm die Gerechtigkeit, die vor Gott gilt« (2 Cor. 5, 21). Und abermal: »Das dem Gesetz unmöglich war, sintemal es durch das Fleisch geschwächet ward, das that Gott, und sandte seinen Sohn in der Gestalt des sündlichen Fleisches, und verdammte die Sünde im Fleisch durch Sünde; auf daß die Gerechtigkeit, vom Gesetz erfordert, in uns erfüllet würde« (Röm. 8, 3. 4).

In diesen Schriftsprüchlein wird uns die seligmachende Gerechtigkeit beschrieben, und ist dies ihre Meinung: Das Gesetz erfordert von uns einen vollkommenen Gehorsam, daß wir sollen Gott lieben von ganzem Herzen, von ganzer Seele, von allen Kräften, und ein Jeder seinen Nächsten als sich selbst. Wer solches thut, der hat das ewige Leben. Wer übertritt, der ist verstrickt und gehört in die Hölle. Nun sind wir aber alle Uebertreter und haben alle gesündigt. Deswegen fordert uns das Gesetz alle zur Strafe und will Keinen gen Himmel lassen, dieweil es unser Keiner gehalten hat. Christus aber erfüllet das Gesetz und bezahlet für uns aktiv und passiv, das ist mit wirklichem, thätigen, und mit leidendem Gehorsam oder mit Erduldung der Strafe. Denn Er thut für uns den Willen des Vaters und liebet uns bis in den Tod; auch träget Er unsere Sünde und läßt den Fluch des Gesetzes über sich ergehen, welchen Er doch nicht verschuldet hatte. Und weil das Gesetz hiermit gestillt und befriedigt wird, so schenket uns der Herr Christus solchen seinen Gehorsam, daß es sein soll unsere Gerechtigkeit, unser Schmuck und gleich als ein schön Kleid, damit Er unsere Sünde zudecket, so fern wir es durch den Glauben ergreifen und anziehen. Wie Jesaias sagt: »Ich freue mich im HErrn, und meine Seele ist fröhlich in meinem Gott: denn er hat mich angezogen mit Kleidern des Heils und mit dem Rock der Gerechtigkeit bekleidet« (Cap. 61, 10).

Das andere Grundgut ist der himmlische, werthe, edle und recht güldene Friede, oder unsere Versöhnung mit Gott dem Allmächtigen, und bestehet in Vergebung der Sünde, daß Gott um des vollkommenen Opfers seines allerliebsten Sohnes willen seinen gerechten Zorn allergnädigst schwinden und fahren läßt, und unserer Sünden in Ewigkeit nicht mehr gedenken will.

»Gott war in Christo, sagt der Apostel, und versöhnete die Welt mit ihm selber, und rechnete ihnen ihre Sünde nicht zu. Denn es ist das Wohlgefallen gewesen, daß in ihm alle Fülle wohnen sollte und alles durch ihn versöhnet würde zu ihm selbst, es sei auf Erden oder im Himmel, damit daß er Frieden machte durch das Blut an seinem Kreuz durch sich selbst« (2 Cor. 5, 19; Col. 1, 19. 20). Ich will gnädig sein, spricht Gott, ihrer Untugend und ihren Sünden, und ihrer Ungerechtigkeit will ich nicht mehr gedenken (Jerem. 31, 34). Das ziehet der Apostel zu den Ebräern (c. 8, 12; 10, 17) auf die Versöhnung, durch Christum bereitet, und hieher gehöret, was David sagt: »Barmherzig und gnädig ist der Herr, geduldig und von großer Güte. Er handelt nicht mit uns nach unseren Sünden, und vergilt uns nicht nach unserer Missethat. Denn so hoch der Himmel über der Erde ist, läßt er seine Gnade walten über die, so ihn fürchten; so fern der Morgen ist vom Abend, läßt er unsere Uebertretung von uns sein« (Ps. 103, 8. 10-12). Desgleichen spricht Micha: »Wo ist ein solcher Gott, wie Du bist? Der die Sünde vergiebt, und erlässet die Missethat den Uebrigen seines Erbtheils; der seinen Zorn nicht ewiglich behält. Denn er ist barmherzig. Er wird sich unser wieder erbarmen, unsere Missethat dämpfen, und alle unsere Sünde in die Tiefe des Meeres werfen« (Cap. 7, 18. 19).

Das dritte Wurzel- oder Grundgut ist die gnadenreiche Victoria oder der himmlische Sieg, daß unser Heiland uns elenden Adams-Kindern zum Trost und zur Seligkeit den Teufel, den Tod und die Hölle sammt der ganzen Welt überwunden hat, und schenkt uns diesen seinen herrlichen Sieg, daß wir uns desselben getrösten und wissen sollen: es könne und werde uns Niemand aus Seiner Hand reißen.

Er hat das Joch unserer Last, die Ruthe unserer Schultern, und den Stecken unseres Treibers zerbrochen, sagt Jesaias (Cap. 9, 4). Wir waren mit dem Tode beladen. Der Stachel des Todes ist die Sünde, und die Kraft der Sünde ist das Gesetz (1 Cor. 15, 56). Aber Gottes Sohn ist unseres Fleisches und Blutes theilhaftig geworden, auf daß er durch den Tod die Macht nähme dem, der des Todes Gewalt hatte, das ist dem Teufel (Ebr. 2, 14). Denn es war der Teufel ein starker Gewappneter, und so lange als er seinen Palast bewahrete, blieb das Seine mit Frieden. Aber Christus der Stärkere kam über ihn und überwand ihn und nahm ihm seinen Harnisch, darauf er sich verließ, und theilete den Raub aus (Luc. 11, 21. 22). Er hat ausgezogen die Fürstenthümer und die Gewaltigen, und sie Schau getragen öffentlich und einen Triumph aus ihnen gemacht durch sich selbst (Col. 2, 15). Und diese Victoria, daß er Tod, Teufel, Hölle und die ganze Welt überwunden hat, theilet er uns eben mit in seinem Evangelio, da er spricht: »Es kommt der Fürst dieser Welt, und hat nichts an mir« (Joh. 14, 30). »Seid getrost, Ich habe die Welt überwunden« (16, 33). »So ich durch Gottes Finger die Teufel austreibe, so kommt ja das Reich Gottes zu euch« (Luc. 11, 20). –

Wenn diese drei Wurzelgüter im Glauben gefasset und ergriffen sind, so folgen darauf die himmlischen Stammgüter, welche aus den ersten erwachsen und stehen wie ein Stamm auf seiner Wurzel. Und diese Stammgüter begreifen in sich solche Schätze und Wohlthaten, die weit und breit gehen und hoch herfahren über aller Welt Pracht, Wohlfahrt, Reichthum, Ehre und Herrlichkeit, und sind mit keinem Silber, mit keinem Golde, mit keinen Perlen noch Edelsteinen, ja nicht mit allen Königreichen auf dem ganzen Erdkreis zu gewinnen noch zu bezahlen. Wer aber Christum, den Baum des Lebens, im Glauben ansiehet und die Wurzelgüter an ihm erstlich gefasset und ergriffen hat, der kann zu den anderen auch kommen und derselben gleichfalls theilhaftig werden.

Es sind aber dieser Stammgüter auch drei, eben wie der Wurzelgüter: 1. Die selige Kindschaft. 2. Die himmlische Brautlust. 3. Die geistliche Tempel-Ehre. Solches merket wohl und stellet euch vor, als sähet ihr drei Kneuste an einem edlen hohen Stamm, die ihr zuvor erreichen müßt, ehe ihr auf die Aeste zu den Fruchtgütern kommen könnt.

Das erste Stammgut also ist die selige Kindschaft, daß uns Gott der Vater um seines allerliebsten Sohnes willen zu Kindern auf- und annimmt. Er will unser lieber Vater sein, und wir
sollen seine lieben Kinder und seines eingebornen Sohnes liebe Brüder und Schwestern sein.
»Sehet, sagt die Schrift, welch eine Liebe hat uns der Vater erzeiget, daß wir Gottes Kinder sollen heißen!« (1 Joh. 3, 1). »Ihr habt nicht einen knechtischen Geist empfangen, daß ihr euch
abermal fürchten müßtet; sondern ihr habt einen kindlichen Geist empfangen, durch welchen
wir rufen: Abba, lieber Vater! Derselbige Geist giebt Zeugniß unserm Geist, daß wir Gottes
Kinder sind. Sind wir denn Kinder, so sind wir auch Erben, nämlich Gottes Erben und Miterben Christi« (Röm. 8, 15-17). »Ihr seid alle Gottes Kinder durch den Glauben an Christum
Jesum« (Gal. 3, 26). Denn »wie viele ihn aufnahmen, denen gab er Macht Gottes Kinder zu
werden, die an seinen Namen glauben« (Joh. 1, 12). Darum schämet sich auch Christus nicht,
zu heißen unser Bruder (Ebr. 2, 11).

»Gehe hin, spricht er zu Maria, zu meinen Brüdern, und sage ihnen: Ich fahre auf zu meinem
Vater und zu eurem Vater, zu meinem Gott und zu eurem Gott« (Joh. 20, 17). »Denn wer den
Willen thut meines Vaters im Himmel, derselbige ist mein Bruder, Schwester und Mutter«
(Math. 12, 50).

»Wer nur dieser tröstlichen Zusage könnte glauben, sagt Luther hierzu, derselbe wäre schon
im Paradeis und im Himmel. Was sollte doch ein solches Herz fürchten, das diesen Worten
gläubet, oder wofür sollte es doch sorgen? Es müßte ja sagen: ich will für nichts sorgen, weil
ich einen solchen Bruder habe. Ach wollte Gott, daß wir nur ein wenig davon, wüßten, und daß
es nicht in unserem Herzen überschäumete, wie der Schaum auf dem Wasser! Denn so diese
Lehre recht in das Herz sinket, so ist einem alles Leiden und Unglück ein Scherz, wie wir sehen
an den lieben Märtyrern, an den Jungfräulein Agnes, Agatha und andern. Die sind von vierzehn
Jahren gewesen und sind doch fröhlich und in Sprüngen in den Tod gegangen, nicht anders
denn zum Tanz, wie man von ihnen lieset. Wo wächst solcher Muth einem so jungen Mägdlein
her? Daher, daß sie glauben und gewiß dafür halten, sie sollen Miterben sein mit Christo. Das
macht denn, daß ein Christ so gar von dem Glauben eingenommen wird, daß er alles Unglücks
vergisset. O Du lieber Herr Gott, ist es doch um nicht mehr zu thun, denn daß man es fasse,
und halte nur auf, und lasse es ihm schenken. So glaube doch dem Wort, und sei hoffährtig,
trotze und poche darauf! Denn der Schatz ist des Pochens und Trutzens wohl werth. Christus
will dein Bruder sein? So will Gott dein Vater sein! So müssen auch alle Engel deine Freunde
sein, und es muß lachen und sich mit dir freuen Sonne, Mond und alle Sterne; die Hölle muß
ganz und gar zugeschlossen sein, und muß nichts Anderes da sein, denn der väterliche und
gnädige Wille Gottes. Siehe, so schön und lieblich kann der Herr Christus reden!«

Das andere Stammgut ist die himmlische Brautlust und bestehet hierin, daß unser Herr und
Heiland will unser Bräutigam sein und uns, die wir an ihn glauben, für sein Gespons und auserwählte Braut erkennen; wie er denn hin und wieder das Himmelreich einer Hochzeit vergleicht
und sich einen Bräutigam nennet. »Ich will, sagt er, mich mit dir verloben in Ewigkeit. Ich
will mich mit dir vertrauen in Gerechtigkeit und Gericht, in Gnade und Barmherzigkeit. Ja im
Glauben will ich mich mit dir verloben« (Hos. 2, 19. 20). Desgleichen schreibet Jesaias: »Der
dich gemacht hat, ist dein Mann, Herr Zebaoth heißt sein Name, und dein Erlöser, der Heilige
in Israel, der aller Welt Gott genennet wird« (Cap. 54, 5). St. Paulus: »Ihr Männer, liebet eure
Weiber, gleichwie Christus auch geliebet hat die Gemeinde.« Und bald hernach: »Um deßwillen
wird ein Mensch verlassen Vater und Mutter, und seinem Weibe anhangen, und werden zwei
ein Fleisch sein. Das Geheimniß ist groß: ich sage aber von Christo und der Gemeinde« (Eph.
5, 25. 31. 32).

Sehr lieblich schreibet auch hierüber Luther: »Es ist eine große unaussprechliche Gnade und
Gabe, wie sie St. Paulus nennet, so Gott den Christen gegeben hat, ob sie wohl vor der Welt
nichts scheinet. Denn rechne du selbst, was es für Ehre und Herrlichkeit sein muß, da sich
Christus, Gottes Sohn, so tief herunter läßt und so freundlich zu uns gesellet, daß er sich nicht
schlecht lasset nennen unseren Herrn, ja auch nicht einen Vater, Bruder und Freund, sondern
mit dem Namen der allerhöchsten Liebe und allernächsten Freundschaft auf Erden, daß er will

unser Bräutigam sein und heißen, und mit uns ein Leib, wie man sagt von Mann und Weib, oder wie die Schrift redet: eines Fleisches und eines Gebeines sein; welches doch von keiner andern Verwandtschaft noch Freundschaft gesagt wird. Also hat er sich auf das allerlieblichste und freundlichste gegen uns erzeigen wollen und seine höchste Liebe angeboten, und zugesagt daß wir seine liebe Braut heißen sollen und ihn mit aller Zuversicht unsern lieben Bräutigam mögen nennen und rühmen. –

Diese Herrlichkeit und Schmuck, so durch Christum an dich gewendet und gehänget ist, kann ich nicht sehen, auch du selbst nicht, ohne so viel du mit dem Glauben davon fassest; und wenn wir könnten sehen und empfinden, was wir daran haben, achte ich, so wären wir schon im Himmel. Denn was könnte ein Mensch für größere Freude und Seligkeit haben, denn so er könnte gewiß und ungezweifelt sich darauf setzen und von ganzem Herzen rühmen: Christus ist ein Leib mit mir, und theilet mir mit alles was er hat und vermag, als ein Bräutigam seiner Braut. Da ist alles gemein, und einerlei Leib, Gut, Ehre, und sind mit allem ungetheilet. –

Alle anderen Freunde und Stände theilen sich, Kinder von ihren Eltern, Brüder und Schwestern aus einem Haus und Gut. Aber dieser Stand bindet und behält alles bei einander, also daß man darüber Vater und Mutter und alles verläßt, und eines bei dem anderen zusetzt, auch sein eigen Leben, so es eine rechte eheliche Liebe ist. Also hat Christus, spricht St. Paulus, an seiner Gemeinde gethan. Er hat sie geliebet und hat sich selbst für sie gegeben, auf daß wir mit ihm ein Leib würden und alles in ihm hätten, und uns sein und aller seiner Herrlichkeit, so er im Himmel hat, annehmen und trösten möchten als der unseren. O ein groß und herrlich Ding ist das! Wer kann es genugsam aussprechen, begreifen und bedenken, daß ein armer Madensack, in Sünden empfangen und geboren, soll zu solcher Herrlichkeit kommen, daß er heißt eine Braut der Majestät im Himmel, nämlich Gottes Sohnes, und er sich mit uns so vereinigt, daß alles, was er ist und hat, unser ist; und wiederum, was wir sind und an uns ist, auch alles sein wird? Was ist er aber? Er ist der schöne Bräutigam, ganz rein und ohne alle Gebrechen, der Herr aller Kreaturen, die ewige Gerechtigkeit, ewige Stärke und ewiges Leben. Summa: eitel ewig unbegreiflich Gut, das kein Herz nimmer genug kann fassen und daran gedenken, und an dem beide, Engel und Menschen, in Ewigkeit genug zu schauen haben. Dagegen sind wir arme elende Creaturen, voll Sünde und Unflath vom Fuß bis an die Scheitel, durch und durch verdorben, dem Teufel unterworfen, unter Gottes Zorn, zum Tode und Verdammniß verurtheilt. Darum muß es ja eine unaussprechliche Gnade und Brunst der Liebe sein, daß er sich so tief herunter läßt und williglich zu uns giebt, und so viel kosten läßt daß er uns zu sich bringt; schämet sich nicht, fein theures Blut zu vergießen und den schmählichsten Tod darum zu leiden, daß wir mögen seine Braut heißen und seine Güter besitzen, nämlich ewige Gerechtigkeit, Freiheit, Seligkeit und Leben, für die Sünde, Tod und Teufels-Gewalt, darin wir lagen.« Bis daher Luther.

Das dritte Stammgut ist unsere Tempel-Ehre oder Tempel-Herrlichkeit, daß nämlich Gott um seines Sohnes Jesu Christi willen uns so hoch ehret und macht uns zu seinen Tempeln und zu Wohnungen des heiligen Geistes, auf daß er mit uns und wir mit ihm vollkommen eins seien und er seine Residenz, Sitz, Sabbath und ewige Freuden-Ruhe in uns habe.

»Wer mich liebet, sagt der Sohn Gottes, der wird mein Wort halten, und mein Vater wird ihn lieben, und wir (nämlich der Vater und ich) werden zu ihm kommen und Wohnung bei ihm machen« (Joh. 14, 23). »Wer mein Fleisch isset und trinket mein Blut, der bleibet in mir und ich in ihm« (6, 56). Desgleichen schreibt der Apostel: Gott gebe euch »Kraft nach dem Reichthum seiner Herrlichkeit, stark zu werden durch seinen Geist an dem inwendigen Menschen, und Christum zu wohnen durch den Glauben in euren Herzen, und durch die Liebe eingewurzelt und gegründet zu werden« (Eph. 3, 16. 17). »Wisset ihr nicht, daß ihr Gottes Tempel seid, und der Geist Gottes in euch wohnet?« (1 Cor. 3, 16). »Wisset ihr nicht, daß euer Leib ein Tempel des heiligen Geistes ist, der in euch ist, welchen ihr habt von Gott, und seid nicht euer selbst? Denn ihr seid theuer erkauft« (Cap. 6, 19. 20). »Ihr seid Tempel des lebendigen Gottes; wie denn Gott spricht: Ich will in ihnen wohnen, und in ihnen wandeln, und will ihr Gott sein, und sie sollen mein Volk sein« (2 Cor. 6, 16).

Diesen großmächtigen, herrlichen, hochwichtigen, trostreichen Worten sollen wir fleißig Nachdenken, daß die ganze heilige Dreifaltigkeit unser sein und in uns wohnen will. Denn es hat unser lieber Gott des Menschen Leib und Seele anfänglich zu seinem selbsteigenen Palast bereitet. Da aber der arme elende Mensch durch die Sünde das Leben verlor und aus einem seligen Gottes-Hause ein garstig Teufels-Nest worden war, konnte Gottes Sohn solches nicht leiden, sondern eiferte um sein Erb-Haus, stieß die höllische Schlangenbrut und all das Otterngezücht heraus, stoßet das böse giftige Geschwürm auch, Gott sei Dank, noch täglich aus durch sein Wort und Geist, und besprenget uns mit seinem Blut im Glauben, daß wir wiederum saubere und reine Wohnungen der ganzen heiligen Dreifaltigkeit werden und uns mit seinem Geiste kräftiglich einnehmen und besitzen lassen.

Hoch würdest du dich ja freuen und fest dich darauf steifen, wenn dein Landes-Fürst mit großen Gütern bei dir einkehrte, dich stattlich ernährte, und starken mächtigen Schutz wider den Feind dir verhieße und zusagte. Wie viel tröstlicher ist's aber, daß der allmächtige, ewige, wahrhaftige, unsterbliche Gott, der allen Teufeln und der ganzen Welt zu gebieten hat, in dir mit seiner Kraft und Gnade residiren und wohnen will? Was ist Fröhlicheres, was ist Lieblicheres, was ist Nützlicheres und Zuträglicheres, als die freundliche Einkehr solches Miethsmanns und Einliegers? Daß ich höre: mein Leib und Seele sollen nicht eines guten Engels, noch eines irdischen Lichts, sondern der heiligen hohen Dreifaltigkeit Tempel und Palast sein? Da können wir ja recht sagen: Ist Gott für uns, wer mag denn wider uns sein? Der in uns ist, ist größer denn der in der Welt ist! Denn wo der ewige lebendige Gott ist, da müssen die lieben himmlischen Trabanten und Frohngeister auch mit zugegeben sein. Da kribbelts und wibbelts von lauter Engeln um uns her, welche um des allmächtigen Gottes willen auch uns dienen und uns auf unseren Wegen behüten.

Dies sind die heilsamen Stammgüter, durch Christum uns erworben und mit seinem sauren Schweiß und Blut verdienet. Sie werden nach Ordnung der heiligen Dreifaltigkeit also unterschieden, daß die Kindschaft eigentlich siehet auf Gott den Vater, unsere himmlische Brautlust auf Gott den Sohn, und unsere heilige Tempel-Ehre auf Gott den heiligen Geist. Nicht, als ob hierin eine jede Person ihr eigen separirt oder abgesondert Werk habe, welches sie ohne Gemeinschaft der anderen für sich allein wirke und schaffe. Denn zu einem jeglichen Stammgut kommt die ganze heilige Dreifaltigkeit. Da uns Gott der Vater zu seinen Kindern annimmt, thut er solches durch seinen Sohn, und giebt dazu den kindlichen Geist seines Sohnes in unsere Herzen. Also auch bei unserer himmlischen Verheirathung machet der Himmels-König seinem Sohn die Hochzeit, und der heilige Geist kommt dazu als ein Band der Liebe und knüpfet Braut und Bräutigam mit inbrünstigen Liebesflammen fest zusammen. Desgleichen da der heilige Geist in uns als in seinen Tempeln wohnet, kommt er gesandt von dem Vater und von dem Sohn, und kommt zugleich mit ihnen, so daß sie alle Drei in uns residiren und ruhen. Es wird aber darum von den drei Stammgütern eines dem Vater, das andere dem Sohn, und das dritte dem heiligen Geist zugeschrieben, weil die selige Kindschaft sonderlich stehet auf Gott den Vater, die Brautlust sonderlich stehet auf Gott den Sohn als aus den rechten Bräutigam, und die Tempel-Ehre sonderlich auf Gott den heiligen Geist. –

Nun folgen auf diese Stammgüter die Fruchtgüter, als: Friede und Freude im heiligen Geist, herzliche Liebe zu Gott und gegen den Nächsten, himmlische Kraft, Trost und Freudigkeit, daß erst gläubiger Christ frohlocket in dem Herrn, ist wider den Teufel, Tod, Hölle und die ganze Welt mit göttlicher Stärke gerüstet, beherzt; muthig und unerschrocken; tröstet sich der überschwänglichen Gnade und Barmherzigkeit Gottes, verleihet sich auf Gott den Vater, Sohn und heiligen Geist; lobet und preiset ihn mit fröhlichem Munde, betet und rufet ihn an von Herzen, verachtet alle weltliche Pracht, Hoffahrt und Eitelkeit, und stehen alle seine Gedanken nach dem Vaterlande des ewigen Lebens.

Es hangen aber solche Fruchtgüter des edlen Baums an zwei Aesten, welche sich auf dem hohen Stamme hervor thun. Der erste Ast wird genannt die königliche Hoheit, der andere heißt die priesterliche Würde. Von diesen beiden Aesten und zweierlei Frachtgütern zeuget das Buch der Offenbarung St. Johannis, da die Auserwählten im Himmel dem Lamme Gottes zurufen:

»Du bist erwürget, und hast uns Gott erkauft mit Deinem Blut aus allerlei Geschlecht und Zungen und Volk und Heiden. Und hast uns unserem Gott zu Königen und Priestern gemacht, und wir werden Könige sein auf Erden« (Cap. 5, 9. 10).

Die königliche Hoheit, das erste Frachtgut an dem edlen, süßen Baum des Heils, ist aber die Herrlichkeit, daß ein gottseliger Christ durch den Glauben herrschet über Tod, Teufel und Hölle; und durch Mittheilung der Kraft und Gnade unseres Heilandes Jesu Christi sehr mächtig ist und ein großer Siegesfürst, der im Glauben den Teufel, die Welt und alle Anfechtung überwindet, gleich als ob er einen Berg versetzte und viel größere Thaten ausrichtete, als wenn er könnte Aussätzige reinigen, Todte auferwecken und dergleichen Wunder thun.

Von dieser königlichen Hoheit zeugt der Herr Christus Selbst, da er spricht: »Wer überwindet, dem will ich geben mit Mir auf meinem Stuhl zu sitzen; wie Ich überwunden habe und bin gesessen mit meinem Vater auf seinem Stuhl« (Offenb. 3, 21). »Habt Glauben an Gott. Wahrlich, Ich sage euch, wer zu diesem Berge spräche: Hebe dich, und wirf dich in das Meer! und zweifelte nicht in seinem Herzen, sondern glaubte daß es geschehen würde was er saget, so wird es ihm geschehen, was er sagt« (Marc. 11, 23). »Alle Dinge sind möglich dem, der da glaubet« (9, 23). Wahrlich, wahrlich, Ich sage euch: wer an mich glaubet, der wird die Werke auch thun, die ich thue, und wird größere denn diese thun, denn ich gehe zum Vater« (Joh. 14, 12). »Wer da überwindet, und hält meine Werke bis an das Ende, dem will ich Macht geben über die Heiden, und er soll sie weiden mit einer eisernen Ruthe und wie eines Töpfers Gesäße soll er sie zerschmeißen« (Offb. 2, 26. 27). »Alles, schreibt St. Johannes, was von Gott geboren ist, überwindet die Welt; und unser Glaube ist der Sieg, der die Welt überwunden hat« (1 Joh. 5, 4). »Kindlein, ihr seid von Gott, und habt jene überwunden. Denn Der in euch ist, ist größer denn der in der Welt ist« (C. 4, 4). Desgleichen sagt St. Paulus: »Wisset ihr nicht, daß die Heiligen die Welt richten werden?« (1 Cor. 6, 2) »Ich vermag alles durch den, der mich mächtig macht, Christus« (Phil. 4, 13).

»Die Welt, so schreibt hiervon Luther, gaffet nur nach dem, das hoch und groß scheinet, reich und gewaltig ist und daher fahret im herrlichen Wesen und Pracht; und kann doch nicht erkennen, woher sie es haben. So du aber getauft bist, spricht Christus, und glaubst an mich, so bist du der Mann, der da viel mehr und Größeres hat und vermag, ja der eben die Werke und noch größere thut, denn ich jetzt thue. Denn ich will euch, die ihr an mich glaubet, zu solchen Herrn machen, daß eure Werke sollen mehr gelten und thun, denn keines Königs noch Herrn auf Erden. Ihr sollt schaffen und ausrichten, was ihr wollt, und mir helfen regieren geistlich über die Seelen zur Seligkeit, und auch leiblich durch euer Gebet erlangen und erhalten alles, was auf Erden ist. – Was wollt ich dafür geben, so ich gewiß wüßte, daß ich könnte einen Menschen vom Tode erretten? Was ist das aber dagegen, daß ich durch Christum soll und kann die Herzen und Gewissen trösten und retten, und dem Teufel aus dem Rachen reißen, dazu allen Menschen mit meinem Gebet helfen? Sollt ich doch aller Welt Gold und Silber, Gewalt und Ehre, wenn es auf einem Haufen vor mir läge, für Koth dagegen rechnen und anspeien. Christus sagt nicht: So ihr an mich glaubet, werdet ihr großen Schatz von Gold und Silber haben, Städte, Schlösser, Land und Königreiche einnehmen und besitzen. Denn damit wäre den Christen doch nicht geholfen. Sondern daß wir sollen Gewalt haben über Sünde, Tod und Teufel. Wie er denn zu den Aposteln sagt Luc. 10: Siehe, ich habe euch Gewalt gegeben, zu treten auf Schlangen und Skorpionen, und über alle Gewalt des Feindes, und wird euch nichts beschädigen. Denn ich habe das Wort in euren Mund gelegt, welches ist mein Wort, und die Taufe euch gegeben, welche ist meine Taufe, und will dadurch meine allmächtige Kraft beweisen. Weil wir denn solchen Schatz haben, so haben wir alles, und sind Herrn über alle Herrn. Bettler sind wir auf Erden, wie Christus auch selbst gewesen ist, aber vor Gott sind wir überschüttet mit allen Gütern. – Durch die Gewalt, will Christus sagen, die ich haben werde zur Rechten des Vaters, in gleicher göttlicher Majestät und öffentlich verkläret als wahrhaftiger Gott und der Herr aller Creaturen, will ich in euch wirken, die ihr an mich glaubet, mein Wort, Taufe und Sacrament habt und bei demselbigen bleibet. Und wie ich bin der Herr über Sünde, Tod, Hölle, Teufel, Welt und alles: so sollt ihrs auch sein, daß ihr euch könnet rühmen derselbigen Gewalt. Nicht daß ihr sie habt von eurer Würdigkeit oder aus eigner Kraft, sondern allein daher, daß ich zum Vater gehe. Und eben um der Ursach willen gehe ich hin zum Vater, daß ich solches anfange und ausrichte. Denn jetzt bin ich schwach, weil ich noch hienieden auf Erden in diesem Fleisch gehe und thue noch keine oder doch geringe Werke, als daß ich etliche vom Tode auferwecket oder einer Hand voll Juden geholfen habe, und muß mich jetzt kreuzigen und tödten lassen. Danach aber, wenn ich gekreuzigt, gestorben und begraben bin, so will ich erst einen Sprung thun aus dem Tode, aus dem Kreuze und Grabe zur ewigen Herrlichkeit und göttlichen Majestät und Gewalt, und will alsdann alles zu mir ziehen, daß mir alle Creaturen müssen unterworfen sein. Daß ich kann zu euch Aposteln und Christen sagen: du Petre oder Paule, gehe hin und stürze das römische Reich über einen Haufen, wo es nicht will mein Wort annehmen und mir gehorsam sein! Darum wer an Christum glaubt und trauet seinem wahrhaftigen Wort, der ist ein großmächtiger König, ein Herr aller irdischen Herren, die Gott nicht kennen; dazu ein Ueberwinder des Todes, des Teufels, der Hölle und der ganzen Welt, daß er kann große Wunder thun. Er kann falsche Lehre, Irrthum und Abgötterei, sammt ihrem ganzen Anhang, es seien Kaiser, Könige, Fürsten und dergleichen Potentaten, mächtiglich stürzen, alle Anfechtung stark in dem Herrn überwinden, alle Teufel bei Hunderten und bei tausenden in die Flucht treiben, aller Feinde spotten, den Tod verachten und nicht fragen nach aller Welt Zorn, Schrecken und Drohen. Wenn eine Plage kommen will, sagt David, so fürchtet er sich nicht; sein Herz hoffet unverzagt auf den Herrn. Sein Herz ist getrost, und fürchtet sich nicht, bis er seine Lust an seinen Feinden siehet (Ps. 112, 7. 8).

Hieher gehört auch, das zu den Ebräern von den gläubigen Vätern des alten Testaments gemeldet wird, welche haben durch den Glauben Königreiche bezwungen, Gerechtigkeit gewirkt, die Verheißung erlangt, der Löwen Rachen gestopft, des Feuers Kraft ausgelöscht, sind des Schwertes Schärfe entronnen, sind kräftig worden aus der Schwachheit, sind stark worden im Streit, haben der Feinde Heer darnieder gelegt. Die Weiber haben ihre Todten von der Auferstehung wieder genommen (Ebr. 11, 33-35).« – Soweit Luther.

Der andere Ast an dem Baum des Lebens ist die priesterliche Würde, daß alle, die an Christum glauben, einen freien Zutritt haben zu Gott, welchem sie ihre Leiber opfern, halten Gespräch mit ihm und verkündigen sein Lob und Tugend, wie St. Petrus schreibt: »Ihr seid das auserwählte Geschlecht, das königliche Priesterthum, das heilige Volk, das Volk des Eigenthums, daß ihr verkündigen sollt die Tugenden Deß, Der euch berufen hat von der Finsterniß zu seinem wunderbaren Licht« (1 Petr. 2, 9). Desgleichen schreibt St. Paulus: »Ich ermahne euch, lieben Brüder, durch die Barmherzigkeit Gottes, daß ihr eure Leiber begebet zum Opfer, das da lebendig, heilig und Gott wohlgefällig sei, welches sei euer vernünftiger Gottesdienst« (Röm. 12, 1). »Ihr sollet, sagt Jesaias, Priester des Herrn heißen, und man wird euch Diener unseres Gottes nennen« (Cap. 61, 6).

Mit diesen und anderen Zeugnissen der Art erinnert uns die Schrift, daß wir gläubigen Christen allesammt Priester Gottes seien durch Christum, unseren Hohenpriester, welcher durch das Opfer seines Leibes uns nicht allein mit Gott versöhnet, sondern auch solche priesterliche Würde erworben und uns dazu in der Taufe mit dem heiligen Geist gesalbet und geweihet hat, daß wir seinem Exempel nach auch opfern sollen. Nun opfern wir ihm unsere Leiber, nicht daß wir uns leiblich also kreuzigen und tödten lassen, wie Er gethan hat, sondern opfern uns selbst mit geistlicher Tödtung unserer sündlichen Gedanken, Lüste, Worte und Werke, wie St. Paulus sagt: »Welche Christo angehören, die kreuzigen ihr Fleisch sammt den Lüsten und Begierden« (Gal. 5, 24).

Beten und Opfern waren die beiden vornehmsten Aemter der levitischen Priester im alten Testament, und haben vorgebildet das geistliche Priesterthum der christlichen Kirche, da allen Christen die zwei Stücke auch zugehören, als die wir alle durch Christum sind zu Priestern geweihet, und sollen alle stets beten und alle unserem lieben Gott täglich opfern.

Was ist aber das Gebet anders denn ein Gespräch mit Gott, mit welchem wir in Christi Namen, auf seinen Befehl und Verheißung reden, tragen ihm vor unsere Anliegen und Nöthe, begehren seiner Hülfe und zweifeln an der Erhörung nicht? »Wir haben Frieden mit Gott, sagt der Apostel, durch unseren Herrn JEsum Christum, durch welchen wir auch einen Zugang haben im Glauben« (Röm. 5, 1. 2). So spricht auch der Sohn Gottes: »Ich gehe zum Vater. Und was ihr bitten werdet in meinem Namen, das will ich thun, auf daß der Vater geehret werde in dem Sohn. Was ihr bitten werdet in meinem Namen, das will ich thun« (Joh. 14, 12-14).

Danach opfern wir unserem lieben Gotte nicht Böcke, Kälber, Ochsen oder andere unvernünftige Thiere, welche im alten Testament nur Schatten und Figuren gewesen sind, sondern wir opfern ihm unsere Leiber mit ihren bösen Lüsten und Begierden, welche sind die rechten wilden und stößigen Ochsen und schädlichen Bestien, wo sie nicht getödtet werden. Wir opfern unser Herz durch das Feuer des göttlichen Zorns oder durch wahre Reue und Buße, so den Zorn Gottes wieder als ein Feuer in uns brennend macht, daß wir dadurch aufgeschreckt werden aus unserer Sicherheit und in seine Furcht fallen, wie David sagt: »Brandopfer gefallen Dir nicht. Die Opfer, die Gott gefallen, sind ein geängsteter Geist; ein geängstetes und zerschlagenes Herz wirst Du, Gott, nicht verachten« (Ps. 51, 18. 19). Wir opfern unsern Mund, wenn wir Ihn loben und unsern Nächste» trösten, wie im Ebräerbrief geschrieben stehet: »Laßt uns durch ihn opfern das Lobopfer Gott alle Zeit, das ist die Frucht der Lippen, die seinen Namen bekennen« (Ebr. 13, 15). Wir opfern ihm auch mit Werken der christlichen Liebe und Barmherzigkeit, wie St. Paulus die Philipper rühmet, da er spricht: »Ich bin erfüllet, da ich empfing durch Epaphroditum, was von euch kam, einen süßen Geruch, ein angenehmes Opfer, Gott gefällig« (4, 18). Desgleichen opfern wir unsern ganzen Leib, wenn er gezäumet wird, nicht allein Gott zu gehorsamen, sondern auch zur Geduld, wenn er mit Krankheit oder mit dem Tode angegriffen wird, wie der Apostel sagt: »Ich werde schon geopfert, und die Zeit meines Abscheidens ist vorhanden« (2 Tim. 4, 6).

Sehet, lieben Freunde, da haben wir den Baum des Lebens, den Herrn Christum selbst, mit allen Gütern, die er uns zum Besten erworben und verdienet hat; den ganzen Baum mit seinen Wurzelgütern, Stammgütern und Fruchtgütern. Und ist mir kein Zweifel: wer diese richtige Ordnung der theuer erworbenen Güter sich fleißig vorhält, der lernet Christum recht erkennen, recht fassen und ganz ergreifen, daß er wisse, wozu er ihm diene und was er für reiche Schätze und Wohlthaten an ihm finden kann. Dem allen kannst du leichtlich Nachdenken, auch richtig davon reden, predigen und Andere unterrichten, wenn nur des edlen Baumes mit seiner Wurzel, Stamm und Früchten nicht vergessen wird.

2.

Die Gebers- und die Nehmers-Hand.

Nun ist aber ferner auch ist Achtung zu nehmen, was Gott für eine Hand vom Himmel herabstrecke, darin er uns diese Güter anbietet und hinreicht. Denn wer ihrer begehret, der muß vor allen Dingen wissen, wo Christus anzutreffen und wo er sich will finden lassen. Hiezu giebt uns der Apostel Paulus eine sehr gute Anleitung, wenn er sagt: »Sprich nicht in deinem Herzen: wer will hinauf gen Himmel fahren? Das ist nicht anders denn Christum herab holen. Aber was sagt sie (die Gerechtigkeit aus dem Glauben)? Das Wort ist dir nahe, nämlich in deinem Munde, und in deinem Herzen. Dies ist das Wort vom Glauben, das wir predigen. Denn so du mit deinem Munde bekennest JEsum, daß er der Herr sei, und glaubest in deinem Herzen, daß ihn Gott von den Todten auferwecket hat, so wirst du selig« (Röm. 10, 6. 8. 9).

Allhier werden uns zwo unterschiedliche Hände gezeigt, welche in diesem Geheimniß zusammen kommen, und zwar eine gebende und eine nehmende Hand.

Die gebende Hand ist Gottes Wort oder das heilige Evangelium mit seinen angehängten hochwürdigen Sacramenten und Siegeln, der Taufe und dem Abendmahl, in welchen uns der Herr JEsus Christus aus großer inbrünstiger Liebe seine edlen Wohlthaten, deren vorher gedacht worden, vortragen und darbieten läßt. Ist auch selbst in diesem ganzen Handel, wo sein Wort gepredigt und die heiligen Sacramente ausgespendet werden, gegenwärtig nach beiden Naturen, und kehret durch den Glauben zu uns ein sammt dem Vater und heiligen Geist, daß wir in ihm bleiben und er in uns. Zudem reichet er in seinem heiligen hochwürdigen Abendmahl seinen wahren Leib und sein wahrhaftiges Blut neben dem geistlichen Genießen uns auch mündlich zu essen und zu trinken, damit wir ja seiner stets gedenken und seines herben bittern Todes, wie auch aller seiner theuer erkauften Güter nimmermehr vergessen.

Wer kann aber die grundlose Leutseligkeit und Menschenliebe unseres Heilands genugsam rühmen, preisen und ausreden, die er in allen seinen Werken gegen uns so reichlich erzeiget und beweiset? Denn aus großer inbrünstiger Liebe hat er unser Fleisch und Blut an sich genommen. Aus wahrer Liebe ist er für uns gestorben. Aus herzlicher Liebe hat er uns die heilsamen hochwürdigen Güter: die Gerechtigkeit des Glaubens, den Frieden mit Gott, den Sieg und Ueberwindung des Teufels, die selige Kindschaft, die himmlische Brautlust, die heilige Tempelehre, die königliche Herrlichkeit und die priesterliche Würde erworben. Läßt sie auch uns allen aus unaussprechlicher Liebe in seinem Wort und Sacramenten reichlich verstellen und vortragen, und ist selbst dabei gegenwärtig, daß wir ihn mit allen seinen Schätzen annehmen und besitzen sollen.

Und auch dabei lässet Ers nicht bleiben, sondern giebt uns aus großer inbrünstiger Liebe seinen Leib und sein Blut beides geistlich und leiblich zu essen und zu trinken: geistlich im Glauben und leiblich mit unserem Munde. Warum thut er das? Antwort: Gott, ob er wohl die Liebe selbst, ist doch auch nach seinem bloßen Wesen den sündhaftigen Adams-Kindern ein verzehrendes Feuer, angezündet und in Zorn entbrannt durch unsere Uebertretung. Daher sind wir von Natur schüchtern, und fürchten uns peinlich vor der göttlichen Majestät als vor einem brennenden und verzehrenden Feuer. Nun wir ihm aber durch Christum versöhnet sind, läßt er seinen Zorn fahren und ist wieder unser Freund; und damit er seine inbrünstige Liebe uns recht klärlich zeige und wir uns nicht vor ihm fürchten dürfen, so reicht uns Christus seinen Leib und sein Blut zu essen und zu trinken, geistlich und leiblich, auf daß er mit uns und wir mit ihm wiederum ein Kuchen würden.

Solches thut er aus großer inbrünstiger Liebe. Aus Liebe giebt er sein Fleisch zu essen und läßt sein Blut trinken, daß wir daraus abnehmen sollen, wie lieb Gott die Menschen habe und wie er mit Nachlassung und Ablegung seines gerechten Zorns begehre vollkommen eins mit uns zu sein und uns ihm auf das allernächste zu vereinigen und zu verknüpfen, damit wir stets in ihm bleiben und er ewig in uns. O der unaussprechlichen Liebe, deren wir uns nimmer genugsam können verwundern, und darum wir billig das hochwürdige Abendmahl in Ehren halten und zum öftern besuchen sollten, mehr als es leider geschieht. – Hier haben wir das Geheimniß, welches die Kalvinisten, sonderlich aber die Zwinglianer sammt den übersichtigen Rottengeistern und Sectirern, den Wiedertäufern und Schwenkfeldern, [2]nicht verstehen noch merken. Deswegen lassen sie den Fleisch gewordenen Gott fahren und wollen außerhalb des Fleisches Christi mit der bloßen Gottheit, die da ist ein verzehrend Feuer, zu thun haben. Ein gottseliger Christ aber merkt auf die Worte des Abendmahls und hält sich nach dem buchstäblichen Verstande einfältig zu Christi Leib und Blut, daß er sich nicht an der bloßen Gottheit die Finger verbrenne, sondern ihn ansehe, wie er sich im Fleisch geoffenbaret und aus herzlicher Liebe seinen Leib zu essen und sein Blut zu trinken reichet.

Die nehmende Hand ist unser Glaube, der das Wort des Evangelii fasset und im Evangelio den Baum des Lebens mit allen seinen Wurzelgütern, Stammgütern und Fruchtgütern ergreift, so daß sie uns applicirt und zugeeignet werden. Und hier ist der Glaube, wenn er den Baum des Lebens fasset, auch selber wie ein fruchtbarer Baum, wenn er siehet und erkennet die große Liebe und Leutseligkeit unsers Herrn Christi. Das kann er nicht verborgen halten, sondern muß es rühmen und preisen, das ganze Werk der Erlösung mit den heilsamen Schätzen und theuer erworbenen Gütern. Da lobet er Christum, seinen großen Liebhaber, und wollte ihn gern herzlich wieder lieben, schreiet zu ihm, singet ihm, bekennet ihm Alles und spricht:

O Jesu mein Erlöser, meine Liebe und meines Herzens Freude, Du wahrer Gott von Gott, stehe mir, Deinem armen Diener, doch in allen Gnaden bei! Dich rufe ich an mit großem Geschrei, zu Dir flehe ich von ganzem Herzen. Ich rufe Dich zu meiner Seele hinein, daß Du zu ihr einkehrest und sie Dir zur Wohnung bereitest, damit Du sie ohne Runzel und ohne Makel besitzest. Denn für Dich gehöret eine reine Wohnung, der Du bist der allerreinste Herr. Darum heilige mich, Dein Werkzeug, das Du geschaffen hast! mache es rein von aller Bosheit, erfülle es mit Deiner Gnade und erhalte es in der Fülle, daß ich möge ein Tempel sein würdig Deiner Einwohnung, hier zeitlich und dort ewiglich!

Ei Du allersüßester, Du allergütigster, Du allerangenehmster, Du allerwerthester, Du allerlieblichster, Du allerschönster Herr Jesu! Du schmeckest mir süßer denn Honig, Du scheinest mir weißer denn Milch und Schnee, Du gehest mir über Wein und Malvasier und bist mir lieber denn Gold und Edelsteine, ja lieber denn aller Reichthum und alle Ehre der ganzen weiten Welt. Was soll ich sagen, Herr mein Gott, Du meine einige Hoffnung? Was soll ich sagen von Deiner großen Barmherzigkeit? Was soll ich sagen, o Jesu, der Du bist meine selige und sichere Süßigkeit? Ich sage was ich kann, aber ich sage noch nicht was ich soll. O daß ich von Dir reden könnte, wie die jauchzenden und freudenreichen Chöre der Engel von Dir reden! O wie gern wollte ich alle meine Sinne, Kräfte und Gedanken dahin richten, daß Du möchtest gerühmet und gepreiset werden! O wie andächtig wollt ich englische Lieder nach himmlischer Melodie mitten in der christlichen Gemeinde Dir zu Lob und zu Ehren Deines herrlichen Namens ohne Aufhören singen!

Aber weil mir solches zu thun unmöglich, soll ich darum schweigen? Wehe allen, die von Dir schweigen, Der Du der Stummen Mund lösest und auch den Unmündigen und Säuglingen redselige Zungen verleihest! Wehe denen, die nicht von Dir reden, sintemal sie auch mit redender Zunge stumm sind, wenn sie nicht Dein Lob ausreden! Aber wer kann Dich nach der Würde genug loben? O Du unaussprechliche Kraft und ewige Weisheit des Vaters! ich zwar finde keine Worte, damit ich Dich genügend beschreiben könnte, Du allmächtig und allwissend Wort. Doch will ich von Dir reden was ich kann, bis Du mich heißest zu Dir kommen, wo ich dann von Dir reden kann, wie sichs gebührt und wie ich reden soll. Und darum bitte ich Dich demüthiglich, Du wollest nicht sowohl sehen auf das was ich jetzt rede, sondern vielmehr auf das was ich zu reden begehre.

Dir gebühret alles Lob, alle Glorie und alle Ehre. Nun weißt Du, HErr mein Gott, Du Erforscher aller Dinge, daß Du mir angenehmer und lieber bist denn Himmel und Erde und alles was darinnen ist. Denn ich liebe Dich über das Alles, und soll ja auch alles was vergänglich ist, so fern es nicht um Deines Namens willen geschieht, schlechterdings nicht lieben.

Und warum sollt ich Dich nicht über alle Dinge lieben, da Du aus großer inbrünstiger Liebe soviel um meinetwillen gethan hast, der Du mächtig bist und deß Name heilig ist? Du bist aus großer Liebe für mich gestorben und mein Erlöser, mein Helfer, mein Schutz, mein Heiland und meine Zuflucht worden. Du bist mir ein Baum des Lebens, und hast mit Deinem herben bittern Tode, wie auch mit Deiner siegreichen Auferstehung und Himmelfahrt mir die tröstlichen Wurzelgüter, die herrlichen Stammgüter und die prächtigen Fruchtgüter erworben. Du schenkst mir Deine Gerechtigkeit, Deinen Frieden und Deine Victoria. Du schaffest mir die selige Kindschaft des ewigen Lebens, Du bist mein himmlischer Bräutigam und bereitest mich zum Tempel und Wohnung des heiligen Geistes. Du hast mich zu einem Könige und Priester gemacht dem Herrn meinem Gott, daß ich mit Dir ewiglich herrschen und regieren soll.

Darum liebe ich Dich, mein Gott, mit großer Liebe, und wollte gern daß ich Dich mehr und stärker lieben konnte. Ach gieb mir, daß ich Dich allerwege liebe so viel ich will und so viel ich soll, auf daß Du allein mögest sein in meinem Sinn und in allen meinen Gedanken. Laß mich des Tages ohne Unterlaß an Dich gedenken, laß mich Dich des Nachts im Schlafe fühlen, laß meinen Geist Dich anreden und mein Herz Gespräch mit Dir halten. Erleuchte mein Herz mit dem Licht Deines Antlitzes; regiere und führe mich, daß ich in Deiner Kraft wandele und zunehme, und Dich, den Gott aller Götter und den König zu Zion, sehen möge, hier zwar als durch einen Spiegel im dunkeln Wort, dort aber von Angesicht zu Angesicht.

Selig sind, die reines Herzens sind, denn sie werden Gott schauen. Wohl denen, Herr, die in Deinem Hause wohnen, sie loben Dich immerdar. Darum bitt ich Dich, o Herr, durch alle Deine Gnade und Barmherzigkeit, dadurch wir vom ewigen Tode erlöst werden, Du wollest mein hartes, steinernes, felsiges und eisernes Herz mit Deiner allerheiligsten und starken Salbung erweichen und mich mit dem durchdringenden Feuer Deiner Liebe erwärmen und durchbraten, daß ich jederzeit ein lebendig Opfer vor Deinen Augen sein möge. Gieb, daß ich allerwege vor

Deinem Angesichte habe ein zerschlagenes und zerknirschtes Herz, mit vielen heißen Thränen durchnetzt und besprengt. Gieb, daß ich in Deiner Liebe dieser Welt gänzlich absterbe und aller zeitlichen Dinge vergesse, aus großer Furcht und Liebe zu Dir, also daß ich um des Zeitlichen willen weder weine noch mich freue, daß ich es auch ja nicht liebe und lasse mich durch Lieb und Leid, durch Freud und Schmerz nicht verblenden noch betrüben, durch Rosen nicht locken und durch Dornen nicht schrecken.

Und weil die Liebe stark ist wie der Tod, so bitte ich Dich: laß Du die feurige und honigsüße Kraft Deiner Liebe mein Herz, Sinne und Gedanken abreißen von allem, was unter der Sonne ist, damit ich Dir allein recht anhange und mich mit stetem Gedächtniß an Deiner Lieblichkeit weide. Laß vom Himmel herabfahren in mein Herz Deinen allerlieblichsten Geruch. Ach laß Deine honigsüße Liebe zu mir einkehren! Laß zu mir kommen, Herr mein Gott, den wundersüßen Geschmack Deiner Güte; derselbige erwecke in mir eine ewige Lust nach Dir und sei in meinem Herzen wie eine lebendige Wasserquelle, die zum ewigen Leben hinein springt. Unermeßlich bist Du, Herr, und darum sollst Du billig ohne Maaß geliebet, gerühmet und gelobet werden von denen, die Du mit Deinem theuren Blut erlöset hast.

Ei Du allergütigster Liebhaber der Menschen, Du allergnädigster Herr und allerliebreichster Richter, welchem der Vater alles Gericht übergeben hat, Du urtheilest nach Deinem allerweisesten Gericht und hältst es für recht und billig, daß gleich wie die Kinder dieser Welt aus tiefer Liebe der Nacht und der Finsterniß dem vergänglichen Reichthum und eitler Ehre mit allem Fleiß und Kraft nachhangen und sie suchen und lieben: also sollen wir, Deine Diener, viel mehr Dich unsern Gott lieben, durch welchen wir erschaffen und erlöst sind. Denn so ein Mensch den andern mit so großer Liebe liebet, daß er seiner Gegenwart nicht entrathen kann; und so eine Braut ihrem Bräutigam mit inbrünstigem Gemüth so anhanget, daß sie vor großer Liebe nicht rasten noch ruhen kann, sondern bekümmert und betrübet sich herzlich, wenn er von ihr abwesend ist: – o Du lieber Gott, wie viel größer sollte denn billig die Liebe, der Fleiß und der Ernst sein, damit meine Seele, welche Du Dir im Glauben und in Gnaden vertrauet hast, Dich wieder lieben sollte, Dich wahren Gott Und Dich allerschönsten Bräutigam, der Du uns so sehr geliebet und so hoch begnadigt, und hast um unsertwillen so viel und so Großes gethan?

Es haben wohl auch die irdischen und vergänglichen Dinge ihre Freude und Belustigung, aber doch sind sie nichts gegen Dich, Herr unser Gott, in welchem sich der Gerechte von Herzen erfreuet, und dessen Liebe eine so sanfte und so süße ist wie keine. Denn die Herzen, welche Du besitzest, die erfüllest Du mit Deiner Gütigkeit, mit Deiner Lieblichkeit und mit Deiner Ruhe. Dagegen ist die Liebe der Welt und des Fleisches zweifelhaft und verworren, und wo sie zur Seele einkehrt, da leidet sie keinen Frieden. Sie erweckt immerdar Argwohn, Furcht und allerlei Störung. Du aber bist aller Gläubigen einige Lust und Liebe. Bei Dir ist eine mächtige Ruhe und ein Leben ohne Schrecken und ohne Anfechtung. Wer zu Dir einkehret, Du guter Herr, der gehet in die Freude seines Herrn und fürchtet sich hinfort nicht, sondern befindet sich selig und spricht: Dies ist meine Ruhe ewiglich. Hier will ich wohnen, denn es gefällt mir wohl. Der Herr ist Mein Hirt, mir wird nichts mangeln. Er weidet mich auf einer grünen Aue.

Ei Du süßer Christe, Du guter JEsu, so bitte ich Dich: erfülle doch stets mein Herz mit unaussprechlicher Liebe und mit ewigem Gedächtniß Deines Namens also, daß ich wie eine feurige Flamme stets brenne in der Süßigkeit Deiner Liebe und daß viele Wasser solche Liebes-Brunst in mir nimmer auslöschen. Verleihe mir doch, mein allerliebster Herr, daß ich Dich recht liebe, und daß ich aus herzlichem Verlangen nach Dir möge ablegen die Bürde aller fleischlichen Begierden und die schwerste Last aller zeitlichen Lüste, die meine arme Seele kränken und beschweren. Laß mich sie ablegen, daß ich in dem edlen Geruch Deiner Salbe Dir nachlaufe und durch Deine Begleitung bald zu Dir komme, da ich an dem lieblichen Anschauen Deines allerschönsten Angesichts mich ewiglich erquicken werde.

Denn es giebt eine doppelte Liebe, eine gute und eine böse. Die eine ist süß und die andere bitter, und diese beiden reimen sich nicht in einem Herzen. Darum so Jemand etwas neben Dir liebet, Herr mein Gott, in dem ist nicht Deine Liebe. Ei du edle Liebe, die du nicht quälest, sondern erfreuest; du reine Liebe, die du keusch bleibst in alle Ewigkeit; du feurige Liebe, die du stets brennest und nimmer ausgehest: zünde mich durch und durch an mit deinem Feuer, mit deiner Lieblichkeit, mit deiner Süßigkeit, mit deiner Freude, mit deiner Wollust, auf daß ich, mit deiner Süßigkeit erfüllet und von deinen Feuerflamme angezündet, Dich meinen Gott liebe von ganzem Herzen und von allen Kräften meiner Seele, und Dich an allen Orten stets in meinem Herzen, auf meiner Zunge und vor meinen Augen habe, damit nicht irgend welche falsche ehebrecherische Liebe mich beschleiche.

Erhöre mich, HErr JEsu! erhöre mich, du seliges Licht meiner Augen! Höre mein armes Gebet gnädig an und verleihe mir doch, warum ich Dich bitte! Ach Du mein barmherziger Heiland, Du wollest um meiner Sünde willen ja Deine Ohren nicht gegen mich verstopfen, sondern um Deiner großen Güte willen das Gebet Deines Knechtes aufnehmen und mich meiner Bitte gewähren, der Du mit dem Vater und dem heiligen Geist herrschest und regierest immer und ewiglich. Amen.

Mit solchen und ähnlichen Gebeten soll ein Christ den Glauben als eine nehmende Hand fleißig üben und den Herrn Christum, seinen höchsten Freund und rechten Baum des Lebens, mit allen seinen Gütern ergreifen und ihm zueignen. Dazu bedenke recht, warum der Sohn Gottes so viel um deinetwillen gethan und so viel edle Güter durch Sein Erlösungswerk dir erworben hat. Denn Er suchet damit nichts Anderes, als das ewige Leben, daß du selig werdest, daß du ewige Gemeinschaft habest mit der ganzen heiligen Dreifaltigkeit im Himmel, und lebest in ewiger inbrünstiger Liebe mit Gott dem Vater, mit Gott dem Sohn und mit Gott dem heiligen Geist.

III

Unsere Wiedergeburt zum ewigen Leben

Nun folget die dritte Wohlthat, unsere Wiedergeburt zum ewigen Leben. Es ist aber die Wiedergeburt ein Werk der unaussprechlich großen Barmherzigkeit, und Leutseligkeit unseres Gottes, und bestehet darin, daß er die Sünder als geistlich todte Menschen durch das Wort und Sacrament beruft, sammlet und erleuchtet; schreckt sie durch die Predigt des Gesetzes, und wenn sie damit wie mit einem Hammer wohl zerstoßen und zermalmet sind, dann tröstet er sie mit dem Evangelio, erweckt den Glauben und rechnet ihnen die verdiente Gerechtigkeit, Unschuld und Victoria unseres Herrn Christi zu durch den Glauben, nimmt sie zu Gnaden an, erkennt sie für sein Eigenthum, giebt ihnen den heiligen Geist, regieret und führet sie nach seinem Wort; hält sie auch unter dem Kreuz zur Tödtung des alten Adams, zur Probirung des Glaubens, Beförderung des Gebets und des neuen Gehorsams, und holet sie endlich aus diesem Jammerthal zu sich heim in das himmlische Paradies und Vaterland des ewigen Lebens.

Von diesem Geheimniß zeuget die Schrift an vielen Orten und spricht, daß die Kinder Gottes nicht vom Geblüt, noch von dem Willen des Fleisches, noch von dem Willen eines Mannes, sondern von Gott geboren seien (Joh. l, 13). »Wahrlich, wahrlich, Ich sage dir: es sei denn daß Jemand geboren werde aus dem Wasser und Geist, so kann er nicht in das Reich Gottes kommen. Was vom Fleisch geboren wird, das ist Fleisch; und was vom Geist geboren wird, das ist Geist. Laß dichs nicht wundern, daß ich dir gesagt habe: Ihr müsset von neuem geboren werden« (Joh. 3, 5-7). St. Petrus spricht: »Gott hat uns nach seiner großen Barmherzigkeit wiedergeboren zu einer lebendigen Hoffnung, durch die Auferstehung Jesu Christi von den Todten, zu einem unvergänglichen und unbefleckten und unverwelklichen Erbe, das behalten wird im Himmel« (1 Petr. 1, 3. 4).

Damit wir nun diese edle und trostreiche Lehre recht zu Herzen nehmen, müssen wir zuerst wissen, daß uns hierin abermal Gottes unaussprechliche Liebe, die er zu uns Menschen trägt, reichlich entdeckt und gleich als mit lebendiger Farbe herrlich abgemalt und ausgestrichen wird. Denn gebären und Kinder zeugen sind ja Werke der Liebe und rühren aus natürlicher Liebe her, wie Salomo redet im Buch der Weisheit: »Ich bin ein Fleisch gebildet, zehn Monate lang im Blut zusammen geronnen, aus Mannes Samen durch Lust im Beischlaf« (Cap, 7, 2). Gehet nun Gott auch mit Geburt um, daß er Menschen wiedergebieret und aufs neue zeuget, wahrlich so muß er die Leute wunderlieb haben und ein recht inbrünstiges Verlangen nach unserer Seligkeit tragen.

Auch können wir aus Vergleichung der natürlichen Geburt und der übernatürlichen himmlischen Wiedergeburt eines Menschen etlichermaaßen abnehmen, wie mütterlich, wie lieblich und überaus heilsamlich unser frommer Gott das edle hohe Werk der Wiedergeburt an uns erfülle und ausrichte.

Denn gleichwie der Mensch anfänglich im Mutterleib als in einer schmalen Herberge und engen Welt formirt und bereitet wird zu dieser weiten Welt, daß er darin herrsche, wohne und lebe: also wird er danach in dieser großen Welt von Gott neu geboren und aufs Neue zugerichtet zu einem himmlischen Leben und zu einer anderen neuen Welt, die viel tausendmal schöner, lustiger, lieblicher, prächtiger und herrlicher ist, d. i. zu dem himmlischen Paradies und Vaterland der ewigen Freude, daß er droben im Himmel in unaussprechlicher Wonne und Herrlichkeit mit Christo und allen Auserwählten ewiglich lebe und regiere. Und gleichwie er im Mutterleibe anhebt natürlich zu leben und sich zu regen, damit er nicht todt auf die Welt komme, sondern bringe das Leben aus der schmalen engen Herberge mit in die große weite Welt, darin es dann gestärkt wird – also erlangt er den Anfang seines himmlischen Lebens in dieser Welt auf Erden und bringts durch den Tod mit sich in den Himmel, da es erst wird ein vollkommen Leben voll aller Freude und Seligkeit.

Allhier müssen wir aber die näheren Umstände dieses edlen Geheimnisses recht ansehen. Und zwar wollen wir bedenken: 1) Wer eigentlich der Vater und Werkmeister dieser Wiedergeburt sei und was ihn zu diesem Werk bewege. 2) Wer doch die Mutter oder die schwangere Gebärerin sein möge und was dieselbe für einen Mutterleib habe, darin dies Werk verrichtet wird. 3) Womit diese Mutter besamet werde, und was für äußerliche Werkzeuge dazu kommen, die den heiligen himmlischen Samen ausbreiten und forttragen. 4) Wie das ganze Werk der heiligen Wiedergeburt in dem geistlichen Mutterleibe eigentlich zugehe, wie lange es währe und was es für ein Ende nehme. 5) Wozu der Mensch wiedergeboren werde, wie die Schrift die Wiedergeborenen nennet, und wie ein Christ auf dieser Welt ihm vor allen Dingen die himmlische Wiedergeburt soll lassen angelegen sein. Diese fünf Stücke laßt uns ordentlich nach einander erwägen.

1.
Der Vater.

Zunächst ist der Vater oder Urheber, von welchem die Wiedergeburt herrühret, nicht ein Engel, nicht ein bloßer Mensch, noch sonst irgend eine schwache Creatur im Himmel oder auf Erden, sondern der ewige allmächtige Gott selbst, wie die Schrift ausdrücklich zeuget, daß die Kinder Gottes nicht von dem Willen eines Mannes, sondern von Gott geboren seien.

Und wird das Werk der Wiedergeburt sonderlich Gott dem heiligen Geist zugeschrieben, nicht als wären der Vater und der Sohn davon abgesondert, relegirt oder ausgeschlossen, sondern weil der heilige Geist ganz eigentlich hierzu von dem Vater und Sohn gesandt wird und dies Werk seiner Sendung nach ihrer Beider Willen verrichtet. Deswegen müssen wir die drei vornehmsten Wohlthaten Gottes: die Schöpfung, die Erlösung und die Wiedergeburt also unterscheiden lernen, daß, obwohl zu jedem Werk Gott der Vater, Sohn und heilige Geist zusammen kommen, dennoch die Schöpfung Gott dem Vater, die Erlösung Gott dem Sohn, und die Wiedergeburt Gott dem heiligen Geist vornehmlich zugeeignet und zugeschrieben wird.

Was mag aber den ewigen allmächtigen Gott dazu bewegen, daß er uns armen Erdwürmlein so eine großmächtige Wohlthat erzeiget? Fürwahr unsere Würdigkeit und guten Werke thuns nicht, sintemal wir von Natur zu allem Guten erstorben sind und mit unseren Sünden sonst nichts, denn Gottes Zorn, den Tod, die Hölle und alles Unglück verdienet und uns auf den Hals geladen haben. Recht sagt aber St. Petrus, daß uns Gott nach seiner großen Barmherzigkeit wiedergeboren habe, wie auch der Herr Christus zeuget, daß Gott aus Liebe seinen Sohn der Welt schenke und gebe.

Denn gleich wie ein frommer barmherziger Vater, wenn er seinen Sohn als einen Todten sähe vor sich liegen, – ob auch der Sohn selbst mit einem Messer sich gestochen oder umgebracht hätte – würde es ihn doch von Herzen jammern und ihm sehr wehe thun, und wenn er könnte, schaffte er Rath und suchte alle Wege und Mittel, den Sohn wieder lebendig zu machen: – also auch wir, da wir todt waren durch Uebertretung und Sünden und waren von Natur Kinder des Zorns, da ließ Gott sehen den Reichthum seiner Barmherzigkeit, durch seine große Liebe, damit er uns geliebet hat. Denn »da wir todt waren in den Sünden, hat er uns sammt Christo lebendig gemacht. Und hat uns sammt ihm auferwecket, und sammt ihm in das himmlische Wesen versetzet in Christo Jesu.« Da sind wir »aus Gnaden selig geworden durch den Glauben«, und dasselbe ist nicht aus uns, »Gottes Gabe ist es; nicht aus den Werken, auf daß sich nicht Jemand rühme« (Ephes. 2, 5. 6. 8. 9).

2.
Die Mutter.

Ja, sprichst du, ist Gott selbst der Vater, der uns nach seinem Willen wiederzeuget: was hat er denn für eine Frau, die von ihm empfähet, gebieret und die Mutter ist der wiedergeborenen Kinder?

Antwort: Die Mutter ist die heilige christliche Kirche, welche, ob sie wohl scheinet vor der Welt ein armes geringes Häuflein, ja wie ein unfruchtbares Weib und eine einsame und verlassene Wittwe zu sein – so schwängert sie doch der allmächtige Gott, ihr Mann und himmlischer Bräutigam, jederzeit mit seinem Wort und Geist, daß sie immer gebieret und ist nimmer ohne Kinder, wird auch nicht aufhören zu gebären bis hin zum jüngsten Tage. »Rühme, du Unfruchtbare, sagt der heilige Geist zu ihr, die du nicht gebierest; freue dich mit Ruhm und jauchze, die du nicht schwanger bist. Denn die Einsame hat mehr Kinder, als die den Mann hat, spricht der Herr. Mache den Raum deiner Hütte weit, und breite aus die Teppiche deiner Wohnung, spare seiner nicht; dehne deine Seile lang und stecke deine Nägel fest. Denn du wirst ausbrechen zur Rechten und zur Linken; und dein Same wird die Heiden erben, und! in den verwüsteten Stätten wohnen. Fürchte dich nicht, denn du sollst nicht zu Schanden werden; werde nicht blöde, denn du sollst nicht zu Spott werden. Sondern du wirst der Schande deiner Jungfrauschaft vergessen, und der Schmach deiner Wittwenschaft nicht mehr gedenken. Denn der dich gemacht hat, ist dein Mann. Herr Zebaoth heißet sein Name; und dein Erlöser, der Heilige in Israel, der aller Welt Gott genennet wird. Denn der Herr hat dich lassen im Geschrei sein, daß du seiest wie ein verlassenes und von Herzen betrübtes Weib; und wie ein junges Weib, das verstoßen ist, spricht dein Gott. Ich habe dich einen kleinen Augenblick verlassen, aber mit großer Barmherzigkeit will ich dich sammeln« (Jes. 54, 1-7).

Hier wird durch das schwangere und elende Weib die christliche Kirche verstanden, welche den Herrn Christum durch den Glauben geistlich im Herzen trägt, ruft ihn an, bekennet ihn vor der Welt öffentlich, und gebieret allerwege Kinder durch die Taufe und durch die Predigt des heiligen Evangelii; wiewohl nicht ohne Kreuz und große Schmerzen, dieweil sie zu jeder Zeit vom Teufel und seiner Braut, der Welt, heftigen Widerstand, Anstoß und Verfolgung leiden muß. Darum siehet auch St. Johannes in seiner Offenbarung die christliche Kirche als eine schwangere Mutter, die ein Kindlein in ihrem Leibe trägt, ist stets in Kindesnöthen und wird von dem höllischen Drachen scharf angefochten. Doch beschützet sie Gott der Allmächtige und bereitet ihr hie und da einen stillen Ort in der wüsten, wilden Welt, da sie ernähret und erhalten wird mitten unter den Feinden. (Lies das zwölfte Capitel der Offenbarung!). –

Was hat nun aber die christliche Kirche für einen Mutterleib, darin wir empfangen und geboren werden? Antwort: Ihr Leib, darin sie schwanger wird, ist Gottes Wort, in prophetischer und apostolischer Schrift des alten und neuen Testaments verfasset, sofern dasselbe stets klinget vor ihren Ohren und wallet in ihrem Herzen, sammt dem Gebrauch der heiligen hochwürdigen Sacramente. Denn in dem Wort findet sie das herzliebe Kind Jesum Christum, wie er selbst sagt: »Suchet in der Schrift, denn ihr meinet, ihr habt das ewige Leben darinnen. Und sie ist es, die von mir zeuget« (Joh. 5). Zu dieser Schrift halten sich alle rechtgläubigen Christen und Kinder des Lichts, als ob sie sich darein verhüllten und gleich als im Mutterleib verborgen lägen, wie David sagt: »Ich bewahre mich in dem Wort Deiner Lippen vor Menschen-Werk, auf dem Wege des Mörders« (Ps. 17, 4). [3]

Dieweil nun die christliche Kirche Gottes Braut ist, und ihr Wort in heiliger Schrift gar nichts Anderes denn Gottes Wort, so wird solch Wort auch Gottes Leib und Gottes Mutter genannt, wie z. E. Gott beim Propheten Jesaias spricht: »Höret mir zu, ihr vom Hause Jakobs, und alle Uebrigen vom Hause Israels, die ihr von mir im Leibe getragen werdet, und mir in der Mutter liegt« (Jes. 46, 3).

»Der Glaube, sagt Dr. Luther, machet zu Gottes Kindern die, so da geboren werden durch das Wort, welches die Mutter ist, darinnen wir empfangen, getragen, geboren und erzogen werden.« Desgleichen schreibt Mathesius: »Ein Kind im Mutterleibe lebet und nähret sich von der Mutter, wächst und nimmt von Tag zu Tage zu, ob es gleich unter der Mutter Herzen klein und matt ist, sich schwerlich reget und rühret. Also werden wir auch im Worte neu geboren, durch das Wort fangen wir an zu glauben, im Worte nähren wir uns, und die da bleiben in Christo, der Mutter (Jesaias 46), und seinem Wort, die wachsen und nehmen immer zu, leben und regen sich darinnen.« Der liebe Mathesius führet dabei auch den lateinischen Vers an:
Vivimus in verbo, velut embryo clausus in alvo.

Und allhier ist die heilige Taufe, sonderlich wenn junge Kinder Christo zugetragen und der christlichen Kirche einverleibt werden, die rechte erste Pforte und Eingang in den mütterlichen Leib der heiligen Kirche. Denn weil der Sohn Gottes öffentlich zeuget: wer nicht aus dem Wasser und Geist neu geboren werde, der komme nicht in das Reich Gottes; so folget dagegen, daß die Kinder durch das Sacrament der Taufe aus Kraft und Wirkung des heiligen Geistes recht hinein kommen, das ist Zutritt und Eingang haben zum Reiche Gottes, und werden Kinder des Allerhöchsten, Glieder der christlichen Kirche und Miterben des ewigen Lebens im Glauben.

3.

Der Same.

Danach ist Gottes Wort nicht allein der Mutterleib, darin wir geistlich empfangen und neu geboren werden, sondern auch der Same selbst, daraus wir unseren neuen Anfang nehmen. Ihr seid »wiederum geboren, spricht St. Petrus, nicht aus vergänglichem, sondern aus unvergänglichem Samen, nämlich aus dem lebendigen Worte Gottes, das da ewiglich bleibet« (1 Petr. 1, 23). Desgleichen St. Jakobus: »Er hat uns gezeuget nach seinem Willen, durch das Wort der Wahrheit, auf daß wir wären Erstlinge seiner Creaturen« (1, 18). Von der heiligen Taufe rühmet auch St. Paulus und spricht: »Nach seiner großen Barmherzigkeit machet er uns selig durch das Bad der Wiedergeburt und Erneuerung des heiligen Geistes, welchen er ausgegossen hat über uns reichlich durch Jesum Christum, unseren Heiland« (Tit. 3, 5. 6).

Wie aber das Wort Gottes zugleich sein könne der Mutterleib, darin wir empfangen und neugeboren werden, und fürs Andere auch der Same selbst, daraus wir unsern himmlischen Ursprung nehmen – ist nicht so schwer zu verstehen. Denn sofern es vor unsern Ohren klingt und wir mitten in solchem Getön, Schall und öffentlicher Handlung des Wortes wie in einem starken Blockhause wider den Teufel, die Welt und alle falsche Lehre uns gleich als versperret und eingeschlossen halten, und lassen uns nicht herauslocken, sondern stopfen unsere Vernunft, Augen und Ohren gegen des Teufels Brüllen und Sturmwettern zu – da ist solcher Gebrauch des göttlichen Wortes und der heiligen, damit verbundenen Sacramente wie Gottes Leib und wie seiner Kirche Leib und Mutter, darin er uns hebet und traget. Sofern es aber gepredigt wird und aus Kraft und Wirkung des heiligen Geistes durch die Ohren in das Herz fällt, daß es bekehret, tödtet den alten Adam, zündet an den Glauben, stärket ihn, erweckt neuen Gehorsam, regiert das Leben und schreckt ab von Sünden und Lastern – hier ist es wie ein lebendig machender Same, aus welchem uns Gott wieder gebieret, daß wir neue Kreaturen werden, die vorsätzlich nicht sündigen, wie St. Johannes sagt: »Wer aus Gott geboren ist, der thut nicht Sünde, denn sein Same bleibt bei ihm, und kann nicht sündigen, denn er ist von Gott geboren« (1 Joh. 3, 9).

Deswegen soll sich ein gottseliger Christ auf Erden beides angelegen sein lassen: erstlich, daß er sich in Gottes Wort wie ein Kind im Mutterleibe eingeschlossen halte; und danach, daß er auch Gottes Wort sammt den heiligen Sacramenten als den alleinigen Samen seiner Wiedergeburt ansehe, dadurch er sich zeugen, wiedergebären, regieren, leiten und führen lasse.

Zudem gleichwie ein Kind im Mutterleibe von menschlichem Samen nicht allein seinen Ursprung, sondern auch, so lange es darin formiret und zubereitet wird, seine Fütterung, Kraft und Zunahme bekommt: also sollen wir als neu empfangene Kinder des Lichts in der heiligen Schrift als in dem geistlichen Mutterleibe der christlichen Kirche Gottes Wort, den Samen und Anfang unserer Wiedergeburt, auch lassen unsere geistliche Nahrung sein, und bei Leibe nicht außer dem geoffenbarten Wort nach höheren Dingen und nach anderer stärkerer Speise gaffen, sondern allein mit Gottes Wort unsere Seele stillen und stärken, wie David singt: »Herr, mein Herz ist nicht hoffährtig, und meine Augen sind nicht stolz, und wandele nicht in großen Dingen, die mir zu hoch sind. Wenn ich meine Seele nicht setzte und stillete, so ward meine Seele entwöhnet, wie einer von seiner Mutter entwöhnet wird« (Ps. 131, 1. 2). Deine Rechte sind mir süßer denn Honigseim (Ps. 19, 11). »Das ist mein Trost in meinem Elend, denn Dein Wort erquicket mich« (Ps. 119, 50). –

Es gebraucht aber der allmächtige Gott auch äußerliche Werkzeuge zur Ausstreuung und Fortpflanzung dieses seines himmlischen Samens. Das sind die Prediger und Diener seines heiligen Wortes, durch welche gleich als durch Röhren und Instrumente der Geist Gottes sich hören läßt, den unvergänglichen Samen des Evangelii mitten in die Zuhörer auswirft und das Wasser des Lebens gleich als durch Kanäle reichlich und weithin ausbreitet.

Solches bezeuget der Herr Christus, da er sehr tröstlich zu seinen Jüngern spricht: »Es soll euch zu der Stunde gegeben werden, was ihr reden sollt. Denn ihr seid es nicht, die da reden, sondern eures Vaters Geist ist es, der durch euch redet. Ich will euch Mund und Weisheit geben« (Matth. 10, 19, 20; Luc. 21, 15). Sorget nicht, was ihr reden sollt, und bedenket euch nicht zuvor, sondern was euch zu derselbigen Stunde gegeben wird, das redet (Marc. 13, 11). »Der Geist der Wahrheit, der vom Vater ausgehet, der wird zeugen von mir. Und ihr werdet auch zeugen« (Joh. 15, 26. 27). Und zu dem Propheten Jeremias sagt Gott der Herr: »Du sollst gehen, wohin ich dich sende, und predigen, was ich dir heiße. Siehe ich lege meine Worte in deinen Mund« (Jerem. 1, 7. 9). Und am anderen Ort: »Ich rede zu den Propheten, und ich bin es, der so viele Weißagung giebt, und durch die Propheten mich anzeige. Ich höfle sie (hobele sie ab) durch die Propheten und tödte sie durch meines Mundes Rede, daß dein Recht an das Licht komme« (Hos. 12, 11; 6, 5).

Darum wenn ein Prediger auf der Kanzel steht, predigt Gottes Wort, **bleibt bei der Schrift,** führet sie recht ein und erkläret das Evangelium verständlich, daß es mit Frucht angehöret, zu Herzen gefasset und nicht zum Gefallen noch Ohrenjücken, sondern zur Erbauung gebrauchet wird; wenn er die hochheiligen Sacramente richtig verwaltet, taufet und reichet das Abendmahl nach der Schrift: – da ist er ein rechtes Werkzeug der heiligen Dreifaltigkeit, borget dem heiligen Geiste seine Zunge und bekommt den Ruhm in der Schrift, daß er als ein geistlicher Vater geistliche Kinder zeuge, wie St. Paulus sich nicht schämet, öffentlich davon zu schreiben: »Ich vermahne euch, sagt er zu den Corinthern, als meine lieben Kinder. Denn ob ihr gleich zehntausend Zuchtmeister hättet in Christo, so habt ihr doch nicht viele Väter. Denn ich habe euch gezeuget in Christo Jesu durch das Evangelium« (1 Cor. 4, 14. 15). Und zu den Galatern sagt er: »Meine lieben Kinder, welche ich abermal mit Aengsten gebäre, bis daß Christus in euch eine Gestalt gewinne« (Cap. 4, 19).

Diesen letzten Spruch erkläret Luther mit nachfolgenden Worten: »Die Apostel, alle frommen Prediger und Schulmeister – (heut zu Tage von der Welt Pietisten, Beter, Mucker benannt) – sind ihrer Weise nach auch unsere Eltern. Denn gleichwie wir aus der natürlichen Geburt von den Eltern Gestalt der Leiber haben, also helfen diese dazu, daß unsere Herzen und Gewissen eine rechte Gestalt in uns gewinnen. Die rechte Gestalt aber, die ein christlich Herz haben soll, ist der Glaube oder die Zuversicht im Herzen, dadurch wir Christum ergreifen, demselbigen allein und sonst keinem anderen Dinge anhangen. Welches Herz nun einen solchen Glauben hat, daß wir vor Gott gerecht geschätzet werden um Christi willen, das hat seine rechte Gestalt nach Christo und ist ihm ähnlich. Es wird aber solche Gestalt durch das Predigtamt zugerichtet, wie er 1 Cor. 4 saget: Ich habe euch gezeuget in Christo Jesu durch das Evangelium, daß ihr Christum erkannt und an ihn geglaubt habt. Item 2 Cor. 3: Ihr seid ein Brief Christi, durch das Predigtamt zubereitet und durch uns geschrieben, nicht mit Tinte, sondern mit dem Geist des lebendigen Gottes. Denn da gehet das Wort aus des Apostels Munde und rühret die Herzen der Zuhörer. Da ist denn der heilige Geist auch bei und machet, daß das Wort im Herzen haftet, wie es gepredigt wird. Auf solche Weise ist ein jeder gottseliger Lehrer ein Vater. Denn er zeuget und bereitet die rechte Gestalt eines christlichen Herzens.«

4.

Das geheimnißvolle Werk.

Aus dem Gesagten mögen wir wohl schon etlichermaaßen abnehmen, wie das Werk der Wiedergeburt selbst zugehe und was es für eine Bewandtniß damit habe. Wir kommen aber nunmehr recht zu dem Kern und Mark dieses edlen hohen Geheimnisses, in welches Nicodemus mit seiner klugen Vernunft und hohen Gedanken sich nicht kann finden, sondern hälts für ein unmöglich Ding, daß ein Mensch solle wiedergeboren werden. Und wenn wir recht die Wahrheit sagen sollen, so giebt es heut zu Tage, sonderlich in den reformirten Kirchen – (heut zu Tage wohl auch in den unirten) – der Nicodemiten trefflich Viele, die von diesem Geheimnis nicht mehr glauben, denn sie mit der Vernunft fassen und begreifen können. Ja wir alle müssen bekennen, daß es unsern fünf Sinnen und menschlicher Weisheit viel zu tief verborgen liegt, und daß unser Fleisch und Blut solches keinem sagen noch offenbaren kann.

Müssen wir uns doch schon über die natürliche Geburt eines Menschen verwundern und können alle ihre Ursachen und den ganzen Zusammenhang nimmer genügend ergründen. Wie sollten wir denn das übernatürliche, himmlische und göttliche Werk der Wiedergeburt vollkömmlich verstehen und begreifen? Solches ist uns unmöglich und wird in diesem Leben wohl wahr bleiben, was Salomo schreibt: »Gleich wie du nicht weißt den Weg des Windes, und wie die Gebeine im Mutterleibe bereitet werden: also kannst du auch Gottes Werk nicht wissen, das Er thut überall« (Pred. 11, 5).

Doch sollen wir uns befleißigen, so viel davon zu lernen und zu behalten, als uns Gottes Wort davon offenbaret. Und damit solches geschehe, laßt uns das Werk der natürlichen Geburt und der übernatürlichen Wiedergeburt recht gegeneinander halten.

Von der natürlichen Geburt weiß man, daß der Mensch wunderbarlich von Gott im Mutterleibe bereitet wird, wie David sagt: »Du warest über mir im Mutterleibe. Ich danke Dir darüber, daß ich wunderbarlich gemacht bin; wunderbarlich sind Deine Werke, und das erkennet meine Seele wohl. Es war Dir mein Gebein nicht verhohlen, da ich im Verborgenen gemacht ward, da ich gebildet ward unten in der Erde. Deine Augen sahen mich, da ich noch unbereitet war; und waren alle Tage auf Dein Buch geschrieben, die noch werden sollten, und derselben keiner da war« (Ps. 139, 13-16). Hiob spricht: »Hast Du mich nicht wie Milch gemolken, und wie Käse lassen gerinnen? Du hast mir Haut und Fleisch ungezogen, mit Beinen und Adern hast Du mich zusammen gefügt. Leben und Wohlthat hast Du an mir gethan, und Dein Aufsehen bewahret meinen Odem« (Cap. 10, 10-12).

Die übernatürliche und himmlische Wiedergeburt gehet aber noch viel wunderlicher zu und wird in dem geistlichen Mutterleibe, nämlich mitten in dem Getön, Schall und Regierung des göttlichen Wortes, wo dasselbe mit seinen angehängten zweien Siegeln öffentlich regiert und waltet, durch Kraft und Wirkung des heiligen Geistes getrieben und vollbracht. Denn die öffentliche Stimme, Predigt und der ganze öffentliche Gebrauch des Wortes sind wie ein brausender Wind, der den Menschen auf dem Felde dieses Lebens überhuiet, überfällt und umgiebt wie ein Gefängniß und enger Mutterleib, daß der Eingeschlossene nicht weiß wie ihm ist, wird nun durchs Gesetz geschmettert und zu Boden geschlagen, danach durchs Evangelium erquickt, dann wieder durch das Kreuz niedergeworfen und gekränkt, höret aber anders nichts aus Gottes Wort, denn es müsse so sein. Dies Wort höret er als ein Brausen des Windes, und fühlet des Windes mancherlei Kraft und Wirkung, als: Schrecken, Angst, Trost, Freude, und dann wiederum Trübsal und Elend. Aber die Vernunft wird hierüber bestürzt und gar zur Närrin, kann nicht verstehen noch ergründen, wo doch der himmlische Wind herkomme, was Gott damit meine und wozu es letztlich alles solle gerichtet sein.

Eine solche Gelegenheit hat es mit unserer Wiedergeburt. Wie auch der Herr Christus in seinem Gespräch mit Nicodemus dahin siehet und spricht: »Was vom Geist geboren wird, das ist Geist. Laß dichs nicht wundern, daß ich dir gesagt habe: Ihr müsset von neuem geboren werden. Der Wind bläset, wo er will, und du hörest sein Sausen wohl; aber du weißt nicht, von wannen er kommt, und wohin er fährt. Also ist ein Jeglicher, der aus dem Geist geboren ist« (Joh. 3, 6-8).

Dies behaltet wohl, liebe Christen, und denket ihm fleißig nach, damit euch diese heilsame Lehre recht bekannt werde und tief zu Herzen gehe. – Die heilige Schrift lässets übrigens nicht hierbei bleiben, sondern führet fort und zeiget alle die einzelnen Stücke dieses Geheimnisses an, damit wir wissen, wie es dabei zugehet, wenn Gott einen armen Sünder wiedergebieret und zum ewigen Leben bereitet. Solcher Stücke sind aber sieben, nämlich: die Vocation oder Berufung des Sünders, die Zerknirschung oder der Hammerschlag des Gesetzes, die Rechtfertigung, die Erhöhung, die Erneuerung oder Wirkung des neuen Gehorsams, das Kreuz dessen Gott sich auch zu diesem edlen hohen Werk bedient, und endlich die gänzliche Vollbereitung und Erhaltung zum ewigen Leben.

Was erstlich die Vocation oder Berufung anlangt, so lässet Gott sein Wort predigen und die heiligen Sacramente austheilen, ruft und locket damit den Sünder zu sich und will, daß er das Wort höre und mit Fleiß betrachte. Alsdann erleuchtet er das Herz, stößt die angeborene

Finsterniß aus und zündet ein neu himmlisch Licht an, daß der Mensch anhebt zu merken und zu verstehen, was da gepredigt wird und wie sich Gott im Wort offenbaret. Denn dazu ist ja das Predigt-Amt sammt der Administration der hochwürdigen Sacramente eingesetzt, daß Gott hierdurch kräftig wirken und die fleißigen Zuhörer erleuchten will.

Den Predigern wird gesagt: »Lehret (machet zu Jüngern) alle Völker, und taufet sie im Namen des Vaters, und des Sohnes, und des heiligen Geistes; und lehret sie halten alles, was Ich euch befohlen habe« (Matth. 28, 19. 20). » Habt Acht auf euch selbst und auf die ganze Heerde, unter welche euch der heilige Geist gesetzt hat zu Bischöfen, zu weiden die Gemeinde Gottes, welche er durch sein eigen Blut erworben hat« (Apostgesch. 29, 28). Den Zuhörern aber: »Gehorchet euren Lehrern und folget ihnen« (Ebr. 13, 17). » Lasset das Wort Christi reichlich unter euch wohnen, in aller Weisheit. Lehret und vermahnet euch selbst mit Psalmen und Lobgesängen, und geistlichen lieblichen Liedern, und singet dem Herrn in eurem Herzen« (Col. 3, 16).

Wo nun reine Lehre, richtige Predigt, rechte Vermahnung, und auf der andern Seite ein fleißig Aufmerken ist: da bleibt die himmlische Erleuchtung nicht aus, sondern folget kräftiglich nach, wie die schönen Verheißungen lauten: »Gleichwie der Regen und Schnee vom Himmel fällt, und nicht wieder dahin kommt; sondern feuchtet die Erde und machet sie fruchtbar und wachsend, daß sie giebt Samen zu säen und Brot zu essen: also soll das Wort, so aus meinem Munde gehet, auch sein. Es soll nicht wieder zu mir leer kommen, sondern thun, das mir gefällt, und soll ihm gelingen, dazu ich es sende« (Jes. 55, 10. 11). »Wache auf, der du schläfst, und stehe auf von den Todten, so wird dich Christus erleuchten« (Ephes. 5, 14).

Ein merklich Exempel haben wir da an der Lydia, der Purpur-Krämerin, von welcher Lucas meldet, wie sie Paulo zugehöret und der Herr ihr das Herz aufgethan habe, daß sie darauf Acht hatte, was von Paulo geredet ward (Apgsch. 16, 14). –

Hieraus folgt nun die Zerknirschung oder der Hammerschlag des Gesetzes, da Gott durch die Gesetzes-Predigt dem Menschen seine angeborene sündliche Art, wie auch seine begangenen Sünden und Missethaten sammt dem Fluch und der ewigen wohlverdienten Strafe Vorhalten läßt; schlägt ihn damit zu Boden, daß er von Herzen erschrickt, wehklagt und an allen seinen Kräften, Werken und Vermögen verzagen und sich gänzlich verloren geben muß.

»Rufe getrost, sagt der Herr zum Prediger, schone nicht! Erhebe deine Stimme wie eine Posaune, und verkündige meinem Volk ihr Uebertreten, und dem Hause Jakob ihre Sünde« (Jes. 58, 1). »Ich habe dich zum Schmelzer gesetzt unter mein Volk, das hart ist, daß du ihr Wesen erfahren und prüfen sollst« (Jerem. 6, 27). »Sprich zu ihnen: So spricht der Herr Herr! sie Hörens oder lassens« (Hesek. 3, 11). »Verflucht sei, wer nicht alle Worte dieses Gesetzes erfüllet, daß er danach thue« (5 Mos. 27, 26). »Sie sind alle abgewichen, und allesammt untüchtig; da ist keiner, der Gutes thue, auch nicht einer« (Ps. 14, 3). »Es ist hier kein Unterschied. Sie sind allzumal Sünder, und mangeln des Ruhms, den sie vor Gott haben sollten« (Röm. 3, 23). »Auf daß aller Mund verstopfet werde, und alle Welt Gott schuldig sei; darum, daß kein Fleisch durch des Gesetzes Werk vor ihm gerecht sein mag. Denn durch das Gesetz kommt Erkenntniß der Sünde« (V. 19. 20).

Solcher Gesetzpredigten braucht der heilige Geist, daß er dadurch die Zuhörer zur Erkenntniß der Sünde führe, sie heraus jage aus der verdammlichen Sicherheit und hinein in die Furcht, daß sie Reue und Leid tragen über ihre Sünden, an sich selbst ganz und gar verzweifeln, sich vor Gottes Zorn fürchten und tief vor ihm demüthigen. Hier wirkt Gott durch das Wort des Gesetzes nicht anders, denn als ob er sie mit Feuer brennete und mit einem Hammer zerschlüge, wie er auch bei dem Propheten Jeremias spricht: »Ist mein Wort nicht wie ein Feuer, und wie ein Hammer, der Felsen zerschmeißt?« (23, 29). Darum schreibt St. Paulus: »Die Sünde erkannte ich nicht, ohne durchs Gesetz. Denn ich wußte nichts von der Lust, wo das Gesetz nicht hätte gesagt: Laß dich nicht gelüsten! Da nahm aber die Sünde Ursach am Gebot, und erregete in mir allerlei Lust. Denn ohne das Gesetz war die Sünde todt. Ich aber lebte etwa ohne Gesetz. Da aber das Gebot kam, ward die Sünde wieder lebendig. Ich aber starb; und es befand sich, daß das Gebot mir zum Tode gereichte, das mir doch zum Leben gegeben war« (Röm. 7, 7-10). –

Zum dritten kommt nun die gnädige Rechtfertigung eines armen Sünders vor Gott, und bestehet dieselbe darin, daß Gott den armen Sündern, deren Herz von Sünden schwer und von Angst betrübet sehr, das Evangelium von Christo predigen und ihnen verkündigen läßt, daß Christus aller Welt Missethat auf sich genommen, um unserer Sünden willen gestorben und um unserer Gerechtigkeit willen auferstanden sei, das Gesetz für uns erfüllet, den Zorn seines Vaters gestillet, die Hölle geschleift und den Teufel überwunden habe. Durch diese Predigt tröstet er die betrübten Sünder, wirket und zündet in ihnen an den Glauben, rechnet ihnen die Gerechtigkeit Christi zu, vergiebt die Sünde und stillet ihr Gewissen, daß sie ruhig und zufrieden werden.

Von solchem tröstlichen Amt des Evangelii zeuget die Schrift an vielen Orten. Sanct Paulus spricht: »Dies ist das Wort vom Glauben, das wir predigen. Denn so tu mit deinem Munde bekennest Jesum, daß er der Herr sei, und glaubest in deinem Herzen daß ihn Gott von den Todten auferweckt hat: so wirst du selig« (Röm. 10, 8. 9). »Gott hat uns das Amt gegeben, das die Versöhnung predigt. Denn Gott war in Christo, und versöhnete die Welt mit ihm selber, und rechnete ihnen ihre Sünden nicht zu, und hat unter uns aufgerichtet das Wort von der Versöhnung. So sind wir nun Botschafter an Christi Statt, denn Gott vermahnet durch uns. So bitten wir nun an Christi Statt: lasset euch versöhnen mit Gott! Denn er hat Den, der von keiner Sünde wußte, für uns zur Sünde gemacht, auf daß wir würden in ihm die Gerechtigkeit, die vor Gott gilt« (2 Cor. 5, 18-21). »Denn Gott hat uns nicht gesetzt zum Zorn, sondern die Seligkeit zu besitzen durch unseren Herrn Jesum Christum« (1 Thess. 5, 9). »Christus ist des Gesetzes Ende; wer an Den glaubt, der ist gerecht« (Röm. 10, 4).

Zu diesem evangelischen Predigtamt gehöret auch die heilige Absolution oder der Löseschlüssel, von Christo eingesetzt, da er spricht: »Wahrlich, Ich sage euch: was ihr auf Erden lösen werdet, soll auch im Himmel los sein.« »Welchen ihr die Sünden erlasset, denen sind sie erlassen« (Matth. 18, 18; Joh. 20, 23). Ingleichen auch die heiligen Sacramente. Denn zur Buße und zur Vergebung der Sünden sind wir getauft; und im hochwürdigen Abendmahl werden wir mit Christi Leib gespeiset und mit seinem Blut getränket zu seinem Gedächtniß, daß wir uns seines theuren Verdienstes sollen getrösten und glauben die Vergebung der Sünden.

Deswegen wo dies Predigt-Amt sammt Absolution und Verwaltung der hochwürdigen Sacramente mit Fleiß getrieben wird, und die elenden zerschlagenen Herzen mit geistlichem Hunger und Durst begierig darauf merken – da zündet Gott durch diesen äußerlichen Gebrauch seines Evangelii den Glauben inwendig in ihnen an, daß sie dem Evangelio glauben und sich auf Christum von ganzem Herzen verlassen. Und ist demnach der Glaube in uns nicht aus menschlichen Kräften noch aus unserem Vermögen, sondern Gottes Gabe und Werk, wie geschrieben stehet: »Das ist Gottes Werk, daß ihr an Den glaubet, den er gesandt hat« (Joh. 6, 29). Erkennet, »welches da sei die überschwängliche Größe seiner Kraft an uns, die wir glauben, nach der Wirkung seiner mächtigen Stärke, welche er gewirkt hat in Christo, da er ihn von den Todten auferwecket hat und gesetzt zu seiner Rechten im Himmel« (Eph. 1, 19. 20). Und abermal: Ihr seid mit Christo »begraben durch die Taufe, in welchem ihr auch seid auferstanden durch den Glauben, den Gott wirket, welcher ihn auferwecket hat von den Todten« (Col. 2, 12).

Wenn nun solcher Glaube sich auf die evangelische Verheißung stützet und verläßt, Christum mit seinem Verdienst ergreift und sich zu seiner Gerechtigkeit hält: alsdann rechnet uns Gott die Gerechtigkeit seines Sohnes durch den Glauben zu, deckt damit unsere Sünde und will derselben in Ewigkeit nicht mehr gedenken. Wie denn der Apostel Paulus hiervon zeuget: »Dem, der nicht mit Werken umgehet, glaubet aber an Den, Der die Gottlosen gerecht macht: dem wird sein Glaube gerechnet zur Gerechtigkeit. Nach welcher Weise auch David sagt, daß die Seligkeit allein sei des Menschen, welchem Gott zurechnet die Gerechtigkeit, ohne Zuthun der Werke, da er spricht: Selig sind die, welchen ihre Ungerechtigkeiten vergeben sind und welchen ihre Sünden bedeckt sind. Selig ist der Mann, welchem der Herr keine Sünde zurechnet« (Röm. 4, 5-8). Desgleichen sagt Christus: »Gott hat seinen Sohn nicht gesandt in die Welt, daß er die Welt richte, sondern daß die Welt durch ihn selig werde. Wer an ihn glaubet, der wird nicht gerichtet« (Joh. 3, 17. 18). –

Die vierte Eigenschaft der himmlischen Wiedergeburt ist die gnadenreiche Erhöhung, daß Gott nicht allein durch den Glauben uns gerecht macht, sondern läßt uns auch im Evangelio die selige Kindschaft des ewigen Lebens und die himmlische Brautehre vortragen und anbieten, daß wir durch den Glauben sollen seine Kinder sein und seines lieben Sohnes auserwählte Braut. Und giebt uns dar zur Versicherung und gewissem Pfand den Geist seines Sohnes in unsere Herzen, daß wir sein Eigenthum und ein Tempel der ganzen heiligen Dreifaltigkeit sein sollen.

Von dieser Exaltation oder Erhöhung lautet das Wort seiner Verheißung also: Ich will euch annehmen und euer Vater sein, und ihr sollt meine Söhne und Töchter sein, spricht der allmächtige Herr (Jerem. 31; 2 Cor. 6, 16). Wie viele Christum aufnahmen, denen gab er Macht, Gottes Kinder zu werden. »Gehe hin, spricht der Herr Christus zu Maria Magdalena, zu meinen Brüdern, und sage ihnen: Ich fahre auf zu meinem Vater und zu eurem Vater, zu meinem Gott und zu eurem Gott« (Joh. 20, 17). Auch sagt er von unserer himmlischen Braut-Ehre: »Ich will mich mit dir verloben in Ewigkeit. Ich will mich mit dir vertrauen in Gerechtigkeit und Gericht, in Gnade und Barmherzigkeit; ja im Glauben will ich mich mit dir verloben« (Hos. 2, 19. 20). »Du sollst meine Lust an ihr, und dein Land lieber Buhle heißen. Denn der Herr hat Lust an dir, und dein Land hat einen lieben Buhlen. Denn wie ein lieber Buhle einen Buhlen lieb hat, so werden dich deine Kinder lieb haben; und wie sich ein Bräutigam freuet über die Braut, so wird sich dein Gott über dich freuen« (Jes. 62, 4. 5).

Auch wird uns im Evangelio verkündigt, daß Gott der Vater überväterliche und übermütterliche Treue und der Herr Christus rechte Bräutigams-Liebe an uns erzeigen wolle, »Wie sich ein Vater über seine Kinder erbarmet, singen wir mit dem Propheten David, so erbarmet sich der Herr über die, so ihn fürchten« (Ps. 103, 13). »Ich will euch trösten, sagt er, wie einen seine Mutter tröstet« (Jes. 66, 13). »Kann auch ein Weib ihres Kindleins vergessen, daß sie sich nicht erbarme über den Sohn ihres Leibes? Und ob sie desselbigen vergäße, so will ich doch deiner nicht vergessen« (Jes. 49, 15). Desgleichen verspricht sich Christus, unser himmlischer Bräutigam, daß er seine Kirche nicht verlassen, sondern ihr beiwohnen wolle bis an das Ende der Welt; ihr auch den heiligen Geist von dem Vater senden, der sie in alle Wahrheit leiten und führen solle.

Dies sind über alle Maaßen hochwichtige Schätze und eine Ehre über aller Welt Ehre und Herrlichkeit, daß Gott der Vater will unser Vater, Gott der Sohn unser Bräutigam, und Gott der heilige Geist unser Tröster sein. Und solche Wohlthaten läßt er uns nicht allein vortragen, sondern wo man auf das Wort merkt, da erweckt er auch den Glauben, daß ein Christ sie eben mit demselben Glauben ergreifet, damit er zuvor die Vergebung der Sünden und die Gerechtigkeit des lieben Evangelii angenommen hat. Also kehret denn die ganze heilige Dreifaltigkeit durch den Glauben zu uns ein und wohnet in uns: der Vater als unser liebster Vater, der Herr Jesus Christus als unser liebster Bräutigam, und der heilige Geist als unser höchster Tröster, welcher dazu noch das Siegel und Pfand unserer Seligkeit ist, damit wir ja an dieser großmächtigen Verheißung keinen Zweifel tragen.

Hieher gehört das geschrieben stehet: »Wie viel eurer getauft sind, die haben Christum angezogen« (Gal. 3, 27). Wisset ihr nicht, daß ihr Christi Glieder seid? »Wisset ihr nicht, daß ihr Gottes Tempel seid und der Geist Gottes in euch wohnet?« (1 Cor. 6; 3, 16). »Weil ihr Kinder seid, hat Gott gesandt den Geist seines Sohnes in eure Herzen, der schreiet: Abba, lieber Vater!« (Gal. 4, 6). »Ihr habt nicht einen knechtischen Geist empfangen, daß ihr euch abermal fürchten müßtet; sondern ihr habt einen kindlichen Geist empfangen, durch welchen wir rufen: Abba, lieber Vater! Derselbige Geist giebt Zeugniß unserem Geist, daß wir Gottes Kinder sind. Sind wir denn Kinder, so sind wir auch Erben, nämlich Erben Gottes und Miterben Christi« (Röm. 8, 15-17). Und abermal: »Da ihr glaubetet, seid ihr versiegelt worden mit dem heiligen Geist der Verheißung, welcher ist das Pfand unseres Erbes zu unserer Erlösung, daß wir sein Eigenthum würden, zum Lobe seiner Herrlichkeit« (Eph. 1, 13. 14).

Solche himmlische Erhöhung schaffet Freudigkeit und sehr großen Trost in allerlei Bekümmerniß, Trübsal und Elend; machet dazu starken Muth, daß ein gläubiger Christ sich nicht darf peinlich vor Gott als vor einem Feind und Stockmeister fürchten, sondern trauet ihm kindlich, verläßt sich auf Christum wie eine Braut auf ihren Bräutigam, und ergiebt sich dem heiligen Geist als seinem höchsten Freund und allerkräftigsten Tröster. –

Zum fünften kommt dazu die geistliche und himmlische Verneuerung, da Gott der HErr die Seinen, welche er durch die zugerechnete Unschuld seines Sohnes im Glauben gerechtfertigt und zu seinen Kindern, Braut, Tempel und Eigenthum angenommen hat, auch mit neuem Gehorsam anzündet, daß sie nach erlangter Sündenvergebung und nach empfundener Freude der edlen himmlischen Erhöhung nun auch durch Kraft und Wirkung des heiligen Geistes alles Ernstes anfangen, Gott und ihren Nächsten zu lieben, die Sünde zu hassen, wider den Teufel, die Welt und ihres eignen Fleisches Lust zu streiten und nach Gottes Geboten als nach ihrem Canon oder Richtschnur heilig zu leben.

Die Verheißung, so Gott hiervon gethan, lautet also: »Ich will euch ein neues Herz, und einen neuen Geist in euch geben; und will das steinerne Herz aus eurem Fleisch wegnehmen, und euch ein fleischern Herz geben. Ich will meinen Geist in euch geben, und will solche Leute aus euch machen, die in meinen Geboten wandeln und meine Rechte halten und danach thun« (Hesek. 36, 26. 27). »Ich will ihnen einerlei Herz und Wesen geben, daß sie mich fürchten sollen ihr Lebenlang« (Jerm. 32, 39). »Bleibet in mir, und ich in euch. Gleich wie der Rebe kann keine Frucht bringen von ihm selber, er bleibe denn am Weinstock; also auch ihr nicht, ihr bleibet denn in mir. Ich bin der Weinstock, ihr seid die Reben. Wer in mir bleibet, und ich in ihm, der bringet viele Frucht. Denn ohne mich könnet ihr nichts thun« (Joh. 15, 4. 5).

Bist du nun mit Christi Blut im Glauben besprenget, glaubest die Vergebung der Sünden, trauest Gott dem Vater kindlich als deinem rechten Vater, dem Herrn Christo als deinem Erlöser und allerliebsten Bräutigam, und Gott dem heiligen Geist als deinem einigen und höchsten Tröster, der in dir wohnet und dich als seine Behausung eigenthümlich besitzt: so sollst du wissen, wo Gott residirt und wohnet, daß er da nicht müßig ist, sondern reget sich und schaffet Früchte, die sich bald hervor thun und ausschlagen. Wenn er daher auch in dir wohnet und durch den Glauben in deinem Herzen wurzelt, so schaffet er Frucht, erweckt neue Bewegungen in dir und reizet dich zu guten Werken, daß du dich derselben mit Freuden befleißigst und dazu getrieben wirst, nicht anders als wärest du deiner selbst nicht mächtig, sondern hättest einen Regenten in dir wohnen, dem du mit all deinem Thun und Lassen verknüpft wärest. Daher sagt St. Paulus: »Wisset ihr nicht, daß euer Leib ein Tempel des heiligen Geistes ist, der in euch ist, welchen ihr habt von Gott, und seid nicht euer selbst? Denn ihr seid theuer erkauft. Darum so preiset Gott an eurem Leibe und in eurem Geiste, welche sind Gottes« (1 Cor. 6, 19. 20).

Und solche Werke und Bewegungen sind gewisse Zeugen des neuen Lebens in uns, eben wie, wenn ein Kind sich regt im Mutterleibe, die Mutter daraus abnehmen kann, daß sie mit einer lebendigen Frucht schwanger gehe.

»Welche der Geist Gottes treibet, sagt die Schrift (Röm. 8, 14), die sind Gottes Kinder.« »Die Frucht aber des Geistes ist Liebe, Freude, Friede, Geduld, Freundlichkeit, Gütigkeit, Glaube, Sanftmuth, Keuschheit. Wider solche ist das Gesetz nicht. Welche aber Christo angehören, die kreuzigen ihr Fleisch sammt den Lüsten und Begierden. So wir im Geist leben, so lasset uns auch im Geist wandeln« (Gal. 5, 22-25). »So leget nun von euch ab, nach dem vorigen Wandel, den alten Menschen, der durch Lüste in Irrthum sich verderbet. Erneuert euch aber im Geist eures Gemüths; und ziehet den neuen Menschen an, der nach Gott geschaffen ist, in rechtschaffener Gerechtigkeit und Heiligkeit« (Eph. 4, 22-24). »Dabei, spricht der Herr Christus selber, wird Jedermann erkennen, daß ihr meine Jünger seid, so ihr Liebe unter einander habt. – Das ist mein Gebot, daß ihr euch unter einander liebet, gleich wie Ich euch liebe. Niemand hat größere Liebe, denn die, daß er sein Leben lasset für seine Freunde. Ihr seid meine Freunde, so ihr thut, was ich euch gebiete. Ich sage hinfort nicht, daß ihr Knechte seid; denn ein Knecht weiß nicht, was sein Herr thut. Euch aber habe ich gesagt, daß ihr Freunde seid. Denn alles, was ich habe von meinem Vater gehöret, habe ich euch kund gethan. Ihr habt mich nicht erwählet, sondern Ich habe euch erwählet und gesetzet, daß ihr hingehet und Frucht bringet, und eure Frucht bleibe; auf daß, so ihr den Vater bittet in meinem Namen, daß er es euch gebe. Das gebiete ich euch, daß ihr euch unter einander liebet« (Joh. 13, 35; 15, 12-17).

Darum gleichwie der Mensch im Mutterleibe, sobald das Leben angezündet ist, sich zu regen anhebet; und obwohl solcher Anfang schwach, zart und gering, dennoch nimmt er von Tage zu Tage zu und wächset an Kräften, bis er aus der engen Herberge in diese Welt kommt; alsdann ist sein Leben vollkommen und reget sich völlig in allen Gliedern: also haben die Kinder des Lichts auf dieser Welt auch nur die Erstlinge des Geistes, und machen mit ihrem neuen Gehorsam und guten Werken, die sie thun im Glauben, aus Liebe gegen Gott und den Nächsten, den Anfang des geistlichen Lebens; wachsen auch und nehmen darin zu, bis sie dieser Welt durch den zeitlichen Tod völlig absterben und in das himmlische Paradies aufgenommen werden. Da reget sich das ewige Leben erst mit voller Kraft, daß sie dann lieben Gott ihren Vater von ganzem Herzen, von ganzer Seele, von ganzem Gemüthe, und ihren Nächsten als sich selbst. –

Die sechste Eigenschaft der Wiedergeburt ist das liebe heilige Kreuz, da Gott seinen Kindern auf dieser Welt mancherlei Trübsal, Angst, Noch und Elend widerfahren läßt, um damit des Fleisches Lüste und den alten Adam in ihnen zu kränken und zu tödten; auch den angezündeten Glauben zu probiren, zu wetzen und zu stärken; aber auch Ursach zu geben zum Gebet, zur Demuth, zur Geduld und allen christlichen Tugenden, und sie ähnlich zu machen dem Bilde seines Sohnes JEsu Christi, Ihm Selbst zu Lob und Ehren.

Von dem Kreuz selbst, wie es uns von Gott auferlegt wird und wie es alle gottseligen Christen geduldig annehmen und ertragen sollen, sagt der Herr in seinem Wort also: »Will mir Jemand Nachfolgen, der verleugne sich selbst, und nehme sein Kreuz auf sich, und folge mir« (Matth. 16, 24). »Welche Ich lieb habe, die strafe und züchtige ich« (Offenb. 3, 19). »Meinen Kelch sollt ihr trinken, und mit der Taufe, da ich mit getauft werde, sollt ihr getauft werden« (Matth. 20, 23). »Mein Kind, willst du Gottes Diener sein, so schicke dich zur Anfechtung. Halte fest, und leide dich, und wanke nicht, wenn man dich davon locket. Halte dich an Gott, und weiche nicht, auf daß du immer stärker werdest. Alles, was dir widerfähret, das leide, und sei geduldig in allerlei Trübsal« (Sir. 2, 1-4). »Gott leget uns eine Last auf, sagt David, aber Er hilft uns auch« (Pf. 68, 20). »Der Herr hat einen Becher in der Hand, und mit starkem Wein voll eingeschenket und schenket aus demselben« (Ps. 75, 9).

Es ist aber solches Kreuz zu verstehen von allerlei Trübsal, Krankheiten und Schmerzen, die einem Gottseligen hienieden begegnen; auch von Feindschaft und Verfolgung, wenn Gott zusiehet und zulässet, daß seine Kirche vom Teufel und von der Welt auf das jämmerlichste geplaget und verfolget wird, wie Christus sagt: »Ihr müsset gehasset werden von Jedermann, um meines Namens willen. – Sie werden euch in den Bann thun. Es kommt die Zeit, daß, wer euch tödtet, wird meinen, er thue Gott einen Dienst daran« (Matth. 10, 22; Joh. 16, 2). Gott läßt plagen, spricht Micha (5, 2). Wie er denn von Hiob zum Satan spricht: »Alles, was Hiob hat, sei in deiner Hand; ohne allein an ihn selbst lege deine Hand nicht!« Hernach aber sagt er: Siehe da, er sei in deiner Hand; doch schone seines Lebens.« Darauf schreit Hiob: »Gott hat mich übergeben dem Ungerechten!« (Hiob 1, 12; 2, 6; 16, 11).

Nun aber meinet es gleichwohl unser lieber Gott nicht arg noch böse mit seinen Kindern, wenn er sie unter dem Kreuz hält und mit Widerwärtigkeit sie fleißig heimsucht, sondern er befördert damit das ganze Werk der heilsamen Wiedergeburt, daß es in vollem Schwange gehe und zum seligen Ende gebracht werde.

Denn erstlich führet er sie hierdurch zur Erkenntniß ihrer Sünden, wie er selbst spricht: »Züchtigen will ich dich mit Maaße, daß du dich nicht für unschuldig haltest« (Jerem. 30, 11). Desgleichen sagt Moses: »Das macht Dein Zorn, daß wir so vergehen, und Dein Grimm, daß wir so plötzlich dahin müssen. Denn unsere Missethat stellest Du vor Dich, unsere unerkannte Sünde in das Licht vor Deinem Angesicht« (Ps. 90, 7. 8). Danach stärket und prüfet er hierdurch den Glauben, wie geschrieben stehet: Ich will dich läutern, ich will dich auserwählt machen im Ofen des Elends (Jes. 48, 10). Gott, spricht David, Du hast uns versuchet und geläutert, wie das Silber geläutert wird (Ps. 66, 10). Sodann reizet er sie damit zum Gebet, wie Jesaias sagt: Herr, wenn Trübsal da ist, so sucht man dich; wenn Du sie züchtigest, so rufen sie ängstiglich (26, 16). Ferner ist das Kreuz ein heilsames Präservativ oder Schutzmittel wider die sündlichen Lüste. »Denn wenn wir gerichtet werden, so werden wir vom Herrn gezüchtiget, auf daß wir nicht sammt der Welt verdammet werden« (1 Cor. 11, 32). Und unser alter Mensch wird gekreuziget, auf daß der sündliche Leib aufhöre, daß wir hinfort der Sünde nicht dienen (Röm. 6, 6). Schließlich bringt Trübsal Geduld, Geduld aber bringt Erfahrung, Erfahrung aber bringt Hoffnung, Hoffnung aber läßt nicht zu Schanden werden (Röm. 5, 3-5). –

Endlich gehöret zum Werk der Wiedergeburt auch die Vollbereitung, daß Gott nicht allein den Anfang macht mit der Bekehrung und neuen Geburt seiner Christen, sondern vollendet auch das ganze Werk, wo man nur seiner geoffenbarten Ordnung folgt.

»Ihr werdet, sagt er, von mir im Leibe getragen, und liegt mir in der Mutter. Ja, Ich will euch tragen bis in das Alter und bis ihr grau werdet. Ich will es thun, Ich will heben und tragen, und erretten« (Jes. 46, 3. 4). »Und Ich will den Vater bitten, und er soll euch einen anderen Tröster geben, daß er bei euch bleibe ewiglich: den Geist der Wahrheit« (Joh. 14, 16. 17). »Meine Schafe hören meine Stimme, und Ich kenne sie, und sie folgen mir; und ich gebe ihnen das ewige Leben, und sie werden nimmermehr umkommen, und Niemand wird sie Mir aus meiner Hand reißen« (Joh. 10, 27. 28).

Auf diese Verheißung sieht der Apostel Petrus, da er schreibt: »Ihr werdet aus Gottes Macht durch den Glauben bewahret zur Seligkeit« (1 Petr. 1, 5). Desgleichen St. Paulus hin und wieder in seinen Sendbriefen, wenn er spricht: »Wartet nur auf die Offenbarung unseres Herrn Jesu Christi, welcher auch wird euch fest behalten bis ans Ende, daß ihr unsträflich seid auf den Tag unseres Herrn Jesu Christi. Denn Gott ist treu, durch welchen ihr berufen seid zur Gemeinschaft seines Sohnes Jesu Christi, unseres Herrn« (1 Cor. 1, 7-9). »Getreu ist er, der euch rufet, welcher wird's auch thun« (1 Thess. 5, 24). Und am andern Ort: »Denn Gott ist's, der in euch wirket beides, das Wollen und das Vollbringen, nach seinem Wohlgefallen« (Phil. 2, 13). Abermal sagt er: »Der Glaube ist nicht Jedermanns Ding. Aber der Herr ist treu, der wird euch stärken und bewahren vor dem Argen« (2 Thess. 3, 2. 3). –

Siehe, liebes Herz, eine solche Gelegenheit hat es mit dem rechten Lauf der Wiedergeburt, und also muß das ganze Werk keinem Anderen im Himmel noch auf Erden, denn allein unserem lieben Gott assignirt und zugeschrieben werden. Denn wie ein zartes Kindlein im Mutterleib nichts von sich selbst dazu thut noch dazu thun kann, daß es empfangen und mit natürlichem Leben angezündet werde, sondern läßt sich formtreu und bereiten, und erlangt daher sein Leben, daß es anfängt sich etlichermaaßen zu regen und zu rühren: also liegt auch ein Christ auf dieser Welt unserem lieben Gott in seinem Wort gleich als in seinem Leibe oder in der Mutter seiner christlichen Kirche verschlossen, und kann nicht aus eigner menschlicher Kraft des geistlichen Lebens theilhaftig werden, sondern muß sich dazu lassen durchs Evangelium bereiten, erleuchten und mit dem seligmachenden Glauben anzünden, daß er also anhebe geistlich zu leben, und lasse die Geschäfte oder Bewegungen solches Lebens in einem gottseligen Wandel und christlichen Tugenden öffentlich sehen. –

Willst du nun noch wissen, wie lange diese Wiedergeburt währet: da antwortet dir St. Paulus. »Dieweil wir, sagt er, in der Hütte sind, sehnen wir uns, und sind beschweret. Sintemal wir lieber wollten nicht entkleidet, sondern überkleidet werden, auf daß das Sterbliche verschlungen würde von dem Leben. Der uns aber zu demselbigen bereitet, das ist Gott, der uns das Pfand, den Geist, gegeben hat. Wir sind aber getrost allezeit, und wissen, daß, dieweil wir im Leibe wohnen, so wallen wir dem Herrn. Denn wir wandeln im Glauben, und nicht im Schauen. Wir sind aber getrost, und haben viel mehr Lust, außer dem Leibe zu wallen, und daheim zu sein bei dem Herrn. Darum fleißigen wir uns auch, wir sind daheim, oder wallen, daß wir ihm wohlgefallen« (2 Cor. 5, 4-9).

Aus diesen Worten wird klar genug, wie unsere Wiedergeburt im Laufe dieses zeitlichen Lebens ihr Ende nicht erreiche, sondern von der Taufe an währe bis in den Tod. So lange müssen wir uns immer durch Gottes Wort berufen, erleuchten, strafen, trösten, regieren und führen lassen, und unter dem Kreuz gleich als in der Zuchtschule unserem lieben Gott aufsagen, was wir aus seinem Wort gelernt haben, wie stark wir ihm vertrauen, wie wir beten, wie wir von Sünden ablassest, Buße thun und mit Werken der christlichen Liebe umgehen.

Und ist solches wider die Papisten sonderlich zu merken und zu behalten, welche vorgeben daß in der Taufe die Wiedergeburt ganz vollendet und die Kinder aller Sünden gänzlich los werden, so daß in ihrem Fleisch nichts Sündliches mehr über bleibe. Dieser Irrthum entsteht, wenn man das Geheimnis der Wiedergeburt nicht recht versteht. Denn es gehet solches nicht eilend zu in einem Hui oder Augenblick, wie auch leiblicher Weise der Mensch nicht in einer Stunde zugleich empfangen, formirt und geboren wird, sondern es hat alles seine Zeit und seinen stillen Fortgang. Durch die Taufe hat uns unsere geistliche Mutter, die christliche Kirche, vom heiligen Geist empfangen; und nun liegen wir der Mutter in ihrem Leibe, d. i. in Gottes Leibe und in Gottes Mutter, und lassen uns darin zu Gottes Kindern bereiten, bis er uns durch den zeitlichen Tod von dieser Welt absondert und zum ewigen Leben einbringt. Mittlerweile müssen wir als die Quasimodogeniti, als die jüngst geborenen Kinder Gottes, immer Gottes Wort hören, immer unsere Sünde beweinen, immer um Vergebung bitten, auch stets uns im Glauben üben, wider die Sünde streiten, beten, und in neuem Gehorsam wandeln.

Das Ende aber dieses ganzen Heilwerkes ist der zeitliche Tod, dadurch Gott seine Kinder von allem Jammer, Noth und Widerwärtigkeit väterlich entbindet, daß die Seele aufhöret zu sündigen, wird engelrein und kommt aus der baufälligen Herberge ihres Leibes in das Vaterland des ewigen Lebens. Der Leib aber ruhet unter der Erde bis zum jüngsten Tage. Alsdann soll er ohne alle Gebrechen und Mängel in vollkommener Klarheit, Kraft und Herrlichkeit wieder ausstehen und, mit der Seele vereinigt, dem Sohne Gottes entgegen ziehen in den Wolken des Himmels und ewig bei ihm sein.

Nach solchem Ende hat den heiligen Paulus herzlich verlanget, da er spricht: »Ich elender Mensch, wer wird mich erlösen von dem Leibe dieses Todes?« (Röm. 7, 24). »Wer gestorben ist, der ist gerechtfertigt von der Sünde« (Röm. 6, 7). »Ich habe Lust abzuscheiden, und bei Christo zu sein« (Phil. 1, 23). Aber hiervon werden wir hernach weitern Bericht hören.

5.
Die Frucht.

Was endlich die Frucht unserer Wiedergeburt anlanget, so ist dieselbe das ewige Leben. Denn es hat der Vater unseres Herrn Jesu Christi, wie die Schrift (1 Petr. 1) zeuget, uns nach seiner großen Barmherzigkeit wiedergeboren zu einer lebendigen Hoffnung durch die Auferstehung Jesu Christi von den Todten, zu einem unvergänglichen und unbefleckten und unverwelklichen Erbe, das uns behalten wird im Himmel. Darum »schaffet unsere Trübsal, die zeitlich und leicht ist, eine ewige und über alle Maaße wichtige Herrlichkeit uns, die wir nicht schen auf das Sichtbare, sondern auf das Unsichtbare« und »trachten nach dem, das droben ist, und nicht nach dem, das auf Erden ist« (2 Cor. 4, 17. 18; Col. 3, 2). »Sei getreu, sagt der Sohn Gottes, bis an den Tod, so will Ich dir die Krone des Lebens geben!« (Offenb. 2, 10).

Solches haben wir fleißig zu merken, damit wir Gottes Wort, den Brauch der hochheiligen Sacramente, die Absolution, das hochwürdige Abendmahl, die Uebung des Glaubens, das Gebet und die wahre Gottesfurcht uns so viel mehr lassen angelegen sein. Denn wozu sind wir getauft? warum gehen wir zur Kirche, hören Gottes Wort, glauben dem Evangelio und befleißigen uns eines christlichen Wandels? Was haben wir für Frucht und Nutzen davon? Wahrlich zum Ackerbau, zur äußerlichen Haushaltung, zur politischen Regierung und Handthierung, zum Kaufen und Verkaufen, Säen, Pflanzen und dergleichen Händeln dürften wir keiner Taufe, keiner Predigt, keines Abendmahls, daß wir in der Kirche uns dadurch ließen zu solchen Werken und zeitlichen Aemtern unterrichten, sintemal es die Juden, Heiden, Türken und Tartaren ebenso wohl können als wir, ob sie schon sich nicht lassen wiedergebären. Das endliche Gesuch aber, darum wir dem Evangelio glauben und neu geboren werden, ist das ewige Leben, das unvergängliche, unbefleckte und unverwelkliche Erbe, welches uns im Himmel behalten wird. –

Zudem bekommen auch die Wiedergeborenen den edlen theuren Namen, daß sie nach Christo Christen genannt werden. Auch heißen sie Gottes Kinder, Gottes Volk, Gottes Eigenthum, Christi Brüder und Schwestern, seine Jünger, seine Schafe, seine Glieder, seine Freunde, Mitbürger der Heiligen und Hausgenossen Gottes, neue Creaturen, neue Menschen, gerecht, heilig, frei, Geistliche, von Gott gelehret, die Gesegneten des himmlischen Vaters, gute Bäume, Tempel des heiligen Geistes.

Was kann nun lieblicher, freundlicher und tröstlicher lauten, als daß wir neue Creaturen, Gottes Kinder, Christi Brüder und Schwestern, des heiligen Geistes Tempel und Erben Gottes sein sollen? Und woher bekommen wir solche Ehre und Herrlichkeit anders denn aus der Wiedergeburt?

»Wer ein Kind ist, spricht Dr. Luther, der ist ja auch Erbe zugleich; denn die Geburt bringt das Recht mit sich, daß, der ein Kind, auch zugleich ein Erbe sei. Niemand aber erlanget durch seine Werke oder Verdienst, daß er Erbe werde, sondern die Geburt allein bringt es ihm; daß also das Erbe nicht erworben, sondern allein gegeben wird, das ist: damit daß einer arbeitet, sorget und thut was er thun kann, wird er nicht zum Erben. Das macht ihn aber zum Erben, daß er als Kind in die Erbschaft geboren wird. Denn es thut ein Kind freilich nichts dazu, daß es geboren werde, sondern allein leidet es, und bleibet oft darüber, sammt der Mutter.

Also kommen wir auch zu den ewigen himmlischen Gütern, als da sind: Vergebung der Sünden, Gerechtigkeit, die herrliche Auferstehung und das ewige Leben, nicht durch unser Zuthun, sondern ohne alles unser Thun lassen wir sie uns darreichen und empfangen sie von Gott durch Christum. Da ist nichts, dadurch wir die Sache fördern. Allein der Glaube ergreift die angeborene Verheißung. Gleichwie nun im Weltwesen und Hausregiment ein Kind zum Erben wird allein dadurch, daß es in das Erbgut geboren wird: – also machet der Glaube allhier zu Gottes Kindern die, so da geboren werden durchs Wort, welches die Mutter ist, darin wir empfangen, getragen, geboren und erzogen werden (Jes. 46). Gleichwie wir nun durch solche Geburt, die Gott ohne unser Zuthun ausrichtet, Gottes Kinder werden, also werden wir auch durch gleiche Weise Erben. Nun wir aber Erben worden, sind wir frei vom Tode und Teufel, und haben Gerechtigkeit und ewiges Leben.

Und daher heißen, wir nun nicht allein Gottes Kinder, Gottes Erben und Miterben Christi, sondern wir sinds auch in der Wahrheit und haben das Gut mit dem Namen, unangesehen daß es auf dieser Welt nicht vor Augen scheinet, sondern liegt im Worte verborgen und wird allein mit dem Glauben gefastet. Summa: wer dem Evangelio glaubet, trauet unserem Heilande Jesu Christo und lasset sich durchs Wort unterrichten, regieren und wiedergebären, der ist in Wahrheit ein Kind des Allerhöchsten, ein Bruder oder Schwester des Herrn Christi, ein Gesegneter des himmlischen Vaters und ein Erbe des ewigen Lebens.« So Luther. –

Schließlich – weil solche Wiedergeburt keine andere Creatur unter der Sonne, als nur uns Menschen angehet, und aller Christen höchste Seligkeit daran gelegen ist – so nimm sie, lieber Christ, ja in gute Acht, und siehe dich wohl vor, daß du unserem lieben Gott, der aus großer inbrünstiger Liebe dich wiedergebieret und zum ewigen Leben bereitet, nirgend muthwillig oder vorsätzlich widerstrebest.

Du weißt, wie der Mensch anfänglich im Mutterleibe sich muß bereiten und mit dem Leben anzünden lassen, ehe denn er lebendig auf die Welt kommen und der Luft theilhaftig werden kann. Also laß du auch Gottes Wort auf dieser Welt deine geistliche Mutter sein, und in diesem geistlichen Leibe laß dich den Geist Gottes regieren, unterrichten und zur neuen Creatur bereiten. Sprich: Wohlan! auf dieser Welt gebieret mich der liebe Gott zum ewigen Leben, und von meiner Taufe an bis in den Tod liege ich ihm in seiner Mutter und lasse mich von ihm tragen in seinem Leibe, nämlich in seinem Wort, darin er mich neu bildet und geistlich lebendig machet. Darum will ich fleißig zur Kirche gehen, fleißig Gottes Wort hören, betrachten und zu Herzen nehmen, daß Gott sein Werk in mir schaffe und mich zur Seligkeit bereite.

Auch weiß man, wie ein Kind im Mutterleibe, ehe denn es zur Welt kommt, wunderbarlich vom mütterlichen Samen ernähret und damit gestartet wird, bis es durch die natürliche Geburt aus der Enge in die Weite, aus der Tiefe in die Höhe kommt. Seine Nahrung bekommt es unterdessen durch die Löchlein, welche die Gelehrten Kotyledonen heißen, und bekümmert sich gar nicht mit sorglichen Gedanken, wie solches zugehen möge; fragt nicht nach starkem Getränk und Speise, deren die Leute in der Welt gebrauchen; gafft auch nicht nach dem großen Erdboden, wie die Menschen darauf wohnen und leben. Ja wenn es vor der Geburt, ehe es zeitig ist, hinaus in die Welt sehen und seines Vaters Angesicht schauen wollte, und ihm solches gelänge: so würde es ihm das Leben kosten, daß beide, Mutter und Kind, darauf gingen. Darum hält es sich still in seinem engen Häuslein, trauet dem Samen seines Ursprungs, ist mit der zugeführten Nahrung zufrieden und läßt sich dadurch nähren, stärken und erhalten.

Also thue du auch, lieber Bruder! Von deiner Taufe an bis in den Tod halte dich in Gottes Wort verschlossen, wie ein Kind im Mutterleibe. Da laß das Evangelium deine Milch und Nahrung sein. Und wenn du hörest, daß im hochwürdigen Abendmahl der Sohn Gottes dich heißet seinen Leib essen und sein Blut trinken mit den sichtbaren Elementen des Brotes und Weines: da glaube den Worten einfältiglich, wie sie lauten und grübele bei Leibe nicht mit den Gedanken der klugen Vernunft, wie solches doch zugehen möge. Hüte dich vor allen Enthusiasten, welche das Wort fahren lassen und spekuliren, wie sie Gott in seiner bloßen Majestät mögen ergreifen. Dazu lassen sie nicht die Fülle der Gottheit Christi in seinem angenommenen Fleische wohnen, sondern wollen ohne das Fleisch mit ihr zu thun haben. Reden auch von seiner ewigen Vorhersehung, Gnadenwahl und dergleichen Geheimnissen nicht, wie er sich in seinem Wort geoffenbaret, sondern nach den Gedanken ihrer klugen Vernunft.

Darum hüte dich vor ihnen und begehre auch nicht auf dieser Welt Gott in seiner bloßen Majestät zu sehen. Denn es ist hier keine Zeit dazu, wie er selber spricht (2 Mos. 33, 20): »Kein Mensch wird leben, der Mich siehet.« Willst du aber deiner Seligkeit gewiß und sicher sein, so merke nur auf das Wort, und in dem Evangelio siehe Christum an, wie er empfangen, geboren, gekreuziget, gestorben, auferwecket, gen Himmel gefahren und zu der rechten Hand Gottes erhoben, auch was er geredet und eingesetzt habe. Da werde allerding zum Kinde, nimm deine Vernunft in den Gehorsam Christi gefangen und halte dich zum geoffenbarten Wort, so bleibst du sicher und unbetrogen.

Solchen Rath giebt auch unser Dr. Luther und spricht: »Gleichwie das göttliche Wesen unbegreiflich ist und von aller Welt und Creatur nicht mag ergriffen noch beschlossen werden, also ist auch menschlicher Natur nicht träglich noch leidlich, solch sein unbegreifliches und unendliches Wesen, Majestät und Herrlichkeit mit Sinnen ausforschen und fassen wollen. Darum willst du weislich, sicher und ohne Gefahr deines Gewissens und deiner Seligkeit fahren, so enthalte dich solches Spekulirens und Forschens, und lerne unseren Herrn Gott ergreifen aus die Weise, so die Schrift lehret, wie 1 Corinther 1 geschrieben stehet: Weil die Welt durch ihre Weisheit Gott in seiner Weisheit nicht erkannte, gefiel es Gott dem Herrn wohl, durch thörichte Predigt selig zu machen die, so daran glauben (V. 21). – Wenn du betrachtest oder disputirest bei dir selbst, wo doch der Gott zu finden sei, der die Sünder gerecht und fromm macht und sie zu Gnaden annimmt, so siehe eben zu, daß du ja von keinem Gott wissest noch eines Gottes achtest außer dem Menschen JEsu Christo, sondern ergreife nur denselben und bleibe mit deinem Herzen an ihm hangen, und laß alle Gedanken und Spekulationen von der Majestät nur frei fahren. Denn wie Salomo Sprw. 25 saget: Wer schwere Dinge forschet, dem wird es zu schwer. Was ich hier sage, das habe ich erfahren, und weiß daß es also wahr ist. Die Schwarmgeister aber, so mit Gott außerhalb dieses Menschen Christi handeln wollen, glauben mir es nicht. Es sagt ja doch Christus selbst: Ich bin der Weg, die Wahrheit und das Leben; Niemand kommt zum Vater, denn durch Mich. Darum wirst du ohne diesen Weg, der Christus ist, keinen anderen Weg zum Vater finden, sondern eitel Abwege und Verführungen; keine Wahrheit, sondern eitel Heuchelei und Lügen; kein Leben, sondern den ewigen Tod.«

Ferner befleißige dich, so lange du auf Erden bist, daß du im geistlichen Leben, das ist im Glauben, in der Liebe, in Gottes Erkenntniß und in allerlei Tugenden wachsest und zunehmest, nicht anders denn wie ein Kindlein im Mutterleibe, nachdem es mit dem natürlichen Leben angezündet ist, auch von Tage zu Tage an Kräften wächst und immer stärker wird bis zur Stunde seiner Geburt. Alsdann dringet es aus dem finstern Häuslein in diese Welt und schöpfet da die rechte Lebenslust, daß es nun ein völlig Leben wird. Also halt du auch stets an mit Uebung des Glaubens, mit Wachen und Beten und allen Stücken, welche zum geistlichen Leben gehören, so lange du auf dieser Welt unserem lieben Gott in seinem Wort gleich als in der Mutter liegst.

So wird er dir zuletzt reichlich darreichen den Eingang aus diesem Jammerthal in das ewige Reich seines lieben Sohnes JEsu Christi.

Hierzu vermahnet uns die Schrift hin und wieder und spricht: »Lieben Brüder, thut desto mehr Fleiß, euren Beruf und Erwählung fest zu machen. Denn wo ihr solches thut, werdet ihr nicht straucheln. Und also wird euch reichlich dargereicht werden der Eingang zu dem ewigen Reich unseres Herrn und Heilandes Jesu Christi« (2 Petr. 1, 10. 11). »Darum ermahnet euch unter einander, und baue einer den Anderen« (1 Thess. 5, 11). »Ziehet an die Liebe, die da ist das Band der Vollkommenheit. Und der Friede Gottes regiere in euren Herzen, zu welchem ihr auch berufen seid in Einem Leibe, und seid dankbar. Lasset das Wort Christi unter euch reichlich wohnen in aller Weisheit; lehret und vermahnet euch selbst mit Psalmen und Lobgesängen und geistlichen lieblichen Liedern, und singet dem Herrn in eurem Herzen« (Col. 3, 14-16). »Ich bete, daß eure Liebe jemehr und mehr reich werde in allerlei Erkenntniß und Erfahrung, daß ihr prüfen möget, was das Beste sei; auf daß ihr seid lauter und unanstößig bis auf den Tag Christi, erfüllet mit Früchten der Gerechtigkeit, die durch Jesum Christum geschehen in euch zur Ehre und Lobe Gottes« (Philipp. 1, 9-11).

Solchen Vermahnungen komme fleißig nach, du lieber Christ. Sei begierig nach Gottes Wort, wie ein Kindlein nach der Muttermilch. Laß ab von Sünden, bekehre dich von Herzen, höre gern die Predigt des Evangelii, gebrauche oft des Abendmahls zur Stärkung des Glaubens, fürchte Gott und liebe ihn über alle Dinge, habe auch lieb deinen Nächsten, folge nicht den sündlichen Lüsten, halt keine Gemeinschaft mit den Gottlosen, sei geduldig im Kreuz, thue Widerstand dem Teufel, der Welt und deinem eignen Fleisch im Glauben, warte deines Berufes und nimm deiner Seligkeit mit Furcht und Zittern wahr.

Auch sei stets fröhlich in dem HErrn und danke ihm ohne Unterlaß, bete und rufe ihn fleißig an, nachdem er aus inbrünstiger Liebe das heilsame Werk der Wiedergeburt in dir angefangen hat, daß er deswegen es auch väterlich vollenden und dich zum Eingänge in das Paradies völlig bereiten wolle.

Sprich: O lieber Gott, was ist der Mensch, daß Du sein gedenkest, und des Menschen Kind, daß Du Dich seiner annimmst? Du Vater meines Herrn JEsu Christi, wie segnest Du mich so reichlich mit allerlei geistlichem Segen in himmlischen Gütern durch Ihn! Du hast mich erwählet durch denselbigen, ehe der Welt Grund gelegt war, daß ich soll heilig sein und unsträflich vor Dir in der Liebe. Auch hast Du mich durch Ihn verordnet in der Kindschaft gegen Dich selbst, nach dem Wohlgefallen Deines Willens, zu Lobe Deiner herrlichen Gnade. O gütiger Vater, wie ist diese Deine Gnade so herrlich, durch welche Du mich hast angenehm gemacht in dem Geliebten! O welch eine edle Erlösung hab ich an Deinem Sohn durch sein Blut, nämlich die Vergebung der Sünden, nach dem Reichthum Deiner Gnade, welche mir reichlich widerfähret in allerlei Weisheit!

Herr mein Gott, wie groß ist Deine Güte, daß Du mich auf dieser Welt nicht aus vergänglichem, sondern aus unvergänglichem Samen, nämlich aus Deinem lebendigen Worte, das da ewiglich bleibet, wiedergebierest zu einem unvergänglichen unbefleckten und unverwelklichen Erbe, das mir im Himmel behalten wird! O mein lieber Gott, wie herzlich freu ich mich, daß ich von meiner Taufe an bis in die Grube Dir liege in Deinem Leibe und daß Du mich trägst in Deiner Mutter! Ich war todt in Sünden, aber Du machest mich lebendig in Christo und setzest mich sammt Ihm in das himmlische Wesen. Groß, ja überschwänglich groß ist die theure Gnade der Wiedergeburt, daß Du mich lässest Dein Werk sein, geschaffen in Christo Jesu, und lässest mich wissen das Geheimnis Deines Willens nach Deinem Wohlgefallen. Versiegelst mich auch mit dem heiligen Geist der Verheißung, welcher ist das Pfand meines Erbes zu meiner Erlösung, auf daß ich Dein Eigenthum sei zum Lobe Deiner Herrlichkeit.

O mein liebster Gott, wie soll ich Dir vergelten alle solche Wohlthaten, die Du an mir thust? O thue mir meine Lippen auf, daß mein Mund Deinen Ruhm verkündige und meine Zunge Deine Gerechtigkeit rühme; und erleuchte die Augen meines Verständnisses, daß ich im geistlichen und gottseligen Leben zunehme und erkenne, welches da sei die Hoffnung meines Berufs, der Reichthum Deines herrlichen Erbes und die überschwängliche Größe Deiner Kraft an mir.

Denn ich lebe, doch nun nicht ich, sondern Dein Sohn JEsus Christus lebet in mir. Denn was ich jetzt lebe im Fleisch, das lebe ich in dem Glauben Deines Sohnes, der mich geliebet hat und sich selbst für mich dargegeben. Und Dein Werk ist es, daß ich glaube. Sintemal ich glaube nach der Wirkung Deiner mächtigen Stärke, welche Du gewirket hast in Christo, da Du ihn hast von den Todten auferweckt und gesetzt zu Deiner Rechten im Himmel.

O Vater meines Herrn Jesu Christi, der Du der rechte Vater bist über alles was da Kinder heißet im Himmel und auf Erden; der Du auch Deiner neu geborenen Kindlein viel weniger kannst vergessen als eine Mutter ihres Kindleins vergessen kann, daß sie sich nicht erbarme über den Sohn ihres Leibes: vermehre in mir den Glauben! gieb mir Kraft nach dem Reichthum Deiner Herrlichkeit, stark zu werden durch den Geist an dem inwendigen Menschen, Christum wohnend zu haben durch den Glauben in meinem Herzen, und durch die Liebe eingewurzelt und gegründet zu werden, auf daß ich begreifen möge mit allen Heiligen, welche da sei die Breite und die Länge und die Tiefe und die Höhe; auch erkennen, daß Christum lieb haben viel besser ist denn alles Wissen, auf daß ich erfüllet werde mit allerlei Gottes-Fülle!

Mein allerliebster Gott, der Du in mir angefangen hast das gute Werk, ich bitte Dich: Du wollest es auch vollführen bis an den Tag Jesu Christi! Der Du lässest Andere die Mutter brechen, der Du lässest Andere gebären – wollest ja nicht mit mir verschlossen bleiben! Dein Sohn JEsus Christus, Dein heiliger Geist und Dein Wort sind mein höchster Schatz. Und solchen Schatz habe ich allhier in irdischen Gefäßen, auf daß die überschwängliche Kraft Dein sei und nicht von mir, Darum stärke und erhalte Du mich zum ewigen Leben, und bewahre mich wie einen Augapfel in Deinem Auge, daß ich allhier in Deiner Liebe und in Deiner Erkenntniß immerdar zunehme, und vom Teufel, der Welt und allen Anfechtungen unverhindert zuletzt, wenn das Sterbestündlein kommt, aus diesem Jammerthal zu Dir in das ewige Paradies eindringe. Das verleihe mir, o gütiger Vater, durch Christum JEsum, Deinen Sohn, in der Kraft des heiligen Geistes! Amen.

IV

Die selige Heimfahrt eines sterbenden Christen aus dieser Welt in das ewige Leben

Die vierte Wohlthat Gottes hängt an der dritten und ist eigentlich nichts denn die Vollendung der allerheilsamsten Wiedergeburt, da Gott seine auserwählten Kinder von allem Uebel, Leibes und der Seele, errettet und zuletzt, wenn ihr Stündlein kommt, von diesem Jammerthal abfordert; nimmt ihre Seelen durch den zeitlichen Tod von der Welt zu sich in das Paradies der ewigen Freude, und lasset ihre Leiber mittlerweile sanft unter der Erde ruhen und schlafen bis hin zum jüngsten Tage.

»Hie hebt sich aber nun an die enge Pforte und der schmale Steig zum ewigen Leben, wie Luther schreibt, deß muß sich ein Jeglicher fröhlich erwägen. Denn obwohl dieser Weg fast eng ist, so währet er doch nicht lange, und gehet hie nicht anders zu, denn gleich wie ein Kind aus der kleinen Wohnung des Mutterleibs mit Gefahr und Aengsten geboren wird in diesen weiten Himmel und Erde, das ist auf die Welt. Also gehet der Mensch durch die enge Pforte des Todes aus diesem Leben in das ewige Leben. Und wiewohl der Himmel und die Welt, da wir jetzt innen leben, groß und weit angesehen wird, so ist es doch alles gegen den zukünftigen Himmel viel enger und kleiner, denn der Mutterleib gegen diesen Himmel ist. Darum heißt der lieben Heiligen Sterben eine neue Geburt und ihr Fest nennet man den Tag ihrer Geburt. Denn wenn wir hier dieser Welt absterben, so werden wir in jenes Leben geboren. Aber die enge Pforte und der schmale Weg und die ängstlichen Schmerzen in Todesnöthen, die machen uns dieses zeitliche Leben so weit, daß wir gerne länger hier blieben und uns jenes Leben enge dünket. Aber es ist zu thun, daß wir uns des Sterbens frei erwägen und durch die enge Pforte des Todes hindurch dringen in das ewige Leben, gleich wie ein Kind aus Mutterleibe. Und müssen also an dem Exempel der leiblichen Geburt eines Kindes lernen sterben, wie denn auch Christus seine Jünger damit tröstet. Joh. am 16. sagt er: Ein Weib, wenn sie gebieret, so hat sie Traurigkeit, denn ihre Stunde ist gekommen. Wenn sie aber das Kind geboren hat, denkt sie nicht mehr an die Angst, um der Freude willen daß der Mensch zur Welt geboren ist. Also auch im Sterben muß man sich der Angst erwägen und wissen, daß danach ein großer weiter Raum und ewige Freude sein wird.«

1.
Der Sterbens-Prozeß.

Die heilige christliche Kirche ist die schwangere Mutter. Ein sterbender Christ ist das Kind, welches von der Mutter soll geboren werden. Das Wort Gottes ist der Mutterleib, darin das Kind liegt umgeben und verschlossen. Sein alter Adam oder sein Fleisch und Blut ist die Nachgeburt oder das Häutlein, mit welchem das lebendige Kind im Mutterleibe umfangen ist. Der natürliche Tod aber ist wie der Auszug oder wie die Ankunft eines Kindleins aus seiner Mutter Leibe in diese Welt.

Gleichwie nun erstlich das Weib mit einem Kindlein schwanger geht, das sie in ihrem Leibe trägt, und das Kindlein im Mutterleibe ist auch schwanger mit seinem Leben, welches es begehret aus den engen Schranken hinaus zu bringen: also gehet die Kirche Christi auf dieser Welt alle Tage schwanger mit geistlichen Kindern, welche sie vom heiligen Geist durch die Taufe empfähet und träget sie in dem Wort ihres Bräutigams Jesu Christi als in ihrem Leibe, darin sie neugeboren und voll Tage zu Tage mehr zugerichtet und zum ewigen Leben bereitet werden. Und solche Kinder sind auch selbst schwanger mit dem geistlichen Leben, da Christus durch den Glauben in ihren Herzen wohnet sammt dem Vater und heiligen Geist, daß sie davon neue himmlische Kräfte und Bewegungen haben, wie an St. Paulo zu sehen, da er spricht: »Ich lebe, doch nun nicht ich, sondern Christus lebet in mir« (Gal. 2, 20).

Was thut nun ein lebendig Kind im Mutterleibe? Es hat daselbst die Erstlinge seines Lebens und sehnet sich nach der Vollkommenheit, daß es aus dem engen Häutlein und aus der schwangeren Mutter in die große weite Welt gebracht und erlöst werde. Ebenso trägt auch ein rechtgläubiger Christ, in welchem die heilige Dreifaltigkeit durch den Glauben wohnet und lebet, jederzeit ein herzlich Verlangen nach dem ewigen Vaterland. Darum sagt der Apostel: »Wir, die wir haben des Geistes Erstlinge, sehnen uns auch bei uns selbst nach der Kindschaft, und« warten auf unseres Leibes Erlösung. Denn wir sind wohl selig, doch in der Hoffnung. Die Hoffnung aber, die man siehet, ist nicht Hoffnung; denn wie kann man deß hoffen, das man siehet? So wir aber deß hoffen, das wir nicht sehen, so warten wir sein durch Geduld« (Röm. 8, 23-28).

Fürs andere hat das Fell oder Häutlein, damit das Kind im Mutterleibe umwickelt ist, seine Löchlein und Gänge, dadurch das Kind die zugeführte mütterliche Luft und Nahrung an sich ziehet, daß es davon lebe, wachse und zunehme.

Also hat ein Christ auf Erden an seinem Leibe die äußerlichen Werkzeuge seiner Sinne: den Mund, die Augen und Ohren, daß er damit unserem lieben Gott diene, höre das Evangelium, sehe auf die Sacramente von Christo eingesetzt, und rede stets von ihm und seinen überschwänglichen Wohlthaten. Sintemal durch diese Mittel der heilige Geist gegeben wird. Denn durch fleißige Anhörung und Betrachtung des göttlichen Wortes, so wie durch den äußerlichen, rechten Gebrauch der heiligen Sacramente erleuchtet Gott die Herzen, bekehret sie, erwecket den Glauben, stärket, tröstet und vermehret ihn, daß sie davon süßiglich erquicket werden und je länger je mehr im geistlichen Leben zunehmen.

Fürs dritte: Wenn das Kindlein im Mutterleibe an seiner Gestalt und Leibeskräften wächst und sich zur natürlichen Geburt nahet, so wird ihm das Häutlein, damit es umfangen liegt, zu eng und ist ihm beschwerlich, daß es heraus begehret und sich nach der Erlösung sehnet.

Nicht anders gehet es den rechtgläubigen Christen und Kindern des Lichts auf dieser Welt, wenn das geistliche Leben in ihnen wächst, der alte Adam aber und baufällige Leichnam mit allerhand Wehetagen, Kreuz und Noth beladen wird. Da ängsten sie sich und begehren heraus in das geraume Vaterland des ewigen Lebens. »Denn der sterbliche Leichnam, sagt die Schrift, beschweret die Seele, und die irdische Hütte drücket den zerstreuten Sinn« (Weish. 9, 15). Aber doch sagen die Kinder Gottes, in welchen Christus durch den Glauben wohnt und sich reget: »Wir wandeln im Glauben, und nicht im Schauen. Und nun sind wir getrost, und haben viel mehr Lust außer dem Leibe zu wallen, und daheim zu sein bei dem Herrn. – Darum werden wir nicht müde, sondern ob unser äußerlicher Mensch verweset, so wird doch der innerliche von Tage zu Tage verneuert« (2 Cor. 5, 7. 8; 4, 16).

Es ist doch unser Leib auf Erden viel mehr ein Kerker, denn eine lustige Wohnung der Seele; sonderlich wenn er mit täglichem Jammer, Schmerzen und Elend ausgemergelt und abgemattet wird. Darum mögen wir wohl mit St. Cyprian sagen: »Lieber, so in deinem Haus oder Wohnung die Wände Alters halber schwankten, schlitterten und bebeten, und das ganze Gebäude so mürbe und faul wäre, daß es nicht länger bestehen könnte, sondern einfallen müßte: wolltest du dich nicht eilend daraus machen? Also auch, wenn du in einem finsteren stinkenden Gefängnisse säßest, darin du müßtest große Gefahr von Schlangen, Kröten, Basilisken und Lindwürmern ausstehen, die dir täglich nach der Kehle sprängen und aus der Schüssel mit dir fräßen: wolltest du dich denn nicht gern heraus begeben? Sonderlich wenn dir ein königlicher Palast anstatt des Kerkers sollte eingeräumt und alles gegeben werden, was nur dein Herz wünschen und begehren würde. Dieweil unser alter Adam der Seele nicht weniger überlästig und beschwerlich ist auf dieser Welt, als ein baufällig Haus seinem Einwohner, oder ein stinkender Kerker seinem Gefangenen – so sehnen sich gottselige Christen hinaus und wollten lieber außer dem Leibe wallen und daheim sein bei dem Herrn.«

Deß haben wir Exempel an den lieben Heiligen, deren in der Schrift hin und wieder gedacht wird. St. Paul spricht: »Ich elender Mensch, wer wird mich erlösen von dem Leibe dieses Todes«? (Röm. 7) »Ich habe Lust abzuscheiden, und bei Christo zu sein« (Phil. 1). David schreiet: O lieber Gott, »ich breite meine Hände aus zu Dir, meine Seele dürstet nach Dir wie ein dürres Land! Führe meine Seele aus dem Kerker, daß ich danke Deinem Namen!« (Ps. 143, 6; 142, 8). Desgleichen schreibet St. Peter: »Ich weiß, daß ich meine Hütte bald ablegen muß, wir mir denn auch unser Herr Jesus Christus eröffnet hat« (2 Petr. 1, 14).

Zum vierten ist der Mutter angst und bange, wenn sie gebären soll, daß sie rufet und schreiet, bis sie der Frucht ihres Leibes durch die gnädige Hülfe Gottes entbunden worden und das Kind zur Welt geboren hat.

Also ist auch die christliche Kirche auf Erden, unsere geistliche Mutter, stets schwanger mit Kindern des Lichts, die in ihrem Leibe, das ist in Gottes Wort, getragen werden, und lieget alle Tage in Kindesnöthen, wo rechtgläubige Christen von der Welt ihren Abschied nehmen und seliglich in dem Herrn sterben. Da schreiet und rufet sie täglich in ihrem Vaterunser: O allerliebster Vater, Dein Reich komme! und erlöse uns von allem Uebel! Dies Vaterunser ist ein recht allgemein Muttergeschrei und wird alle Tage gnädiglich erhört, sintemal kein Tag in der Welt hingehet, da nicht Christen sterben und im Glauben aus diesem Jammerthal durch den zeitlichen Tod in das ewige Leben geboren werden.

Und soll sich ein sterbender Christ dies lassen einen großen Trost sein, daß zu der Zeit seiner Heimfahrt aus diesem Elend die ganze Christenheit wie eine schwangere Gebärerin sich mit ihm ängstet, und daß das gemeinsame Vaterunser überall, wo es in den Kirchen Gottes gesprochen wird, als ein ängstlich Muttergeschrei bei Gott ihm mächtig zu Hülfe kommt. Darum er denn auch sonderlich in die christliche Fürbitte aller Gottseligen in Kirchen und öffentlichen Versammlungen sich soll mit einschließen lassen und nicht zweifeln, das Gebet werde von Gott dem Allmächtigen laut seiner Verheißung gewißlich erhöret.

Zum fünften gehöret hieher, daß nicht allein die christliche Kirche mit Gotteskindern auf dieser Welt als eine fruchtbare Mutter schwanger gehet, sondern auch dies ganze Gebäude Himmels und der Erde stellet sich wie ein schwanger Weib und sehnet sich nach der Erlösung. Denn also schreibt der Apostel: »Das ängstliche Harren der Creatur wartet auf die Offenbarung der Kinder Gottes. Sintemal die Creatur unterworfen ist der Eitelkeit, ohne ihren Willen, sondern um deßwillen, der sie unterworfen hat, auf Hoffnung. Denn auch die Creatur frei werden wird von dem Dienst des vergänglichen Wesens, zu der herrlichen Freiheit der Kinder Gottes. Denn wir wissen, daß alle Creatur sehnet sich mit uns, und ängstet sich noch immerdar« (Röm. 8, 19-22).

Wer dies Geheimniß recht verstehen will, der muß auf die Art merken, wie diese drei: die ganze Creatur, die christliche Kirche auf Erden, und ein jeder rechtgläubige Christ einer schwangeren und wehklagenden Frau verglichen werden.

Erstlich siehest du dies große Gebäude Himmels und der Erde, das da ist wie eine runde Kugel und in sich schließt alle Adamskinder, die auf Erden wohnen. Da sind wir mit der Luft und mit dem hohen Firmament des Himmels allenthalben umgeben, und liegen mitten ein, wie viele Kinder in Einem mütterlichen Leibe. Denn da muß uns, das ganze Geschöpf Himmels und der Erde mit allem, was darin ist, dienen gleich als eine Mutter; sintemal Sonne, Mond, Sterne, Luft, Meer und der ganze weite Erdboden sammt allen unvernünftigen Thieren und allem Gewächs uns Menschen zu Nutz und Dienst geschaffen sind. Und weil nun Gott eine heilige christliche Kirche jederzeit unter den Menschen beruft, sammlet und erleuchtet, welche stets unter dem Kreuz liegt und sehr heftig vom Teufel, von Tyrannen und falschen Brüdern verfolgt wird: so vergleichet St. Paulus die Creatur, das ist das ganze Gebäude Himmels und der Erde, einer schwangeren Mutter, welche die Christenheit wie ein Kindlein in ihrem Leibe trägt und sehnet sich nach der Erlösung um der bösen Buben willen, denen sie ohne ihren Willen dienen muß, und wollte gern von solcher Eitelkeit befreiet werden, daß die Christenheit aus diesem Angsthause und Jammerthal gänzlich möchte wegziehen wie ein Kind aus Mutter Leibe und heimfahren in das ewige Leben.

Danach ist mitten in der ängstlichen Creatur die heilige christliche Kirche, wie droben gemeldet, auch selbst schwanger und gebieret alle Tage gottselige Seelen aus diesem Jammerthal durch den zeitlichen Tod in das große weite Vaterland der ewigen Freude. Und allhier hat es die Meinung, daß die lebendigen Christen sind wie die Glieder eines schwangeren Weibes, und der sterbende Christ wie das Kindlein, welches zur Welt geboren wird. Gleichwie nun die Glieder in der Mutter sich heftig ängsten und bemühen, daß die Frucht erlöst werde und zur Welt komme –

also kommen auch die lebendigen Christen den sterbenden mit ihrem Vaterunser und ernstlichem Gebet bei Gott zu Hülfe, damit diese durch den Tod zum ewigen Leben eindringen. So lange daher ein recht gläubiger Christ auf Erden wallet, ist er ein Glied, der streitenden Kirche und hilft mit fleißigem Gebet seinem Nächsten, der aus diesem Jammerthal abscheidet. Wenn er nachher selbst auch sterben soll, so ist er das Kindlein, und kommen ihm die anderen Glieder alsdann gleicherweise zu Hülfe, daß er auch seliglich hinfahre. Und währet dies geistliche Kindergebären von einer Zeit in die andere und wird währen bis hin zum jüngsten Tage, daß einer den Anderen mit andächtiger Fürbitte bei Gott, wie auch mit gottseligem Vermahnen, Trösten und Warnen gleich als in das ewige Leben hineingebäre, und wie er gebieret, daß er also von Anderen zu seiner Zeit auch selbst in das ewige Leben wiedergeboren werde.

Endlich wohnet und lebet der Herr Christus durch den Glauben in aller Christen Herzen, also daß ein jeder Christ, der dem Evangelio glaubet, Gottes Tempel ist und aus solcher Einwohnung Christi ein himmlisch Leben führet, redet immer von Christo, denket Tag und Nacht an ihn, rühmet, lobet, preiset und bekennet ihn auch in aller Noth und Anfechtung öffentlich vor der Welt, nicht anders als ginge er mit Christo schwanger und trüge das liebe Jesuskind in seinem Leibe. Dies Geheimniß wird uns vorgebildet in der Offenbarung St. Johannis an dem schwangeren Weibe, welche schreiet in Kindesnöthen und große Qual hat zur Geburt (Cap. 12).

Da siehest du, was es mit diesem ganzen Geheimniß für eine unterschiedliche Gelegenheit habe. Wie nämlich das große Gebäude Himmels und der Erde als ein schwanger Weib die streitende Christenheit auf Erden wie ein Kind in ihrem Leibe trägt. Danach wie die streitende Kirche auch schwanger ist und einen mütterlichen Leib hat, der Gottes Wort heißt, darin eitel Kinder des Lichts gebildet werden. Endlich wie auch jeder gottselige Christ, in diesem mütterlichen Leibe für sich schwanger gehet mit einem himmlischen Leben, welches er führet im Glauben und sehnet sich danach, daß er kommen möge aus dem Reich des Glaubens in das Reich des Schauens. Deswegen beschließt und umgiebt hier ein schwanger Werk das andere, und liegt das eine im anderen verborgen. Glaubst du an Christum, so ist das Reich Gottes inwendig in dir, gleichwie das Leben ist im zarten Kindlein; du aber verhältst dich in Gottes Wort, so öffentlich in der Kirche gepredigt wird, nicht anders denn wie ein lebendig Kindlein in seiner Mutter Leibe. Was thut denn die christliche Kirche? Sie pilgert und wallet auf der Erde mitten in dem Kunstwerk der Natur und allenthalben von der Luft und hohem Gebäude des Himmels umgeben. Da ist denn das ganze Gebäude Himmels und der Erde wie eine runde Kugel. Gott aber regiert das ganze Werk und ist wie eine Hauptmutter, die solche Geburt allenthalben befördert.

Hieher gehöret auch recht; daß der große König Himmels und der Erde sich einer Gluckhenne vergleicht (Matth. 23, 37), und bei dem Propheten Jesaias spricht: »Sollte ich Andere lassen die Mutter brechen, und selbst nicht auch gebären? Sollte ich Andere lassen gebären, und selbst verschlossen sein?« (Cap. 66, 9).

Zum sechsten: Wenn der Mensch aus seiner Mutter Leibe zur Welt geboren wird, so muß er seine alte Haut daran setzen. Denn da stirbt ihm ab das Nachwesen oder das Fell, damit er in dem mütterlichen Leibe umfangen und umwickelt gewesen. Also gehet es auch mit dem sterbenden Christen zu. Er dringt zwar durch Gottes Kraft aus dieser Welt in das ewige Leben, aber den alten Adam und sein Fleisch und Blut muß er darüber wagen. Es stirbt ihm der Leib ab und verweset unter der Erde. Wie daher der Mensch mit Schmerzen zur Welt geboren wird, also fährt er auch mit Schmerzen davon. Und gehört hieher, was Jesaias sagt: »Gleichwie eine Schwangere, wenn sie schier gebären soll, so ist ihr angst, schreiet in ihren Schmerzen. So gehet es uns auch, HErr, vor Deinem Angesicht. Da sind wir auch schwanger, und ist uns bange, daß wir kaum Athem holen« (Cap. 26, 17. 18).

Sehr tröstlich ists aber, daß unser Leib doch nicht ewig unter der Erde bleiben soll, sondern liegt da wie ein Weizenkörnlein, das am jüngsten Tage grünen und mit Freuden wieder hervorkommen wird. Denn wie Christus gestorben und von den Todten auferstanden, also werden auch alle, so an ihn glauben, vom Tode zur ewigen Herrlichkeit auferweckt werden. So wird der Leib »gesäet in Unehre, und wird auferstehen in Herrlichkeit. Es wird gesäet in Schwachheit, und wird auferstehen in Kraft. Es wird gesäet ein natürlicher Leib, und wird auferstehen ein geistlicher Leib« (1 Cor. 15, 43. 44).

Zum siebenten aber kommt der schwangeren Mutter die Hebamme in der Geburt zu Hülfe und errettet das Kindlein. Also kommt auch Gott mit seiner Hand aus der Höhe wie eine himmlische Wehemutter dem sterbenden Christen zu Hülfe und fasset die ausfahrende Seele, daß sie nicht in den Abgrund der höllischen Angst und Qual niedersinket, sondern in das hohe Paradies der ewigen Seligkeit mit Freuden aufgenommen wird. Darum spricht David: »In Deine Hände befehle ich meinen Geist; Du hast mich erlöset, HErr, Du treuer Gott!« (Ps. 31, 6). Als wollte er sagen: O lieber Gott, ich ringe mit dem Tode und muß die Welt verlassen; mein Leib ist baufällig, meine Kräfte nehmen ab und meine Seele fahret von mir aus. Da gehets mir wie einem Kindlein, das zur Welt geboren wird und kann sich selbst nicht rathen in der großen Angst, wenn nicht die Wehemutter mit hülfreicher Hand dazu kommt und das Beste thut. Also wollest Du, lieber Gott, mit Deiner väterlichen Hand meine arme Seele auch fassen, heben und aufnehmen, daß sie ja nicht zu Grunde gehe, sondern auf die Höhe fahre und in das ewige Leben sicher gelange!

Ebenso verstehet auch Luther dies Geheimniß in seiner Erklärung über den Spruch des vierten Psalms: »Ich liege und schlafe ganz mit Frieden; denn allein Du, HErr, hilfst mir, daß ich sicher wohne.« »Der Prophet, sagt er, brauchet hier ein feines Wort: der Herr hält mich. Darin er anzeigt, daß einer der da stirbt, nicht verlassen wird vom Herrn, sondern werde erhalten von oben herab, gleich als strecke Gott seine Hand aus und lege sie auf ihn, auf daß er nicht herunter falle, sondern vielmehr errettet und empor gehoben werde. Damit drückt er aus und malet ab eigentlich und meisterlich die Weise eines sterbenden Menschen und Gottes der ihn erhält. Denn ein sterbender Mensch wird dafür angesehen, als verderbe er und werde unter sich verschlungen. Aber da nahet sich Gottes Hand von oben herab auf ihn und erhält ihn, daß er nicht kann verderben, sondern vielmehr zum Leben aufgehoben wird und also vor seinen und aller Welt Augen wohl stirbt, aber bei Gott erhalten und aufgehoben wird.«

Siehe, lieber Bruder, so gehet es mit einem sterbenden Christen zu, wenn er seinen Abschied von der Welt nimmt und hinfähret in das selige Vaterland des ewigen Lebens. Solcher Zug ist fürwahr recht ein neuer Geburtstag, und kann der ganze Prozeß dieser Heimfahrt nirgend besser an gelernt werden, als an dem Exempel der leiblichen Geburt eines Kindes.

2.
Der beste Geburtstag.

Nun ist Gott Lob in vielen Büchern so viel Unterricht, wie man sich auf den Tod bereiten soll, aus heiliger göttlicher Schrift vorgeschrieben, daß ichs für unnöthig achte, an diesem Ort solches weitläufig zu wiederholen. Allein behalt mit Fleiß, du lieber Christ, den ganzen Prozeß deiner Wiedergeburt, und präge ihn dir sorgfältig ein, wie er allhier mit seinen Eigenschaften abgemalet und kürzlich entworfen ist. Und so lange du auf Erden lebest, laß dir nicht anders zu Muthe sein, denn als liegest du von deiner empfangenen Taufe an bis zur letzten Stunde des Todes in Gottes Wort wie im Mutterleibe verschlossen, und laß dich daselbst durch die allmächtige Kraft und Wirkung des heiligen Geistes gebären und zurichten zu einem anderen Leben, davon die blinde Welt, Juden, Türken und Heiden nichts wissen.

Da halt dem heiligen Geist still in seinem Wort, besuch die Predigt und laß das Evangelium reichlich in deine Ohren klingen. Glaub der Stimme unseres Herrn JEsu Christi einfältiglich, und laß dich bei Leibe die närrische thörichte Vernunft mit ihrem fleischlichen Dünkel von Gottes Wort nicht abtreiben. Hüte dich vor den Papisten, und vor allen Schwarmgeistern, die Christum mit seinem Evangelio zur Schule führen und den Text der Schrift mit ihren Glossen so durchspicken, martern und radbrechen, daß der Same, aus welchem du wiedergeboren werden sollst, nicht mehr ein reiner bleibt, sondern mit giftigem Unkraut und tödtlichem Gift vermischet wird. Darum siehe dich wohl vor und stelle dich gleich einem Kindlein, wie Christus sagt: »Wahrlich, Ich sage euch: es sei denn, daß ihr euch umkehret, und werdet wie die Kinder, so werdet ihr nicht in das Himmelreich kommen« (Matth. 18, 3).

Auch rufe Gott täglich an, sonderlich Abends und Morgens, um ein seliges Sterbestündlein, und bereite dich zum Tode, dieweil er noch nicht da ist, auf daß, wenn er herzu nahet, dein Herz vor ihm nicht graue noch sich zu hart entsetze. Sprich:

Ach Du mein herzallerliebster Schatz, Herr JEsu Christe, Du werthe Krone: nach Dir verlanget mich; und wie ein Hirsch schreiet nach frischem Wasser, also dürstet meine Seele nach Dir. Ich bitte Dich durch Deinen herben bittern Tod, Du wollest mich trösten in meiner letzten Noth und mir die Augen meines Herzens erleuchten, wenn meine leiblichen Augen gebrochen sind und ich keinen Stich mehr sehe, wenn mir alle menschliche Hülfe zerrinnet und mein Verstand sich nicht mehr besinnet. Laß mich nicht versinken in des bittern Todes Noth! Laß mich nicht verzagen vor der tiefen Hölle Gluth! Laß mich nicht entfallen von des rechten Glaubens Trost! Gieb, daß ich durch die trüben schwarzen dicken finstern Wolken Deinen freundlichen tröstlichen Gnadenblick ersehe; und bescheide, Du höchster Hort, Deine auserwählten heiligen Engel auf mich, die mir auf den Dienst warten und meine Seele in Deinen Schooß tragen, da sie keine Qual mehr rühren, da sie von aller Arbeit seliglich ausruhen wird. Und so mir aus menschlicher Gebrechlichkeit irgend ein ungeduldiges Wort oder Werk entführe, so wollest Du Deinen Gnadenmantel darüber decken und in meiner Schwachheit stark und kräftig sein, daß ich ja mein Herz von Deinem Verdienst, Schweiß und Blut nimmer abwende, sondern bis auf den letzten Seufzer mich darauf stütze und verlasse, und also durch den Tod zum Leben eindringe und ewiglich bei Dir bleibe! Amen.

3.

Die letzten Züge.

Wenn nun der Tod kommt, so thue ihm also: Stelle dich, als trätest du in ein Schifflein und führest darin über ein großes ungestümes Meer in ein schönes Land, da alles lebet von großer Freude und Herrlichkeit.

Der Tod mit seinen höllischen Anfechtungen, die ängstliche und schwermüthige Betrachtung der vielfältigen begangenen Sünden, der Zorn Gottes, die schreckliche Gewalt des Teufels – sind allzusammen wie das große Meer, welches von grausamen Sturmwinden, Wellen und Wasserwegen allenthalben brauset und wüthet. Das Evangelium aber von unserer Seligkeit, Vergebung der Sünden und Erlösung vom Tode, sammt den Artikeln unseres christlichen Glaubens – ist das Schiff, darein wir mit freudigem unerschrockenen Bekenntniß treten und getrost wagen müssen, darin in dem Namen Gottes über das große todte Meer zu fahren, bis wir die Küste des himmlischen Vaterlandes erreichen.

Nun scheinet zwar für unsere Vernunft das Meer sehr weit und schrecklich, das Schifflein dagegen sehr schwach, klein und gering. Aber gleichwie einer, der über den Rhein oder über die Donau will, nicht ansiehet den breiten Wasserstrom, sondern verläßt sich aufs Schiff, wenn es schon klein und gering ist, und trauet dem Schiffsmann, daß er ihn glücklich hinüberbringen werde: also sollst du, lieber Christ, auch nicht ansehen, wie gewaltig das todte Meer ist und wie es allenthalben brauset, sondern verlaß dich auf das Schifflein des göttlichen Wortes und der evangelischen Verheißungen, darin Christus, der Schiffspatron, selbst gegenwärtig ist und spricht: »Fürchte dich nicht, denn Ich habe dich erlöset. Ich habe dich bei deinem Namen gerufen; du bist mein. Denn so du durchs Wasser gehest, will Ich bei dir sein, daß dich die Ströme nicht sollen ersäufen« (Jes. 43, 1. 2).

Und hierbei kannst du merken, woher es kommt, daß so viel tausend Menschen verloren werden und, wenn sie sterben, nicht zum ewigen Leben eindringen, sondern im todten Meer ersaufen und in den Abgrund der Hölle hinunterfahren. Denn die Juden, Türken und Heiden, wie auch die Werkheiligen unter den Christen, verlassen das Schifflein und wollen mit guten Werken hinüberschwimmen. Sacramentirer, Arianer [4] und dergleichen Flattergeister thun wie vorwitzige Leute, die im kleinen Nachen sich nicht wollen setzen, wenn das Wasser wüthet und tobet, sondern stehn auf stolzen hohen Füßen ihrer Vernunft, wackeln und schaukeln mit allerlei Glossen so lange, bis sie den Schwindel bekommen und plumpen danach über Bord mitten in das Wasser. Desgleichen thun auch alle Sterbenden, welche in den letzten Todeszügen nicht auf die evangelischen Trostsprüche merken, sondern allein die Menge ihrer Sünden, die schrecklichen Strahlen des göttlichen Zorns, die Gewalt des Teufels, die Macht des Todes und die grausame Höllenangst betrachten und damit elendiglich hinfahren. Diese alle verlassen Gottes Wort als das rechte Schifflein, und bekümmern sich um das ungestüme Meer außer dem Evangelio so lange, bis sie darin ersaufen und untergehen.

Darum siehe dich wohl vor, du lieber Christ, und sonderlich, wenn du in den letzten Zügen mit dem Tode ringst, daß du ja nicht außer dem Evangelio in schwermüthige Spekulationen, Gedanken und Grübeleien dich vertiefest. Es werden zwar die Anfechtungen nicht ausbleiben. Die begangenen Sünden, Laster und Untugenden, wie auch das Bild des göttlichen Zorns, des Gesetzes Fluch, des Todes Gestalt, des Teufels Gewalt und der Hölle Marter wachen dann erst auf, und mögen vielleicht allerlei traurige Einfälle dazu schlagen, wie: ob ich auch wohl erwählt sein mag zum ewigen Leben? Ach wie viel tausend Menschen werden verdammt und gehen verloren! ob ich auch wohl darunter gehöre? Und dergleichen mehr.

Aber hier ergreife eilends die evangelischen Trostsprüche: Also hat Gott die Welt geliebt – oder die Artikel des christlichen Glaubens. Darein vermumme, verstecke und verhülle dich mit starkem Nachdenken, nicht anders denn als schlügest du einen Haufen Tücher mitten im Schifflein um dich, über dich und unter dich, wider allerlei Sturmwinde des Meers und wider das ungestüme Heulen, Brausen und Wüthen des Ungewitters. Und lege dich, in diese Tücher fest eingewickelt, nieder, damit du es nicht hörest. Stehe bei Leibe nicht im Schifflein auf den Füßen deiner menschlichen Vernunft, und gaffe nicht weit hinaus nach den tiefen Wasserwogen und Wellen, die sich rings um dich her sehen lassen, sondern – noch einmal – setze dich oder lege dich mitten in das Schiff, verschließ dich mitten in das Wort und laß nichts denn Christi Geburt, Tod, Auferstehung und Himmelfahrt in deinem Herzen wallen.

Was thut der Mensch, wenn er aus seiner Mutter Leibe in diese Welt geboren wird? Wahrlich, wenn er seiner Vernunft gebrauchen könnte und ihm nachdächte, wie es möglich wäre, daß er durch die kleine enge Thür zur Welt hinein dringen sollte, so würde er sich zu Tode kümmern und nicht lebendig zur Welt kommen. Da ist aber kein Vorwitz, keine Sorge und keine Furcht, sondern eitel kindliche Einfalt; und das zarte Leben, welches er im Mutterleibe empfangen hat, höret nicht auf und läßt nicht ab, bis es in die Welt kommt und seine Vollkommenheit daselbst erlangt. Also mußt du auch zum Kinde werden, so du willst in das Reich Gottes kommen, und mit traurigen Todesgedanken dich unverworren lassen. Glaube nur fest dem Evangelio und laß diesen Glauben dein einiges Leben sein. Dies Leben exercire, übe und treibe fort mit unablässiger Betrachtung des theuren Verdienstes JEsu Christi, bis du durch die schmale Pforte des zeitlichen Todes zum ewigen Leben hinein gedrungen bist.

Auch siehe, was Christus für ein sehr treuer und freundlicher Herzog des Lebens. Er ist selbst in seinem Wort bei uns gegenwärtig. Und gleich als ein Schiffsmann, der Jemand von seinem Volk im Nachen stehen und vor den Wellen und Fluthen des ungestümen Wassers jämmerlich wanken, zittern und zusammenschauern sähe, demselbigen eilend würde zurufen: hörest du, Freund? setze dich lieber, setze dich, lege dich mitten in das Schiff und fürchte dich nicht! laß mich nur sorgen, ich will dich wohl überführen, daß du nicht ersaufen noch untergehen sollst – – also thut unser himmlischer Schiffspatron JEsus Christus auch. Er ruft uns zu: wir sollen nur seinem Worte glauben, so werden wir nicht sterben, sondern durch den Tod zum Leben eindringen. »Wahrlich, wahrlich, spricht er, Ich sage euch: wer Mein Wort höret, und glaubet Dem, Der mich gesandt hat, der hat das ewige Leben, und kommt nicht in das Gericht, sondern er ist vom Tode zum Leben hindurch gedrungen« (Joh. 5, 24).

Darum entschlage dich aller Einreden, die dir vom Tode, von den Sünden, vom Teufel, vom Gesetz und von der Hölle begegnen, und laß nur den Sohn Gottes mit seinem vergossenen Blut und ausgestandener Höllenangst für dich antworten. Thue als ein Mensch, der unten im Schiff sitzet und lässet die Winde, die Wasserwogen und großen Fluthen wüthen und toben wie sie wollen. Er läßt den Schiffs-Capitain sorgen, sitzet unterdessen, singt und ist wohl zufrieden. Also halt du dich auch in dem Schifflein des Evangelii und deines christlichen Glaubens, traue deinem Heilande, dem allmächtigen Steuermann, und mitten in den Todeszügen laß in deinem Herzen und wo möglich auch auf deiner Zunge schweben und klingen die fröhlichen Christnachtslieder und Ostergesänge: Vom Himmel hoch da komm ich her – **In dulci jubilo** – Gelobet seist du, JEsu Christ – Christ lag in Todesbanden – und andere. Das sänftiget ein nothleidendes Herz über die Maaßen. O wohl dem Volk, das so jauchzen kann!

Gleichen Rath giebt auch Dr. Luther, wie zu sehen in einer Auslegung des 23. Psalms vom Jahre 1530. »Und ob ich schon wanderte im finstern Thal, fürchte ich kein Unglück etc. Aus diesem Verse, sagt er, werden wir sehr fein unterrichtet, mit welchem Gemüth, Sinn und Gedanken man sich in den Tod wagen und geben soll. Nämlich also, daß man auf nichts überall denke, denn nur auf den Herrn Christum. Denn so lautet der Vers: Denn Du bist bei mir, das ist: an Dich gedenke ich, und thue Alles aus Zuversicht und Glauben auf Dich, und sinne also auf nichts Anderes. Wohl denen, so alsdann die Augen gar zuthun und nicht begehren zu sehen den Ort, da sie hinfahren sollen, sondern erwägen sich mit vollem Vertrauen und Gedanken auf Christum mitten in der Finsternis des Todes. Dieselbigen sterben in dem HErrn.«

Desgleichen sagt Luther (über das 14. Cap. des Johannes): »Wenn es dahin kommt, daß man in ein ander Leben treten und aus diesem scheiden soll, so mußt du entweder diesen Weg allein ergreifen, oder ewig verloren gehen. Denn Ich, spricht Er, bin der Weg, darauf man zum Vater kommt, und sonst keiner. Ich bin die Wahrheit und das Leben, und sonst keiner. Da mußt du hin, daß du dich an diesen Mann haltest, und fest bei dem Glauben und Bekenntniß bleibest. Und immer dieselben geübet im Leiden und Sterben, und gesagt: Ich weiß keine andere Hülfe noch Rath, kein Heil noch Trost, keinen Weg noch Steg, denn allein meinen Herrn Christum, der für mich gelitten, gestorben, auferstanden und gen Himmel gefahren. Da bleibe ich bei und gehe hindurch, ob auch eitel Teufel, Tod und Hölle unter und vor mir wären. Denn das ist ja der rechte Weg und Brücke, fester und gewisser denn kein eisernes noch steinernes Gebäu, und müßten eher Himmel und Erde brechen, denn dieses sollte fehlen und trügen.«

Und abermal über den Spruch Joh. 8, 51: »Wahrlich, wahrlich, Ich sage euch: so Jemand Mein Wort wird halten, der wird den Tod nicht sehen ewiglich: Sterben müssen wir und den Tod leiden; aber dies ist ein Wunder, daß, wer sich an Gottes Wort hält, soll den Tod nicht fühlen, sondern gleich wie in einem Schlaf dahinfahren, und soll nun nicht mehr heißen: ich sterbe, sondern: ich muß schlafen. Aber wer sich außer dem Worte finden läßt, der muß mit Aengsten sterben, und ewig verderben und verdammt sein, da hilft nichts vor. Darum das Beste ist: gar nicht disputiret, sondern gesprochen mit ganzem Herzen: ich glaube an JEsum Christum, Gottes Sohn – mehr weiß ich nicht, will auch nicht mehr wissen.«

Und (über das 23. Cap. Jeremiä: von Christi Reich): »Siehe nun, was ein Christ für Reichthum hat, der da nimmer mehr sterben kann. Denn er hat Christum Selbst. Was will nun der Tod oder die Sünde einem Christen in Todesnöthen anhaben? Nichts. Der Tod wird ein Gelächter für ihn. Auch fragt er nach der Sünde nichts. Denn weder Sünde noch Tod, weder Teufel noch Hölle kann etwas aufbringen wider Christum, den ein Jeder bei sich hat. Wenn nun der Tod an einen gläubigen Christen kommt, so spricht der Christ: Lieber Tod, seid willkommen! ihr kommt zur guten Stund. Was bringt ihr Guts? Was suchet ihr hier? Lieber, weißt du auch, wen ich bei mir hab? Christus ist meine Gerechtigkeit! Komm her und nimm sie mir! Wenn du sie mir nimmst, so will ich dir folgen. Du wirst es aber wohl lassen. – Also trotzen die Christen dem Tode, und sprechen mit St. Paulo (1 Cor. 15): Tod wo ist dein Stachel? Hölle, wo ist dein Sieg? Und wie er weiter Philipp. 1. sagt: Christus ist mein Leben, und Sterben ist mein Gewinn. Sterbe ich, so hab ich Gewinn; denn ich komme desto eher zum Leben. Da siehest du, was der Tod bei den Christen ausrichtet. Er ist nur ihr Gewinn. Sie verlieren nichts durch ihn. Er aber beißet sich an ihnen zu Tode.« –

4.

Der Abschied.

Es sollte wohl nicht undienlich sein, daß ein Christ in Zeiten gedächte, mit welchen fröhlichen Worten er zur Stunde des Todes seinen seligen Abschied von der Welt nehmen und gen

Himmel fahren möchte. Ich denke ihm oft nach und kommt mir immer vor, daß, so herzlich sich eine Braut erfreuet, wenn sie ihrem Bräutigam soll zugeführt werden; so herzlich die Kinder in fremden Landen frohlocken, wenn sie sollen heimfahren und aus fernen Orten wieder in ihr liebes Vaterland kommen: – eben also und noch vielmehr ein Christ sich von Herzen erfreue, daß er aus diesem elenden betrübten Jammerthal durch den zeitlichen Tod in Gottes Paradies hinfahren soll.

Gebe der treue Gott, daß ich dann ja möge alle Traurigkeit, Schwermuth und Elend mit starkgläubiger Betrachtung des Todes Christi und der vorstehenden Erlösung überwinden, und mitten im Tode des ewigen Lebens herzlich froh werden, nicht anders als hätte ich es schon im Gesicht; gleichwie die Kinder aufjauchzen, wenn sie aus der Fremde kommen und der hohen Thürme, Spitzen und Mauern ihres vielgeliebten Vaterlandes von ferne ansichtig werden!

Dazu schicke dich in Zeiten, du lieber Christ, und sprich alsdann, wenn das Sterbestündlein kommt: O nun freue dich, meine liebe Seele, und frohlocke in Gott, deinem Heiland, daß dein Jammer, Trübsal und Elend soll kommen zu einem seligen End. O wohl mir, daß die mühselige Wallfahrt meines traurigen Lebens auf Erden nun aufhören soll! O willkommen, du selige Stunde meines Abschieds von dieser argen bösen Welt! Ich bin so müde der unnützen vergeblichen Sorgen dieses Lebens, so müde der verdrießlichen Pilgrimschaft, und freue mich von ganzem Herzen, daß ich von der sterblichen Hütte meines Leichnams als aus einer finstern stinkenden Herberge und als aus einem faulen Gefängniß soll erlöset werden.

Nun bin ich einmal dem lieben Vaterlande des ewigen Lebens nahe gekommen, und ist mir nicht anders zu Muthe, denn als sähe ich von ferne das himmlische Jerusalem, die schöne Stadt mit ihren hohen Spitzen, mit ihren herrlichen Thürmen und ihren güldenen Pforten. O du schönes Jerusalem, du Stadt des lebendigen Gottes, mein ewiges Vaterland – wie hat mich so herzlich nach dir verlanget! Jetzt komme ich! Dies ist der Tag meines Ausgangs aus der Welt, der Tag meines Eingangs in das himmlische Paradies, der Tag meiner neuen Geburt, da meine Seele aus dem Reich des Glaubens in das Reich des Schauens geboren wird!

Ade Welt mit deiner stolzen Pracht, mit deiner großen Eitelkeit, mit deinen vergänglichen Gütern und mit deiner betrüglichen Wollust! Du hast mich lange genug vexirt, gekränkt, gequält, betrogen und mir viel Bekümmerniß gemacht. Dies ist mein letzter Kampf, damit ich all meine Arbeit, all meine Gefahr, all meine Sorge und all meine Anfechtung vollende und überwinde. Meine Erlösung nahet sich! die Morgenröthe meines ewigen Heils, meiner ewigen Freude und meiner ewigen Seligkeit bricht hervor! Und weil mein Leben bis daher gewesen ist wie eine unruhige und ängstliche Schiffahrt auf dem ungestümen Meer und auf der wilden See, so komme ich nun endlich – Gott sei Lob und Dank – zum rechten Hafen, aus der wüsten Welt in das himmlische Canaan, in das rechte Freudenland, da alles lebet von Freuden, da die Sonne der Gerechtigkeit ewig scheinet und das Licht nimmer untergehet, da keine Nacht, keine Finsterniß, keine Angst, kein Tod und kein Schmerz mehr gespüret wird.

O freue dich doch, meine Seele, du auserwählte Braut JEsu Christi, der mich mit seinem rosinfarbenen Blut so theuer erkauft, erworben und gewonnen hat! Siehe, derselbige dein allerliebster Erlöser, dein höchster Freund und edler Bräutigam, ist hier mit seinen heiligen Engeln, den großen Himmels-Fürsten, gegenwärtig und will dich heim holen aus diesem Jammerthal in seines Vaters Reich! O freue dich, und verziehe ja nicht länger in dieser argen schnöden Welt! Eile hinaus mit Lot aus Sodom, und siehe bei Leibe nicht zurück! Ja was ist die Welt anders, denn ein Sodom und Gomorra? was ist dein Leben mehr, denn eine egyptische Dienstbarkeit? Darum, o meine Seele, ziehe aus von Sodoma und weiche aus von Egypten! Eile durch das rothe Meer des zeitlichen Todes, da Jesus Christus die Höllenströme und das gräuliche Angstwasser mit dem Stabe seines Kreuzes zertheilet hat, daß du sicher und unbeschädigt kannst hindurchkommen. Eile du nun und siehe nicht zurück, daß der höllische Pharao, der leidige Satan, mit Weltlüsten und Welt liebenden Gedanken dich nicht ergreife! Eile daß du kommest in das himmlische Canaan, da die Berge von Milch und Honig fließen!

O meine Seele, Gott der Vater hat dich zum ewigen Leben erschaffen. Jesus Christus hat dich zum ewigen Leben erlöst. Gott der heilige Geist hat dich zum ewigen Leben geheiligt.

Die ganze heilige Dreifaltigkeit hat dich zum ewigen Leben erwählt. Zum Himmelreich bist du bereitet, zum Himmelreich bist du erkoren, zum Himmelreich wiedergeboren, und deine Bürgerschaft ist droben im Himmel. Daselbst sollst du ewiglich wohnen und deine ewige Freude finden. Darum laß nur alle deine Gedanken dorthin gerichtet sein, und lege nur getrost ab die unreine und ganz beschwerliche Bürde deines Fleisches. Kommt dich die Erlösung hart an, und schmerzt dich der Auszug aus diesem Leibe? Ei meine liebe Seele, sei zufrieden! es ist ja heut dein schönster Geburtstag, da du aus dieser mühseligen Welt in das ewige Leben eingehest. Deswegen drücke dich eine kleine Weile und halte stille deinem Erlöser und Seligmacher, der dich bald auflösen wird. Du wirst doch »nicht sterben, sondern leben, und des Herrn Werk verkündigen« (Ps. 118, 17).

Du aber, mein Leib, sollst in der Erde ruhen und schlafen bis zum jüngsten Tage. Ich habe mit dir nun Jahre lang viel zu schaffen gehabt und viel edler Zeit mit dir verloren. Du bist mir sehr beschwerlich und sehr hinderlich gewesen, daß mein Herz sich zu Gott nicht so viel erhoben und an das ewige Gut nicht so viel gedacht hat, als ich hätte billig thun sollen. Dieweil denn Gottes Wille ist, daß du wieder zur Erde werdest, und die vielen Krankheiten, Schmerzen und Wehetage gleich als Kammerboten und Vorläufer des Todes schon viele Male angeklopft und dich gefordert haben – wohlan! so gehorche dem Herrn deinem Gott, fahre unter die Erde in dein Schlafkämmerlein, thue die Thür hinter dir zu, und harre eine kleine Weile, bis dich Gott auferwecken und wieder hervorrufen wird am jüngsten Tage.

Bis daher hast du getragen das Bild des irdischen Adams, dann aber sollst du das Bild des himmlischen tragen und in deinem Fleisch das Angesicht Gottes sehen, wenn du erwachest nach seinem Bilde. Und ob du schon wie Pulver zerstreuet wirst, so gehörest du dennoch dem Herrn Jesu an und bist Bein von seinen Beinen und Fleisch von seinem Fleische. Daher kannst du nicht verloren werden, sondern wenn Er dich rufen wird, so wirst du gesund, stark und vollkommen wieder erscheinen.

Warum sollt ich mich denn entsetzen, und nicht viel mehr fröhlich sein über meiner Auflösung? Ich werde zwar jetzt ausgemergelt und bin krank bis in den Tod, aber es soll nicht lange währen. Die ganze Creatur hat Mitleiden mit mir und sehnet sich mit mir nach ihrer Erlösung. Und was sage ich von der Creatur? Christus selbst, mein Erlöser und mein Heiland, träget herzlich Mitleiden und ich weiß, daß ihm jetzund sein Augapfel angetastet wird über meiner Schwachheit, daß er es nicht lange kann ansehen. Darum komm Tod und löse mich immer auf; du bist mir nicht schrecklich, sondern ein angenehmer Gast und eine Pforte durch Christum aus dieser Welt in das himmlische Vaterland. Getrost ist mir mein Herz und Sinn, sanft und stille, wie mir Gott verheißen hat. Lieber Tod, Bruder des Schlafs, du bist mein Schlaf worden.

Es hat kein Auge gesehen und kein Ohr gehöret und ist in keines Menschen Herz kommen die unaussprechlich große Freude, zu welcher ich jetzt aus diesem elenden Jammerthal eindringen werde. Darum singe ich fröhlich:

> » **O patris charitas!** (Liebe des Vaters)
> **O Nati lenitas!** (Lindigkeit des Sohnes)
> Wir wären all verdorben
> **per nostra crimina,** (durch unsere Vergehungen)
> so hat Er uns erworben
> **Cölorum gaudia.** (die Freuden des Himmels)
> Eia, wären wir da!
> Eia, wären wir da!«

Dahin ruft mich die ganze heilige Dreifaltigkeit. Und ich höre jetzt die Stimme meines Heilandes: Komm, du Elender, du Mühseliger und Beladener! komm, Ich will dich erquicken! komm, Ich will dich mit einsammeln, der Ich bin wie eine Henne, die ihre Küchlein sammelt unter ihre Flügel. Komm, du mein liebes Schäflein, und folge mir nach! Ich will dir geben das ewige Leben, und es soll dich Niemand aus Meiner Hand reißen. Wahrlich, wahrlich, Ich sage dir: heut noch wirst du mit Mir im Paradiese sein!

Ja komm, mein allerliebster Herr Jesu! Ich komme, o Du mein allerliebster Freund, und
bin gewiß, daß weder Tod noch Leben, weder Engel noch Fürstentum noch Gewalt, weder
Gegenwärtiges noch Zukünftiges, weder Hohes noch Tiefes noch keine andere Creatur von
Deiner Liebe mich scheiden mag. O Jesu, mein trauter Bruder und meines Herzens werthe
Krone, ob ich schon den Leib jetzt lassen muß, so weiß ich doch, daß mich Niemand wird aus
Deiner Hand reißen. Ich bin dieses Lebens so herzlich müde, und nach Dir verlanget mich,
mein Gott! Ich hoffe auf Dich! eile bald mich zu erretten! In Deine Hände befehle ich meinen
Geist, Du hast mich erlöset, Du getreuer Gott!

Damit gute Nacht, Welt! gute Nacht, Vater, Mutter, Weib, Kinder, Bruder, Schwester! Ade
Haus, Hof und alles was in der Welt ist! Ich singe noch zuletzt mit Luther:

>>Mit Fried und Freud ich fahr dahin
in Gottes Willen.
Getrost ist mir mein Herz und Sinn,
sanft und stille.
Wie Gott mir verheißen hat:
der Tod ist mein Schlaf worden.

Das macht Christus, wahr'r Gottes Sohn,
der treue Heiland,
Den Du mich, HErr, hast sehen lan,
und machst bekannt.
Daß Er sei das Leben und Heil
in Noth und auch im Sterben.<<

Ich habe einen guten Kampf gekämpfet und meinen Lauf vollendet. Nun auf und immer fort,
meine Seele, und laß dich aus dem Tode reißen, deine Augen von den Thränen und deinen Fuß
vom Gleiten, daß du mögest wandeln vor dem Herrn im Lande der Lebendigen. Nun begleite
mich, Gott Vater, Gott Sohn, Gott heiliger Geist, und die heiligen Engel mögen mich mit
herzlicher Frohlockung empfangen! Der HErr gesegne mich, und behüte mich! der HErr lasse
Sein Angesicht leuchten über mir, und sei mir gnädig! der HErr erhebe Sein Angesicht über
mich, und gebe mir Seinen Frieden! Er behüte meinen Eingang und Ausgang, von nun an bis
in Ewigkeit! Amen. Amen. –

5.
Was lebt, das stirbt durch Adams Noth. Was stirbt, das lebt durch Christi Tod.

Wer also stirbt und seinen Abschied von der Welt nimmt, der fahret nicht allein selig, sondern preiset und ehret auch Gott mit feinem Tode; wie denn alle Christen billig thun sollen und
wir deß ein schön Exempel an St. Paulo haben, da er seinen Tod ein Opfer heißet: >>Ich werde
schon geopfert, sagt er, und die Zeit meines Abscheidens ist vorhanden<< (2 Tim. 4, 6). Wie ist
es aber ein Opfer? Also spricht er, >>daß Christus hoch gepriesen werde an meinem Leibe, es sei
durch Leben oder durch Tod<< (Phil. 1, 20). Desgleichen, da unser Herr JEsus Christus seinem
Jünger Petro weissaget von seinen zukünftigen Banden, Stricken und Gefängniß, schreibet St.
Johannes, daß der Herr solches gesagt habe >>zu deuten, mit welchem Tode Petrus Gott preisen
würde<< (Joh. 21, 19).

Summa: es soll ein Christ frohlocken in Christo und ihn so ehren, bekennen und preisen,
daß er, wie St. Paulus sagt, auch trotzen, rühmen und fröhlich sein kann, wenn es übel zugehet.
Es soll sein Herz eitel solche Gedanken ergreifen, daß er einen großen Schatz habe, wenn er
arm ist; ein mächtiger Fürst und Herr sei, wenn er im Kerker liegt; stark, wenn er schwach und
krank ist; in eitel Ehre schwebe, wenn er geschändet und geschmähet wird. Also auch, daß er
erst ein neuer lebendiger Mensch werde, wenn er jetzt sterben muß. Und so sollen wir durch
den Glauben eitel neu Herz und Muth gewinnen und nicht vergessen, daß hier das Vorspiel

anfänget des zukünftigen Wesens, da es heißen wird: »Das Alte ist vergangen; siehe, es ist Alles neu worden!« (2 Cor. 5, 17).

»Solches haben gethan die lieben Väter, wie Luther sehr tröstlich hiervon schreibt, und sich stark an den Herrn Christum gehalten. Auch pflegten sie dies Liedlein zu singen: Der Tod seiner Heiligen ist werth gehalten vor dem HErrn! (Ps. 116, 15). Ihr Blut wird theuer geachtet werden vor Ihm! (Ps. 72. 14). Er gedenket und fraget nach ihrem Blut! (Ps. 9, 13). Also reden sie daher, die frommen Herzen, und aus solchen Worten werden sie gar manche Predigten gesponnen haben, ob sie wohl kurz gefastet und nur als ein Thema oder Beschluß ihrer Predigt beschrieben sind. Denn es giebt gar mächtig reichen Trost, damit man ein Herz kann aufrichten, weil sie so gewaltig daher schließen: Lieber, es dünket dich wohl anders, und ist vor deinen Augen anzusehen, daß der Heiligen Tod sei ein lauter Untergang und Verderben, und scheinet, als sei ihrer nun gar vergessen und geschwiegen, und haben keinen Gott, der sich ihrer annähme. Weil er sich ihrer bei ihrem Leben nicht hat angenommen und sie so elendiglich hat dahin sterben lassen, als die zerrissen und zerfressen, verbrannt und zerpulvert sind; daß keine Vernunft kann anders sagen, denn es sei ein jämmerlich, elend, schändlich Ding um ihren Tod. Aber vor Gott, sagen die lieben Väter, sollt ihrs gewißlich dafür halten: wenn ein Heiliger, d. i. ein wahrer Christ, stirbt, daß Ihm geschehe ein trefflich theuer köstlich Opfer, der lieblichste und süßeste Geruch von Weihrauch, und der beste höheste Gottesdienst, so Ihm widerfahren mag.

Denn Er hält auch nicht so viel von den lebendigen Heiligen, als von den todten. Ja, weil sie leben, läßt er sie hingehen so schwach und elend, und sich mit der Sünde, Welt, Teufel und Tod zermartern, als sähe ers nicht und wollte ihnen nicht helfen. Aber flugs, wenn sie den Leuten aus den Augen sind, und nun ein faul stinkend Aas, das Niemand leiden kann, oder zerpulvert und zerstäubt, daß Niemand weiß, wo sie blieben, und gar abgeschieden und vergessen sind von der Welt, als die nichts mehr zu hoffen haben – da heben sie erst an, vor Gott köstlich Ding zu werden und nicht allein eitel Leben, sondern ein solcher theurer Schatz, den die Majestät selber theuer und hoch achtet und nichts weiß Köstlicheres zu rühmen; und je mehr sie vergessen sind vor der Welt, je höher er sich ihrer annimmt und von ihnen rühmet.

Deß hast du ein schön Exempel an den ersten zween Brüdern 1 Mos. 4, da der Schalk Cain seinen Bruder heimlich ermordet und verscharret hatte, ging hin und wischte das Maul, meinete es sollt's Niemand wissen und nun wohl verborgen bleiben, dieweil Abel Niemand hätte, der sich seiner annähme. Und da Gott ihn fraget: wo ist dein Bruder Abel? machet er sich so heilig und rein, daß er sich auch rühmet, er wäre nicht schuldig für ihn zu sorgen, und sprach: was weiß ichs? wie kann ich meines Bruders Hüter sein? Aber da kam, Der da heißt der Blutsucher und Bluträcher, ja der das Blut seiner Heiligen fordert und rächet, und sprach: deines Bruders Blut schreiet zu mir gen Himmel! Wer heißt Gott jetzt also reden? Kann er es nicht vergessen, nun er todt und dahin ist? muß noch vom Himmel rufen und über das Blut schreien, als das ihm so viel zu schaffen mache, daß ers nicht leiden noch schweigen könne? so ers doch wohl vorhin hätte können wehren; oder sein schonen, da Cain nun allein war und keinen Bruder noch Erben hatte. Sondern straft ihn so gräulich, daß er von den Eltern muß verstoßen und auch die Erde um seinetwillen muß verflucht werden. Das heißt sich ja weidlich angenommen des Bluts, das da verfaulet war. Solchen Ernst und Sorge erzeigte er nicht, da Abel noch lebete, ohne daß er ihm sein Opfer gefallen ließ. Aber nun er hinweg ist und unter der Erde liegt, da muß er flugs leben und reden im Himmel, also daß Gott selbst für ihn predigt und so ausschreiet in alle Welt, daß beides, er und sein Mörder, muß ewiglich zum Exempel stehen in der Schrift und nimmermehr ausgelöschet werden.

Siehe, also haben« die lieben Väter solch Exempel angesehen und ihre Sprüche daher genommen, daß die todten Heiligen gewißlich müssen vor Gott leben und wieder hervorkommen viel herrlicher denn zuvor. Denn also nimmt er sich keines lebendigen Thieres an, das keine Hoffnung hat, auch nicht der Tyrannen und Gottlosen, die dahin sterben in des Teufels Namen; sondern nur seiner armen Heiligen, die so elendiglich und schändlich umkommen, und achtet derselben Tod viel theurer, denn ihr ganzes Leben. Denn dasselbe kann nicht ohne Sünde sein, wiewohl es auch unter der Vergebung und unter Christo ist. Ist aber nichts gegen das, wenn ein Mensch von diesem Leben scheidet und der Sünde und der Welt abstirbt. Also daß Gott alsdann alle beide Augen aufthut, und müssen alle Engel da sein und auf ihn warten unten, oben und rings um ihn her, wo er anders gekleidet ist mit der Taufe Christi und mit dem Glauben und Gottes Wort, daß er möge gezählet werden unter diejenigen, die da heißen: Gottes Heilige.

Denn ihr wisset ja Gott Lob, was da heißet: Gottes Heilige; daß die Schrift nicht meinet die Heiligen droben im Himmel, wie der Papst Heilige macht, die man soll anrufen, ihre Tage fasten und feiern, und sie zu Mittlern setzen; auch nicht, die sich selbst geheiligt haben, wie die Carthäuser, Barfüßer und andere Mönche oder Welt-Brüder, und solche Teufel die von sich selbst wollen heilig werden durch ihre Werke, sondern die Gott geheiligt hat ohn all ihr Werk und Zuthun, dadurch sie in Christi Namen getauft sind, mit seinem Blut besprenget und rein gewaschen, und mit seinem lieben Worte und Gaben des heiligen Geistes begabet und gezieret; welches alles wir nicht erzeugt haben noch erzeugen können, sondern aus lauter Gnaden von ihm empfangen müssen. Wer aber solches nicht hat und andere Heiligkeit suchet, der ist eitel Stank und Greuel vor Gott, als der da leugnet, daß solch Bad, als des unschuldigen Lämmleins Blut, heilig und rein mache.

Welche nun solche getaufte Christen sind, die sein Wort lieb haben und fest daran halten, und in demselben sterben – Gott gebe, sie werden gehenkt, geradebrecht, verbrannt, ersäuft; oder an der Pestilenz, Fieber oder sonst umkommen –: die schließ nur in Christi Tod und Auferstehung und sprich flugs den Text über sie: Der Tod seiner Heiligen ist theuer und werth vor dem Herrn, daß ers hält für so einen trefflichen schönen Schatz und köstlich Kleinod auf Erden. Es würge dich der Teufel auf dem Bett oder der Henker am Galgen, so ist es beschlossen, daß solcher Tod ein heiliger Tod ist und so theuer vor ihm geachtet, daß ers nicht will ungerochen lassen, sondern den Teufel, so dich ermordet, vor Gericht ziehen und mit ewiger Pein quälen, der Sünde den Kopf abschlagen und den Tod in die Hölle begraben, und alles rächen, dadurch seine Heiligen haben sterben müssen.« – Bis daher Luther.

V

Der herrliche Zustand der auserwählten Seelen bei Gott in Seinem Paradies

Hierauf folgt nun die fünfte Wohlthat Gottes, welche von der ewigen unaussprechlichen Ehre, Freude und Herrlichkeit handelt, deren unsere Vorväter und alle die lieben Unsrigen, so in Christo seliglich entschlafen sind, jetzt in jener Welt nicht mehr im Glauben, sondern im Schauen theilhaftig werden. Denn wenn ein Christ im Herrn gestorben ist, da wird wohl der Leib unter die Erde gescharret, ruhet in seinem engen Häuslein, verweset auch und wird zu Staub bis hin zum jüngsten Tage. Aber die Seele, mit Christi Blut durch den Glauben besprengt und von Sünden gereinigt, fähret vom Mund auf gen Himmel und wird versammlet zu allen auserwählten Engeln und Menschen, mit welchen sie in vollkommener Freude bei Gott lebet und schwebet, und wartet mit freudiger Sehnsucht des lieben jüngsten Tages.

Wie nun solches Alles recht eigentlich zugehe, können wir mit unserer Vernunft und allem Scharfsinn nicht errathen, viel weniger allerwege ergründen. Die Maler pflegen wohl ein Kindlein zu malen, welches zum Munde ausfähret und in die hohen Wolken steigt, und soll dadurch die lebendige Seele verstanden werden, die von ihrem Körper auszieht und gen Himmel reiset. Und giebt's hierbei auch sonst viel vorwitzige Gedanken, viel Grübelns und Nachfragens. Denn da die Seele ein unsichtbarer Geist ist, so kann man sie nicht mit leiblichen Augen sehen, noch merken was sie für ein Wesen habe, wie sie aus der sterblichen Hütte ihres Leibes wegziehe und wo sie bleibe. Gleichwohl begehret solches Mancher zu wissen, sonderlich dem seine Freunde, Mann, Weib, Kinder, Eltern, Geschwister, oder sonst geliebte Menschen dahinsterben. Je größer die Liebe auf Erden gewesen, desto stärker denkt er über das Alles nach; und wenn hiervon ein genauer und zuverlässiger Bericht vorhanden wäre, so würde er denselben mit der allergrößesten Aufmerksamkeit anhören und mit ganzem Eifer studiren.

Aber wir müssen hier nicht auf unseres Fleisches Träume, sondern auf Gottes Wort Achtung geben, und uns bei jedem Schritt sorgfältig vorsehen, daß wir uns nicht zur Rechten noch zur Linken verlaufen. Zur Linken verlaufen sich die Epicuräer und rohen Weltkinder, welche vorgeben, die Seele sterbe mit dem Leichnam und zerflattere wie eine dünne Luft; oder aber sie liege, schlafe und schnarche bis zum jüngsten Tage; daß man daher nichts von ihrer Seligkeit oder Verdammniß sagen könne. Das haben sie von St. Paulo nicht gelernet. Zur Rechten verirren sich die vorwitzigen Leute, die Gottes Wort hintenan setzen und gleichwohl von der heiligen Seelen Zustand und ihrem geräumigen Himmel groß Posaunen machen, nicht anders als wäre es ihnen von Gott sonderlich geoffenbaret. Hier müssen wir uns ja versehen und Gottes Wort als die einige Mittelstraße inne halten, wenn wir von den Irrlichtern unbetrogen bleiben und die Lehre von diesem Geheimniß recht fassen wollen.

Mein Glaube und Bekenntnis ist hier, daß die Seelen der Gerechten ewig leben und nach dem zeitlichen Tode von keiner Angst noch Trübsal mehr wissen. »Fürchtet euch nicht, sagt der Herr, vor denen, die den Leib tödten, und die Seele nicht mögen tödten« (Matth. 10, 28). »Ich bin der Gott Abrahams, der Gott Isaaks, und der Gott Jacobs. Gott aber ist nicht ein Gott der Todten, sondern der Lebendigen« (Matth. 22, 32). »Wahrlich, wahrlich, Ich sage dir: heute wirst du mit Mir im Paradiese sein« (Luc. 23, 43), »Die Gerechten werden ewiglich leben; und der Herr ist ihr Lohn, und der Höchste sorget für sie. Darum werden sie empfangen ein herrliches Reich, und eine schöne Krone von der Hand des Herrn« (Weish. 5, 16. 17). Und abermal: »Der Gerechten Seelen sind in Gottes Hand, und keine Qual rühret sie an. Von den Unverständigen werden sie angesehen, als stürben sie; und ihr Abschied wird für eine Pein gerechnet, und ihre Hinfahrt für ein Verderben. Aber sie sind im Frieden« (Weish. 3, 1-3).

Deswegen glaube ich von Herzen und bekenne hiermit schriftlich und öffentlich, daß die Seelen der Auserwählten nicht wie ein Licht verlöschen, noch wie eine dünne Luft oder wie ein Rauch zerflattern; daß sie auch nicht liegen, schnarchen und schlafen bis hin zum jüngsten Tage, wie die Dormitantianer geschwärmt haben; – sondern daß sie leben, und daß ihr Leben ein friedlich Leben und ein recht Paradies-Leben, ja ein herrlich Freuden-Leben ist voll alles Trostes und aller himmlischen Wonne; und daß solch Leben sofort nach dem Tode angehet, wie Christus zum Schächer spricht: Heut wirst du bei mir im Paradiese sein. Solche Worte soll ein sterbender Christ sich recht zu Nutze machen und sie wohl herausstreichen lernen. Heut, heut! spricht Er, Gottes Sohn, als wollt er sagen: nicht erst am jüngsten Tage soll dein Paradies-Leben angehen, sondern noch heut, über eine Stunde, zwei, drei oder vier, sobald du stirbst und die Seele von deinem Leibe abgerissen wird. Alsdann wird deine Seele nicht schnarchen noch schlafen, auch nicht zwischen Himmel und Erde in der Irre herum schweben, sondern alsbald bei mir im Paradiese sein, und ein Paradies-Leben voll Freude und Herrlichkeit mit Mir ewiglich führen.

1.

Die himmlische Hochzeit.

An einem anderen Orte (Matth. 28) wird dies Paradies-Leben eine Hochzeit genannt, auf welcher Christus mit den auserwählten Kindern des Lichts sich erfreuet, und dahin er auch von diesem Jammerthal abfordert alle, die seine Zukunft mit gläubigen Herze» gleich als mit brennenden Lampen erwarten. Denn er vergleichet sich einem Bräutigam, der um Mitternacht anklopfet und dem seine gottseligen Christen als kluge Jungfrauen mit brennenden Lampen entgegen kommen und gehen mit ihm hin zur Hochzeit. Auch vermahnet er uns zur stetigen Bereitschaft und Erwartung seiner Ankunft, wenn Er spricht: »Seid gleich den Menschen, die auf ihren Herrn warten, wenn er aufbrechen wird von der Hochzeit, auf daß, wenn er kommt und anklopfet, sie ihm bald aufthun. Selig sind die Knechte, die der Herr, so er kommt, wachend findet. Wahrlich, ich sage euch, er wird sich aufschürzen, und wird sie zu Tische setzen, und vor ihnen gehen, und ihnen dienen« (Luc. 12, 36. 37).

Aus diesen und ähnlichen Reden ist abzunehmen, daß der selige Zustand und die Gemeinschaft der auserwählten Seelen mit Christo im Himmel kann etlichermaaßen durch Gleichnisse erklärt und abgemalt werden, wenn man nur recht Acht hat auf die Beschreibung eines Paradieses und einer Hochzeit.

Nun wird durch das Wörtlein Paradies gemeiniglich ein Lustgarten oder Park verstanden, darin allerlei herrliche Bäume, als: Eichen, Tannen, Buchen, Birken, Eschen, Ahorn, Espen, Acazien, Elsen u. a.; Felsen mit Moosen und Farrnkraut, Gehege mit Hirschen, Rehen, Fasanen; allerlei edler Früchte, als Orangen, Granaten; wohlriechende Kräuter, weithin duftende Sträucher, weiße Lilien, Rosen und andere Blumen, wie auch stattliche Lusthäuser und Hallen, von allerlei Laubwerk köstlich durchflochten, gefunden werden. Denn wo man in ein solch Gartengepränge kommt, sonderlich nach dem Ausgange des Winters in der Maienzeit, und siehet mitten unter die blühenden und ausschlagenden Bäume, fein ordentlich und dicht zusammengesetzt, als in einen grünen lustigen Wald; dazu die edlen Gebäude, die grünen hochgewölbten Bogen, die prächtigen Spaziergänge, rauschende Wasserbäche, plätschernde Springbrunnen, spiegelglatte Fischteiche mit Kähnen und allerhand Wasservögeln, dunkel bewaldete Berge mit weiten Aussichten, anmuthige Sommerlauben und einladende Ruheplätze aller Art; höret die Nachtigall, den Pfingstvogel, die Singdrossel, den Laubsänger, die Grasmücke und andere liebliche Vögel ohn Unterlaß singen; höret auch schönen Gesang von Menschenstimmen und allerlei Musika und Concert von Harfen, Geigen, Lauten, Flöten, Trompeten und andern Instrumenten; siehet dazu eitel große Herren und glänzende Frauen, wie sie darin zu Tische sitzen, umher gehen, essen, trinken und sich in aller Weise in Ehren fröhlich erzeigen: – da heißet man wohl solchen Lustgarten ein Paradies, und die Freude, so darin zu sehen, ein irdisch Paradies-Leben.

Wo aber der Hochzeiten und hochzeitlichen Ehren gedacht wird, da meinet man ja mit solchen Worten den hohen Ehrentag eines Bräutigams und seiner lieben Braut, wie auch die fröhliche Gesellschaft und Zusammenkunft ehrsamer und schöngekleideter Leute, welche mit Braut und Bräutigam sich freuen, essen, trinken, singen und haben eitel frohe Gemüther.

Wiewohl nun der Himmel, dahin alle gottseligen Seelen aus dieser Welt kommen, nicht ein irdisch Paradies noch ein Elysium oder weltlich Freudenfeld und Freudenland ist, sondern ein Freudenort, desgleichen kein Auge gesehen, kein Ohr gehöret und kein menschlich Herz erfahren hat; wiewohl die auserwählten Seelen daselbst nicht eine irdische leibliche Hochzeit halten, sondern eitel unaussprechliche himmlische Freude und Herrlichkeit empfinden: so wird das ewige Leben doch ein Paradies und Hochzeit genannt, damit anzuzeigen, daß eines frommen Christen Seele flugs nach dem Tode wiederum in den Stand vollkommener Seligkeit kommt, darin unsere ersten Eltern, Adam und Eva, vor dem Fall sich befanden, als das irdische Paradies ihr Vaterland war und sie mit heiliger Freude ihre Hochzeit darin hielten. Denn was wir in dem ersten Adam, der irdisch war, verloren, das finden wir in Christo als in dem anderen himmlischen Adam reichlich und überflüssig wieder, und besitzen es auf dieser Welt im Glauben, aber flugs nach dem Tode sind wir bei ihm und sehen's vor Augen.

Was ist aber das Leben unserer ersten Eltern vor dem Fall anders gewesen, denn ein recht Paradies-Leben, Paradies-Freude und eine Gemeinschaft mit Gott, gleich einer fröhlichen Hochzeit, da sie Gottes Tempel, Gottes Braut und Gottes Eigenthum waren? Sie wohneten in dem edlen schönen Lustgarten, den Gott ihnen selbst bereitet hatte; hielten darin Hochzeit, und waren beide Gottes Wohnungen und lebendige Spiegel oder Ebenbilder seines göttlichen Wesens, daß sie mit eitel inbrünstiger Liebe umgingen und liebten ihren Gott von ganzem Herzen, von ganzer Seele und von ganzem Gemüthe, und einer den Anderen als sich selbst.

Siehe, ein solch Leben führeten Adam und Eva in Eden, ehe denn sie sündigten und ehe der Tod in die Welt gekommen war. Und nachdem unser Herr Christus die Sünde getilgt und dem Tode seinen Stachel genommen, auch das Leben und die verlorene Seligkeit als der himmlische Adam uns zu Trost wieder gefunden und theuer erworben hat – was kann denn einer auserwählten Seele nach ihrem seligen Auszug von der Welt, wenn sie die Sünde und den Tod im Glauben überwunden hat, anders begegnen, denn ein wundertröstlich Paradies-Leben, da sie dem himmlischen Adam als eine neugeborene Eva zugeführt wird und in eitel Freude eine himmlische Hochzeit mit ihm hält? Wahrlich, da wird ihr nicht anders zu Muthe sein, als käme sie aus diesem Jammerthal durch den zeitlichen Tod plötzlich in einen wunderschönen Lustgarten, auf eine Hochzeit, da von unaussprechlicher Freude, Lust, Schönheit, Klarheit, Majestät und Herrlichkeit alles lebet, lachet, hüpfet und springet, so lieblich, so prächtig, so gewaltig und so tröstlich, daß es kein Mensch auf Erden jemals ausreden kann. –

Ja, sprichst du, wer hat es aber gesehen und ist im Himmel gewesen und von dannen wieder zu uns herabgekommen, daß er solches bezeugete? wer ist todt gewesen und wieder lebendig geworden?

Höre, lieber Freund, es wird in der Schrift Einer namhaft gemacht, der in der Hölle und im Himmel gewesen, hat alles erfahren, ist auch von den Todten wieder hervorgekommen und offenbaret es uns reichlich. Weißt du nicht, wer Der ist? Er heißet JEsus Christ, Gottes und Marien Sohn. »Ich war todt, sagt er zu dem Apostel auf der Insel Pathmos, und siehe, Ich bin lebendig von Ewigkeit zu Ewigkeit, und habe die Schlüssel der Hölle und des Todes« (Offenb. 1, 18).

Nun berichtet uns dieser Mann, in Dessen Munde kein Betrug gefunden wird, daß ein gläubiger gottseliger Christ durch den Tod in das ewige Leben dringe, daß er zu Gott fahre in sein Paradies, sobald er sterbe, ja dahin von den heiligen Engeln getragen werde! Werde dann angezogen mit einem weißen Kleide, sitze zu Tische mit Abraham, Isaak und Jakob, fühle keinen Hunger noch Durst, werde auch mit keiner Sonnenhitze beschweret, sondern zu den lebendigen Wasserbrunnen geleitet und lieblich erquicket. Und damit Niemand daran zweifle, führet er eine Historia von Lazaro an, welcher selig gestorben und nach dem Tode von den heiligen Engeln in Abrahams Schooß getragen worden, mit fernerer Anzeige, daß er da getröstet werde für seine große Armuth, Jammer und Elend, so er hier auf Erden gelitten und ertragen (Luc. 16).

Auch ist St. Paulus einmal, wie er selbst zeuget (2 Cor. 12), in den dritten Himmel, das ist in das Paradies, entzücket gewesen und hat daselbst unaussprechliche Worte gehöret, welche kein Mensch sagen kann. Und ob ihm wohl verboten war, viel davon zu rühmen; er auch selbst nicht weiß, ob er in dem Leibe oder außer dem Leibe gewesen: doch ist aus seinem Verlangen, das er nach dem Himmel trägt und hin und wieder mit Worten zu verstehen giebt, genugsam abzunehmen, wie sehr es ihm dort gefallen habe. »Ich elender Mensch, sagt er, wer wird mich erlösen von dem Leibe dieses Todes?« »Ich habe Lust abzuscheiden und bei Christo zu sein.«

»Wir haben viel mehr Lust, außer dem Leibe zu wallen, und daheim zu sein bei dem Herrn.« »Ich vergesse, was dahinten ist, und strecke mich zu dem, das da vorn ist; und jage nach, dem vorgesteckten Ziele nach, dem Kleinod, welches vorhält die himmlische Berufung Gottes in Christo Jesu« (Röm. 7; Phil. 1; 2 Cor. 5; Phil. 3, 13. 14).

Siehe, wie thut hier der Apostel? O wie jaget, eilet und schreiet er, daß er möge von seinem sterblichen Leibe bald erlöset werden und bei Christo sein! Ist es denn nicht gut auf Erden wohnen, da es doch so viel Lust, Pracht, Freude und Ergötzung giebt? Antwort: St. Paulus ist im dritten Himmel gewesen und hat daselbst getrunken von den reichen Gütern des Hauses Gottes; er hat erfahren, wie das edle Paradies-Leben mit aller Welt Pracht, Ehre, Reichthum, Herrlichkeit und allem ihren Himpelwerk nicht zu bezahlen noch zu vergleichen ist. Darum ist er so himmeldurstig und wollte gern, daß es auch alle Menschen wären und dies zeitliche Leben nur mit dem linken Auge, das ewige aber mit dem rechten ansähen; wie er denn schreibt und sonderlich alle gottseligen Christen vermahnet: die da Weiber haben, daß sie seien, als hätten sie keine; die da weinen, als weineten sie nicht; die sich freuen, als freueten sie sich nicht; die da kaufen, als besäßen sie es nicht (1 Cor. 7) – davon wir im ersten Theile dieses Freuden-Spiegels gehört haben.

Es hat auch der Heide Plato auf seinem Todtenbette zu seinen Kindern gesagt: Lieben Kinder, ihr sollt nicht meinen, wenn ich nun von euch scheide, daß ich gar dahin sei wie ein Thier. Denn so lange ich bei euch gewesen, habt ihr auch den Geist, der diesen Leib regiert hat, nie gesehen, sondern allein durch seine Wirkung erkannt. Ich scheide von hinnen als aus einem Gasthofe, nicht als aus einer Wohnung. Denn die Natur hat uns hier auf Erden nur eine Herberge gegeben, nicht ewig da zu bleiben, sondern zu reisen. O des seligen Tages, wenn mein Geist nun kommen wird unter die Gesellschaft der himmlischen Geister und zum göttlichen Rath! Und wenn mir Gott verliehe, daß ich wieder jung werden könnte, so wollte ich es doch nicht thun; denn was hat dies Leben anders, denn Mühe und Arbeit?

Dies redet der Heide daher, und scheinet als habe er etwas von diesem edlen Geheimniß in Egypten aus der von den alten Patriarchen hinterlassenen Lehre vernommen und gleich als von ferne gesehen. Wie viel mehr aber sollen wir Christen über diesem Trost halten und ihn nicht lassen verrosten, nachdem uns das helle Wort Gottes zum starken Grunde gegeben ist, darauf wir unseren Glauben bauen und uns sicher verlassen können. Hätten Sokrates und Plato ein solch Fundament gehabt, sie würden dem Tode wahrlich anders getrotzet und viel höhere Freude, Schutz und Rettung wider alle ihre Anfechtungen gefunden haben.

Gern bekenne ich aber, daß solche Herrlichkeit von unserem Fleisch und Blut sich nicht begreifen noch verstehen läßt. Denn wo ein Christ stirbt, da scheinet es vor unseren leiblichen Augen nicht anders, als wo ein Heide stirbt, ja als wo ein unvernünftig Thier stirbt. Denn wer kann den ausfahrenden Geist des Menschen mit leiblichen Augen sehen? Wer siehet die heiligen Engel und Heerschaaren des allmächtigen Gottes, wie sie als feurige Wagen und Rosse den sterbenden Christen umgeben und seiner Seele mit großer Freude wahrnehmen? Wer siehet den gegenwärtigen Heiland JEsum Christum sammt der ganzen heiligen Dreifaltigkeit? Wer höret auch das himmlische Jubelgetön und Frohlocken der heiligen Engel, das sich da erhebt? Man siehet da mit leiblichen Augen nichts denn den todten Körper – das Andere ist alles vor unseren Sinnen tief verborgen.

Aber da müssen wir das Urtheil unserer Sinne fahren lassen und nur auf das Wort Gottes Achtung geben, welches uns die Wahrheit verkündigt und leugt nicht. Dürfen auch nicht vergessen, daß Gottes Wesen, wie auch die englischen Naturen und menschlichen Geister, ob sie wohl für unsere leiblichen Augen unsichtbar sind, dennoch unter sich einer den anderen recht wohl sehen und hören können. Denn, Lieber, ist uns nicht Gott selbst gegenwärtig mit seinen Engeln? Aber wer siehet diese gegenwärtigen Geister? Wer siehet den allmächtigen Gott? Wer siehet die heiligen Engel? Kein Mensch siehet sie auf Erden mit fleischlichen Augen. Und gleichwohl ist gewiß und kann nicht geleugnet werden, ob schon wir sie nicht sehen, daß sie dennoch unter einander sich sehen; wie Christus ausdrücklich sagt, daß die Engel, so um die kleinen Kinder sind und ihrer warten, allezeit schauen das Angesicht Gottes im Himmel. Also sage ich auch von den Seelen der verstorbenen gottseligen Christen: wir zwar sehen sie nicht mit unseren leiblichen Augen, sie aber sehen und kennen sich unter einander sehr wohl, sind ganz und gar im Reich des Schauens, sehen Gott den Vater, Gott den Sohn und Gott den heiligen Geist, desgleichen alle heiligen Engel und alle auserwählten Patriarchen, Propheten und Apostel, mit welchen allen sie eine sichtbare, selige Gemeinschaft halten. –

Aus dem nun, was uns von diesem edlen paradiesischen, hochzeitlichen Leben der auserwählten Seelen in Gottes Wort geoffenbaret ist, ersehen wir, daß es vornämlich in drei Herrlichkeiten bestehet, welche ich allen betrübten Christen, denen ihre Freunde hinweggestorben und in dem HErrn entschlafen sind, zum seligen Trost und zur Linderung ihrer Traurigkeit jetzt noch besonders vorhalten will.

2.
Die englische Gesellschaft.

Zunächst sind die heiligen Engel als himmlische Fürsten und Trabanten des allmächtigen Gottes für die sterbenden Christen verordnet, daß sie ihre Seelen, sobald sie von der Welt abscheiden, mit großer Freude und Frohlockung aufnehmen und gleich als auf ihren Händen tragen; wie geschrieben stehet: »Der Herr hat seinen Engeln befohlen über dir, daß sie dich behüten auf allen deinen Wegen; daß sie dich auf den Händen tragen, und du deinen Fuß nicht an einen Stein stoßest« (Ps. 91, 11. 12). »Der Engel des Herrn lagert sich um die her, so ihn fürchten, und hilft ihnen aus« (Ps. 34, 8). Und im Ebräerbriefe heißt es: Sind nicht die Engel allzumal dienende Geister, ausgesandt zum Dienst, um derer willen, die da ererben sollen die Seligkeit? (c. 4, 14).

Damit nun nicht Jemand meine, es sei solches allein von dem Schutze und der Beiwohnung der heiligen Engel in diesem Leben zu verstehen, so bezeuget die Historia von Lazaro ausdrücklich, daß es auch auf die sterbenden Christen soll gezogen werden. Denn wer kann uns besseren Bericht hievon geben, als unser HErr und Heiland JEsus Christus Selber? Der Arme starb, spricht er, und ward getragen von den Engeln in Abrahams Schooß.

So ist denn erstlich dies unwidersprechlich gewiß und haben wir daran gar nicht zu zweifeln: so bald ein recht gläubiger Christ in dem HErrn entschläft und die Seele von ihm ausfährt, sind alsbald Gottes Heerschaaren, die heiligen himmlischen Frohngeister, am Sterbebett gegenwärtig, umgeben und umschweben dasselbe, und mit freundlichen holdseligen Blicken empfahen sie die ausfahrende Seele, nehmen sie mit Freuden in ihre Mitte und dann mit sich in die Höhe. Darum sagt Luther recht wie dieser seiner Worte droben weiter gedacht worden: »Wenn ein Mensch von diesem Leben scheidet, den Sünden und der Welt abstirbt, alsdann thut Gott alle beide Augen auf und müssen alle Engel da sein und auf ihn warten, unten, oben und rings um ihn her – wo er anders gekleidet ist mit der Taufe Christi, mit dem Glauben und Gottes Wort, daß er kann gezählt werden unter die, so da heißen: Gottes Heilige.«

Wer kann aber diese majestätische Pracht und himmlische Herrlichkeit genugsam rühmen, daß der allmächtige Gott, Schöpfer Himmels und der Erde, seine Kinder, welche von dieser Welt durch den zeitlichen Tod zum ewigen Leben hineindringen, so stattlich läßt empfangen und von seinen heiligen Engeln begleiten?

Denke ihm ein wenig nach, lieber Christ. Wenn ein irdischer Kaiser oder großmächtiger König einem armen Gefangenen, der im finstern Thurm eingekerkert liegt, aus großer Liebe die königliche Kindschaft und Ererbung des Reichs anbieten ließe, und schickte dazu eine stattliche Legation von Fürsten, Grafen und ansehnlichen Herren mit prächtigen Wagen, Reitern und Rossen zum Gefängniß, daß sie den Bettler, so bald er ausgelassen, aufnähmen und ihm zuführeten; nun wird solches alles laut Königlichen Befehls ausgerichtet, die stattlichen und gewaltigen Fürsten, Grafen, Freiherren und Potentaten umgeben mit ihrem reisigen Zeug das Gefängniß, der arme Gefangene kriecht aus der schlammigen Tiefe hervor, sie aber nehmen ihn mit großem Triumph und Frohlockung zu sich, setzen ihn auf einen goldenen Wagen und führen ihn mit herzlicher Freude zu ihrem Könige: – was könnte auf der ganzen weiten Welt einem solchen Gefangenen Höheres, Edleres und Prächtigeres begegnen?

Nun aber ist dies alles eitel Kindertand, Puppenspiel, Flick- und Stümpelwerk, und, wie Salomo sagt, Eitelkeit über alle Eitelkeiten, gegen die himmlische Ehre und Herrlichkeit, da der große König aller Kreaturen, Gottes und Marien Sohn, seine heiligen himmlischen Wächter, Throne und Heerschaaren, die lieben Engel, welche ohne Unterlaß das Angesicht des allmächtigen Vaters sehen, zu uns abfertigt, daß sie der ausfahrenden Seelen wahrnehmen, sobald sie von der Welt abscheiden, und mengen sie zwischen sich ein wie einen theuren Schatz, daß sie mitten unter den Engeln vor Gott erscheinen und seines allerlieblichsten Wesens mit Freuden ansichtig werden.

Da sind die lieben Engel wie hell leuchtende Morgensterne und wie überaus fröhliche Brautführer. Die Seele aber, von dem Kerker und der Hütte ihres Leichnams erlöst, ist wie eine triumphirende Braut, mit ihres himmlischen Bräutigams JEsu Christi schneeweißer Gerechtigkeit bekleidet und mit seinem rothen rosinfarbenen Blute hell und schön gemacht. Da reden alsdann zweifelsohne die heiligen Engel mit ihr und sagen: »Höre Tochter, schaue darauf, und neige deine Ohren, vergiß deines Volkes und deines Vaters Hauses, der Welt darin du bisher gewöhnet hast. So wird der König Lust an deiner Schöne haben, denn Er ist dein Herr, und du sollst Ihn anbeten. Also führet man sie, wie David sagt, in gestickten Kleidern zum Könige; man führet sie mit Freude und Wonne, und gehen in des Königs Palast« (Ps. 45).

O der seligen Heimfahrt und der tröstlichen Herrlichkeit, da die Seele, von ihrem sterblichen Leibe abgesondert, also stattlich mit himmlischer Pracht empfangen und umgeben wird! O der wunderbarlichen Ehre, da sie nicht von irdischen Königen, Fürsten, Grafen und Herren, sondern von den allerdurchlauchtigsten und großmächtigsten Himmelreichs-Fürsten und Trabanten des lebendigen Gottes aufgenommen wird, und nicht in köstlich behangenem Wagen mit reichen Teppichen und Decken, nicht in sammetgepolsterter Sänfte noch in seidenbeschlagener Kutsche, sondern auf englischen Händen sich führen und tragen läßt! O der wunderlieblichen Klarheit, davon es allenthalben über ihr, neben ihr und um sie her leuchtet und flimmert! Wie muß da eitel Freude und Wonne ihr Herz ergreifen! Wie muß sie sich verwundern über den wunderlieblichen, wunderfreundlichen und wundertröstlichen Anblick der wunderschönen Helden Gottes!

Auch dürfen wir nicht denken, daß diese himmlische Klarheit, Freude und Wonne weit von dem sterbenden Christen sei, über etliche tausend Meilen und über die sichtbaren Himmel, wie die Schwarmgeister, Enthusiasten, Spiritualisten und Speculisten träumen. Sondern es hat ein gottseliger Mensch das ewige Leben allezeit gegenwärtig, hier auf dieser Welt im Glauben, und sobald er stirbt, hat es die Seele vor sich und zugegen im Schauen. Eben wie ein Kind im Mutterleibe sein natürlich Leben hat und ist allbereit in der Welt, nur daß solch Leben verschlossen und verborgen ist, und daß es die schöne Welt noch nicht sehen kann. Sobald es aber seine alte Haut ablegt und durch die natürliche Geburt von der Mutter hinweg kommt, da siehet es das weltliche Wesen vor sich, verwundert sich des Lichts, so ihm in seine Aeuglein scheint, und höret die freundliche holdselige Stimme seiner Mutter, wie auch anderer Freunde, die es nehmen, küssen, herzen, tragen, wiegen und tröstlich anlachen.

Nicht anders gehet es mit der auserwählten Seele zu. Auf dieser Welt liegt ihr himmlisch Leben und ihre Seligkeit, wie Paulus redet, in Gott verborgen, sintemal Gottes Wort ihr mütterlicher Leib und geistliche Behausung ist. Dazu bleibt sie auch mit dem alten Adam und sterblichen Leibe als mit einer Haut umgeben, daß sie die himmlische Seligkeit nicht sehen kann, sondern wandelt nur im Glauben und noch nicht im Schauen. Sobald sie aber ihren Leichnam durch den zeitlichen Tod als eine Hütte abgelegt hat, da ist sie aus dem Reich des Glaubens in das Reich des Schauens geboren und siehet augenscheinlich die Herrlichkeit Gottes, hält Gespräch mit den heiligen Engeln, hat die himmlische Freude vor ihren Augen gegenwärtig und kann sich deren nicht genugsam verwundern.

Ja es ist das ewige Leben eines gottseligen Christen, sobald er in dem Herrn entschlafen, recht wie eine Eröffnung der Augen und Aufschließung der Ohren, daß die Seele siehet als wäre sie bisher blind und höret als wäre sie bisher taub gewesen. Gleich als wenn die helle klare Sonne einen blinden und tauben Menschen mit ihrem Glanz und Schein umfinge, als wenn lieblich Harfenspiel oder Glockenklang oder Orgelgetön mit vollen Registern vor seinen Ohren erschallte – solches alles könnte der arme Mensch weder sehen noch hören wegen seiner Blindheit und Taubheit, und lebte doch gleichwohl mitten in dem klaren Sonnenschein und mitten unter den kunstgeübten Spielleuten. Wenn nun ein weit berühmter Arzt käme, der den bösen Staar stäche und risse dem Blinden das dicke hinderliche Fell von seinen Augen, eröffnete ihm danach auch die Ohren, daß er also das Licht plötzlich sehen und den lieblichen Schall plötzlich hören könnte – was meinest du, daß er denken und reden würde? Sonderlich da er sähe den hellen Tag, die liebe Sonne, die schöne Welt, und hörete die herrlichen Posaunen und die anderen wohllautenden Stimmen und Instrumente um sich her? Da würde er ja bekennen, daß sein voriges Leben der halbe Tod gewesen; da würde er sagen: nun empfinde und erfahre ich erst, was leben heißt!

Also kannst du dir auch fein einbilden den unterschiedlichen Zustand unseres irdischen und himmlischen Lebens. Wohl ist ein recht gläubiger Christ auf dieser Welt schon selig und hat den allmächtigen Herrn Zebaoth, Gott Vater, Sohn und heiligen Geist mit seinen heiligen Engeln als eine himmlische feurige Wagenburg um sich her gegenwärtig; und ist kein Zweifel, die lieben Engel, so um ihn her sind, preisen allerwege ihren Schöpfer und singen ihm ohne Unterlaß das: Heilig, Heilig, Heilig ist Gott der Herr Zebaoth! Aber es kann der Christ solchen himmlischen Glanz, Majestät und Herrlichkeit Gottes und seiner auserwählten Engel nicht leiblich sehen noch hören, dieweil er wandelt im Glauben und nicht im Schauen, und ist dazu, wie die Schrift sagt, mit dem sterblichen Leichnam als mit einer irdischen Hütte beschweret (2 Cor. 5, 4). Deswegen liegt es an dem, daß er nur den alten Adam ganz ausziehe und durch den zeitlichen Tod gänzlich von seinem sündlichen Leibe erlöst werde. Alsdann hat er die himmlische Herrlichkeit flugs im Gesicht und schwebet in unaussprechlicher Freude mitten unter den Engeln Gottes.

Ich zweifle gar nicht, wenn solches ein Christ in der Welt recht verstände, er würde sich jederzeit solcher gegenwärtigen Beiwohnung Gottes und seiner lieben Engel herzlich erfreuen und denken: ich bin schon selig und mein Wandel ist schon im Himmel! Halte ich mich doch zu Gottes Wort und liege darin wie ein Kind im Mutterleibe verschlossen. Weiß auch, daß mich Gott mit seinen Engeln allenthalben sehr freundlich umringet und umfähet. Und ob ich schon die große Herrlichkeit mit leiblichen Augen nicht sehe, noch die englischen Stimmen mit leiblichen Ohren höre, sondern wandle nur im Glauben – und muß solches währen bis an meinen Tod: so wird doch nach meinem Tode die Offenbarung sofort angehen, daß meine Seele, von diesem Leibe erlöset, das ewige Leben alsbald vor Augen sehen und den allmächtigen Gott, wie auch seine heiligen Engel selbst wird reden hören.

Daß es sich wirklich also verhält mit unserer Seligkeit, daß die himmlische Freude und englische Herrlichkeit nicht weit von uns abwesend, sondern nahe zugegen ist und daß es allein liegt an dem Unterschiede des Glaubens und des Schauens, solches sehen wir zuerst an unserem einigen Erlöser und Seligmacher JEsu Christo, welcher, da er aus Erden sichtbar wandelte, auch dazumal als des Menschen Sohn im Himmel war. »Des Menschen Sohn, sagt er, der im Himmel ist« (Joh. 3, 13). Auch waren die heiligen Engel fort und fort bei ihm und dieneten ihm, wie die Evangelisten Matthäus und Marcus öffentlich bezeugen. Nun sah man aber an Christo keine himmlische Majestät noch Klarheit, auch nicht wie die starken Helden Gottes, die himmlischen Heerschaaren, Seiner warteten. Das sahe man nicht mit leiblichen Augen, weil sein himmlisch Leben und göttliche Herrlichkeit unter dem Kreuz und Stand der Erniedrigung bedeckt und verborgen lag. Aber doch war diese himmlische Herrlichkeit nicht über etliche tausend Meilen und über alles Firmament weit von ihm abwesend oder abgesondert, sondern nahe zugegen und mangelte nirgend an, denn allein an der Offenbarung, daß er es nicht mochte entdecken, welches er doch thun konnte, wenn er wollte. Denn als er mit seinen drei Jüngern auf dem hohen Berge war und sie etlichermaßen wollte sehen lassen, wie er allbereit im Himmel wäre: siehe, da leuchtete sein Angesicht wie die Sonne und seine Kleider wurden weiß als ein Licht! Auch erschienen ihm da Moses und Elias und redeten mit ihm von dem, was er zu Jerusalem leiden sollte (Matth. 17, Marc. 9, Luc. 9).

Danach haben wir ein merkliches Exempel an dem Propheten Elisa, der sich auch dieser himmlischen Herrlichkeit und Beiwohnung der heiligen Engel tröstete und gar nicht daran zweifelte, ob er sie schon mit leiblichen Augen nicht sah. Denn als er im Flecken Dothan von den Syrern feindlich belagert war und sein Knabe sich hart wegen der Belagerung entsetzte, daß er schrie und sprach: »Awe, mein Herr, wie wollen wir nun thun?« da tröstete ihn Elisa und sprach: »Fürchte dich nicht, denn Derer ist mehr, die bei uns sind, denn derer, die bei ihnen sind.« Ferner betete Elisa und sprach: » Herr, öffne ihm die Augen, daß er sehe! Da öffnete der Herr dem Knaben seine Augen, daß er sahe. Und siehe, da war der Berg voll feuriger Rosse und Wagen um Elisa her« (2 Kön. 6, 15-17).

Hier siehest du, wie das Wesen der himmlischen Herrlichkeit und die heiligen Engel als feurige Wagen und Rosse einen gottseligen Menschen auf Erden stets umgeben und nicht weit von ihm, sondern nahe um ihn her sind. Deswegen hat jeder rechtgläubige Christ, so lange er auf Erden lebt, das Reich Gottes in sich, über sich und um sich her, und mangelt ihm nichts mehr denn daß ers augenscheinlich sehe. Solches aber begegnet ihm, sobald er den Tod überwunden und die sterbliche Hütte seines Leibes abgelegt hat. Dann siehet er augenblicklich die himmlischen Heerschaaren und stattlichen Diener des ewigen allmächtigen Gottes vor Augen und verwundert! sich des neuen hellen Lichtes, der großen Herrlichkeit und der ewigen Klarheit, eben wie ein junges Kind, wenn es vom Mutterleibe zur Welt geboren ist, seine Aeuglein aufthut und siehet mit Verwunderung den lieben Tag und den glänzenden Sonnenschein, davon es allenthalben leuchtet und funkelt.

Also hat die auserwählte Seele nach ihrem seligen Auszuge aus dem sterblichen Leichnam gleich alle himmlische Freude gegenwärtig. Gott ist ihr gegenwärtig, die heiligen Engel sind ihr gegenwärtig, und die unaussprechlich große Herrlichkeit ist ihr gegenwärtig. Sie hat alles dicht vor Augen, obschon die Leute, so um das Sterbebett her stehen, die lieben Engel nicht sehen und ihr Frohlocken, damit sie die heimgehende Seele empfangen und zu sich nehmen, – mit ihren leiblichen Ohren nicht hören. Es ist solches für ihre fleischlichen Augen und Ohren verhüllt und verborgen, weil sie noch sterblich sind und im Leibe wohnen. Die Seele aber des Verstorbenen siehet die lieben Engel augenscheinlich und höret ihre Stimme, was sie ausdrücklich und persönlich reden, und kann solches ohne Hinderniß sehen und hören, weil sie nicht mehr im Leibe pilgert, sondern von demselben gänzlich erlöst und ausgezogen, wie auch von allen Sünden errettet ist.

Wunderlieblich aber und wunderfröhlich gehet es zu, da die himmlischen Frohngeister die auserwählte Seele mitten unter sich nehmen und auf ihren Händen tragen. Denn da freuen sie sich, daß der Mensch Buße gethan und daß er als ein Bußfertiger einen christlichen seligen Abschied von der Welt genommen hat. Darüber frohlocken sie und freuen sich viel mehr und viel herrlicher, als über Himmel und Erde, über sich selbst, und über alle die der Buße nicht bedürfen (Luc. 15, 7).

Man siehet in den königlichen Palästen und an großer Herren Höfen, wenn ein junges Herrlein zur Welt geboren ist, welche große Freude sich daselbst erhebet. Da wird das zarte Kindlein in stattliche Windeln gewickelt und mit Freuden umhergetragen. Die nächsten Freunde nehmen es in ihren Arm, herzen's, küssen's und lachen's freundlich an; und je beschwerlicher es sich mit der Geburt angelassen, daß man gefürchtet hat, es würde das Kindlein todt auf die Welt kommen, welches doch Gott in Gnaden verhütet, – je größer ist die mütterliche Freude, so darauf folgt. Also freuen sich die heiligen Engel und jauchzen vor großer Freude, daß die edle Seele des Menschen den herben bittern Tod **durch des Lammes Blut** und durch die evangelischen Trostsprüche im Glauben überwunden hat und zum Paradies der ewigen Freude eingedrungen ist. Ja, deß freuen sie sich und frohlocken über die gebenedeite Seele, welche sie auf ihren Händen tragen, herzen und küssen sie, reden mit ihr wunderhold und geben ihr eitel freundlichen Anblick, wie einem zarten neugebornen Kindlein.

Wahrlich, keinem jungen Kinde auf Erden mögen seine zarten Windeln und warmen Tücher, darin es eingewickelt liegt, auch selbst nicht seiner Mutter Schooß, so sanft thun als der triumphirenden Seele die englische Frohlockung und Herrlichkeit des ewigen Lebens zu Herzen gehet. Denn allenthalben hat sie mitten unter den Heerschaaren Gottes, mitten unter den stattlichen großmächtigen Fürsten des Himmels eitel Freude und Wonne, und die tröstliche Hand Gottes des allmächtigen Vaters, wie auch die sonnenklaren Hände der heiligen Engel sind ihr wie eine weiche Windel und süßes Bündelein, darein sie gewickelt ist und sich als ein neugebornes Kindlein tragen und wiegen läßt.

Von diesen wundertröstlichen Windeln und Bündlein der auserwählten Seelen predigt die kluge Frau Abigail dem Könige David und stärket ihn damit wider seine Verfolger, da sie spricht: »Wenn ein Mensch sich erheben wird, dich zu verfolgen, und nach deiner Seele stehet: so wird die Seele meines Herrn eingebunden sein im Bündlein der Lebendigen bei dem Herrn, deinem Gott« (1 Sam. 25, 29).

Gleichwie nun das Angesicht der holdseligen Eltern, der lieben Brüderlein und Schwesterlein dem neugebornen Kind nicht schrecklich, sondern sehr lieblich und tröstlich anzuschauen ist, sonderlich wenn es Vater, Mutter, Bruder, Schwester und andere Freunde lieblich anlachen und ihm auf das freundlichste zureden: also sind auch Gottes und der heiligen Engel Angesichter im himmlischen Paradies gegen die auserwählte Seele nicht wie zornige Larven oder schreckliche Gespenster, sondern eitel holdselige Bilder, welche wunderlieblich mit der Seele reden, wundertröstlich sie erfreuen und mit einem wunderfreundlichen Anblick sie allenthalben umgeben. Denn es lieben ja die Engel den Herrn unseren Gott von ganzem Herzen und die seligen Menschen als sich selbst, und weil diese Liebe, so da ist die Erfüllung des Gesetzes, bei Gott dem Allmächtigen in seinem Leben und Reich des Schauens ihren vollen Gang und Schwang hat: was konnte denn da Schreckliches oder Abscheuliches an den lieben Engeln vorkommen, davor die menschliche Seele sich entsetzen müßte?

Wohl ists richtig, daß ein Mensch auf dieser Welt mit seinen leiblichen Augen kein englisch Angesicht und viel weniger das Angesicht Gottes anschauen und ertragen kann, wie deutlich zu sehen an dem Propheten Jesaia, an Daniel, an Manoah (Simsons Vater; Richt. 13, 22) und an St. Johannes auf der Insel Pathmos, wie heftig sie erschrecken und in große Angst fallen, da Gott und seine Engel sich nur etlichermaßen und von ferne sichtbar offenbaren. Aber solche Furcht und Angst kam daher, daß sie noch in der sündlichen Haut des alten Adams steckten und ihre Wiedergeburt noch nicht vollendet war. Darum wie einem unzeitigen Kinde im Mutterleibe höchst gefährlich und fast tödtlich sein würde, vor der Geburt die Welt und die Menschen auf der Welt zu sehen, also können wir auch in der sterblichen Hütte unseres Leibes das Angesicht Gottes und seiner heiligen Engel mit unseren fleischlichen Augen ohne Gefahr Leibes und Lebens nicht ansehen noch ertragen, bis wir aus diesem Jammerthale heimfahren und unsere Seele aus dem Reich des Glaubens ins Reich des Schauens vollkommen geboren wird.

Daher ist die Schuld solcher Angst, Furcht und Gefahr nicht bei Gott und seinen Engeln, als ob sie etwa von Natur mit einem feurigen und verzehrenden Haß des menschlichen Geschlechtes angezündet wären, – was doch ganz und gar nicht der Fall – sondern ist lediglich unserer fleischlichen Blödigkeit, Sünde und Schwachheit zuzuschreiben. Denn es ist Gott die Liebe selbst, und damit wir seine starke Liebe ertragen können, so formirt und gebiert er uns auf dieser Welt durch sein Wort zum ewigen Leben der ewigen Liebe. Desgleichen wo die heiligen Engel gottseligen Leuten in diesem Jammerthale erschienen sind und an den Menschen die fleischliche Furcht, Angst und Zaghaftigkeit gemerkt haben: da ist stets ihr höchster Fleiß gewesen, wie den armen Leutlein solche Furcht und Angst benommen und abgewandt werden möchte.

Deß finden dann wir schöne und merkwürdige Exempel in der Schrift. Es fürchteten sich die Hirten auf dem Felde zur Zeit der Geburt Christi sehr vor dem Engel des Herrn, welcher des Nachts mit himmlischer Klarheit sie umleuchtete. Aber da tröstete er sie und sprach: »Fürchtet euch nicht! siehe, ich verkündige euch große Freude, die allem Volk widerfahren wird!« (Luc. 2). Also auch, da der Prophet Daniel sich vor dem Gesicht eines Engels über alle Maaßen entsetzte, daß ihm seine Gelenke bebten und er aus großer Mattigkeit zur Erde sank: da bekümmert sich der liebe Engel mit eitel holdseliger Erquickung, wie er den so heftig Erschrockenen trösten und stärken möchte, rührete ihn deswegen an und sprach: »Fürchte dich nicht, du lieber Mann! Friede sei mit dir! und sei getrost!« (Dan. 10, 19).

Siehe, so lieblich und holdselig sind die heiligen Engel mit Worten, Gebehrden und Gedanken. Und liegt es offenbar nur an unserer großen Schwachheit, daß gleich wie ein unzeitig Kindlein im Mutterleibe vor seiner Geburt ohne Gefahr Leibes und Lebens nicht in die Welt hinaussehen, noch die Angesichter seiner Eltern, Brüder und Schwestern beschauen kann: also dürfen wir auch in dieser Welt das Angesicht Gottes und seiner Engel mit unsern leiblichen Augen ohne Verletzung des Lebens nicht sehen, wie Gott selbst zu Moses sagt: »Kein Mensch wird leben, der mich siehet« (2 Mos. 33, 20).

Aber in jenem Leben und bei Gott in seinem himmlischen Paradies hat die auserwählte Seele das Ende ihrer seligen Wiedergeburt erreicht und ist durch den zeitlichen Tod und Ablegung des sündlichen Leibes aus dem Reich des Glaubens in das Reich des Schauens eingegangen. Darum siehet sie da Gottes Angesicht und die wunderschöne Gestalt der heiligen Engel mit Freuden, wird auch davon lieblich erquickt und gestärkt, daß sie sich keinesweges entsetzt, weiß von keiner Furcht, von keiner Angst, von keiner Blödigkeit noch Trübsal, sondern hat unaussprechliche Lust, Freude und Wonne an solcher Anschauung, und wollte sie Jemand um diesen Zustand ihres Lebens befragen, so würde sie ohne allen Zweifel bekennen, daß sie nicht Himmel und Erde, nicht die ganze Welt noch alle Güter, Pracht, Ehre und Freude, die darinnen sind, für solche Herrlichkeit nähme.

Zudem ist diese Herrlichkeit auch um deshalb so groß und ansehnlich, weil nicht nur einer, sondern viele Engel für eine jegliche Seele beschieden sind, wie die Schrift ausdrücklich meldet, daß Freude sei vor den Engeln Gottes über einen Sünder, der Buße thut. Ferner heißt es: der Arme starb und ward getragen von den Engeln in Abrahams Schooß. »Warum, spricht Chrysostomus, [5]stehet hier: er ward getragen von den Engeln? Hätte denn nicht ein Engel es können ausrichten und stark genug sein, einen armen Lazarus zu führen und zu tragen? Ja traun, es wäre wohl freilich zu dieser Bestallung ein Engel überlei genug gewesen. Es kommen aber ihrer viele dazu, anzuzeigen daß sie große Freude haben ob der Menschen Seligkeit. Denn ein jeder Engel hat Lust und Freude, solchen Dienst zu thun und lässet ein jeder Engel ihm diese Arbeit, die Menschen in das Himmelreich zu führen, gar gern auflegen.«

Nun siehe, was sich hier für ungleich Ding und rechtes Widerspiel eräugnet. Der todte Leichnam des verstorbenen Christen liegt da wie ein Klotz und Stein, weiß nirgend von, wird noch einmal gereinigt, in ein weiß Sterbehemd gehüllt, in einen Sarg gelegt, mit Blumen und Kränzen schön geschmückt, auf einer Todtenbahre zum Hause hinausgetragen und nach dem Gottes-Acker gebracht. Das Crucifix geht voran. Die nächsten Freunde, Nachbarn und Blutsverwandten folgen der Leiche in schwarzen Trauerkleidern mit herzlichem Seufzen, Schreien und Weinen, danach die Liebe zu dem Verstorbenen groß ist. Auch singet man die Klagelieder: Mitten wir im Leben sind mit dem Tod umfangen – Aus tiefer Noth schrei ich zu Dir – (oder: Haben wir das Gute empfangen von der Hand des HErrn, warum sollen wir das Böse nicht leiden? Der HErr hat es gegeben. Der HErr hat es genommen. Als es dem HErrn gefallen hat, so ist es geschehen. Der Name des HErren sei gelobet – Heute mir und morgen dir! so hört man die Glocken klingen – Was Gott thut, das ist wohlgethan – Wer weiß wie nahe mir mein Ende – JEsus meine Zuversicht –) oder andere. Dann die Einsegnung. Unter dem Gesange: Nun laßt uns den Leib begraben – wird der Todte unter die Erde verscharret. Die Lebenden hören noch in der Kirche die Leichenpredigt. Und gehen von dannen nach Haus. – Oder aber es wird der Leib eines Christen um der bekannten Wahrheit willen von Tyrannen und Bluthunden feindlich erstochen, geköpft, gehängt, gerädert und nachher der todte Leichnam zu Pulver verbrannt, oder in Stücke zerrissen, den wilden Thieren vorgeworfen und dergleichen, welches alles schrecklich anzusehen ist, und abscheulich solchen Spectakeln beizuwohnen.

Inmittelst aber fähret die aufgelöste Seele daher, nicht unter den sterblichen Menschen auf Erden, sondern mitten unter den Engeln Gottes im hohen Himmel, erlöst von allem Jammer, Noth, Anfechtung, Bekümmerniß und Herzeleid. Weiß von keiner Angst noch Traurigkeit

mehr, sondern singet, jauchzet, jubiliret und triumphiret über ihre Erlösung. Und ist ihre selige Freudenfahrt unter den fürstlichen Heerschaaren und hell leuchtenden Wagen und Rossen
des allmächtigen Gottes viel hundert tausendmal stattlicher, prächtiger, fröhlicher, gewaltiger
und herrlicher, als wenn du hier unten auf Erden solltest hoch ankommen auf einem goldenen
Wagen sitzend, dazu von allen Kaisern und Königen, von allen Fürsten und Herren der ganzen
weiten Welt in großem Pomp, Solennität und Freude mit viel tausend glänzenden Wagen und
reichgeschmückten Rossen, wie auch mit fröhlichen Pfeifen, Pauken, Trommeln und Trompeten begleitet, und in den allerschönsten und großartigsten Palast, der in Europa, Asien oder
Afrika sein möchte, denselben einzunehmen und zu besitzen hingeführt werden.

Menschliche Gedanken auf Erden können diese himmlische Freude und Herrlichkeit nicht
ergründen, und noch viel weniger könnens unsere Zungen erreichen. Da ist der Wagen Gottes
viel tausendmal tausend (Ps. 68, 18), und wie die Himmelfahrt des Propheten Elia bezeuget, so
sind es feurige Wagen und feurige Rosse (2 Kön. 2, 11). Nicht daß sie wie ein materielles oder
irdisches Feuer Jemand bei der Himmelfahrt beleidigten, ansteckten, sengten, brenneten oder
verzehrten. Sondern es sind die lieben Engel Gottes, welche daher fahren, feurig wegen ihrer
großen Herrlichkeit, feurig von himmlischer Freude, feurig von unaussprechlich großer Liebe,
darin sie lieblich wallen und brennen gegen ihre anbefohlenen und von Gott ihnen vertraueten
Seelen, die sie führen und begleiten. Denn nach dem königlichen Hauptmandat des Gesetzes
lieben sie Gott ihren Herrn von ganzem Herzen, von ganzer Seele und von allen Kräften, und
ihren Nächsten als sich selbst. Nun aber ist solche vollkommene Liebe wie eine feurige Gluth,
als Salomo im Hohenliede schreibt, und eine Flamme des Herrn. Darum also, weil die lieben
Engel im Himmel einen jeglichen triumphirenden seligen Christen mit feuriger inbrünstiger
Liebe herzlich umfangen und tröstlich umgeben, scheinen und leuchten sie von Liebes-Klarheit
und Liebes-Flammen, als wären sie eitel feurige Wagen und Rosse.

Sonderlich aber sollen wir hier wissen, daß solche Freudenfahrt und Herrlichkeit recht ein
Triumph der Seele ist, in dem sie von den Engeln Gottes getragen wird und daher führet als
eine großmächtige Heldin, die nicht Türken und Tartaren, noch andere Barbaren, sondern alle
Teufel in der Hölle, den Tod, die Bäche Belials und die ganze Welt durch Christi Blut im
Glauben überwunden. Frohlocket und triumphiret deswegen nicht anders, als wenn ein tapfrer
Held die Schlacht gewonnen und seine Feinde in die Flucht getrieben hat. Nun kommt er heim
mit Freuden, sitzend auf einem köstlichen güldnen Wagen, darauf ihn der König einholen und
mit einem großen reisigen Zeug von ansehnlichen Fürsten, Grafen, Edelleuten und Rittern auf
das allerköstlichste und herrlichste begleiten läßt.

Wie ging es doch so prächtig zu, als Titus die Juden bezwungen hatte und nach vollendetem
Siege aus dem jüdischen Lande zu Schiffe nach Italien wiederum zurückkehrte. Es kamen ihm,
wie die Geschichtschreiber erzählen, die römischen Bürger in einer unzählbaren Menge draußen
vor der Stadt mit großer Freude entgegen. Er aber, (der menschenfreundliche Feldherr und nach-
malige Kaiser) Titus, und sein Vater Vespasianus zogen daher, gezieret auf ihren Häuptern mit
Kränzen von Lorbeerzweigen in Gold gearbeitet, und angelegt mit römischen Purpur-Kleidern.
Da sähe man in dem Triumphzuge allerlei Kunstwerk von Gold, Silber und Elfenbein zubereitet,
so ordentlich nach einander folgte als ob es nicht getragen, sondern daher geflossen käme. Man
trug kostbare Kleider, waren auch viel Teppiche zu sehen, mit babylonischer Kunst gewirkt und
gemalt, auch viel glänzend Edelgestein in güldene Kronen und in andere Kleinodien eingefaßt.
Die redseligen Oratoren (Professoren der Beredtsamkeit) standen da, in Seide gekleidet und
mit Lorbeerkränzen gekrönet, und rühmeten ihres Siegesfürsten ritterliche Thaten. Summa:
alles Volk war fröhlich und die ganze Stadt Rom stund in Freuden.

Aber was ist diese kurze vergängliche Pracht und Freude gegen den ewigwährenden Triumph
und die ewige Freude einer Seele, die unter den heiligen Engeln hoch daher fährt und frohlocket in Gott ihrem Heiland, daß sie in Christo obgesieget und die ganze Welt sammt ihrem
Fürsten, dem leidigen Teufel, überwunden hat? Wird auch darum von unserem Herrn JEsu sehr
Prächtig im Himmel gekrönet und vor Gott dem Vater, wie auch vor seinen Engeln ewiglich
gerühmet. » Sei getreu, sagt der Sohn Gottes, bis in den Tod, so will ich dir die Krone des

Lebens geben« (Offenb. 2, 10). Und abermal: » Wer überwindet, der soll mit weißen Kleidern angelegt werden, und ich werde seinen Namen nicht austilgen aus dem Buche des Lebens; und ich will seinen Namen bekennen vor meinem Vater und vor seinen Engeln« (3, 5).

Ist nun der arme Lazarus, als er starb, sofort von den heiligen Engeln ausgenommen und zur ewigen Freude getragen worden, und ist der bekehrte Schächer am Kreuz gleich nach seinem Tode in dem himmlischen Paradies bei Christo gewesen; ists auch gewiß, daß ein gottseliger Christ durch den Tod zum Leben eilend hinein dringt, wie Gottes Wort ausdrücklich bezeuget und wir also gar nicht daran zweifeln dürfen: so muß wahrlich dieser Triumph sich alsbald eräugnen, daß die edle Seele eines verstorbenen Christen in dem himmlischen Paradies jauchzet und frohlocket, mit unaussprechlicher Ehre von ihrem Bräutigam und Seligmacher angenommen, gelobt und gekrönet, und von allen Engeln selig gepreiset wird.

Nun mag in ganz Europa, in ganz Asien, selbst in dem schönen Kaiserthum China, und in allen Morgenländern an keinem Ort eine so überaus stattliche Pracht und Herrlichkeit gesehen noch gehöret werden, als dies ist und sein muß; ja eine hohe Freudenpracht und fröhliche Herrlichkeit, da der große König Himmels und der Erde, JEsus Christus, die auserwählte Seele zu Sich nimmt und vor Seinen heiligen Engeln rühmet, da sie bei tausendmal tausend vor Ihm stehen, und spricht zu ihnen: Sehet, ihr Engel und ihr Erzengel, ihr Cherubim und ihr Seraphim, ihr himmlischen Throne, ihr Herrschaften, Fürstenthümer und Obrigkeiten: sehet, das ist der Prophet Jesaias! das ist mein Jünger Petrus! das ist der Lehrer Augustinus! das ist der Martin Luther! das ist der – –, der sich meiner nicht geschämet und mein Wort nicht verleugnet, sondern vor aller Welt solches öffentlich bekannt und mich geehret hat im Glauben und wahren Vertrauen, mit Beten, Danksagung, Anhörung und fleißiger Betrachtung meiner heilsamen Lehre bis in den Tod! Sehet, ihr Engel, das ist der selige Mensch, die auserwählte Seele, das liebe Kind, mein folgsam Schäflein, mein Schatz, mein treuer Freund und theuer erworbenes Gut! Lasset ihn nun mit euch zu Tische sitzen und freuet euch mit ihm! frohlocket mit ihm und lasset ihn unter euch trinken von den reichen Gütern meines Hauses und mit eitel himmlischer Wollust getränket werden wie mit einem Strom!

Wie sanft muß das der edlen Seele thun, da sie von dem Herrn JEsu so hoch vor allen heiligen Engeln geehret wird! Man liefet von Michael III, griechischen Kaiser zu Constantinopel, als derselbige an seinem Diener Basilius Macedo große Treue spürete und durch desselben Fleiß von seinem feindlichen Oheim Bardas errettet ward, da rühmete er ihn vor dem ganzen Reich und ließ öffentlich ausrufen: der Bardas hat mit List mir nach dem Leben gestanden und hätte mich erwürget, wenn nicht mein treuer Diener Basilius dem Unglück vorgebauet hätte! Darum will ich, daß dieser Basilius mein Mitgenoß in der Regierung sei und für einen Kaiser neben mir ausgerufen werde! Da fing Basilius an zu weinen und fiel dem Kaiser zu Füßen. Der Kaiser aber ließ ihn krönen und für einen Mitgenossen an der kaiserlichen Regierung öffentlich ausrufen. [6]

Also und viel tausendmal lieblicher, herrlicher und gewaltiger gehet es im Himmel zu, da unser Immanuel die gebenedeiete Seele vor seinen heiligen Engeln rühmet, daß sie ihm so getreu gewesen bis in den Tod, und krönet sie darauf, daß sie mit ihm herrsche und regiere, wie er spricht: » Wer überwindet, dem will ich geben mit mir auf meinem Stuhl zu sitzen, wie ich überwunden habe und bin gesessen mit meinem Vater auf seinem Stuhl (Offenb. 3, 21). Wahrlich, da mögen die seligen Auserwählten auch wohl vor Freuden weinen, daß es sie dünkt, es sei ein Traum, und was da geredet, gesungen und mit lachendem Munde, fröhlich gerühmet wird, das gehe alles gleich als im Traum zu. Inmaaßen David hievon weissaget und spricht: » Wenn der Herr die Gefangenen Zions erlösen wird, so werden wir sein wie die Träumenden. Dann wird unser Mund voll Lachens, und unsere Zunge voll Rühmens sein« (Ps. 126).

Desgleichen ist es nicht irdisch, fürstlich und königlich, sondern überfürstlich, überköniglich und über aller Welt Pracht, Majestät, Ehre und Herrlichkeit, daß die Fürsten des Himmels, Gabriel, Raphael, die Cherubim und die Seraphim mit allen englischen Thronen und Herrschaften die auserwählte Seele umgeben, sie hoch rühmen und erheben, und tröstlich, mit ihr reden in eitel unaussprechlicher Freude und Wonne.

Als die fromme und gottselige Wittwe Judith ihrem Volke den Sieg wider die Assyrer von Gott erlangt hatte, preiseten sie alle Juden und sprachen: »Du bist die Krone Jerusalems, du bist die Wonne Israels, du bist eine Ehre des ganzen Volks, daß du solche löbliche That gethan und Israel so große Wohlthat erzeiget hast, daß sie Gott wiederum errettet hat. Gesegnet seist du vor Gott ewiglich! Und alles Volk sprach: Amen, Amen« (Judith 15. 12. 13). [7]Scherz und Kinderwerk aber ist diese irdische Ehre gegen die große Himmelsehre, da die königlichen und fürstlichen Heerschaaren des ewigen unsterblichen Gottes den seligen Christen, welcher von diesem elenden Jammerthale ausgeschieden ist, zwischen sich nehmen und seinen beständigen Glauben rühmen, dadurch er den Tod verschlungen und alle Feinde überwunden, hat.

O wie lieblich muß es lauten, da sie auf gut englisch intoniren, singen, klingen, spielen, jauchzen und in großer Freude rufen: Selig bist du, du auserwählte Seele, ja selig bist du, die du geglaubet hast! Denn nun wird dir vollendet, was dir gesagt ist vom Herrn. Du hast einen guten Kampf gekämpft, du hast deinen Lauf in der Welt vollendet, du hast Glauben gehalten, du bist gekommen aus großer Trübsal, du hast deine Kleider gewaschen und hast sie hell gemacht im Blute des Lammes. Wir preisen dich, die du vom Hause des Herrn bist. Siehe, du bist nun gekommen zu dem himmlischen Jerusalem, zu der Menge vieler tausend Engel und zu der Gemeinde der Erstgebornen, die im Himmel angeschrieben sind. Du bist nicht gestorben, sondern du lebst, und sollst nun des Herrn Werk verkündigen. Darum fürchte dich nichts du liebes Kind! Friede sei mit dir! – sei getrost und fürchte dich nicht, du liebe Seele, du seliger Christ! Siehe, auf unsern Händen tragen wir dich und sind von dem großen Könige Himmels und der Erde als dienstbare Geister dir zum Dienst ausgesandt! Wir lagerten uns um dich her, da du noch im Fleische warst und fürchtetest den Herrn, unseren Gott. Und ob du wohl mit leiblichen Augen uns nicht sahest, so waren wir doch als feurige Wagen und feurige Rosse um dich her und hatten unsere herzliche Freude an deiner Buße, da du von Sünden abließest und dich dem Herrn Christo und seinem gepredigten Evangelio ergabst, darein uns mit gelüstet zu schauen. O lieber Bruder, nun siehe, wir sind deine Mitknechte, und deiner Brüder und derer, die das Zeugniß Jesu haben!

Solche englische Herrlichkeit siehet und höret die auserwählte Seele und freuet sich der königlichen Ehre, der lieblichen Lust und der seligen Gemeinschaft die sie da hat mit Cherubim und Seraphim, mit den durchlauchtigen Heerschaaren Gottes und mit allen himmlischen Thronen, Fürstenthümern und Obrigkeiten. Einmüthig loben und preisen sie den ewigen allmächtigen Gott, und lieben ihn von ganzem Herzen, von ganzer Seele und von allen Kräften, und sie sich unter einander, die Engel den Menschen, der Mensch die lieben Engel, als sich selbst. Das ist ihre Gemeinschaft, Bund und ewige Verknüpfung, voll großer Freude, voll höchster Ehre, voll wahrhaftiger Wonne.

O wie muß einer Seele diese Freude und Seligkeit zu Herzen gehen! O wie sehr muß sie sich verwundern der Majestät und Herrlichkeit, die ihr daselbst widerfähret! Wie wird sie da in ewiger Freude frohlocken und jauchzen! wie tröstlich wird ihr zu Muth sein, da sie gedenket, wie sie auf Erden in großer Trübsal, Jammer, Angst und Elend herumgezogen, hat Armuth, Verfolgung, Schmach, Hohn und Spott um des Evangelii willen leiden und den gottlosen Buben ein Narr, ein Fluch und ein Fegeopfer sein müssen! Nun aber lebet und schwebet sie mitten unter den heiligen Engeln in ewiger Freude und Wonne. Da wird sie verspeien, verachten und kecklich verlachen die stolze Pracht der aufgeblasenen Welt und denken: pfui der stinkenden Hoffahrt auf Erden, da sich einer über den anderen erhebt, pranget in Sammt und Seide, bauet stattliche Häuser, trachtet nach eitler Ehre, wie er in königlichen Palästen oder an Fürstenhöfen sich einheucheln, einschmeicheln und über andere herrschen möge! Was sind aller Welt Kaiser, Könige, Fürsten und Potentaten gegen die heiligen Engel? und was ist aller Welt Pracht gegen diese englische Herrlichkeit? Hier neiget mir Gott den ganzen Himmel mit allen heiligen Engeln zu und führe ich unter ihnen so ein Freudenleben, daß ich dafür nicht hundert tausend Welten noch zehnmal hundert tausend irdischer Königreiche nehmen wollte.

Sehet, liebe Christen, das ist die erste Herrlichkeit der auserwählten Seele, deren sie theilhaftig wird, sobald sie von der sterblichen Hütte ihres Leibes aufgelöst ist und deren sie sich freuet mit unaussprechlicher Freude und Wonne. Und gleichwie einen Menschen in dieser Welt sein natürlich Leben und Wandel hier auf Erden dünkt ungleich besser und vollkommener zu sein, als da er im Mutterleibe verschlossen lag und ein verborgen Leben führete; wie er denn auch solch verschlossen und verborgen Leben nicht noch einmal leben möchte, wenn er schon wieder dazu kommen könnte: – also führet die wiedergeborene Seele im Himmel mitten unter den heiligen Engeln ein recht lustig Paradiesleben, gegen welches ihr diese Welt, darin sie eine Zeit lang hat wohnen müssen, viel enger und schmäler erscheint, denn ein Mutterleib, und würde sie nimmer wieder dahin zurückkommen, wenn es ihr schon erlaubt und frei gestellt wäre.

3.
Die göttliche Gemeinschaft.

Die andere Herrlichkeit der erlösten Seele ist die selige Gemeinschaft, die sie hat mit ihrem trauten Erlöser und Bräutigam, Jesu Christo, welchen sie da vor Augen siehet, wie auch Gott den Vater und Gott den heiligen Geist, und ist bei der ganzen heiligen Dreifaltigkeit im himmlischen Paradies, höret daselbst unaussprechliche Worte, die kein Mensch sagen kann; fühlet dazu keinen Hunger noch Durst und wird von keiner Qual berührt, auch von keiner Sonne noch vom irgend einer Hitze befallen, sondern dienet dem allmächtigen Gott Tag und Nacht in seinem Tempel, und wird von ihrem herzlieben Immanuel zu den lebendigen Wasserbrunnen geleitet und für alle Schmach, Hohn, Spott, Verfolgung und Elend, so sie um seinetwillen in der Welt hat tragen müssen, herzlich getröstet.

»Wo ich bin, sagt er, da soll mein Diener auch sein. Und wer mir dienen wird, den wird mein Vater ehren« (Joh. 12, 26). »Vater, ich will, daß, wo ich bin, auch die bei mir seien, die du mir gegeben hast, daß sie meine Herrlichkeit sehen, die du mir gegeben hast« (Cap. 17). Dies sind wundertröstliche und wunderselige Verheißungen, welche über alle recht gläubigen Christen gehen und stracks dahin lauten, daß sie bei ihrem himmlischen Heiland und Seligmacher sein und seine ewige Herrlichkeit sehen sollen. Und damit nicht Jemand meine, daß solche Offenbarung der Herrlichkeit erst am jüngsten Tage angehe und daß die Seele des verstorbenen Christen mittlerweile nichts davon sehe noch wisse, so bezeuget unser Immanuel klärlich das Gegentheil, da er ausdrücklich zu dem bekehrten Schächer spricht: »Wahrlich, wahrlich, Ich sage dir: heut wirst du mit mir im Paradiese sein.«

Solche Worte – ich muß immer wieder dazu ermahnen – erwäget mit Fleiß, ihr Lieben, und denket recht daran, was sie mitbringen und in sich begreifen. Der Schächer stirbt am Holz, und seine Seele fähret von ihm aus. Wo kommt sie aber hin? – Sie gehöret Christo an und kommt zu ihm und bleibet bei ihm. Woda? – Nicht in der Hölle, noch in einer Wildniß, auch nicht in tiefem stinkenden Gefängnis, noch in irgend einem finsteren Wald, da es blutdürstige Straßenräuber, Mörder, Lindwürmer, Drachen, Scorpione, Vampyre, Stechfliegen, Tiger, Hyänen, Parder, Büffel, Wölfe, Löwen, Bären und dergleichen giebt – sondern sie fähret zu Ihm in das Paradies. Also kommt auch eine jede gläubige Seele, sobald sie dem alten Adam und der Hütte ihres Leibes ganz abgestorben, zu Christo in das Paradies, wohnet im Paradies und ihr ganzes Leben, das sie mit ihrem Bräutigam Jesu Christo führet, ist anders nichts denn ein freudenreiches Paradies-Leben.

Da sind die lieben Engel wie königliche Brautführer. Die auserwählte Seele ist die königliche Braut und Jesus Christus ist ihr königlicher Bräutigam, der himmlische Adam. Demselbigen wird sie nach ihrem seligen Abschied von dieser Welt durch die himmlischen Heerschaaren eilend zugeführt, daß sie bei ihm sei. Und gleichwie es auf Erden sehr prächtig, fröhlich und ansehnlich sich ausnimmt, wenn eine stattliche Braut in einem überaus schönen Lustgarten, der eben die lustige Maienzeit ist und sich die edle Nachtigall allenthalben hören läßt, mit großer freudenreicher Solennität, Glanz und Herrlichkeit ihrem Bräutigam zugebracht wird: also gehet, wenn ein Kind des Lichts seliglich in dem Herrn entschlafen, sofort sein Paradiesleben an, daß die edle Seele wie in einem königlichen Lustgarten, mit viel hundert tausend Engeln begleitet, zu ihrem allerschönsten Bräutigam, dem Herrn Christo kommt, bei welchem sie eitel Paradies-Freude, Paradies-Lust und Paradies-Herrlichkeit findet und ergötzet sich ewiglich an Seiner inbrünstigen Liebe.

Ja da gehet die wahre Freude und die« himmlische Seligkeit der Liebe erst an, deren in dem hohen Liede Salomonis mit verblümten Worten gedacht wird. Da kommt die Seele aus dem Reich des Glaubens in das Reich des Schattens, und ihr Vertrauen, das sie in dieser Welt auf ihren himmlischen Bräutigam gesetzet, sammt der seligen Hoffnung wird da zum edlen Licht und Glanz, daß sie wie die Morgenröthe und wie der schöne Mond mitten unter den heiligen Engeln aufgehet und blicket mit aufgethanen Augen nach ihrem trauten Freunde und Erlöser, von welchem sie auf Erden so viel gehöret und den sie mit ihrem Munde so oft gerühmet, bekannt, gelobet, geehret und gepreiset hat. Da ist »ihr Mund voll Rühmens,« ihr Herz voll Freude, ihre Seele voll Wonne.

Die heiligen Engel preisen sie selig und das ganze Himmelsheer freuet sich ihrer Ankunft und spricht: »Wer ist, die hervorbricht, wie die Morgenröthe, schön wie der Mond, auserwählt wie die Sonne, schrecklich wie die Heeresspitzen? Wie schön ist dein Gang in den Schuhen, du Fürstentochter. Wie schön und lieblich bist du, du Liebe in Wollüsten!« (Hohel. 6, 9; 7, 1. 6).

Ihr Bräutigam und allerliebster Jesus Christus empfängt sie auch mit Freuden und läßt sich sehen in großer Majestät und Herrlichkeit. »Wer ist sie, sagt er, die herauf gehet aus der Wüste, wie ein gerader Rauch, wie ein Geräuch von Myrrhen, Weihrauch und allerlei Pulver eines Apothekers?« (Hoh. 3, 6). Als wollte er sagen: es ist die Welt eine rechte Wildniß, Wüste und Einöde, darin die spöttischen Epikuräer nichts fragen nach dem ewigen Leben, sondern meinen, die Seele verschwinde und zergehe wie ein Rauch und Dampf. »Das Schnauben in unserer Nase, sprechen sie, ist ein Rauch; und unsere Rede ist ein Fünklein, das sich aus unserem Herzen reget. Wenn dasselbige verloschen ist, so ist der Leib dahin, wie eine Loderasche, und unser Geist zerflattert, wie eine dünne Luft. Wohl her nun, und laßt uns wohlleben, weil es da ist, und unseres Leibes brauchen, weil er jung ist. Wir wollen uns mit dem besten Wein und Salben füllen. Laßt uns die Maienblumen nicht versäumen. Laßt uns Kränze tragen von jungen Rosen, ehe sie welk werden. Unser Keiner lasse es ihm fehlen mit Prangen, daß man allenthalben spüren möge, wo wir fröhlich gewesen sind. Wir haben doch nicht mehr davon, denn das (Weish. 2, 2. 3. 6-9). Laßt uns essen und trinken, denn morgen sind wir todt« (1 Kor. 15, 32). Das ist der Weltkinder Reim und Loosung, und so gar nichts halten sie von dem ewigen Leben der unsterblichen Seele. – Wer ist aber dagegen die edle Seele, die ich dort sehe kommen aus der wüsten Welt, nicht als einen vergänglichen Dampf noch Rauch, sondern wie einen geraden durchdringenden Rauch, so durch den Tod zu mir in dies Paradies hinein dringet, und riecht lieblich von herzlichem Vertrauen und inbrünstiger Liebe zu mir, wie ein Geruch von Myrrhen, Weihrauch und allerlei Pulver eines Apothekers?

Gleichwie nun eine Braut, welche um ihres Bräutigams willen von ihren Feinden und Widersachern viel Hohn, große Schmach und allerlei Verfolgung hat leiden müssen, sobald sie ihres herzliebsten Bräutigams ansichtig wird – da weinet sie vor Freuden und erzählt ihm die große Angst und Gefahr, die sie seinethalben ertragen und ausgestanden: also thun die auserwählten Seelen auch, die um ihres Heilandes und Bräutigams Jesu Christi und um Seines Wortes willen auf dieser Welt vom Teufel und seinen Consorten weidlich sind durch die Bründe gejagt, verfolgt, verlacht, mit Schmach und Hohn gequälet und jämmerlich erwürget worden. Da erzählen sie und klagen im Himmel dem Sohne Gottes ihre erlittene Noth und alles Elend, wie St. Johannes schreibt daß er gesehen habe die Seelen derer, »die erwürget waren um des Wortes Gottes willen, und um des Zeugnisses willen das sie hatten. Und sie schrieen mit großer Stimme und sprachen: Herr, Du Heiliger und Wahrhaftiger, wie lange richtest Du, und rächest nicht unser Blut an denen, die auf Erden wohnen?« (Offenb. 6, 9. 10).

Diese Worte quellen nicht daher aus fleischlicher Feindseligkeit, Neid oder Rachgier, sondern aus großer Liebe zu Christo und aus sehnlicher Begierde, daß er doch seine Ehre wider den Teufel und alle verstockten Feinde, Verfolger und Tyrannen schützen und retten wolle.

Und ist also die Seele eines verfolgten Christen vor Gott in jenem Leben, dahin sie der Herr Christus abgefordert hat, wie eine gesprächige, lebendige, frische und eifrige Braut, die aus brennender Liebe mit großem Freudengeschrei ihrem Geliebten entgegenkommt; und dann weinet sie vor ihrem himmlischen Bräutigam und erzählt ihm alles, was um seines Namens willen ihr vom Satan und von der argen schnöden Welt widerfahren. Hoja! sehe ich Dich nun endlich, so spricht sie zu ihm, Du großer Ehrenkönig, Du mein herzallerliebster Freund, unter vielen Tausenden auserkoren! O Jesu, Du Krone meines Hauptes, mein einziger Trost, meine herzlichste Freude und Wonne! O nun müssest Du hoch gepreiset, hoch gelobet und hoch geehret sein, Du süße Wurzel Jesse, Du heller Morgenstern, Du König des ewigen Lebens! Hosianna, Du Sohn Davids! Ach wie haben mich die gottlosen Leute auf Erden um Deines Namens willen so feindlich gekränkt, gemartert und geplagt! Dein Wort habe ich bekannt, Deiner Wahrheit habe ich Zeugniß gegeben und falsche Lehre, Abgötterei, Irrthum, Laster und Untugend habe ich in Deinem Namen an den Irrgeistern und bösen Buben alle Zeit und aller Orten tapfer gestraft. Da habe ich denn nun Deinetwillen ein Narr, ein Fluch, ein Fegeopfer und Scheusal ihnen sein müssen. Ich bin geneidet, verspeiet, ausgestoßen, verlästert und endlich gar hingerichtet und schändlich umgebracht worden. O JEsu, wie lange willst Du Deine Ehre schänden lassen? Wie lange richtest Du und rächest nicht das Blut, das um Deinetwillen vergossen wird?

Darauf tröstet sie ihr Jesus und reichet ihr, wie St. Johannes meldet, ein weißes Kleid, welches allhier bedeutet das neue Licht, die höchste Ehre und himmlische Freude, damit sie umgürtet wird. Und gleich als wäre sie bis daher wie eine Hindin von Löwen und Leoparden über Berge, Hügel und Thäler elendiglich gejagt, verfolgt und darüber nackt und müde worden: also beklagt sie ihr Bräutigam, ruft sie freundlich zu sich und spricht: »Komm, meine Braut, vom Libanon, komm vom Libanon. Geh herein, tritt her von der Höhe Amana, von der Höhe Senir und Hermon, von den Wohnungen der Löwen, und von den Bergen der Leoparden!« (Hohel. 4, 8).

Auch tröstet er sie mit der himmlischen Freudenlust und Ergötzung, die sie ewiglich in dem wunderschönen Paradies des ewigen Lebens bei ihm finden und haben soll, und meldet ihr daß all ihr Jammer und Elend wie ein saurer Winter und ungestüme Regenzeit nunmehr vorüber sei. Deswegen soll sie von nun an ein recht Paradiesleben führen im Lande der Lebendigen und in diesem himmlischen Lustgarten von keinem Winter noch Ungewitter der Trübsal mehr wissen, sondern eitel Freude und Wonne erleben und ihre Gestalt mit Freuden sehen und ihre Stimme mit Freuden hören lassen. »Stehe auf, spricht er zu ihr, meine Freundin, meine Schöne, und komm her. Denn siehe, der Winter ist vergangen, der Regen ist weg und dahin. Die Blumen sind hervorgekommen im Lande, der Lenz ist herbeikommen, und die Turteltaube läßt sich hören in unserem Lande. Der Feigenbaum hat Knoten gewonnen, die Weinstöcke haben Augen gewonnen, und geben ihren Geruch. Stehe auf meine Freundin, und komm meine Schöne, komm her. Meine Taube in den Felslöchern, in den Steinritzen, zeige mir deine Gestalt, laß mich hören deine Stimme!« (Hohel. 2, 10-14).

Summa: der Tod seiner Heiligen wird vor Ihm werth gehalten, dieweil er ihre Seele aus dem Tode reißet, ihre Augen von den Thränen und ihre Füße vom Gleiten, daß sie in dem allerschönsten, allerlustigsten und alleredelsten Lande der Lebendigen vor ihm wandeln (Ps. 116, 8. 9). Sie sind kommen, sagt die Schrift, » aus großer Trübsal, und haben ihre Kleider gewaschen, und haben ihre Kleider helle gemacht im Blut des Lammes. Darum sind sie vor dem Stuhle Gottes, und dienen ihm Tag und Nacht in seinem Tempel« (Offenb. 7, 14. 15).

Und solches kommt ihnen nicht anders vor, als wären sie auf dieser Welt wie in einem kalten, dunkeln, mitternächtigen Lande gewesen, da es stets friert, hagelt, schneit und eitel brausende Winde gehört werden, die allenthalben den Frost und Schnee unter die Augen treiben, daß man nichts siehet denn, eitel dicke Finsterniß, gefroren Wasser, Schneeberge, Eisklumpen, Eiszacken und kahle, unfruchtbare Bäume; da man sich auch allenthalben fürchten muß vor den reißenden Wölfen, Bären und dergleichen wilden Thieren, die da wüthen, brummen und brüllen nach dem Raub und zerreißen was ihnen begegnet. Nun aber sind sie aus solchem frostigen, elenden, unfruchtbaren, dunkeln und ganz gefährlichen Winterlande durch den Tod plötzlich wie in einem Hui in das schöne Paradies als in ein himmlisches Sommerland transportirt worden, da der Winter vergangen, der Regen weg und dahin ist, da der Mai ewig grünet, die Sonne nimmer untergehet, der heilige Geist als die rechte himmlische Turteltaube sich freundlich hören läßt und die heiligen Engel viel schöner als Nachtigall, Lerche, Kuckuck, Amsel, Wachtel, Ortolan, Stieglitz, Zeisig, Hänfling und die lieblichsten Feld- und Waldvögelein dem allmächtigen Ehrenkönig mit fröhlichem Munde ihr »Heilig, heilig, heilig ist Gott, der Herr Zebaoth« singen.

Ferner meldet die Schrift (Offenb. 7, 16. 17), daß die auserwählten Seelen daselbst weder hungern noch dürsten, daß auch die Sonne nicht auf sie falle, noch irgend eine Hitze. Denn das Lamm Gottes mitten im Stuhl der ewigen Glorie und Herrlichkeit weide sie und leite sie zu den lebendigen Wasserbrunnen, daß sie trunken werden von den reichen Gütern seines Hauses und getränket mit Wollust als mit einem Strom. Hat es denn der arme Lazarus auf Erden böse gehabt, so wird nun seine Seele im Himmel getröstet; und sind die auserwählten Kinder des Lichts in dieser Welt umhergegangen in Pelzen und Ziegenfellen, mit Mangel, mit Trübsal und mit Ungemach, in den Wüsten, auf den Bergen und in den Klüften und Löchern der Erde: so werden nun ihre Seelen reichlich gestärket und erquicket, daß sie essen, trinken, fröhlich sind und vor gutem Muth ewiglich jauchzen (Jes. 65, 13. 14).

Wir essen auch wohl auf Erden unseres Herrn Christi Leib und trinken sein Blut, geistlich im Glauben und sacramentlich im hochwürdigen Abendmahl mit dem äußerlichen Munde, aber dort im himmlischen Paradies siehet und schmecket die auserwählte Seele nicht mehr im Glauben noch im dunkeln Wort, sondern augenscheinlich, wie lieblich und freundlich ihr Bräutigam sei. Sie isset von dem Holz des Lebens, das im Paradiese Gottes ist und höret die liebliche holdselige Stimme ihres Königs zu allen Auserwählten: »Esset, meine Lieben, und trinket, meine Freunde, und werdet trunken!« (Hohel. 5, 1).

Und dies ist ein recht Bankett, das ewiglich währet und gehet über alle königliche Pracht und Herrlichkeit, die man auf Erden siehet. Als der König Ahasverus vor den Gewaltigen in Persien und Medien, den Landpflegern und Obersten in seinen einhundert und sieben und zwanzig Ländern den herrlichen Reichthum seines Königreichs und die köstliche Pracht seiner Majestät entfaltete und auf seinen Befehl allem Volke zu Schloß Susan ein herrlich Mahl im Königlichen Lustgarten bereitet ward: »da hingen weiße, rothe und gelbe Tücher, mit leinenen und scharlachenen Seilen, gefasste in silbernen Ringen auf Marmelsäulen. Die Bänke waren golden und silbern, auf Pflaster von grünen, weißen, gelben und schwarzen Marmeln gemacht. Und das Getränk trug man in goldenen Gefäßen, und immer andern und andern Gefäßen und königlichen Wein die Menge, wie denn der König vermochte. Und man setzte Niemand was er trinken sollte; denn der König hatte allen Vorstehern in seinem Hause befohlen, daß ein Jeglicher sollte thun, wie es ihm wohlgefiele« (Esth. 1, 6-8).

Nun treibt wohl Gott der Allmächtige in seinem himmlischen Paradies vor seinen Engeln und auserwählten Menschen nicht so ein irdisches köstliches Gepränge mit goldenen und silbernen Stühlen, Lehnsesseln, feinen Tischen, glänzenden Tafeln, strahlenden Leuchtern, Schüsseln, Bechern, gewirkten Tüchern, Tapisserie, Sammt und Seide und dergleichen, sondern es gehet da nach unerforschlicher himmlischer Art und Weise, die kein Mensch auf Erden verstehet und keine Zunge ausreden kann. Aber doch wird uns die hohe, unaussprechliche Magnificenz und Pracht der ewigwährenden himmlischen Hochzeit durch irdische Bilder in dem hohen Liede Salomonis, und auch sonst hin und wieder in der Schrift angedeutet und wie von ferne gezeigt, damit wir gleich den jungen Kindern etwas von diesem edlen freudenreichen Geheimniß in dieser Welt anheben zu wispeln, zu lallen und zu buchstabiren, bis dermaleinst unsere Seele von diesem Jammerthale im Glauben abgefordert und in das Paradies der himmlischen Freude und Seligkeit aufgenommen wird, da sie dann alles selbst gegenwärtig sehen, schmecken und erfahren kann.

Mit Wahrheit aber können wir sagen und ungezweifelt darob halten, daß jene Hochzeit, Freude und Herrlichkeit im Reiche Gottes viel hundert tausendmal stattlicher, köstlicher, lieblicher und freudenreicher sich anläßt, als wenn alle Kaiser, Könige, Fürsten und Herren auf dem ganzen Erdboden alle ihre Güter, Gewalt, Pracht und Ehre zusammen brächten und für ein einziges sybaritisches Bankett alles verwendeten.

Zudem ist überaus lieblich und tröstlich zu hören, was der heilige Geist von den auserwählten Seelen im Himmel ferner anzeigt, daß nämlich Gott alle ihre Thränen von ihren Augen abwische (Offenb. 7, 17). Das ist, er tröstet sie herzlich wie einen seine Mutter tröstet, und danach die Seele auf Erden in Angst und Noth gewesen, herzet und küsset er sie und spricht zu ihr: O selig bist du, meine Freundin, meine Braut, meine Taube, daß du auf Erden bist geistlich arm gewesen, siehe, nun ist das Himmelreich dein! O wie selig bist du, daß du geweinet und Leid getragen hast, denn siehe, nun sollst du lachen und ewiglich getröstet werden! Dich hat gehungert und gedürstet nach der Gerechtigkeit, darum sollst du nunmehr gesättigt werden. Man hat dich um Gerechtigkeit willen verfolgt, aber siehe, der Himmel ist dein! Die Menschen haben dich gehasset, dich abgesondert und gescholten und deinen Namen verworfen als eines Boshaftigen um Meinetwillen, aber nun freue dich und hüpfe, denn siehe, dein Lohn ist groß im Himmel!

Und derlei Trostsprüche höret die edle Seele daselbst nicht mehr im dunkeln Wort, wie zuvor allhier, sondern sie höret den eingeborenen Sohn Gottes, ihren Bräutigam, persönlich reden, und frohlocket darüber von Herzensgrund. O wie tröstlich und holdselig sind Deine Lippen, spricht sie, sind sie doch wie Rosen die mit fließender Myrrhen triefen, und deine Worte sind mir süßer denn Honig und Honigseim!

Sie siehet da ihren herzallerliebsten Freund, den Herrn Jesum, wie er ist der Schönste unter den Menschenkindern. Sie siehet sein Haupt und sein Haar, wie des Königs Purpur in Falten gebunden (Hohel. 7, 5); sein edelstes Angesicht, weißer als der Schnee, heller leuchtend als die Sonne. Sie siehet seine Augen, als wären es Feuerflammen; seine Füße wie glühend Messing. Sie siehet seinen goldenen Gürtel, und höret seine Stimme wie großes Wasserrauschen. Sie siehet Ihn, den Reiter auf weißem Pferde, deß Wege sind im Wetter und Sturm, und dicker Staub unter Seinen Füßen. Sie siehet seine Herrlichkeit, die ihm Gott sein himmlischer Vater gegeben hat, als eine Herrlichkeit des eingeborenen Sohnes Gottes. Sie siehet die beiden Naturen, die göttliche und die menschliche, wie sie persönlich in ihm vereinigt sind. Sie schauet, wie er erhoben zu der Rechten Gottes, des allmächtigen Vaters, und gesetzt über alles Fürstenthum, Gewalt, Macht, Herrschaft und Alles was genannt werden mag, nicht allein in dieser Welt, sondern auch in der zukünftigen. Sie schauet, wie ihm alle Dinge unter seine Füße gethan, wie ihm die heiligen Engel dienen und alle Creaturen ihm unterworfen sind (Eph. 1, 20-23; Ebr. 1, 6).

In Christo siehet sie die ganze Fülle der Gottheit. Sie siehet, wie Er ist das Ebenbild des unsichtbaren Gottes. Sie siehet in ihm das Angesicht des ewigen allmächtigen Vaters. Sie siehet den Vater augenscheinlich in seinem Sohn als in einem hellen Glanz und Spiegel seiner Herrlichkeit und in dem rechten Ebenbilde seines Wesens (Ebr. 1, 3). Sie siehet in Christo, wie er, der Vater, ist. Und durch Christum offenbaret er sein väterlich Angesicht und siehet die Seele an als sein liebes Kind, in Christo erwählet. Die Seele freuet sich und frohlocket ewiglich mit über diesen wunderlieblichen, wunderfreundlichen und wundertröstlichen Anblick des Vaters. Sie siehet den Vater in dem Sohn und den Sohn in dem Vater. Sie siehet die zwei Personen in einem unzertrennten Wesen. Sie siehet beide mit süßer Verwunderung und kann des lieblichen Ansehens nimmer satt noch müde werden.

Auch siehet sie den ewigen allmächtigen Tröster, Gott den heiligen Geist. Sie siehet ihn in dem Vater und in dem Sohn, sie siehet die ganze heilige Dreifaltigkeit in unterschiedenen Personen und in einem ewigen unzertrennten Wesen. Sie siehet in dem Vater den Sohn, in dem Sohn den Vater, und in den beiden den einigen heiligen Geist. Sie siehet die ganze Fülle des göttlichen Wesens. Sie siehet auch den Tempel solcher Fülle, des Weibes Samen und der edlen Jungfrauen Sohn. Sie siehet, wie ihm der Geist nicht nach dem Maaß gegeben ist (Joh. 3, 34). Sie siehet, wie in ihm verborgen liegen alle Schätze der Weisheit und der Erkenntniß (Col. 2, 3). Sie siehet, wie das gebenedeite Lamm eine Leuchte ist der Herrlichkeit Gottes (Offenb. 21, 23).

Und, was das Wunderlieblichste und Wundertröstlichste von allem ist, so siehet sie, wie Gott die Liebe selbst und wie sein Wesen ein Feuer und eine Gluth der Liebe ist. Sie siehet, wie in dieser wesentlichen Liebe der Vater den Sohn aus Liebe zeuget (Ps. 2), wie der Sohn in des Vaters Schooße sitzt, und wie beide, der Vater und der Sohn, einen Geist haben, der das Band ihrer Liebe ist. Nun verstehet sie auch, wie Gott der Vater aus inbrünstiger Liebe alle Dinge durch seinen Sohn um des Menschen willen, und den Menschen um Seinetwillen nach Seinem Bilde geschaffen hat. Ja das treue väterliche Herz siehet sie; wie er aus großer Liebe seinen Sohn der Welt geschenkt hat. Sie siehet, wie Gottes Sohn aus großer Liebe Mensch geworden, den Zorn des Vaters gestillet und uns vom Tode, vom Teufel und von der Hölle erlöst und den heiligen Geist uns erworben hat. Den heiligen Geist siehet sie, wie er aus inbrünstiger Liebe kommt von dem Vater und von dem Sohne, und uns zu Tempeln Gottes und zu Kindern des ewigen Lichtes macht.

Ihr Herz ist freudenvoll, da sie solches siehet, und mit Freuden verwundert sie sich der unaussprechlich großen Ehre, daß unser Fleisch und Blut in Christo so hoch erhoben und zur persönlichen Vereinigung mit dem Sohne Gottes kommen ist, also daß daher die Fülle der Gottheit, die Fülle der Liebe und Leutseligkeit in demselben Tempel hervorblickt. Da brennet und leuchtet alles von reiner himmlischer Liebe, Liebes-Freude, Liebes-Ehre und Liebes-Herrlichkeit. Da küsset der Herr Christus die auserwählte Seele als seine Freundin, seine Braut und seine Schwester, mit dem Kusse seines Mundes und ist ihr wie ein Büschel Myrrhen, das zwischen ihren Brüsten hanget, und wie eine Traube Copher [8]in den Weingärten zu Engeddi. Er erquicket sie mit Blumen und labet sie mit Aepfeln von den Bäumen des Lebens. Er leget seine Linke unter ihr Haupt und seine Rechte herzet sie (Hohel. 1, 13. 14; 2, 5. 6).

Sie findet da an Christo alles, was ihr Herz begehrt, und nähme für dies Paradies-Leben nicht Himmel und Erde. Sie ergötzet sich an der großen Liebe, damit sie geliebet wird von Gott dem Vater, von Gott dem Sohn und von Gott dem heiligen Geist. Die ganze heilige Dreifaltigkeit liebet sie als Gottes Tempel, Gottes Braut und Gottes Eigenthum. Davon redet sie, davon singet sie, daran gedenket sie ewiglich.

Auch brennet sie da von vollkommener Gegenliebe zu ihrem allerschönsten und allerholdseligsten Immanuel. Sie siehet ihn an mit inbrünstigen Augen, als wären es blitzende Heeresspitzen, und umfähet ihn mit wahrer brennender Liebe wie mit einer goldenen Halskette. Sie offenbaret ihm ihr liebereiches Herz, als reichte sie ihm ihre Brüste, und preiset, lobet, ehret und erhebet ihn mit den auserlesensten Worten, als ob eitel Milch und Honig unter ihrer Zunge wäre und ihre Lippen von triefendem Honigseim flößen. Alle ihre Gebehrden sind Anzeichen der heiligen vollkommenen Gegenliebe und ihr ganzes himmlisches Leben ist wie ein Geruch der Liebe, der alle Würze übertrifft; denn sie ist gesalbet und erfüllet mit dem heiligen Geist, der sie durch und durch besitzet, durchsäubert und durchleuchtet, daß sie wunderschön aussieht und ihrem Bräutigam herzlich wohl gefällt. Sie nimmt ihm sein Herz und schleußt es in ihres Herzens Schrein, und läßt es darin ewig wallen wie ein lebendig Wasser; und was sie in ihrem Herzen mit ihm thut, das giebt sie mit mancherlei himmlischen Liedern, edlen Psalmen und süßen Lobgesängen vor allen Engeln öffentlich zu verstehen, nicht anders als wäre sie eine verschlossene Quelle und ein verschlossener Garten von allerlei lieblichen Früchten und den allerbesten Würzen.

Ihr Bräutigam preiset solche ihre treue Liebe zu ihm und rühmet sie vor Gott, seinem Vater, und vor dem ganzen Himmelsheer. Du bist schön, sagt er, meine Freundin, wie Thirza, lieblich wie Jerusalem. Wende deine Augen von mir, denn sie machen mich brünstig. Du hast mir das Herz genommen, du liebe Braut. Wie schön sind deine Brüste! sie sind lieblicher denn Wein, und der Geruch deiner Seele übertrifft alle Würze. Deine Lippen, meine Braut, sind wie triefender Honigseim, Honig und Milch ist unter deiner Zunge. Deiner Kleider und deiner Salben Geruch ist wie der Geruch des Libanon. Du bist ein verschlossener Garten, eine verschlossene Quelle, ein versiegelter Brunnen. Dein Gewächs ist wie ein Lustgarten von Granatäpfeln mit edlen Früchten, Cypern mit Narden, Narden mit Safran, Kalmus und Cynnamen, mit allerlei

Bäumen des Weihrauchs, Myrrhen und Aloes; wie ein Garten-Brunnen, wie ein Born lebendiger Wasser, die vom Libanon herabfließen (Hohel. 4).

St. Augustinus führet dergleichen Reden viele aus dem Hohenliede Salomonis und ziehet sie auf die auserwählte Seele und ihren seligen Zustand im ewigen Leben. »Selig ist, spricht er im 23. Cap. seiner Meditationen, die vom irdischen Leibe aufgelöste Seele, die frei und ungehindert gen Himmel fähret, ist sicher und wohl zufrieden und fürchtet keinen Feind noch Tod. Denn sie hat allerwege zugegen und siehet den allersäuberlichsten Herrn, welchem sie gedienet, den sie geliebet hat, und zu welchem sie mit Freude und Wonne nun gekommen ist. Diese Glorie und Ehre ihrer Seligkeit währet ewiglich und kein Gottloser kann sie verkleinern, verderben noch wegnehmen. – Da sie die Tochter Zion ansahen, preiseten sie dieselbige selig; die Königinnen und Kebsweiber lobeten sie und sprachen: Wer ist die, die herauffährt von der Wüste, und lehnet sich auf ihren Freund? Wer ist die hervorbricht wie die Morgenröthe, schön wie der Mond, auserwählt wie die Sonne, schrecklich wie die Heeresspitzen? (Hohel. 6, 8. 9; 8, 5). Wie fröhlich fähret sie daher! Wie eilet sie und wie läuft sie, da sie mit Verwunderung höret, daß ihr Freund zu ihr spricht (c. 2, 10 ff): Stehe auf, meine Freundin, meine Schöne, und komm her. Denn siehe, der Winter ist vergangen, der Regen ist weg und dahin. Die Blumen sind hervorgekommen im Lande, der Lenz ist herbei kommen und die Turteltaube läßt sich hören in unserem Lande. Der Feigenbaum hat Knoten gewonnen, die Weinstöcke haben Augen gewonnen und geben ihren Geruch. Stehe auf, meine Freundin, und komm, meine Schöne, komm her. Meine Taube in den Felslöchern, in den Steinritzen, zeige mir deine Gestalt, laß mich hören deine Stimme. Denn deine Stimme ist süß und deine Gestalt ist lieblich. Komm meine Auserwählte, meine Schöne, meine Taube, meine Reine, meine Braut, komm, ich will dich setzen auf meinen Thron, daß ich deine Gestalt sehe. Komm, daß du dich vor meinem Angesicht erfreuest sammt meinen lieben Engeln, welcher Gemeinschaft ich dir verheißen habe. Komm, nachdem du so viel und mancherlei Gefahr, Jammer, Noth und Arbeit erlitten und ausgestanden hast. Komm und gehe ein in deines Herrn Freude, welche Niemand vor dir nehmen wird.«

Hieher gehöret auch, daß die auserwählte Seele mit Christo, ihrem königlichen Bräutigam, sitzet in einem unzertheilten Leben und eben auf demselbigen Stuhl, darauf er sitzt, daß sie mit ihm herrsche und regiere. Denn also lautet seine Verheißung: »Wer überwindet, dem will ich geben mit mir auf meinem Stuhl zu sitzen; wie ich überwunden habe, und bin gesessen mit meinem Vater auf seinem Stuhl. Und wer da überwindet, und hält meine Werke bis an das Ende, dem will ich Macht geben über die Heiden. Und er soll sie weiden mit einer eisernen Ruthe, und wie eines Töpfers Gefäße soll er sie zerschmeißen. Wie Ich von meinem Vater empfangen habe. Und will ihm geben den Morgenstern« (Offenb. 3, 21; 2, 28-28).

In diesen edlen trostreichen Verheißungen finden wir eine gründliche Antwort auf die Frage: was doch die Seelen der Auserwählten vor dem jüngsten Tage für Werke mit Christo in seinem himmlischen Paradies vornehmen, sonderlich die Seelen der h. Apostel, der lieben Väter, St. Athanasii [9], Augustini, Ignatii [10]Polykarpi, [11]Cypriani, [12]und anderer, und aller treuen Lehrer, Märtyrer, Prediger, Kirchendiener und Bekenner der edlen Wahrheit, welche dem Evangelio Zeugniß gegeben, falsche Lehre, Abgötterei, Laster, Heuchelei, Sünden und Schanden jeder Zeit an der Welt gestraft und durch des heiligen Geistes Anregung solch Werk unverzagt getrieben haben bis in den Tod. Da antworte ich nach der Schrift: sie sitzen mit Christo auf seinem Stuhl, herrschen mit ihm über die Heiden und zerschmeißen sie mit einer eisernen Ruthe, wie eines Töpfers Gefäße.

Wie aber solches eigentlich zugehe, können wir auf das genaueste in diesem Leben nicht erfahren. Nur das kann ich mit Wahrheit sagen, daß es eine große himmlische Herrlichkeit ist: mit Christo auf seinem Stuhl sitzen, mit ihm herrschen, regieren und die widerspenstigen Feinde bezwingen; und daß solche Werke der himmlischen Regierung bei den auserwählten Christen sogleich nach ihrem Tode angehen, wie geschrieben stehet: »Selig sind die Todten, die in dem Herrn sterben, von nun an. Ja der Geist spricht, daß sie ruhen von ihrer Arbeit; denn ihre Werke folgen ihnen nach« (Offenb. 14, 13). Da hörest du, daß gottselige Christen und treue Diener des Wortes auf Erden große Mühe und Arbeit haben mit richtiger, reiner Lehre, unermüdlichem, freudigen Bekenntniß der Wahrheit und muthiger, scharfer Widerlegung der Abgötterei, der Seelen und Rottengeister. Da stehen sie als die Schafe mitten unter den reißenden Wölfen. Da leuchten sie als Lichter Gottes mitten unter dem unschlachtigen und verkehrten Geschlecht. Da zeugen sie wider die kalten, zähneknirschenden Feinde des Kreuzes Christi; da zeugen sie wider die Lauen, die da sind als die lebendig Todten. Da werden sie von weltlichen großen Hansen, von stolzen Pharisäern, von fleischlichen Epicuräern, denen der Bauch ihr Gott ist, weidlich schimpfiret und verhöhnet, verfolgt, verjagt, hingerichtet. [13]Und muß also ihre Arbeit währen bis in den Tod. Wenn sie aber gestorben sind, so hat solche mühselige Arbeit ein Ende. Und ihre Werke folgen ihnen nach; daß sie nämlich dann mit Christo herrschen, die Welt richten, alle Heiden (auch die in Europa und deutschen Landen –) zerschmeißen und mit großer Verwunderung sehen, wie Alles erfüllt, ins Werk gesetzt und vollbracht wird, was sie der argen schnöden Welt nach Gottes Wort gedroht und mit eifrigen Bußpredigten an ihr ohne Unterlaß gestraft haben.

Ein herrlich Exempel haben wir deß an den heiligen Propheten und Aposteln, welche von des Papstes Ankunft, Tyrannei und Untergang geweissagt haben. Und ob sie wohl längst abgeschieden sind und zu unserer Zeit nicht leben, da des Feindes Reich durch die reine Lehre des Evangelii offenbaret und umgestoßen ist, so gebeut doch der heilige Geist, daß sie sollen fröhlich sein, und zeiget an, daß Gott ihr Urtheil an der großen Stadt Babylon gerichtet habe. »Freue dich über sie, Himmel, spricht er, und ihr heiligen Apostel und Propheten; denn Gott hat euer Urtheil an ihr gerichtet!« (Offenb. 18, 20). Also kann ich sagen von Luthero, dem theuren Manne Gottes, dem Manne mit dem Feuerschein über seinem Haupt: ob er schon vor fünfzig Jahren gestorben ist und nicht mehr wider das Papstthum und die Rottengeister mündlich und schriftlich zeugen kann, so sitzet er doch heut mit Christo auf seinem Stuhl, zerschmeißt seine Feinde wie Töpfergefäße und erfüllet gewaltig seinen Spruch:

Pestis eram vivus, moriens ero mors tua, Papa. (d. h. Da ich lebte, o Papst, war ich eine Pest für dich; wenn ich sterbe, werde ich dein Tod sein), »Höret mich auch, ihr Bischöfe! Lebe ich, so bin ich eure Pestilenz; sterbe ich, so bin ich euer Tod. Denn Gott hat mich an euch gehetzt; ich muß, gleich wie Hosea, euch ein Bär und Löwe sein im Wege Assur. Ihr sollt doch vor meinem Namen keine Ruhe haben, bis daß ihr euch bessert, oder zu Grunde gehet!

Non moriar, sed vivam Et narrabo opera Domini, M. Lutherus. D.«

d. h. Ich aber werde nicht sterben, sondern leben, und des HErrn Werk verkündigen (Ps. 118, 17). – Verschaffe dir, lieber Leser, doch das Buch von Wildenhahn »Martin Luther, kirchengeschichtliches Lebensbild aus der Zeit der Reformation.« besonders den 3. Theil unter dem Titel: Der Tag zu Augsburg.

Desgleichen regieren und herrschen heute mit Christo alle gottseligen Lehrer: Johannes Huß, Hieronymus Savonarola, [14]Pomeranus, [15]Brentius, [16]Urbanus Regius [17]und alle, welche Gott die Ehre gegeben, die evangelische Wahrheit öffentlich bezeuget und die päpstliche Abgötterei, wie auch der Sacramentirer, Wiedertäufer und dergleichen Rottengeister Irrthümer in der Kirche Gottes entdeckt und sie mit Gottes Wort stark widerlegt haben. Sie herrschen und regieren mit Christo, ob wir schon nicht sehen noch wissen, wie es mit solcher Regierung zugehe. »Die Heiligen, sagt David, sollen fröhlich sein, und preisen und rühmen auf ihren Lagern. Ihr Mund soll Gott erhöhen, und sollen scharfe Schwerter in ihren Händen haben; daß sie Rache üben unter den Heiden, Strafe unter den Völkern; ihre Könige zu binden mit Ketten, und ihre Edlen mit eisernen Fesseln; daß sie ihnen thun das Recht, davon geschrieben ist. Solche Ehre werden alle seine Heiligen haben. Halleluja!« (Ps. 149, 5-9).

Gottes Wort ist auf dieser Welt ihre Wehr und zweischneidiges, Schwert gewesen, damit sie wider den Teufel und seine Schuppen tapfer gestritten und deshalb allerlei Gefahr, Hohn, Spott und Verfolgung haben leiden müssen. Davon reden sie nun mit Christo persönlich und erzählens ihm. Und er tröstet sie und lässet sie bei sich auf seinem Stuhl sitzen und zeigt ihnen die Kraft seines Wortes, wie wunderbarlich er seine Kirche und die edle Wahrheit wider des Teufels List und Gewalt schütze und erhalte. Da frohlocken die seligen Lehrer in Christo, ihrem allmächtigen Schlangentreter und Siegesfürsten, und sehen die ganze Regierung des Himmels und der Erde, die Verwaltung seines Reichs, wie wunderlich er seine Heiligen in der Welt durch das Kreuz führet; helfen auch selbst die Welt richten und haben ihres Herzens Lust und Freude daran, daß sie sehen, wie jetzt vor dem jüngsten Tage das Evangelium immer weiter durch Europa, in Asien, Afrika und Polynesien ausgebreitet und des Teufels Reich gewaltig zerstört wird.

Für die große Herrlichkeit würde es Mancher (auch selbst heute noch –) halten, wenn er könnte Sultan zu Constantinopel sein, sitzen daselbst auf kaiserlichem Stuhl und herrschen über Griechenland, Klein-Asien, Syrien, Egypten und über viele vornehme Inseln des mittelländischen Meers, erfahren auch alle Tage, was in den verschiedenen Ländern, Städten und Festungen Neues, Bedeutendes und Interessantes vorfiele. Aber was ist diese vergängliche Ehre gegen die Herrlichkeit einer auserwählten Seele in dem Paradiese des ewigen Lebens, da sie wie eine königliche Braut sitzet mit Christo, ihrem Bräutigam, auf seinem Stuhl und siehet nicht allein, wie er das große Gebäude Himmels und der Erde gewaltiglich regiert und seine Kirche durch die ganze weite Welt berufet, sammlet, erleuchtet, sondern hilft auch selbst die Welt mit richten, die Feinde verurteilen und sie wie Töpfergefäße zerschmeißen?

Auf dieser Welt zwar ist ein recht gläubiger Christ allbereit ein König und Herr in Christo, seinem Heilande, über Tod, Teufel und Hölle, so wie auch über die ganze Welt. Denn Christus hat uns zu Trost die Welt sammt ihrem Fürsten überwunden. Daher denn »alles, was von Gott geboren ist, überwindet die Welt (d. h. in Christo Jesu); und unser Glaube ist der Sieg, der die Welt überwunden hat« (1 Joh. 5, 4). Auch haben wir Gottes Wort als unser Schwert, damit wir verstören die Anschläge und alle Höhen, die sich erheben wider die Erkenntniß Gottes. Aber die Herrlichkeit solcher Regierung und Victorie ist in diesem Leben mit dem Kreuz bedecket und verborgen, dieweil wir noch immer streiten müssen und den Tod noch nicht vorüber haben. Denn wir müssen gleich werden dem Ebenbilde des Sohnes Gottes, welcher auch in den Tagen seines Fleisches, ob er wohl ein allmächtiger Herr und Herrscher war, dennoch solche Majestät und Herrlichkeit nicht wollte sehen lassen.

Eine auserwählte Seele aber, welche den letzten Strudel des Todes überwunden und im seligmachenden Glauben ihren Abschied von der Welt genommen hat, wohnet in dem Paradiese Gottes und herrschet mit ihrem Bräutigam Jesu Christo als eine durchlauchtige Königin in großer Majestät, Kraft und Herrlichkeit. Und solche Gewalt hat sie nicht von sich selbst, sondern empfängt sie von ihrem Bruder im Himmel, eben wie er seine Macht empfangen hat von seinem himmlischen Vater. Darum sagt er ausdrücklich: wer überwinde, dem wolle er geben mit ihm auf seinem Stuhl zu sitzen, eben wie er überwunden habe und gesessen sei mit seinem Vater auf seinem Stuhl. Auch wolle er ihm geben Macht über die Heiden, eben wie er sie von seinem Vater empfangen.

O der überschwänglichen Ehre, der großen Pracht und der mächtigen Herrlichkeit, daß die Seele eines gottseligen Christen, der selig in dem Herrn entschlafen ist, nicht allein Part und Antheil hat an den heiligen Engeln und Erzengeln, den Cherubim und Seraphim und allen himmlischen Thronen, Fürstenthümern und Herrschaften, sondern auch an Jesu Christo, dem großen König Himmels und der Erde, als an ihrem wunderlieblichen, wundertröstlichen und wunderschönen Bräutigam, und sitzet mit ihm auf seinem Stuhl, daß sie mit ihm über Tod, Teufel und Hölle, wie auch über die ganze weite Welt herrschet und regieret! O der seligen Freude und Wonne, daß sie in Christo als in dem hellen Spiegel und Ebenbilde des göttlichen Glanzes siehet das wunderfreundliche Angesicht des ewigen allmächtigen Vaters, und siehet zugleich in dem Vater und in dem Sohne den wahren himmlischen Paraclet, Tröster und Freudenbringer, Gott den heiligen Geist! O der edlen Hochzeit und der königlichen Paradiesfreude, damit sie ewiglich gekrönet und umgürtet wird!

Wahrlich, diese andere Herrlichkeit schwingt ihre Flügel hoch und erhebt sich über aller Welt Pracht und Majestät, Gewalt, Ehre und Herrlichkeit. Ist auch viel tausendmal höher, edler und stattlicher als die erste; denn so viel Gott höher ist als seine Engel, so viel unsere Gemeinschaft mit Gott einen Vorzug hat vor der Gemeinschaft, die wir mit den heiligen Engeln haben. Indessen findet sich eben beides in jener Welt, daß die auserwählten Seelen zugleich mit Gott und mit seinen himmlischen Dienern, den starken Helden, einen segensreichen Commerz und selige Gemeinschaft halten und freuen sich über sie Beide, sind ewig fröhlich mit Gott dem Vater, mit Gott dem Sohn, mit Gott dem heiligen Geist, und ewig fröhlich mit allen heiligen Engeln.

4.

Der selige Umgang.

Die dritte Herrlichkeit der auserwählten Seele in dem Vaterlande des ewigen Lebens ist ihre selige und freudenreiche Gemeinschaft, die sie da hat mit allen auserwählten Patriarchen, Propheten, Aposteln und anderen triumphirenden Christen, welche der Welt und diesem vergänglichen Leben gänzlich abgestorben und zum ewigen Leben eingegangen sind.

Denn es fähret die Seele, nicht eines »Herr! Herr! sagers,« eines Lippen- oder Namenchristen, sondern eines wahren, rechtschaffenen That-Christen, sobald er in dem Herrn entschlafen, von Mund auf gen Himmel und kommt da zu einem großen Volk, zu der Menge der Kinder Gottes, welche vor uns hergezogen sind und im hohen himmlischen Paradies unsere Ankunft in großer Freude erwarten. Du sollst fahren, spricht der Herr zu Abraham, zu deinen Vätern mit Frieden (1 Mos. 15, 15). Und hernach (Cap. 25, 8) sagt die Schrift: Abraham starb in einem ruhigen Alter, da er alt und Lebens satt war, und ward zu seinem Volk gesammelt. Eben so Isaak nahm ab und starb und ward versammelt zu seinem Volk, alt und des Lebens satt (Cap. 35, 28. 29). Und: Jacob that seine Füße zusammen auf das Bett und verschied und ward versammelt zu seinem Volke (Cap. 49, 33).

Luther schreibt über diese Worte also: »Dies ist ein schöner und herrlicher Trost, nämlich die allerlieblichste Beschreibung des Todes, den er nicht einen Tod nennet, sondern redet glimpflich und lieblich davon also: du sollst fahren zu deinen Vätern und ruhen bei Noah und anderen Helden. – Solche des heiligen Geistes Worte sind gar nicht vergebliche Worte, sie werden auch nicht zu unvernünftigen Thieren, sondern zu den Menschen geredet und zeugen gewaltig, daß nach diesem Leben ein anderes und besseres sei. Ja daß auch vor der Zukunft und Menschwerdung Christi ein Volk gewesen sei, welches im Lande der Lebendigen gewöhnet und zu dem die Frommen aus diesem Leben sich versammelt haben. – Die Worte in beiden Texten sind gar eigentlich und deutlich gesetzt. Du wirst zu den anderen Heiligen versammelt werden, die vor dir gestorben sind Darum leben die Väter und sind Völker, welches von den Gottlosen nicht gesagt wird, sondern wird allein geredet von den Heiligen und Gerechten.«

Wir finden auch gewisse Exempel, damit solche Versammlung und Gemeinschaft der Heiligen im himmlischen Paradies bestätigt wird. Denn es hat ja Lazarus sehr viele Jahrhunderte nach Abrahams Zeiten gelebt. Aber sobald er starb, ward er von den Engeln in Abrahams Schooß getragen. Desgleichen hat Elias viele hundert Jahre nach Moses gelebt. Aber da er gen Himmel fuhr, kam er zu Mose, wie sie denn auf dem heiligen Berge zur Zeit der Verklärung Christi bei einander waren und beide mit Christo ihr Gespräch hielten (Matth. 17). Auch sagt David von seinem verstorbenen Kindlein, es werde nicht wieder zu ihm kommen, er aber, der Vater, werde zu ihm kommen, welches denn hernach geschah, da er entschlief und zu seinem Volk versammelt ward (2 Sam. 12, 23).

Wohlan! da haben wir einen starken und gewissen Grund, wenn ein Christ selig in dem Herrn stirbt und seine Seele von hinnen fährt, daß sie dann, von den heiligen Engeln stattlich empfangen und begleitet, in das Paradies komme zu ihrem allerliebsten Bräutigam Jesu Christo, und bei ihm versammelt finde ein großes Volk und Anzahl vieler auserwählter Seelen. Du hörest ja, daß sie fahre zu ihren Vätern und versammlet werde zu ihrem Volk. Damit klärlich angezeigt wird, daß eines recht gläubigen Christen Seele komme zu ihren Freunden, Vater, Mutter, Brüdern, Schwestern, Verwandten und Bekannten, welche im Glauben und seligem Vertrauen auf Christi Blut vorangegangen und durch den Tod in das himmlische Vaterland eingezogen sind. Da kommt ein sterbender Bruder oder eine sterbende Schwester aus diesem Jammerthale zu ihnen und wird zu ihnen versammlet, sobald der Tod vorüber ist, und hat dann ihre ewige selige Gemeinschaft mit ihnen allen.

Auch dürfen wir nicht daran zweifeln, daß solche Gemeinschaft sichtbar sei, obschon das Wesen der Seelen, wie auch das Wesen der Engel sich in dieser Welt mit leiblichen Augen nicht sehen läßt. Denn was ich schon droben auseinandergesetzt habe: gleichwie die Engel Gottes für unsere leiblichen Augen unsichtbare Geister bleiben und sich auf dieser Welt mit fleischlichen Augen nicht sehen lassen – sie selbst aber können sich unter einander sehr wohl sehen –: also sind auch die Seelen der Menschen unsichtbare Geister, die man mit fleischlichen Augen in dieser Welt nicht siehet; sie aber, wenn sie von der sterblichen Hütte ihrer Leiber aufgelöst und durch den zeitlichen Tod von der Welt abgesondert und weggerafft sind, können sich unter einander gar wohl sehen, wie die Historia des reichen Mannes und des armen Lazari bezeuget, von welchen der Herr Christus meldet, daß der Reiche nach seinem Tode, als er begraben war und in der Hölle lag, seine Augen aufgehoben und den Lazarus von ferne in Abrahams Schooß liegen gesehen habe.

Desgleichen sehen sich einander Moses und Elias auf dem heiligen Berge zur Zeit der Verklärung unseres Herrn Jesu Christi. Und ist wohl zu merken, daß die Schrift ausdrücklich setzet, Moses sei gestorben im Lande der Moabiter und begraben im Thal desselben Landes gegen dem Hause Peor; auch daß Michael, der Erzengel, mit dem Teufel gezanket habe über dem Leichnam Mose (5 Mos. 34; Ep. Jud. v. 9). Diese Worte verstehe ich einfältig, wie sie lauten, und wird damit bezeuget daß Moses wahrhaftig gestorben und sein Leib wahrhaftig begraben sei. Gleichwohl erscheinet er mit Elia auf dem heiligen Berge und hält Gespräch mit dem Herrn Christo. Daraus unwiderruflich folget, daß nicht allein Enoch und Elias, welche lebendig mit Leib und Seele gen Himmel ausgenommen sind, sondern auch die Seelen der verstorbenen gottseligen Christen sich im himmlischen Paradies des ewigen Lebens unter einander in großer Klarheit und Herrlichkeit von Angesicht zu Angesicht sehe; obschon unser Fleisch und Blut nicht verstehen noch begreifen kann, wie solches zugehet.

Nicht allein aber sehen sie sich, sondern indem sie sich sehen, kennen sie sich unter einander. Denn es kennet ja der reiche Mann den armen Lazarus von ferne, trotzdem daß er in der Hölle liegt. Wie vielmehr kennen sich also die Auserwählten im Himmel? Wie sollte auch eine auserwählte Seele wissen, daß sie zu ihrem Volk versammelt wäre, wenn sie ihr Volk in jener Welt nicht kennete? Zudem ist ja das Leben der Kinder des Lichts im Himmel ein recht Paradiesleben, wie der Herr zum Schächer spricht: Heut wirst du bei mir im Paradiese sein! Ist es nun ein Paradiesleben, so folget: gleichwie Adam und Eva im irdischen Paradies, ehe denn die Sünde und der Tod in die Welt kommen waren, sich kannten und herzlich einer den anderen liebte, daß auch die triumphirenden Christen im himmlischen Paradies des ewigen Lebens, nachdem sie die Sünde und den Tod durch den Glauben an Christum überwunden haben, sich einander mit ungefärbter reiner Liebe umfangen und recht kennen.

Es war ein recht Paradies-Leben auf Erden, da Adam ohne Sünde war und sein Weib Eva, als sie ihm zum ersten Male zugeführt ward, flugs nach dem Schlaf kannte. Fragte sie auch nicht: ei was bist du für eine Creatur? wo kommst tu her? und was suchest du hier? sondern sprach alsbald: das ist doch Bein von meinen Beinen und Fleisch von meinem Fleische; man wird sie Männin heißen, darum daß sie vom Manne genommen ist. Desgleichen kennet das Weib sofort ihren Mann, von dessen Rippen sie erbauet war, und fragt nicht lange, wer und von wannen er sei, sondern hält und gesellet sich zu ihm als zu ihrem eignen Fleisch und Blut und recht bekanntem lieben Freunde. Siehe, solch ein lieblich Wesen und freundliche Erkenntniß war unter den Menschen im irdischen Paradies, ehe man von der Sünde und von der Gewalt des Todes irgend etwas wußte.

Also kann man auch mit vollstem Recht sagen vom himmlischen Paradies, welches von Gottes Zorn, von allen Sünden und den Anfechtungen des Todes durchaus befreit und rein gefegt ist, daß die Seelen der Auserwählten sich daselbst wie Adam und Eva vor dem Fall ganz lieblich kennen. Und so Jemand siehet seinen Vater, Mutter, Bruder, Schwester oder sonst einen Geliebten von der Welt herauffahren und nach Ablegung des sterblichen Leibes die edle Seele mit unter den heiligen Engeln daherkommen –: da kennet er sie alsbald und fragt nicht lange: wer ist der oder die? sondern spricht ohne Verzug: ach siehe, da kommt mein lieber Vater! siehe, da fähret meine Herzens-Mutter daher! ei sieh doch, das ist ja mein alter treuer Bruder – das ist meine herzige Schwester – das ist mein geliebter, viel bewährter Freund – der daher kommt und aus dem tiefen Jammerthal der Welt zu uns in dies Paradies herauf fähret! O bis tausendmal willkommen im Namen des HErrn, mein lieber Vater, du meine liebe Mutter, mein lieber Mann, mein liebes Weib, mein lieber Bruder, meine liebe Schwester, mein lieber Freund! O nun sei Gott gelobet in alle Ewigkeit, daß ich dich endlich sehe daher kommen und zu diesem unseren Volk versammelt! O Freude über Freude, daß du den Tod auch verschlungen hast in dem Sieg unseres HErrn und Heilandes JEsu Christi und bist durch den Glauben zu uns in dies ewige selige Leben hereingedrungen!

Desgleichen wie Eva ihren Adam sobald erkannte, als sie seiner ansichtig ward im irdischen Paradies, also kennet die auserwählte Seele eines gottseligen Christen, sobald sie nur die Hütte ihres Leibes abgelegt hat und durch den Tod zum Leben eingegangen ist, alle ihre Freunde, die lange vor ihr her gestorben und im himmlischen Paradiese bei einander versammlet sind, und fragt nicht lange: wer bist du? wer seid ihr? wie ist dein Name? sondern spricht alsbald: o lieber Vater, o liebe Mutter, o lieber Mann, o liebe Frau, o liebes Kind, o lieber Bruder, o liebe Schwester, o lieben Freunde, finde ich euch in diesem edlen Paradies und Lande der Lebendigen so fröhlich bei einander? Da müsse der Herr JEsus, unser Erlöser und allmächtiger Ehren-König, mit Gott dem Vater und Gott dem heiligen Geist gelobet, gerühmet, gepreiset und hoch geehret sein in alle Ewigkeit, Halleluja! O nun laßt uns jauchzen, frohlocken, danken dem HErrn, unserem Gott, von ganzem Herzen fröhlich sein und mit Freuden warten des lieben jüngsten Tages und der seligen Auferstehung unseres Leibes!

Zudem halte ich ungezweifelt dafür und sage es hell, daß die auserwählten Seelen sich in jenem Leben viel tausendmal besser kennen, als sie sich aus dieser Welt gekannt haben. Denn es ist hier unten je zuweilen Argwohn, Zorn, Hader und allerlei bitter Kraut mit untergelaufen. Aber dort oben sind sie im Stande der Vollkommenheit, errettet und gereinigt von allen Sünden, daß sie Gott lieben von ganzem Herzen, von ganzer Seele und von ganzem Gemüthe, und einer den anderen als sich selbst. Ist nun die Liebe gegen Gott und gegen den Nächsten, wie sie ja sein soll, ganz und vollkommen, so muß auch an der Erkenntniß, die doch ein gut Partikel der Liebe ist, nichts mangeln. Sie muß eben so vollkommen und eben so stark sein, als die Liebe selbst.

Sonderlich aber erfreuen sie sich der herrlichen Gemeinschaft, darin sie vollkommen stehen mit den heiligen Patriarchen, Propheten und Aposteln, von welchen sie so viel in dieser Welt gelesen und gehöret haben. Dort aber halten sie selbst Gespräch mit ihnen und hören sie persönlich reden, und gehet also in selige Erfüllung des Herrn Christi Weissagung, da er sagt, daß Viele werden kommen vom Aufgang und Niedergang der Sonne und mit Abraham, Isaak und Jakob zu Tische sitzen im Reiche Gottes (Luc. 13, 28. 29). Je eifriger nun ein Christ in diesem Leben für die reine Lehre des Evangelii sich verhalten hat, und je größer Verlangen in ihm gewesen ist nach den gottseligen Patriarchen, Propheten und Aposteln: je mehr und je höher wird er dort von ihnen gerühmet und gepreiset.

Dr. Pommer stellet uns deß ein Exempel an Dr. Luther seligem, da er in seiner Leichenpredigt über ihn also schreibet: »Wir sollen uns mit freuen der ganz fröhlichen, seligen, ewigen Gemeinschaft, so er jetzt hat mit Gott, mit dem Sohne Gottes, unserem Herrn JEsu Christo, und mit den heiligen Vätern, Propheten und Aposteln, so er bei seinem Leben im Glauben und Vertrauen zu Gottes Sohn allezeit zum höchsten begehret und mit großem Verlangen darauf gewartet hat. Da er nun nicht allein höret, daß seine schwere Arbeit und treuer Fleiß, so er gehabt und gezeigt, die reine Lehre des Evangelii zu pflanzen und auszubreiten, von Gott und der ganzen himmlischen, seligen Kirche im ewigen Leben gelobet und gepreiset wird, sondern auch er selbst, als der nun aus diesem sterblichen Körper als aus einem Kerker ledig worden und in eine andere, gar viel höhere, herrlichere, göttliche Schule kommen, jetzund nun vor Augen schauet und erkennet das hohe, unergründliche, ewige Wesen göttlicher Majestät und die zwei Naturen, göttliche und menschliche, in einer Person des Sohnes Gottes vereinigt, und den ganzen hohen, wunderbaren göttlichen Rath, dadurch er seine Kirche im menschlichen Geschlecht erschaffen und erlöset. Und weil er diese über alle Maaße hohe, unbegreifliche Sache allhier durch den Glauben im Wort und kurzen Sprüchen der göttlichen Schrift eingewickelt und zugedeckt betrachtet, hat er jetzt unaussprechliche Freude, daß er solches offenbarlich vor Augen stehet und von ganzem brennenden Herzen Gott für diese allerhöchste Wohlthat ohne Unterlaß danket. Es haben auch unserer Viele im guten Gedächtniß, wie gern und mit welcher Lust er zu reden pflegte von der heiligen Propheten Regierung im Volke Gottes und von ihrer Lehre und gutem Rath, auch von ihrem Kampf, Gefahr und Verfolgung, so sie erlitten, und wie sie Gott wunderbarlich errettet; und mit wie großem Verstand und hoher Weisheit er die verschiedenen Zeiten der Kirche Gottes in der Welt gegen einander hielt, damit er genug anzeigete, wie ein sehnlich Verlangen er hätte, bei denselben hohen Leuten zu sein. Zu diesen hat er sich jetzt gesellet und freuet sich, daß er ihre lebendige Stimme hören und mit ihnen reden kann. So sind sie auch wiederum dieses ihres Schulgesellen und Mitdieners herzlich froh, empfangen und grüßen ihn freundlich und sagen also beide Gott ewig Dank, der aus grundloser Gnade und Güte seine Kirche in dem menschlichen Geschlecht sammlet und erhält.«

Auch halten die Seelen unter einander Gespräch von ihrem Jammer, Kreuz, Verfolgung und Elend, so eine jegliche in der argen schnöden Welt hat dulden und über sich ergehen lassen müssen. Wie solches daraus abzunehmen, daß Abraham, der Patriarch, von Lazaro redet, wie ers auf Erden böse gehabt habe und nun getröstet werde. Und daß die Schrift sagt von Abels Blut, wie es gen Himmel schreie. Auch von den Seelen der erwürgten Christen, daß sie über ihre Verfolger rufen und klagen (Offenb. 6, 10).

Sie reden aber von ihrer ausgestandenen Angst und geschmolzener Miserie oder Elend nicht, weil sie solcher Schmerzen und Trübsale etwa noch etliche fühleten, sondern daß sie dagegen rühmen den überschwänglichen Trost, so ihnen von Gott dem Allmächtigen dafür reichlich und überflüssig widerführet. Wie wir deß ein Exempel nehmen können an St. Paulo, welcher hin und wieder in seinen Episteln über die Verfolgung klaget, damit der Teufel ihm hart zusetze. Aber dagegen tröstet er sich der zukünftigen Herrlichkeit, die er ihm nach dem Tode bereitet weiß. Nun ist kein Zweifel, wie er hievon geschrieben hat, also werde er auch mit den Auserwählten Gottes im himmlischen Paradies mündlich davon reden und sagen: Ich bin oft gefangen, oft in Todesnöten gewesen. Ich bin in Fährlichkeit gewesen zu Wasser (auf den Flüssen), in Fährlichkeit unter den Mördern, in Fährlichkeit unter den Juden, in Fährlichkeit unter den Heiden, in Fährlichkeit in den Städten, in Fährlichkeit in der Wüste, in Fährlichkeit auf dem Meer, in Fährlichkeit unter den falschen Brüdern. In Mühe und Arbeit, in viel Wachen, in Hunger und Durst, in viel Fasten, in Frost und Blöße (2 Cor. 11). Aber nun sehe ich, daß mein zeitlich Leiden nicht ist werth gewesen der Herrlichkeit, die nun an mir offenbaret wird (Röm. 8, 18). Ich sehe nun, daß meine zeitliche und leichte Trübsal mir geschaffet hat eine ewige und über alle Maaße wichtige Herrlichkeit (2 Cor. 4, 17). Christus war auf Erden mein Leben; aber nun sehe ich, wie Sterben mein Gewinn ist worden und wie ich viel mehr Leben damit gewuchert habe (Philipp. 1, 21).

Desgleichen kommen auch alle gottseligen Christen und sonderlich bekannte Freunde, welche der Tod hier auf Erden getrennet hat, in jenem himmlischen Paradies aufs fröhlichste wieder zusammen, daß einer zum anderen spricht: O lieber Vater, Mutter, Brüder, Schwestern, Verwandte und Freunde, wie haben wir doch in der Welt so mancherlei Gefahr, Angst und Elend erlitten! wie oft hat einer dem anderen seine Noth geklagt! Wie war ich doch gar so betrübt, traurig, elend und fühlte mich so sehr verlassen, da du mir hinstarbst und mich als einsame Wittwe – als ein hülflos Waiselein – als ein recht armes Kind zurücke ließest! Ach wie manche heiße Thräne habe ich deinethalben vergossen! ja ich weinete mir schier meine Augen aus. Nun siehe, all unser Jammer, Trübsal und Elend ist kommen zu einem seligen End! Und obschon unsere Leichname gestorben sind und ruhen unter der Erde, so leben doch unsere Seelen ohne alle Klage, und in großer unaussprechlicher Freude erscheinen wir allhier wieder bei einander!

Freude und Wonne ergreift daselbst ihr Herz, und gleichwie ein Weib, wenn sie geboren hat, nicht mehr an die Angst gedenket, um der Freude willen daß der Mensch zur Welt geboren ist: also ist auch ihre Freude im Himmel viel tausendmal größer, als ihre Traurigkeit und Schwermuth, damit sie in dieser Welt täglich sind gemartert und sattsam gequälet worden. Ihr Herz ist freudenvoll, und mit Freuden loben und preisen sie einmüthig Gott den Vater, Gott den Sohn und Gott den heiligen Geist. Sind auch ewige Consorten und Mitgenossen der heiligen Engel an ewiger Freude und an ewiger himmlischer Herrlichkeit, und warten unser mit herzlicher Freude und zuversichtlicher Hoffnung, daß wir nach Vollendung unseres zeitlichen Lebens in dieser Welt auch zu ihrer Freude eingehen und an den Ort ihrer fröhlichen Versammlung kommen werden.

Man schreibt von dem großmächtigen und weithin sich erstreckenden Reiche China, am äußersten Orient jenseits Indien gelegen, und von seinen vielen Landschaften, unsäglich großen Städten, seiner Fruchtbarkeit, überschwänglichem Reichthum an Perlen, Edelsteinen, Gold, Silber und allerlei Mineralien, sonderlich dem Tseki (Porzellan), auch von ihrem vernünftigen Regiment und Polizei, dergleichen in keiner Historie weder bei den Medern noch Persern, Assyrern, Indiern, Griechen, Römern, noch irgend welchen anderen Völkern in der weiten Welt jemals befunden. Die Städte sind da mit großen starken Mauern von gehauenen Steinen umgeben. Die Mauern sind hoch, weiß und so stark, daß man sie mit Pickeln schwerlich durchbrechen kann; dazu in bestimmten Zwischenräumen mit Zinnen und Thürmen, und auswendig mit gar schönen Castellen und Lusterkern gezieret. Die Straßen im Lande sind ebenfalls mit großem Fleiße gebaut, und die Gassen in den Städten so breit, daß fünfzehn Mann zu Pferde neben einander darauf einherziehen können. Auch sind in ihnen viele Triumphbögen in gleicher Weite von einander errichtet und von guten Werksteinen mit sehr schönen Bildwerken gleich den römischen Antiquitäten ausgehauen und bereitet. Die Häuser sind inwendig weiß wie Milch, und die Wände als wären sie mit geglättetem Papier überzogen. Die Balken von köstlichem Holze gelegt und mit Goldfarbe eingestrichen, daß sie weithin erglänzen. Auch haben alle Häuser ihre Höfe und Gärten voller Blumen, herrlicher üppiger Gewächse, Fischweiher und dergleichen. Die Felder des Landes sind nicht allein fruchtbar, sondern auch ganz lustig anzusehen und geben einen lieblichen Geruch von sich; denn sie tragen unzählige Sorten wohlriechender Blumen. Daneben machen die köstlichen Gesträuche an den Ufern der Flüsse, Bäche und Kanäle, die allenthalben daherrauschen, sonderlich die vielen Theesträucher, das Land äußerst anmuthig. Du findest da ferner eine sehr große Anzahl von prächtigen Villen und Landhäusern mit Lustgärten, deren sich dieses außerordentlich arbeitsame Volk zur Erholung und Erquickung sehr fleißig bedient. Auch halten sie sich unter einander freundlich, sittig, ehrerbietig und haben viel fröhlicher Zusammenkünfte, da sie sich nicht allein mit Essen und Trinken, sondern auch mit schöner Musik von Geigen, Harfen, Lauten, Flöten, Clavichorden und anderen Instrumenten lieblich ergötzen. Summa: trotz des Elends der Sünde, das auch da wohl zu finden sein wird, (welcher Missionsfreund wüßte das heut zu Tage nicht, selbst wenn er den sel. Gützlaff nicht gehört hätte?) – wird doch das Kaiserthum China so gerühmet und beschrieben, daß man wohl versucht werden könnte, es ein irdisch Paradies zu nennen.

Daran gedenke ich manchmal, wenn ich den tödtlichen Hingang meiner gottseligen Freunde beklage und beweine. Dann sage ich zu mir: was betrübst du dich doch, meine Seele, und bist so unruhig in mir? Sind sie doch seliglich in dem Herrn entschlafen, deine Geliebten, wohnen nun im himmlischen Paradies des ewigen Lebens! Sieh, wenn sie in das chinesische Reich gezogen wären, und Jemand brächte dir die zuverlässige Nachricht, daß sie daselbst in der allerschönsten Stadt, in dem lieblichsten Lusthause und Lustgarten bei einander wären, würden herrlich empfangen, hoch geehret und tractiret, als wären sie Könige, Fürsten oder großmächtige Potentaten; wüßten auch von keiner Angst, von keiner Trübsal noch Elend mehr, sondern wären alle ohne Unterlaß fröhlich und guter Dinge und warteten deiner Ankunft mit Freuden, daß du ersten Tages zu ihnen kommen und ihrer königlichen Lust, Pracht und Herrlichkeit mit theilhaftig werden mochtest: – wahrlich, du würdest solcher Botschaft gegenüber deine Thränen trocknen, oder doch nur noch Freudenthränen weinen, und würde dir nicht anders zu Muthe sein, als dem gottseligen Patriarchen Jacob zu Muthe war, da er meinte, sein Sohn Joseph wäre gestorben, nun aber mit einem Male erfuhr, daß er noch lebte und wäre ein königlicher Statthalter und heimlicher Rath über ganz Egyptenland.

Und doch, was ist das chinesische Reich, [18]und was ist Egypten – gegen das himmlische Paradies der ewigen Freude und Herrlichkeit? Sind die auserwählten Seelen im himmlischen Canaan und in der Stadt des lebendigen Gottes droben bei einander, woran doch billig kein Christenmensch zweifeln sollte; und führen sie ein hochzeitlich Leben mit dem eingeborenen Sohne Gottes, ihrem allerschönsten Bräutigam: so sind sie viel hundert tausendmal besser daran und in größerer Freude, Lust und Herrlichkeit, als wenn sie mit dem gewaltigen Beherrscher von China in seinem ungeheuren Kaiserlichen Palast zu Tschuntian (Peking) zu Tische säßen und spazierten nach der Tafel in dem überköstlichen Saale, von welchem man schreibt, daß er mit lauter Karfunkeln und anderen leuchtenden Steinen besetzt sei, also daß er auch in der dunkelsten Nacht schimmere, wie wenn brennende Kerzen darin wären.

Ja die himmlische Wohnung, die himmlische Glorie, Pracht und Herrlichkeit, Freude und Wollust der seligen auserwählten Seelen ist überschwänglich höher, edler und ansehnlicher, und ihre Versammlung, Societät und Gemeinschaft mit Gott und seinen heiligen Engeln gehet über alle Gemeinschaft, die ein Mensch auf Erden mit irdischen Königen, Fürsten und Herren halten mag. Denn es liebet sie Gott und wird von ihnen wieder geliebet von ganzem Herzen, von ganzer Seele und von ganzem Gemüth; und von solcher Liebe und Gegenliebe scheinen sie heller als die klare Sonne, wie denn auch ihre Gemeinschaft, die sie untereinander haben, anders nichts ist denn eitel inbrünstige Liebe voll himmlischer Klarheit und Herrlichkeit.

Ueber dies alles will ich nicht leugnen, daß die seligen Seelen, ob sie schon in unaussprechlicher Freude und Wonne leben und schweben, dennoch in herzlicher Liebe herabgedenken an ihre hinterlassenen Lieben auf Erden. Denn es gedenket ja der reiche Mann in der Hölle seiner fünf Brüder mit dem herzlichen Wunsch, daß sie doch möchten bei Zeiten vor solcher Qual und Pein gewarnet werden. Thut solches der Verdammte, wie viel mehr gedenken erst die Auserwählten an die geliebten Ihrigen! Außerdem ist ja reine vollkommene Liebe also beschaffen, daß sie ihres Nächsten nimmermehr vergessen kann, sintemal sie ihn liebet als sich selbst. Nun aber sind die Seelen im Himmel engelrein, ohne Sünde und völlig in der Liebe, so daß sie Gott über alle Dinge lieben und ihren Nächsten als sich selbst. Lieben sie aber ihren Nächsten als sich selbst, so können und werden sie auch ihre hinterlassene Freundschaft nun und nimmer vergessen.

Wenn der Prophet Jesaias spricht: »Bist du doch unser Vater. Denn Abraham weiß von uns nicht, und Israel kennet uns nicht« (Cap. 63, 16): so ist solches zu verstehen von der Herzenskündigung und Erforschung unserer Anliegen, Nöthe, traurigen Gedanken und mancherlei schwermüthigen Anfechtungen, so wie auch von der Erhörung unseres Seufzens und unseres Gebetes, welches keinem anderen weder im Himmel noch auf Erden mit Wahrheit zugeschrieben werden kann, denn nur dem allmächtigen Gott und Jesu Christo, seinem eingeborenen Sohne, der allein mit dem Vater und dem heiligen Geist will angerufen sein. Der auch allein unsere Gedanken weiß und verstehet, wie seine Worte lauten, da er (Offenb. 2, 23) sagt: »Es sollen erkennen alle Gemeinden, daß Ich bin, der die Nieren und Herzen erforschet.« Darum mag solches Werk keinem Engel, viel weniger einem Menschen zugeeignet werden, daß sie sollten Nieren und Herzen erforschen, Gedanken erkennen und Gebete erhören können. So sehen wir es auch an dem heiligen Engel, den St. Johannes in der Offenbarung anrufen wollte, wie er solche Ehre von sich abweiset und spricht: »Siehe zu, thue es nicht, ich bin dein Mitknecht, und deiner Brüder, und derer, die das Zeugniß Jesu haben. Bete Gott an!« (Cap. 19, 10).

Abgesehen aber davon, daß die lieben Engel Nieren und Herzen zu erforschen und unser Gebet zu erhören nicht vermögen, welche Ehre sie dem Allerhöchsten allein zuschreiben: so sind sie doch stets um und bei uns, denken an uns und erfreuen sich unser, wo sie sehen daß wir Buße thun und uns fleißig halten zum Evangelio, darein sie gelüstet mit uns zu schauen. Desgleichen kann ich von dem Patriarchen Abraham sagen: ob er wohl droben im Himmel nicht kennet unsere Gedanken auf Erden und nicht weiß um unsere Noth, Angst, Seufzen und Gebet, wie Jesaias bezeuget – so denket er doch an des reichen Mannes fünf hinterlassene Brüder, wie bei dem Evangelisten Lucas zu sehen; weiß auch wohl, daß sie Mosen haben und die Propheten, und wünschet daß sie dieselbigen hören und ihnen gehorchen.

Also verheißet der Prophet Elias seinem Jünger Elisa, bei Gott durch Fürbitte zu erhalten, wenn er lebendig von ihm hinweggenommen würde gen Himmel, daß dann sein Geist sollte bei ihm zwiefältig sein (2 Kön. 2). Item der selige Mann Gottes und dritte Elias Doct. Luther schreibt in seinem Sendbrief an Jacob Probst, Prediger zu Bremen, kurz vor seinem Tode (17. Januar 1546; s. Luth. WW. von Walch Th. XVII. S. 2633): »So wenig als ich zweifle, daß dein Gebet für mich kräftig ist, so wenig zweifle du, daß das meine für dich gelte. So ich auch vor dir hingehe, welches ich wünsche, so will ich dich nach mir ziehen. Gehest du ehe denn ich, so wirst du mich nach dir ziehen. Denn wir bekennen uns zu einem Gott und warten mit allen Heiligen auf unsern Seligmacher.« [19]

Nun hat ohne allen Zweifel der Prophet Elias, da er gen Himmel kam, seines Elisa nicht vergessen, wie der Schenke in Egypten am Königlichen Hofe des armen Joseph im Kerker vergaß, sondern mit heiliger Fürbitte ihm des heiligen Geistes doppelte Kraft von Gott erwirkt. Und wie Lutherus verheißet, daß er des gottseligen Freundes eingedenk sein wolle und ihn mit christlicher Fürbitte in das ewige Leben nach sich ziehen, so er nur erst sterben und von der Welt zu Gott abscheiden würde – also mache ich mir auch keinen Zweifel: gottselige Eltern im Himmel denken an ihre hinterlassenen Kinder auf Erden, und gottselige Kinder, die bei Gott in seinem Paradiese sind, denken an ihre lieben Eltern, Brüder, Schwestern und guten Freunde, die noch auf Erden sind.

Und solche ihre Gedanken sind ganz sicherlich nach der Richtschnur der christlichen vollkommenen Liebe, so daß eine auserwählte Seele im Himmel nicht mehr fleischlich, sondern allerdinge geistlich gesinnet ist und spricht: ich bin Gott Lob in diesem schönen edlen Paradies! Meine Eltern, mein Mann, mein Weib, meine Kinder, meine Brüder, meine Schwestern, Verwandte und Freunde sind noch auf der Erde. Es ist meines Herzens großer Wunsch, daß sie alle dem Evangelio glauben und selig werden. Nun wohlan! sie haben Mosen und die Propheten, dazu die h. Schriften der Evangelisten und Apostel. Ach Herr, mein Gott, gieb doch, daß sie denselbigen gehorchen! Thun sie es, so werden sie auch durch den Tod zu diesem Paradies hereinkommen, und sollen meine herzlieben Eltern, mein Mann, mein Weib, meine Kinder, meine Brüder, meine Schwestern und Freunde sein und bleiben in alle Ewigkeit. Wo nicht, so bist Du, HErr, gerecht daß du sie strafest und verdammest, und will ich sie für die Meinen nimmermehr erkennen noch halten. Denn ob sie mir wohl sehr lieb und theuer sind, so bist Du mir doch, HErr mein Gott, viel hundert tausendmal, ja unermeßlich lieber, und habe ich Dich so herzlich lieb, daß alles was Du nach Deiner Gerechtigkeit hassest, verfluchest und verdammest, das hasse, verfluche und verdamme ich auch, es heiße wie es wolle.

Dies sind Abrahams Gedanken im Himmel, wie aus seinen Worten abzunehmen, welche auch einer jeglichen auserwählten Seele daselbst mit Recht können zugeschrieben werden. Und kann wohl sein, wenn gottselige Eltern sterben und ihre Kinder bald nachfolgen, oder wenn sonst Jemand in dem Herrn entschläft und sein vertrauter Freund bald darauf auch ein christlich gottselig Ende nimmt – daß die verstorbenen gottseligen Eltern und Freunde, die vorausgezogen sind, mit ihrer Fürbitte solches von Gott erhalten haben, in Rücksicht darauf, daß die Welt gottlos und verzweifelt böse ist, und junge Kinder, wie auch andere fromme Herzen bald können verführet und jämmerlich um ihre Seligkeit gebracht werden. Deshalb lasse ichs mir Wohlgefallen, wenn eine gottselige Mutter stirbt und ihr Kind bald nachfolgt, daß man sagt: ach es hats die Mutter nach sich erbeten! Es ist doch in der Welt nicht viel Gutes zu erleben. Darum hat Gott der lieben Mutter Gebet erhört und dem Kinde nicht besser thun können, denn daß ers von hinnen geholet.

»Er gefällt Gott wohl, sagt die Schrift, und ist ihm lieb, und wird weggenommen aus dem Leben unter den Sündern, und wird hinweggerückt, daß die Bosheit seinen Verstand nicht verkehret noch falsche Lehre seine Seele betrüge. Denn die bösen Exempel verführen und verderben einem das Gute, und die reizende Lust verkehret unschuldige Herzen. Er ist bald vollkommen worden und hat viele Jahre erfüllt. Denn seine Seele gefällt Gott. Darum eilet er mit ihm aus dem bösen Leben. Aber die Leute, so es sehen, achten es nicht und nehmen es nicht zu Herzen, nämlich daß die Heiligen Gottes in Gnade und Barmherzigkeit sind, und daß er ein Aufsehen auf seine Auserwählten hat. Denn es verdammt der verstorbene Gerechte die lebendigen Gottlosen, und ein Junger, der bald vollkommen wird, das lange Leben der Ungerechten« (Weish. 4, 10-16). –

Dies ist also die dreifache Herrlichkeit, welche allen gottseligen auserwählten Seelen im himmlischen Paradies widerfährt und deren sie auch schon vor dem jüngsten Tage in dem jetzigen Stande ihrer Seligkeit gewißlich theilhaftig sind. Nämlich ihre fröhliche Gemeinschaft, die sie haben erstlich mit den heiligen Engeln, fürs andere mit dem Herrn JEsu Christo und der ganzen heiligen Dreifaltigkeit, und endlich mit allen Patriarchen, Propheten, Aposteln und auserwählten Kindern des Lichts, welche hier seliglich gestorben und durch den Tod zum Leben eingedrungen sind.

Unter welchen Herrlichkeiten ich ihre himmlische Gemeinschaft, die sie mit den Engeln Gottes haben, darum voransetze, weil der Herr Christus in der Historia von dem armen Lazaro derselben auch zuerst gedenket und machet die Engel zu himmlischen Brautführern, welche die Seelen der Gottseligen, wenn sie von ihren Leichnamen aufgelöset sind, alsbald zwischen sich nehmen und dem ewigen allmächtigen Bräutigam mit Freuden zuführen.

Denn wie ein großer Monarch in der Welt mit Fürsten, Grafen, Freiherrn, Rittern und Edelleuten umgeben ist, und wenn er Jemand von seinen Unterthanen im Lande hoch ehren und vor sein Angesicht kommen lassen will, da wird derselbe auf königlichen Befehl vorerst von den stattlichen Dienern empfangen und nachgehends dem Könige zugeführt: also hat auch Gott seine himmlischen Heerschaaren, Fürstenthümer, Throne und Obrigkeiten, das sind die heiligen Engel, welche ihm jederzeit zu Diensten stehen und seinen Willen auch darin sonderlich vollbringen, daß sie die gottseligen Seelen aus diesem Jammerthal aufnehmen und sie Ihm mit Freuden zutragen. Nicht als ob solches auf irdische Weise und mit weltlicher Pracht zuginge, sintemal Gott ja nicht ein endlich Wesen ist, das sich räumlich beschränken und mit Engeln umschreiben läßt, wie ein König auf Erden mit Dienern und Trabanten dem Raume nach umgeben ist: sondern auf eine himmlische, verborgene Art, davon kein Mensch auf Erden weiß, bis er nach Ueberwindung des zeitlichen Todes solche Herrlichkeit vor Augen siehet und in der Wirklichkeit erfährt.

Ambrosius schreibt (im 2 Cap. seines Buchs **de bono mortis**, d. i. von dem Gut des Todes, auch von der Ordnung der himmlischen Freude mit nachfolgenden Worten: »Der gerechten Seelen erste Freude ist, daß sie das Fleisch überwunden haben und durch seine reizenden Lüste nicht sind verführet worden. Die andere, daß sie in Gottes Beruf und ohne Schaden für andere Leute gelebt, daß sie nun Ruhe haben und nicht, wie die Seelen der Gottlosen, mit ihrer Laster Gedächtniß gequälet und mit viel Sorgen und Anfechtungen geplaget werden. Die dritte, daß sie durch den Glauben Gottes Gesetz erfüllet und auf Gottes Zeugniß sich verlassen haben, daher auch nicht zu fürchten brauchen, wie es ihnen am jüngsten Gericht ergehen und was es für einen Ausgang mit ihnen nehmen werde. [20]Die vierte, daß sie anheben, ihre stolze Ruhe zu verstehen und zu fassen ihre zukünftige Herrlichkeit, mit welcher sie sich trösten und erquicken; ruhen in ihren Wohnungen mit höchster Sicherheit und sind mit der heiligen Engel Schutz und Schirm umgeben. Die fünfte, daß sie aus dem Gefängniß des vergänglichen Leibes zum Licht und zur süßen, lieblichen Freiheit kommen sind und das verheißene Erbe besitzen. Die sechste, daß ihnen gezeigt wird, wie ihre Angesichter anheben zu leuchten wie die Sonne und wie die Sterne am Himmel, welcher Glanz nimmermehr vergehen wird. Die siebente, daß sie gewisse Zuversicht und Trost haben, freuen sich ohne allen Schrecken, eilen zu sehen das Angesicht Dessen dem sie gedienet, und erwarten die vollkommene Belohnung für die kleine Mühe und Arbeit die sie gehabt. Da verstehen sie, das gesagt ist Röm. 8: Wir halten dafür, daß dieser Zeit Leiden der Herrlichkeit nicht werth sei, die an uns soll geoffenbaret werden.« Bis daher St. Ambrosius. [21]

Wie kommt's aber, könnte wieder einer unter euch hier fragen, daß du immerfort und so ununterbrochen hiervon redest, da doch die Schrift nur hin und wieder und mit kurzen abgebrochenen Sprüchen, nirgend aber länger hinter einander und so ausführlich davon Meldung thut?

Antwort: Was Gottes Wort von dem seligen Zustande, der Freude und Herrlichkeit der auserwählten Seelen im himmlischen Paradiese offenbaret und mitbringet, es geschehe so kurz als es wolle, das darf ein jeder Christ für sich, zum Trost und zur Stärkung seines Glaubens wohl groß machen, erweitern und mit vielen Worten herausstreichen. Da nun bekanntermaßen viele fromme und gottselige Herzen, welche den Hingang ihrer verstorbenen Freunde mit heißen Thränen beweinen und auch selbst nicht wenig vor dem Tode sich entsetzen, oftmals wünschen und sehnlich begehren, daß sie doch möchten über das ewige Leben der verstorbenen Christen gründlich berichtet werden: – so können sie solchen Bericht aus den angezogenen Zeugnissen der h. Schrift reichlich nehmen, wenn sie denselbigen nur recht fleißig nachdenken und sie gründlich verstehen lernen, wie ich dazu kurze Anleitung eben hierin gegeben habe.

Daß aber die Schrift mit wenig Worten solche Herrlichkeit der auserwählten Seelen berühret und nicht so weitläuftig von dem Reich des Schauens als von dem Reich des Glaubens redet, solches geschiehet erstlich darum, weil wir lebendigen Christen mit denen, die selig in dem Herrn entschlafen sind, einerlei Seligkeit besitzen, und nur dies der Unterschied ist, daß wir es haben im Glauben, die Seelen der entschlafenen Gerechten aber habens im Schauen. Danach will auch Gott kein menschlichen Vorwitz damit steuern, daß man nicht mit verächtlicher Hintenansetzung des geoffenbarten Evangelii, in prophetischer und apostolischer Schrift verfasset, die Todten auf gut heidnisch und papistisch um Rath frage, welches ganz sicherlich geschehen würde, wenn er den ganzen Proceß uns entdeckt hätte: wie etwa die Apostel und Märtyrer sammt anderen Auserwählten mit seinem Sohne auf seinem Stuhl säßen, wie sie herrscheten mit ihm über die Heiden und wie sie Herren wären über Tod, Teufel und Hölle, und dergl. Da würde unsere Vernunft flugs zufahren, sie zu Patronen aufwerfen, anbeten und um Rath fragen, wie in dem Papstthum geschehen ist und leider noch geschiehet. Gott aber verbeut solches und redet darum wenig von der Seelen Herrlichkeit in seinem Paradies, auf daß er solcher Abgötterei vorbaue. »Soll man die Todten, spricht Er, für die Lebendigen fragen? Ja, nach dem Gesetz und Zeugniß. Werden sie das nicht sagen, so werden sie die Morgenröthe nicht haben« (Jes. 8, 19. 20).

So lange ein Christ auf Erden lebt, soll er sich hauptsächlich bekümmern um das Reich des Glaubens, sich halten zu dem geoffenbarten Worte Gottes, fleißig die Predigt des Evangelii hören, zum h. Abendmahl gehen, Buße thun, glauben, beten und einen christlichen Lebenswandel führen. Das soll er treiben bis an seinen Tod und dann nicht zweifeln, seine Seele fahre aus diesem Leben und aus dem Reich des Glaubens in das Reich des Schauens, und was er hier von seiner Seligkeit aus dem gepredigten Evangelio oftmals gehöret und geglaubet, das werde er dort vor Augen sehen und sichtbare Gemeinschaft haben in ewiger Freude und Herrlichkeit, in holdseligem Gespräch und in süßer himmlischer Wonne mit der ganzen heiligen Dreifaltigkeit, mit allen heiligen Engeln und mit allen gottseligen Menschen, Patriarchen, Propheten, Aposteln, seinen Eltern, Brüdern, Schwestern und viel tausend Heiligen, welche vor ihm her gestorben und durch den finstern Tod zur lichten seligen Ewigkeit hindurch gedrungen sind.

Hieran soll auch kein Christ im mindesten zweifeln, sondern sich getrost darauf verlassen: sobald er selig in dem Herrn heut oder morgen entschläft, daß seine Seele dann schwebe mitten unter den heiligen freudenreichen Engeln, Gott schaue von Angesicht zu Angesicht und versammelt werde zu ihrem Volk. Diese himmlische Volksversammlung ist der rechte Anfang der unaussprechlich großen Freude, Ehre und Herrlichkeit, die ewiglich währen soll. Und wie wenn Hochzeitsleute einer nach dem anderen bei Braut und Bräutigam sich versammeln, in ihr schön gebautes Haus geführt und zum fröhlichen Willkommen mit einem Ehrentrank, köstlichen Confecten und dergleichen empfangen werden, halten unter einander liebliche und holdselige Gespräche, bis die Gäste alle beisammen sind; alsdann gehet der festliche Zug, Bräutigam und Braut an der Spitze, hin nach der Kirche, mit allem hochzeitlichen Gepränge, und aller Freude ist dann erst vollkommen: also sammeln sich auch die Seelen der Auserwählten im Paradies und feiern mit ihrem Bräutigam JEsu Christo den Anfang ihrer hochzeitlichen Freude und Herrlichkeit, bis der jüngste Tag anbricht, da sie ihre Leiber aus der Erde wieder bekommen und in ihrem Fleische Gott sehen sollen, daß die Freude und Herrlichkeit dann erst aus dem vollen Fasse gehen wird.

Inmittelst aber wissen sie so gar von keiner Zeit noch Langwierigkeit der Jahre, daß über die große unaussprechliche Freude ihnen tausend Jahre zu sein dünken wie ein Tag, als St. Petrus meldet. Daraus abzunehmen wenn ich in jener Welt die heiligen Apostel, so vor fünfzehnhundert Jahren gestorben sind, um ihren Zustand fragte: Lieber Thoma, lieber Johannes, lieber Paule, wie lange seid ihr doch schon in dieser hohen himmlischen Freude gewesen? sagt, wie lange dünkt euch dies Paradies-Leben bereits gewähret zu haben? O, würden sie antworten, fragst du, wie lange? Wir wissen hier in dieser Freude und Herrlichkeit von keiner weltlichen Zeit. Unser Leben ist ein so paradiesisches, daß uns zu Muthe ist, als hätte es kaum anderthalb Tage gewähret! – Oder wenn du kommen wirst zu deinen lieben Eltern, Mann, Weib, Kindern, Brüdern, Schwestern, Verwandten und Freunden – sind vielleicht schon vor zwanzig Jahren gestorben – so werden sie dir doch bekennen und sagen, es komme ihnen vor, als habe solch, ihr Leben im Himmel kaum erst eine Viertelstunde gedauert. Ja wenn Gottes Kinder schon auf Erden selten Langeweile haben, so kennen die seligen Kinder im Himmel dieselbe ganz und gar nicht.

Sag selbst, wenn du in ein fern Land kämest und sähest daselbst, was dein Herz begehrte, eine feine christliche Kirchenordnung, gute tüchtige Polizei und eitel friedlich Hausregiment; sähest auch, wie das Volk mit Freuden sich zur reinen Lehre göttlichen Wortes hielte, ein löblich und unsträflich Leben führte; die Leutchen empfingen dich mit herzlicher Freude und gingen dir mit allerlei Freundschaft unter Augen: nicht wahr, da würdest du Lust haben, unter ihnen zu wohnen und dir in so freundlicher Gesellschaft nicht die Zeit lang werden lassen? sonderlich wenn du da fändest deine Eltern, Brüder, Schwestern, deinen Mann, Weib, Kinder und andere Freunde, die dir zu deinem großen Schmerze früher hinweggestorben? Und doch ist dies alles eitel Kinder- und Himpelwerk gegen die Seligkeit der auserwählten Seelen im himmlischen Paradies, da in der herrlichen Versammlung aller Auserwählten auch jetzt schon, vor dem jüngsten Tage, solche Freude, Lust und Herrlichkeit sich eräugnet, daß man aller Zeit vergisset und weiß von keinen vergänglichen Jahren, Monden, Tagen und Stunden.

Darum ist diese fünfte Wohlthat Gottes so beschaffen, daß ein gottseliger Christ, der sie nur fleißig betrachtet, um so viel williger zur Zeit des Sterbestündleins sich dem väterlichen Willen Gottes ergeben kann, sich fein darauf schicken und bereiten lernt, mit Freuden seinen Abschied von der Welt nimmt und nicht anders denket, denn daß er aus dem rauhen, eisigen Winterlande in ein lieblich Sommerland und aus dem Jammerthal in das schöne Paradies des ewigen Lebens zieht.

VI

Die zukünftige Auferstehung unseres Fleisches zum ewigen Leben

Die sechste und letzte Wohlthat Gottes wird die Auferstehung unseres Fleisches am jüngsten Tage zum ewigen Leben sein. Wie denn die Schrift an vielen Orten davon zeuget. Ich weiß, spricht Hiob, daß mein Erlöser lebet; und Er wird Mich hernach aus der Erde auferwecken. Und werde danach mit dieser meiner Haut umgeben werden, und werde in meinem Fleische Gott sehen. Denselben werde ich mir sehen, und meine Augen werden ihn schauen, und kein Fremder (c. 19, 25-27). Item St. Paulus: »Wir wollen euch, liebe Brüder, nicht verhalten von denen, die da schlafen, aus daß ihr nicht traurig seid, wie die andern, die keine Hoffnung haben. Denn so wir glauben, daß Jesus gestorben und auferstanden ist, also wird Gott auch, die da entschlafen sind durch Jesum, mit ihm führen. Denn das sagen wir euch, als ein Wort des Herrn, daß wir, die wir leben und überbleiben in der Zukunft des Herrn, werden denen nicht vorkommen, die da schlafen. Denn er selbst, der Herr, wird mit einem Feldgeschrei und Stimme des Erzengels, und mit der Posaune Gottes herniederkommen vom Himmel. Und die Todten in Christo werden auferstehen zuerst. Danach wir, die wir leben und überbleiben, werden zugleich mit denselbigen hingerückt werden in den Wolken, dem Herrn entgegen in der Luft, und werden also bei dem Herrn sein allezeit« (1 Thess. 4, 13-17).

Solcher Zeugnisse ist die heilige Schrift Alten- und Neuen Testaments voll und haben zu unseren Zeiten Lutherus, Mathesius, Basilius Faber [22] und andere gottselige Lehrer sehr schöne Auslegung derselben gegeben, welche ich nicht zu verbessern weiß. Will deswegen auch nur ein Weniges davon hier sagen.

1.
Der Same, der in die Erde fällt und wieder hervor kommt.

Erstens, »das du säest, spricht St. Paulus (1 Cor. 15, 37. 38), ist ja nicht der Leib, der werden soll; sondern ein bloßes Korn, nämlich Weizen, oder der andern eins. Gott aber giebt ihm einen Leib, wie er will, und einem jeglichen von den Samen seinen eigenen Leib.« Er will also sagen: des Menschen Leib, wenn er todt ist und begraben wird, ist nicht der Leib, der da werden soll. In der Auferstehung wird er eine andere Gestalt gewinnen, viel schöner und herrlicher sein, denn er jetzt ist. Gleichwie das Korn, nachdem es verweset, viel schöner wieder daherwächst. Es behält wohl seine Natur und Wesen, aber es kriegt eine andere Gestalt; ist nicht mehr ein dürr und gerunzelt Korn, wenns aus der Erde wächst, sondern ein grüner, frischer und lebendiger Halm. Also wird es auch mit dem menschlichen Leibe zugehen. Wenn er in der Erde verfault ist, wird er viel schöner und herrlicher auferstehen. Es wird wohl eben derselbige Leib eines Menschen bleiben, wie er geschaffen ist, aber es wird eine andere Gestalt und Brauch dieses neuen Leibes sein. Er wird nicht mehr essen, trinken, verdauen, Kinder zeugen, haushalten, wirthschaften, handthieren, ackern, weben und dergl.; er wird der keines bedürfen, was zu diesem vergänglichen Leben und Erhaltung des Leibes gehört.

Doch wird der Unterschied zwischen Mann und Weib bleiben, wie Gott einen jeden geschaffen hat, und wie auch das Korn seine Natur und Art behält. Aus einem Weizenkorn wächst nichts anderes denn ein Weizenhalm, aus einem Gerstenkorn nichts anderes denn ein Gerstenhalm. Ein jedes bleibet bei seinem Wesen, das Gerstenkorn gehet nicht auf in einem Weizenhalm, das Weizenkorn nicht in einem Haferhalm. Wie die Natur einmal geschaffen ist, so bleibet sie nach dem Wort, daß ein jegliches nach seiner Art Frucht tragen und seinen eigenen Samen bei sich selbst haben soll (Genes. 1). Also wird Gott auch in der Auferstehung einem jeglichen geben seinen eigenen Leib. Was ein Mensch geschaffen ist, das soll ein Mensch bleiben, Mann oder Weib, Gott wird sein Geschöpf nicht ändern. Wie ein jeglicher gesäet wird, also wird er eben derselbigen Art und Natur wieder auferstehen. Aber viel schöner und herrlicher sein, denn er gesäet ist. Er wird schärfere Augen haben als die Adler Augen die durch einen Berg sehen können, und keiner Gläser mehr bedürfen. Er wird leise Ohren haben, die von einem Ende der Welt bis zum anderen hören können.

Diesen Artikel haben von je alle Gottesfürchtigen geglaubet und auf diesen Freudentag, da uns alles wieder eingeräumt und erstattet werden soll, sehnlich geharret. Ja sie haben sich dieses Tages sehr getröstet, und so oft sie an den Tag ihrer seligen Hoffnung, ihrer Erlösung und Erquickung gedacht: haben sie auch der Restitution, das ist, daß sie wieder zu dem Ihren kommen werden, mit Freuden sich erinnert. Wie sich Hiob, der Elende, in seinen höchsten Nöthen auch herzlich tröstet, daß er doch endlich vom Tode erweckt und seinen Heiland und Erlöser, mit menschlichem Fleische in der Fülle der Zeit bekleidet, mit sehenden Augen in seinem funkelnagelneuen Fleische wahrhaftig sehen und mit ihm in alle Ewigkeit leben werde.

Ich glaube, sagt der fromme Dulder und Kreuzträger, daß mein Erlöser jetzt lebet und regieret. Der wird zur letzten Zeit menschlich Fleisch an sich nehmen, darin für unsere Sünden sterben, wieder vom Tode mit seinem unverweslichen Fleische erstehen und als der Erstling unter denen, so da schlafen, zuletzt alles Fleisch mit sich erwecken in seiner Ordnung. Das wird am Ende der Welt geschehen, da wird er als der Letzte auf dem Staube stehen und auf Erden zum Gericht erscheinen. Wenn er dann die Todten aus dem Staube erweckt und die Lebendigen verwandelt, dann wird Er auch mich vor Sein Angesicht stellen, mich für Sein Kind erkennen, mich von allen Beschuldigungen meiner Feinde freisprechen und mich ewig selig machen. Dann wird all mein Gebein erneuert und wie das grüne Gras wieder blühen, und ich werde meinen Goel, d i. meinen Erlöser sehen eben mit diesen meinen Augen, die aber zu der Zeit gänzlich werden verneuert und gescheuert sein. Und wie ich meinen Herrn in seinem Fleisch alsdann schauen werde, also werde ich auch alle meine Freunde, so auf den verheißenen Weibes-Samen gläubig geharret haben, wieder sehen und mit ihnen in großer Freude essen und trinken in alle Ewigkeit.

Also tröstet sich auch der betrübte König David, da ihm sein liebes Kindlein verschieden war. Denn er spricht (2 Samuel. 12): Ich kann mein liebes Kind freilich nicht wieder zu mir in dies Elend bringen. Aber das weiß ich, daß ich hernach zu ihm fahren werde. Wenn ich dann den Weg alles Fleisches gehe, komme ich wieder zu ihm. Ja der Heiland aller Welt wird mir nach der Auferstehung dasselbe wieder zustellen und überantworten. – Hier glaubt und bekennet also auch David unseren Artikel, daß er wieder zu seinem Söhnlein kommen und daß es der Sohn Gottes ihm wiedergeben werde; wie Er denn der weinenden Wittwe zu Nain ihren Sohn, dem erleuchteten Schulvorsteher sein Töchterlein und den tief betrübten Schwestern zu Bethanien ihren lieben Bruder noch in diesem Leben eine Zeit lang wieder überantwortet hat.

Das ist doch ein sehr seliger Trost für alle, so ihre theuren Angehörigen zu Grabe schaffen müssen, daß sie gewiß sein dürfen – ja so wahr Gott lebt und Christus Gottes Sohn und sein Wort die wahrhaftige Wahrheit ist, und so gewiß als Christus ein Richter der Lebendigen und der Todten sein wird und alles Fleisch vor seinem Gerichtsstuhl erscheinen muß –: also wahrhaftig werden auch alle, die durch Christum und in Christo einander verwandt sind, auf dem seligen Kirchentage vor Seinem Angesicht erscheinen und einem jeglichen Gläubigen werden die Seinen wieder zugestellet werden, eben wie dort der Sohn Gottes der armem Mutter ihren einigen Sohn in großer Liebe lebendig wieder überreichte.

David könnte seines beschnittenen Kindleins halber seine Thränen trocknen und starke Hoffnung hegen, daß er wieder mit ihm zusammen kommen werde, weil es auf das künftige Blut des verheißenen Samens in seiner Unschuld abgeschieden war. Aber über Absalom, der auch sein Fleisch und Blut war, konnte er sich mit nichten trösten, da er wohl wußte, daß er ihn nimmermehr in Ehren und Freuden wieder sehen würde.

Darum, wenn unser Gott christlichen Eltern ihre getauften und gläubigen Kinder abfordert, wenn einem gottesfürchtigen Ehegemahl sein liebster Schatz in diesem Elend auf Erden von der Seite genommen und ihm die Hälfte von seinem Herzen weggerissen wird – oder wenn sonst gute Freunde, die in Ehren Freundschaft geschlossen und treulich gehalten, mit großen Schmerzen von einander scheiden müssen – – so sollen sich alle solche wahren rechtschaffenen und lebendigen Christen über den Tod ihrer Lieben, so in wahrhaftiger Erkenntniß Christi hienieden gelebt und in herzlicher Anrufung Seines allerheiligsten Namens von hinnen gegangen, mit diesen Worten trösten: ich weiß wohl, sie kommen nicht wieder zu mir; ich aber werde zu ihnen kommen, und sie wieder sehen, und in alle Ewigkeit bei ihnen bleiben. Denn dort giebt es keine Trennung mehr. Und dies Wiederkommen macht, daß ich ob der zeitlichen Entbehrung nicht traure wie die, so keine Hoffnung haben.

Komm, Herr JEsu, und bringe mich und meine Allerliebsten durch Deine Zukunft bald zusammen! Gieb mir alle die Meinen wieder, wie Du jener Wittwe ihren lieben Sohn in dies vergängliche Leben aus Gnaden wiedergegeben hast!

2.

Die Verklärung der ganzen Substanz des Menschen

Für's andere sollen wir uns auch damit trösten und erfreuen, daß der Christen Verneuerung und Verklärung, darin sie im ewigen Leben bei dem Herrn Christo sein sollen, geschehen wird an der ganzen Substanz des Menschen, das ist an Leib und Seele und an allen ihren Gliedern. In einem solchen verklärten und herrlichen Leibe wird der seligen Christen ewiges Leben sein; in einem solchen Leibe, dem durchaus benommen alle Gebrechlichkeit, Schwachheit, Mangel und all das Ekelhafte, damit er durch die Sünde in diesem Leben beschmutzt gewesen. Da wird er bekleidet und geschmückt sein mit einer trefflichen Vollkommenheit an allen Gliedmaßen, innerlich und äußerlich. Denn die Seele wird da aller ihrer Beschwerung, so sie zuvor in dem sterblichen Leibe gehabt, entledigt, und statt dessen angethan und geziert mit den allertrefflichsten, reinsten und stärksten Kräften, wie dieselbigen in Adam vor dem Fall werden gewesen sein. Daß also der Mensch mit vollkommener und höchster Weisheit und Erkenntniß Gottes und seines ganzen Wesens und Willens wird begabet und begnadet sein, wird auch mit herzlicher Neigung und Freudigkeit annehmen und mit eitel Lust und höchster Begierde pflegen und ausrichten alles was Gott wird haben wollen, wird vor eitel Liebe zu Gott und lauter guten Regungen und Gedanken brennen und verstehen den wunderbaren Rath der göttlichen Majestät bei dem Werk der Erschaffung und Erlösung des menschlichen Geschlechts sammt den Ursachen aller wunderbaren Werke Gottes, so von der Welt Anfang zu allen Zeiten von ihm geschehen und ausgerichtet worden.

Solcher Vollkommenheit der Seelen wird dann auch folgen der ganze Leib mit allen seinen Gliedern, welche alle vollkommen herrlich, immerdar kräftig, bereit und fertig sein werden. Denn Paulus sagt, daß wir unsere vorigen schweren, faulen, kranken und ungeschickten Leiber nicht behalten, sondern himmlische Leiber überkommen werden, die so hell, so klar, so geschwind, so leicht sein werden als die heiligen Engel, ja wie der Sohn Gottes selbst. Wir werden dann vollen Antheil haben an der göttlichen Natur, wie Petrus davon schreibt (II. 1), werden leuchten viel schöner denn die Sterne und die liebe Sonne, und werden so schnell sein als die Gedanken, mit welchen ein Mensch hier in diesem Leben viel tausend Meilen weit, so oft er will, verreisen kann.

Denn maßen wir alsdann dem verklärten Leibe Christi sollen ähnlich sein, wie Paulus sagt (Röm. 8), müssen wir auch die Eigenschaften des Leibes Christi erlangen. Also wie er durch verschlossene Thüren gehet, aufwärts in die Wolken fähret und in einem Augenblick da ist, wo er will, im Himmel oder auf Erden: eben so wird es um unsere Leiber auch gethan sein. Es werden dieselben gar behend sein, durch alle Berge und Mauren werden sie sehen und in der Luft daher fahren und sein können, wo wir wollen, im Himmel oder auf Erden, viel eher denn wir es jetzt ausdenken können. Ja wir werden sein wie Gott selbst und wie die lieben Engel heilig, gerecht, unsträflich, voll Friede und Freude des heiligen Geistes in Ewigkeit, also daß sich alle Engel und alle Creaturen über unsere schönen Leiber verwundern werden und Gott selbst seine Lust und sein Wohlgefallen daran haben wird.

Es wird auch ein jeder selige Christ insonderheit so voll Stärke und Kraft sein, daß er mit einem Finger eine große Last regieren und einen hohen Berg versetzen könnte, wenn er wollte. Wird auch in den Stand gesetzt sein, ganz allein viel hundert tausend Mann zu schlagen, wie wir in der Bibel lesen von der Engel, der starken Helden, großer Kraft. Zudem werden auch die Augen und die Ohren an uns so scharf sein, daß wir so weit sehen und hören können, als die ganze Welt ist.

Denn unsere Leiber werden dann geistlich werden und nicht mehr schwere, schläfrige, langsame, ekelhafte und unfläthige Leiber sein. Darum werden sie auch eitel Leben und starke, wackere und behende Sinne und Kräfte an sich haben. Solches wollen wir nun mit Zeugnissen der Schrift beweisen. So spricht St. Paulus an die Philipper am dritten: »Unser Wandel ist im Himmel, von dannen wir auch warten des Heilandes Jesu Christi, welcher unseren nichtigen Leib verklären wird, daß er ähnlich werde seinem verklärten Leibe, nach der Wirkung damit er kann alle Dinge ihm unterthänig machen.« Und in seiner ersten Epistel am 3. spricht Johannes: »Wir werden Gott gleich sein, und ihn sehen, wie er ist.« Das ist: wir werden sein wie Gott selbst, gerecht, heilig, unsterblich und allenthalben im Himmel und auf Erden schweben und wandeln wie er. Wir werden ihn sehen, nicht wie ihn die heiligen Patriarchen in fremder Gestalt, wie Augustinus sagt, gesehen haben, sondern wie er ist in seinem göttlichen und allmächtigen Leben und Wesen. So weit kommen wir in diesem sterblichen und sündlichen Leben noch nicht. Denn unsere Augen, Sinne und Vernunft sind dazu viel zu blöde und zu schwach und mögen solchen Glanz der Herrlichkeit Gottes nicht leiden noch ertragen. Wie wir denn auch in die Sonne nicht sehen können, deren Glanz doch nichts ist gegen die himmlische Klarheit, damit wir alle, wie Gott selbst, sollen bekleidet werden.

In der anderen Epist. Petri (c. 1) stehet also: wir werden theilhaftig werden der göttlichen Natur, so wir fliehen die vergänglichen Lüste der Welt. Das heißt: wir werden im ewigen Leben Gott, Christo und den heiligen Engeln gleich sein, so wir uns hier in diesem Leben mit rechtschaffenem Glauben an Christum halten und auf dies Zeitliche unser Vertrauen nicht sehen, sondern uns vielmehr des Ewigen trösten und freuen, und uns danach sehnen mit herzlichem Verlangen. Und Matth. 13 spricht Christus: es werden alsdann, nach der Auferstehung, im ewigen Leben die Gerechten leuchten wie die helle Sonne, so mit Himmel und Erde gar neu wird geschaffen werden und viel tausend mal schöner und heller sein, denn sie jetzunder ist. Ja es wird ein Sternlein, spricht Dr. Luther, alsdann schöner sein denn die ganze Welt. Matth. am 22. spricht Christus weiter: wir werden den Engeln gleich sein; in der Auferstehung werden sie weder freien, noch sich freien lassen. Mit anderen Worten: in jenem Leben wird aufhören der Ehestand, und alles Unglück und Unlust, alle Sorge mit Weib, Kindern und Nahrung, so man darin gehabt hat. Wir werden leben in Ewigkeit ohne alle Sorge und Furcht, so hell, so gerecht, so geschwind und so stark als die lieben Engel. Zu den Römern am 14. spricht St. Paulus ferner: »Das Reich Gottes ist nicht Essen und Trinken, sondern Gerechtigkeit, Friede und Freude im heiligen Geist.« Das ist solche überschwängliche, unbegreifliche Freude, die kein Auge je gesehen, kein Ohr je gehört hat und die in keines Menschen Herz gekommen ist, wie wir droben vernommen haben. Ja solche Freude, darin Gott selbst von Ewigkeit gelebt hat, daran seine Engel mit Ihm theilgenommen, und darin er hinfort mit ihnen und mit allen seinen Auserwählten leben wird in Ewigkeit. Solche Freude wird der heilige Geist als wahrer Gott, daß wir voll sein werden, in uns wirken und uns damit also stärken, erquicken, lebendig, gesund, freudig und lustig machen, daß wir an kein Essen, an kein Trinken nimmermehr gedenken werden. Vielmehr wird jeder auserwählte Christ von Herzen sprechen: Wollte ich doch das geringste Stäublein oder Tröpflein dieser himmlischen Freude und Süßigkeit nicht hingeben für alle herrlichen Confecte und köstlichen Speisen aller Kaiser, Herren und Fürsten, so von Anbeginn der Welt je sind bereitet worden, ja für alle Herrlichkeit der ganzen Welt. Denn es wird alsdann Gott Essen und Trinken und dergleichen leibliche und natürliche Dinge, damit wir hier in diesem Leben ausgehalten, beschweret und geplaget worden, gar aufheben und uns speisen mit der Speise, davon er und die lieben Engel immerdar gelebt haben und davon wir hunderttausendmal frischer, stärker, schöner, fröhlicher und klarer sein werden, denn hier in dieser Welt von den allerschönsten, edelsten, feinsten, besten und herrlichsten Speisen und Getränken.

Weiter spricht St. Paulus 1 Thessal. 4: wir werden bei Gott sein allezeit. Also wir werden sein an allen Orten, wo wir wollen, wie Gott selbst. Ehe denn wir es recht ausdenken, werden wir schon da sein, es sei droben im Himmel oder hier unten auf Erden. Denn Gott wird alles sein in allem, das ist: wir werden an Gott alles haben, was wir wollen, wünschen und begehren.

Was wir hienieden an den Kreaturen suchen, das werden wir droben alles an Gott haben, und zwar überreichlich und überflüssig, an Leib und Seele, also daß kein Essen und kein Trank so köstlich ist noch so wohl speisen oder tränken kann, als Gott selbst mit seinem Anblick thun wird. Davon werden wir immer stark und frisch, gesund und fröhlich, dazu heller und schöner sein denn Sonne und Mond. Und alle seidenen, sammtnen, mit köstlichem Pelzwerk verbrämten Kleider, alle goldenen Ketten, Ringe, Ehrenzeichen und dergl., was ein König oder Kaiser trägt, ist nichts als lauter Koth im Vergleich damit, daß wir nur von einem einzigen göttlichen Anblick durchleuchtet werden. So wirds dann auch keines Schutzherrn, keiner Obrigkeit, keines Gelds noch Guts, nicht Hauses und Hofes, noch anderer leiblicher Güter mehr bedürfen, sondern Gott allein wird uns das alles sein. Nicht minder werden wir auch alle geistlichen Güter, ewige Gerechtigkeit, Trost und Freudigkeit des Gewissens haben, daß uns Niemand mehr schrecken, ärgern, irre machen noch verstören kann. Summa: was wir jetzt bei den verschiedensten Creaturen hin und her einzeln und stückweise zusammen suchen und empfangen müssen – wiewohl es auch von ihm herkommt und aus lauter väterlicher, göttlicher Güte und Barmherzigkeit, ohn all unser Verdienst und Würdigkeit uns gegeben wird – dafür werden wir dann Ihn allein haben ohne Mittel, ohne allen Mangel und ohne Aufhören.

Da werden wir kein Brot noch Wein ansehen, keine Apotheke noch Arzenei mehr nöthig, sondern genug haben an dem Anschauen Gottes. Der wird den ganzen Leib so schön, frisch und gesund machen, ja so federleicht, daß wir daher fahren wie ein Fünklein und wie die Sonne am Himmel läuft, daß wir in einem Augenblick hier unten auf Erden oder droben im Himmel sein werden. Wohl glaube ich, daß alles wird viel schöner sein, Wasser, Bäume, Gras u. s. w. und daß gar eine neue Erde sein wird, wie St. Petrus sagt, daß es mit rechter Lust wird anzusehen sein. Aber Leib und Seele erhalten, das wird Gott selbst thun, als der allein alles soll in allem sein und dessen Anblick mehr Leben, Lust und Freude geben wird, denn alle Creaturen vermögen. Ja gewißlich, lieber Christ, dann sagst du mit mir: ich würde nicht einen Augenblick im Himmel für aller Welt Gut und Freude geben, und wenn ihr Wesen tausend und abertausend Jahre währete!

Darum wird auch aufhören das Predigt- oder Pfarramt, Fürstenthum, alle weltliche Herrschaft und Regiment, und werden überhaupt keine Aemter noch Stände mehr sein. Die Personen, als: Mann und Weib, sollen bleiben und das ganze menschliche Geschlecht, wie es geschaffen ist, aber der Nothdurft keine, die zu diesem Leben gehört. Es wird ein jeglicher ein vollkommener Mensch sein und alles für sich selbst in Gott haben, daß er keinen Vater, Mutter, Herrn, Knecht, Magd, Speise, Kleider, Haus und drgl. weiter bedürfen wird.

Nun erwäge bei dir selbst in deinem Herzen, was du gerne haben möchtest. Willst du Geld oder Gut, Essen und Trinken in Fülle, langes Leben, gesunden Leib, schöne Kleider, angenehme Wohnung, stete Freude und Lust, dazu reichlich Weisheit und Verstand, große Herrschaft und Ehre haben: so siehe hierher, da sollst du alles genug kriegen! Er will dich kleiden herrlicher denn kein Kaiser mag gekleidet sein, ja schöner als die Sonne und alles Edelgestein. Willst du ein großer Herr sein, so will Er dir geben mehr, denn du begehren kannst. Willst du scharf sehen und hören, durch Wände und Mauern, und so leicht sein daß du in einem Nu unten auf Erden und flugs oben an den Wolken dich findest: das soll alles geschehen. Und was du mehr erdenken, erbitten und verstehen magst, was du zu haben wünschest an Leib und Seele, woran dein Herz Lust und Freude sucht: das sollst du alles reichlich und überschwänglich haben, wenn du Ihn hast. Denn wo Gott ist, da müssen alle Güter, Freude und Lust zugleich mit sein. Und wie er, wenn er die Creatur ansiehet, seine Lust, Freude und Gefallen daran hat, also werden auch wir, die alsdann der Creatur nicht mehr bedürfen denn daß wir Freude daran haben als an einem Schaugericht, wenn wir den schönen neuen Himmel und die neue Erde sehen, Gott darum loben und lieben von Herzensgrund. Aber in Ihm selbst werden wir allerwege unser Leben und volles Genüge haben.

Siehe, das ist die tröstliche Erwartung, mit der wir auf jenes Leben blicken, daß Gott selbst wird unser und daß unser Alles wird in ihm sein. Denn stelle dir vor Augen alles was du begehrst, du wirst nichts Besseres noch Lieberes zu wünschen finden, denn Gott selbst zu haben, der das Leben ist, ein unausschöpflicher Abgrund alles Guten, die ewige Freudenquelle. Nun giebts traun kein edler Ding auf Erden denn das Leben, und alle Welt fürchtet kein Ding mehr denn den Tod. Und diesen höchsten Schatz, das Leben, sollen wir eben über alles Maaß und ohne Aufhören an ihm haben. Dazu soll dir der Himmel, wenn du es wolltest, eitel Joachimsthaler und Goldstücke regnen, die Elbe voll köstlicher Perlen und Edelsteine fließen, die Erde allerlei Lust bringen, daß, wenn du es zu einem Baum sagtest, so müßte er dir pure silberne Blätter und güldene Aepfel und Birnen tragen, und Gras und Blumen auf dem Felde wie eitel Smaragde, Rubine und Demanten leuchten. Summa: woran dein Herz Lust und Freude suchet, das soll reichlich da sein. Denn es heißt: Gott selbst soll alles in allem sein. Wo aber Gott ist, da müssen alle Güter mit sein, so man immer wünschen kann.

Zu solcher überschwänglichen Herrlichkeit des ewigen Lebens gehöret weiter und zwar ganz wesentlich, daß sich die ganze Gottheit uns wird offenbaren und entdecken, und wir Gott sehen werden wie er ist, wie Johannes spricht, d. i. in seiner göttlichen Allmacht und Majestät, welche die Gottlosen in Ewigkeit nicht werden zu sehen bekommen. Daß wir ihn anschauen werden und daran all unsere Lust und Freude haben, daß wir auch in seiner Erkenntniß immer zunehmen, darin die ganze Seligkeit und das ewige Leben stehen wird, wie Christus Johannes am 17. saget. Daß wir ferner mit unserem Erlöser werden umgehen, allenthalben um Ihn sein, mit Ihm Gespräch halten und Ihm zuhören, wie er uns von den allerhöchsten, himmlischen und göttlichen Dingen, von den Ursachen aller Gotteswerke lehren und uns gründlich darin unterrichten wird. Was aber das für eine Herrlichkeit sein wird, das kann in diesem Leben in keines Menschen Herz oder Gedanken fallen, sondern wir müssen warten, bis wir es in der That und in der Wahrheit finden und erfahren werden.

Und was wird erst noch für herrliche Lust und Freude gewähren die allerlieblichste Gesellschaft, so wir mit den Engeln haben, die uns dienen und mit uns Gott ohne Unterlaß rühmen und erheben, wie die lieben Väter davon geredet haben! Desgleichen die Gesellschaft der heiligen Propheten, Patriarchen, Apostel sammt allen unseren Vorfahren und Nachkommen, in Summa mit allen Christen und Heiligen, so auf Erden jemals gelebt haben! Mit denen werden wir und sie mit uns auf das allerfreundlichste umgehen; werden mit ihnen reden von göttlichen Dingen, werden uns miteinander verwundern über die unaussprechliche Liebe, Gnade und Gütigkeit Gottes, die er in der Erlösung des menschlichen Geschlechts bewiesen hat, und werden ihn mit einander in Ewigkeit loben und preisen. Da wird dann erklingen die liebliche Intonation: Lobet unseren Gott, alle seine Knechte, und die ihn fürchten, beide Kleine und Große! Und wird darauf erschallen eine starke Stimme, das Responsorium der großen Schaar, so da singen wird: Halleluja! denn der allmächtige Gott hat das Reich eingenommen. Lasset uns freuen und fröhlich sein, und ihm die Ehre geben! wie Offenb. am 19. geschrieben steht. Das heiße ich recht eine freudenreiche, himmlische Antiphonie!

Ach es wäre kein Wunder, wenn ein Mensch, der solche hohen tröstlichen Dinge zu Zeiten nur ein wenig bedächte, in seinem ganzen Leben nichts Lieberes thäte denn Gott immer anrufen, daß er ihn doch ja bald aus diesem stündlichen Leben erlösen, ihm seine Sünden aus Gnaden um Christi willen vergeben und ihn in sein ewiges Reich zu solcher Herrlichkeit aufnehmen möchte.

3.

Das Erkennen der Freunde.

Zuletzt haben wir noch besonders zu merken und zu behalten, weil Christus ja einem Jeden das Seine wieder zustellen will und wir gewißlich einander vor dem Richterstuhl des HErrn sehen, daß einer auch den andern kennen wird. Es ist sicherlich nicht das geringste Stück des ewigen Lebens, wenn Sünde und Tod ganz von uns hinweg und wir zum Leben und zur Gerechtigkeit gekommen sein werden, daß dann auch eine völlige Erkenntniß Gottes, so wie der Unseren und aller Kreaturen stattfinden muß.

Kannte doch Adam, ehe er in das ewige, geistliche Leben versetzt war, seine Eva und wußte, daß sie aus seinem Fleisch und Bein erbauet wäre, wiewohl er sie zuvor nie gesehen hatte. So kennen auch die drei Apostel bei der Verklärung des leibhaftigen Sohnes Gottes auf dem heiligen Berge den Moses und Elias, die bei Christo erschienen und ihn trösteten. So erkannte Maria Magdalena den Auferstandenen an seiner Rede, ob er wohl diesmal in Gärtnergestalt sich verbarg. So siehet St. Stephanus den Herrn Christum in seiner Herrlichkeit zur Rechten seines Vaters stehen und erkennet ihn wohl. Desgleichen erkennen die Gläubigen die Heiligen, so mit Christo erstanden und ihrer Vielen erschienen.

Denn die Schlafenden erstehen und behalten ihr Fleisch und Blut, das sie zuvor gehabt, ob es schon erneuert und in einen geistlichen und unverweslichen Leib verwandelt wird.

So denn ein sterblicher Mensch die Auferstandenen in ihren geistlichen Leibern mit natürlichen Augen siehet und erkennet, sollten nicht die Erweckten in ihrem neuen Leben und völligen Kräften die Ihrigen im ewigen Leben aufs genaueste erkennen?

Ja Moses wird seine Juden vor Gottes Angesicht beschuldigen. So werden dagegen die von Corinth St. Pauli Ehrenkranz sein am jüngsten Tage, wie auch alle Gottseligen diejenigen rühmen und preisen werden, durch deren Zeugniß sie zum Glauben, zur Erkenntniß Christi und zum seligen Leben gekommen sind. Darum kann die Erkenntniß unserer Nächsten und Verwandten nicht außen bleiben. Der heilige Geist nimmt die natürlichen Kräfte und angeborenen Neigungen aus unserem sterblichen Leibe nicht hinweg, sondern er reiniget sie. Obwohl daher Gott in allen den Seinen wird alles sein und obwohl die Auferweckten die Fülle des Geistes Gottes bekommen und durchaus an Leib, Seele und Geist vollkommen rein und neu sein werden, so können sie doch nimmermehr ohne Gedanken, Gesicht und Erkenntniß sein. Was wäre das für ein ewiges Leben, wenn einer seine Allerliebsten nicht mehr kennen sollte? Siehet und erkennet doch der reiche Fresser, der in der höllischen Qual lag, Abraham und den armen Lazarus in seinem Schooß, obwohl eine große Kluft zwischen ihnen befestigt lag. Daraus folgt, daß die Seligen auch die Verdammten in ihrer Qual kennen und der Gerechtigkeit Gottes vollständig Recht geben werden.

Freilich macht es dem sterblichen David schwere Gedanken, daß er sein Fleisch und Blut am ungehorsamen und gottlosen Absalom in der ewigen Verdammniß sehen soll. Aber es wird dennoch die Erkenntniß der Gerechtigkeit Gottes alle natürliche Liebe, Sehnsucht und Weichlichkeit weit überwiegen, wie ja auch in der Welt die größeren Affecte die kleineren zurückdrängen.

Ferner ergiebt sich aus des Herrn JEsu Erzählung vom reichen Mann klärlich, daß umgekehrt auch die Unseligen die Seligen in ihrer Freude erkennen, damit ihre Qual und Pein desto größer werde, wenn sie die in ihrer Himmels-Wonne erblicken, die sie auf Erden untergetreten und für der Welt Schab-ab und Fegeteufel gehalten haben. Ja derer Freude und Wonne wird groß sein. Den frommen in den Staub gedrückten Hiob tröstet es über alles, daß er in der Auferstehung mit einem neuen Leibe und geistlichen Augen seinen Herrn und Heiland sehen, mit ihm reden und umgehen, daß er in seinem verjüngten Fleische den verklärten und leibhaftigen Sohn Gottes anschauen werde.

Derhalben sollen die Christgläubigen an dem Artikel gar nicht zweifeln. So wahr wir in diesem unseren Fleisch werden auferstehen in gleicher Verklärung und Herrlichkeit mit dem Leibe Christi, dem wir in Ewigkeit ähnlich sein werden; so wahr wir zu ihm kommen, ihn sehen, erkennen und preisen werden als die höchste Person unter dem menschlichen Geschlecht: so wahr werden auch alle Christgläubigen zusammenkommen und einander mit großem Frohlocken wieder erkennen.

Ach das ist ein gar süßer und lieblicher Trost für alle diejenigen auf Erden, so der geliebten Ihrigen eine Zeit lang schmerzlich entbehren müssen. Hierher kommt keiner von ihnen zurück. Wir sehen einander hienieden nimmer wieder. Der Teufel ist's der in Samuelis (1 Sam. 28) oder Scipionis [23] Gestalt oder sonst in derlei Erscheinungen, Gespenstern und Spukgeschichten sich sehen und hören lasset. Aber das ist nicht recht geredet im letzten Stündelein: Lebt wohl, ihr Lieben, heut sehet ihr mich zum letzten Mal! Denn also sagen die Heiden und Ungläubigen. Wir hingegen sprechen in Todesnöthen getrost und freudig: Gesegne euch Gott, meine Allerliebsten! hier zwar sehen wir einander nicht mehr, aber dort kommen wir in Ehren und Freuden bald, so es Gott geliebt, wieder zusammen, und bleiben dann bei einander, ungetrennt und ungeschieden in alle Ewigkeit! Denn der Sohn Gottes wird uns vereinigen um Seinen Thron, und am jüngsten Tage auch unsere Leiber wieder auferwecken aus der Erde!

Traun, lieben Freunde, wer mit diesen Gedanken umgehet und solches alles aus Gottes Wort recht in sich befestiget, der kann sich trösten und zufrieden geben, kann stark und gewiß auf den fröhlichen Tag warten, da wir einander wieder anschauen, einander kennen, in stetem Frieden, in völliger Liebe und ganzer Freundschaft bei einander sein und bleiben werden. Denn wir werden nicht allein bei Gott und vor seinem Angesicht in Freude und seligem Leben ohne Aufhören zusammen kommen, eines das andere kennen und entsprechen, sondern es sollen auch die alten christlichen Freundschaften, so wir in der Erkenntniß Christi hier geschlossen, bis ans Ende getreulich erhalten und mit ins Grab genommen, mit uns wieder erstehen, verneuert, verklärt und ganz vollkommen werden und bleiben in alle Ewigkeit.

Die höchste und seligste Freundschaft wird freilich die sein und bleiben, daß wir mit Gott dem Vater, mit seinem Sohne und mit dem heiligen Geiste, auch mit allen Engeln Gottes in Liebe, in lieblicher Eintracht und bestem Vernehmen stehen und die ganze väterliche Liebe und Treue als seine angenommenen lieben Kindeskinder in Ewigkeit fühlen werden. Da wird sichs erst recht finden, was Gott für ein Vater ist und wie seine väterliche Liebe und Treue über alles gehet und alles so gar weit hinter sich läßt, was Vater oder Vaterschaft auf Erden genannt wird.

Jetzt hat es noch kein Ohr gehöret, kein Auge gesehen und ist in keines Menschen Herz kommen, wie herzlich und mütterlich uns unser lieber Vater in seinem geliebten Sohne liebet. Da wird sich erst die brüderliche Treue unseres Herrn und Bruders JEsu Christi mit Augen schauen und tief genug empfinden lassen, warum er sein Blut für uns vergossen und an seinem Leibe so unsägliche Schmerzen getragen hat. Da werden wir erst die wesentlichen Flammen des heiligen Geistes sehen, vollkommen durchgeistet und mit reiner göttlicher Liebe und Brunst angezündet und durchflammet sein.

Wie nun solche Liebe des Vaters, des Sohnes und des heiligen Geistes, die wir hier im Glauben nur ein wenig und gleich als in Tröpflein kosten, in jenem Leben erst recht empfindlich und vollkommen in uns sein wird: also wird auch das starke Liebes-Band, damit Gott Mann und Weib, Eltern und Kinder, Brüder und Schwestern und andere Blut-Freundschaft natürlich zusammen geknüpft, erst ganz vollkommen werden, wenn Sünde und Tod, wenn alle Unordnung und Unfreundlichkeit, aller Argwohn und alles Mißtrauen, so der leidige Satan in uns einschleichet, einkrautet und eingiftet, im neuen heiligen Leben ausgefeget und die angefangene Freundschaft ganz wird verneuert und göttlich bekräftigt sein.

Liebe und Freundschaft ist ja nicht das schlechteste Theil unserer vernünftigen und unsterblichen Seele, die Christus theuer erkauft und selig gemacht hat. Wie nun die Seele errettet und ewig leben wird, also kann auch alles, was in die Seele gepflanzet und gebildet ist, kein Verderben noch Aufhören haben. Und weil eben Liebe und Freundschaft sonderlich zum Wesen der unsterblichen Seele gehören, so ist es unwidersprechlich gewiß, daß alles, was hier auf Erden in Erkenntniß JEsu Christi mit sehnlichen Gedanken der Liebe einander verbunden gewesen und seine Freude und Ergötzung an solchem ehrlichen und rechtschaffenen Bunde gehabt, im ewigen Leben in steter himmlischer Liebe und herzlicher Freundschaft bei einander vor Gottes Angesicht ewiglich bleiben und für alles Leid, so die Liebe in dem Jammerthale in viel Angst und Noth und endlich im Scheiden mit Schmerzen gefühlet, mit ewiger lieblicher und freundlicher Beiwohnung überreichlich wird entschädigt werden. Denn hier auf Erden bleibt das Sprüchwort wahr:

> Was liebet, das betrübet.
> Was herzet, das schmerzet.

Es haben fromme Eltern und Kinder, Mann und Weib, und allerlei gute Freunde nicht eitel Freude in dem Elend hienieden an einander. Es läuft oft viel Trübsal mit unter, da sich einer des anderen Widerwärtigkeit und Unfalls halber herzlich betrübet, und wird die Freude in rechten Freundschaften nicht selten mit Unglück versalzen. Aber in der Auferstehung der Gerechten wird Liebe und Freude ewig und vollkommen sein. Da werden wir lauter Freude und Wonne von einander und an einander haben in Ewigkeit.

Wir müssen nur diese neue himmlische Freundschaft und ewige Beiwohnung der Liebe nicht verstehen wie die Sadducäer zu Christi Zeit, da sie über ein Weib fragten, so bei ihnen sieben Männer gehabt, wessen Weib sie in der Auferstehung sein würde. Auch nicht, wie die schändlichen Türken – heutiges Tages davon reden, die von keiner anderen Freude wissen denn auf einmal viele Frauen haben, und in ihrer Rohheit und Unwissenheit allein mit Wollust dieses sündlichen und verderbten Fleisches umgehen. Solche Leute nennet unser Herr Christus Gottlose, Narren, Spötter und Verächter Gottes und seines Wortes, so die Schrift und die Kraft Gottes nicht verstehen und gehen nur mit fleischlichen und epikurischen Gedanken um.

Es ist mit ihnen eben wie mit der Sau: als ihr die Thiere von einem herrlichen Bankett sagten, wie sie bei den Leuten zu Gaste gewesen und herrlich und wohl gelebt hätten, da fraget das unfläthige Thier, ob sie auch Kleie und Träber gehabt hätten! Also sind die verzweifelten Spötter und Epicuräer, sie achten Christi Blut und Tod für nichts, sie schänden und lästern sein Wort. Darum blendet und bezaubert sie der garstige und unsaubere Geist, daß sie anders von Gott und dem zukünftigen Leben nicht denken noch reden, denn wie es in ihren bösen und stinkenden Herzen steckt. Wir aber wissen, Gott sei Lob und Dank, aus Christi wahrhaftigem Wort und Bericht, daß die künftige und gehoffte Seligkeit ein englisch, himmlisch und geistlich Leben ist in einem unsterblichen, geistlichen und unverweslichen Leibe, da wir keines Ehestandes noch einiger Kreatur mehr bedürftig sein werden, sondern Gott wird alles in allen Seligen sein und bleiben, wie Christus sagt zu den spöttischen Sadducäern: »Die Kinder dieser Welt freien, und lassen sich freien. Welche aber würdig sein werden, jene Welt zu erlangen, und die Auferstehung von den Todten, die werden weder freien, noch sich freien lassen. Denn sie können hinfort nicht sterben; denn sie sind den Engeln gleich, und Gottes Kinder, dieweil sie Kinder sind der Auferstehung« (Luc. 20, 34-36).

Wie Moses schreibt und St. Paulus die Worte Mosis ausleget, hat Gott uns Menschen zu zweierlei Leben erschaffen, erstlich zum natürlichen, danach zum geistlichen. Für dieses natürliche Leben hat Gott den heiligen Ehestand eingesetzt und geordnet, da ihrer zwei mit einem unauflöslichen Bande durch Gottes Wort zusammen gebunden werden, daß sie in dem Fleisch nach GOTTES Ordnung wachsen und sich mehren sollen, damit die Erde erfüllet und das Himmelreich erbauet werde; aus welchem menschlichen Geschlecht sich Gott im Hinblick auf die ewige Fürbitte und das Verdienst seines SOHNES eine ewige Kirche und himmlische Gemeinde durch das Wort und die Sakramente sammlet und die Zahl der gefallenen Engel erstattet. Wenn aber die Menge der Auserwählten erfüllet sein, wenn Christus als der Richter alles Fleisches bei seiner glorreichen und gewaltigen Wiederkunft in den Wolken erscheinen, alle Lebendigen im letzten Feuer in einem Augenblicke verwandeln und durch die letzte Posaune alle Todten erwecken wird: dann wird das Wesen dieser Welt vergehen, das natürliche Leben aufhören, Lehramt, Regiment, Ehestand und das ganze Hauswesen abgeschafft und ein neu, himmlisch, geistlich und englisch Leben angehen. Dann werden wir ewiglich bei Gott sein, und sein Angesicht schauen in vollkommener Freude. Dann werden wir auch wiederum zu unseren Geliebten kommen und in ewiger Freude und rechter göttlicher Charitas, d. i. in innigster Affection der Liebe, in dem neuen Himmel und Erde bei einander leben auf ewig. Und ob nach Gottes gnädigem Wohlgefallen mancher arme Wittwer oder Wittwe, von Noth gedrungen, zwei oder drei Frauen oder Männer in diesem Leben nach einander gehabt, so wird das doch im künftigen Leben nicht mehr sein, wie jenes vernünftige Weib sagte, der lebendige wäre ihr am allerliebsten gewesen. Es wird dort kein Unterschied gemacht, kein Neid noch Mißgönnen stattfinden, er wird sie alle wiedersehen und kennen, und werden ihm alle, doch im Geiste des ewigen englischen Lebens, lieb und theuer sein, weil ihre Herzen durch Gottes Wort einander verbunden sind und weil sie in ihrem züchtigen Ehebett den HErrn Christum erkannt und Ihn im Glauben beständig angerufen haben.

Wird auch einen schönen Dank und fast große Freude geben, wenn die andere oder dritte ihrer Vorgängerinnen Mann und Kinder herzlich gemeinet und diese zu Gottes Furcht, Zucht und Tugend treulich und christlich auferzogen hat. Denn da wird der Vers erfüllet werden:

Crescit amor verus vera pietate fideque; Est pietas verae nervus amicitiae.

Auf Deutsch: Was hier in wahrer Erkenntniß JEsu Christi, im rechten Glauben und reinen Gewissen, mit guter Einigkeit und Freundschaft beharret und auf das lebendige Wort Gottes zusammengewachsen und verbunden gewesen, das wird beständige Freundschaft und Gemeinschaft behalten in alle Ewigkeit. –

Es fließen von mir viele Bächlein in die Gärten,
wie man das Wasser hineinleitet.

Sir. 24, 40.

Das ist der Freuden-Spiegel des ewigen Lebens von Philipp Nicolai. Laß uns nun noch einen Rückblick thun, lieber Leser. Der Herausgeber ist ihn Dir schuldig, da er kein Vorwort hat schreiben wollen. – Als ich das »Leben August Hermann Francke's« darzustellen versuchte (Bielefeld, bei Velhagen und Klasing, 1852, 4. Heft 5. Bandes der Sonntags-Bibliothek), erfuhr ich daß der theure Mann in der letzten Zeit seines Lebens mit großem Fleiß und absonderlicher Freude in Phil. Nicolai's Freudenspiegel des ewigen Lebens gelesen habe. Da erwachte das herzliche Verlangen in mir, auch einmal in diesen Spiegel sehen zu können. Es ward erfüllt, über Bitten und Verstehen, ehe denn ichs noch gegen irgend einen Menschen ausgesprochen. Ich bekam aus der Bibliothek der Franckeschen Stiftungen meiner Vaterstadt das ersehnte Buch unter dem Titel: »Frewden Spiegel des ewigen Lebens / Das ist: Gründliche Beschreibung des herrlichen Wesens im ewigen Leben / sampt allen desselbigen Eigenschaften und Zuständen / aus Gottes Wort richtig und verständlich eingeführt. Auch fernre wolgegründte Anzeig und Erklärung / was es allbereit für dem jüngsten Tage für schöne und herrliche Gelegenheit habe mit den außerwehlten Seele« im himmlischen Paradeiß. Allen betrübten Christen / so in diesem Jammerthal das Elend auf mancherlei Wege bauwen müssen / zu seligem vnd lebendigen Trost zusammen gefasset / durch Philippus Nicolai / der H. Schrift Dr. und Diener am Wort Gottes zu Unna in Westphalen. Gedruckt zu Frankfurt am Mayn / durch vnd in Verlegung Johann Spiesen / und **Romani Beati Erben, Anno M.DCII.**.« Viele der herrlichsten Stellen sind in dem alten Buche roth unterstrichen und mancherlei Zeichen am Rande vermerkt, vielleicht von Francke selbst. Zugleich erging Seitens des Verlegers die Aufforderung an mich, dasselbe für eine neue Herausgabe zu bearbeiten. Das ist nun von mir geschehen. Eine Bearbeitung liegt vor Dir, mit nichten aber eine Umarbeitung.

Ohne erstere wäre es jedenfalls ungerathen gewesen, das alte köstliche Werk wieder ans Licht zu stellen. Es mußte, um einem größeren Kreise dienen zu können, an vielen Stellen verständlicher, zugänglicher und genießbarer gemacht werden. Es handelt sich hier nicht blos um Erhaltung eines ehrwürdigen geschichtlichen Denkmals unserer theuren lutherischen Kirche, sondern wesentlich um die Erbauung unserer Gemeinden zu dieser unserer Zeit. Claus Harms sagt gewiß mit gutem Recht: »Aller Andachtsstoff muß nach dem Bedürfnisse der Meisten zubereitet werden, außer wenn die Meisten begehrten, was dem Glauben der Kirche entgegen wäre. (So ist es nun Gott Lob heut zu Tage nicht, vielmehr bei den meisten ernsten und lebendigen Christen ein Begehren gut zu merken, aus der langjährigen Indolenz in konfessioneller Beziehung, aus der falschen Unions-Mengerei endlich herauszukommen und sich des »Glaubens der Kirche« wieder recht bewußt zu werden). So weit man aber die Alterthümlichkeit, fährt Harms fort, uns als ein Joch auf unsere Hälse zu legen sucht, ist sie abzuwehren.« Es ist wirklich geringe Mühe, so ein altes Buch Wort für Wort wieder abdrucken zu lassen und dann seinen Namen als Herausgeber nebst obligater Vorrede davorzusetzen. Aber es frommt auch nicht. Was uns von den herrlichen Alten zu Gute kommen soll, das ist eben das herrliche Alte. Das muß wieder neu werden. Daneben aber findet sich auch Manches, hier ein Histörchen, dort ein Vergleich u. s.

w., was uns, wie wir jetzt nun einmal sind, nicht anzieht sondern abstößt; was ohne allen Zweifel vielen Seelen zum Aergerniß gereichen und unberechenbaren Schaden verursachen würde.
Von einzelnen Ausdrücken, von verwickelten dunkeln Sätzen, von seitenlangen Perioden und
anderen Unverdaulichkeiten der Form gar nicht einmal zu reden. Weg also mit der peniblen
Antiquitäten-Krämerei!

Aber noch viel mehr weg mit der kläglichen Antiquitäten- Furcht und Flucht, mit der leicht-
fertigen Modernisirungs- und Verwässerungs-Sucht! Ich habe den Freuden-Spiegel nicht um-
gearbeitet, lieber Leser. Ich habe kein Wasser zu dem alten edlen Wein gegossen. Ich habe meinen lieben HErrn fort und fort bei der Arbeit um eine keusche und züchtige Feder angerufen.
Ich habe Ihn gebeten, Er möge mich sonderlich in Gnaden davor bewahren, daß ich den alten
theuren Schriftsteller, ich Geringster, irgendwo und wie verbessern wolle. Es ist ein eigen Ding
um solche Arbeit. Wen Gott der HErr nicht Selbst darauf hinweist, wer nicht mit Furcht und
Zittern darangeht, wer nicht mit unablässigem Gebet dabei bleibt, der kann gar viel verderben. –
Der alte Nicolai kommt also wesentlich ganz in seiner alten ursprünglichen Form, es ist ihm mit
nichten ein modernes Kleid umgehängt worden. Denn nur für Most gehört ein neuer Schlauch.
Der Blick auf jede Seite überzeugt Dich, daß das Alterthümliche nicht in dieser neuen Ausgabe
verschwunden ist. Du findest hier keine moderne, präcisirte Sprache. Du findest aber ein Lied
im höheren, oftmals im höchsten Chor. Sollte Dir hin und wieder eine Wiederholung begegnen,
so vergiß nicht daß das Buch nicht um gearbeitet werden durfte. Und bedenke: diese seligen
Dinge kann man sich nicht oft genug wiederholen! Sind die Anmerkungen unter dem Text für
Dich überflüssig, so kannst Du ja leichtlich darüber hinweg lesen. Mancher weniger kundige
Leser weiß mir doch wohl für dies oder jenes einigen Dank. Vor allem aber stoße sich doch
ja Niemand an dieser oder jener einzelnen Stelle, die ihm vielleicht zu stark erscheint. Solche
Empfindlichkeit wäre hier gar übel angebracht. Wenn die ganze kräftige Erscheinung des Mannes, der doch auch im Zusammenhänge seiner Zeit beurtheilt werden muß, nicht abgeschwächt,
also unwahr präsentirt werden sollte, ließen sich solche Stellen nicht ausmerzen. Ja es wäre ein
Frevel gewesen gegen den Mann, dem »die hocherhabene und überwindliche Wahrheit« über
alles ging und der von ihrem »Sieg und herrlichen Freudentritt« so gewaltig gezeugt. Und so
möge denn der alte helle Spiegel vom köstlichsten Glas trotz seines alterthümlichen Rahmens –
ja eben auch mit um desselbigen willen – auch jetzo wieder recht viele neue Liebhaber finden,
die ihn gern sich vorhalten lassen, fleißig hinein sehen, viel Lehre, reichen Trost, große Kraft
zum Thun und Leiden, lebendige Hoffnung heraussehen je länger je mehr!

Was ich durch meine Ungeschicklichkeit an dem Rahmen versehen, das vergieb mir, mein
Gott, um Christi willen, und laß es den Spiegel nicht entgelten! Laß meine gebrechliche Arbeit milde und nachsichtige Beurtheilung finden vor sachverständigen menschlichen Richtern,
denen ich mich in aller Demuth unterwerfe. Du weißt ja, daß ich arbeitete zu Deines Namens
Ehre, zur Förderung Deines Reiches, und zu meines Nächsten Nutz und Frommen. Ist auch
vor Dir unverborgen, wie wohl auch mir und wie fröhlich im Geist ich dabei gewesen, ja daß
diese Arbeit nach dem schmerzlichen Abscheiden einer treuen Schwester und eines geliebten
Bruders, nach der allerschwersten Zeit – die seligste gewesen meines ganzen Lebens. So gieb
denn, mein lieber Gott, insonderheit allen meinen Mitchristen, die da trauern über den tödtlichen Hingang geliebter Anverwandter oder Freunde – gieb ihnen, wie Du es mir gethan, nach
des seligen Verfassers Gebet, diesen Freuden-Spiegel als einen heilsamen Lebensbecher in die
Hand, und steten Labetrank daraus, ihre ausgemattete Seele damit tröstlich zu erfreuen und zu
erquicken! Dir, Du heiliger dreieiniger Gott, sei Ehre, Lob, Dank und Preis allein! –

So viel von dem Buch und seinem Herausgeber. Nun noch ein Rückblick auf den Verfasser
des Buchs, den ich meinen lieben Lesern noch viel mehr schuldig zu sein glaube.

Philippi Nicolai ward geboren in dieses Leben am 10. August 1556 zu Mengeringhausen
in der (damaligen) Grafschaft Waldeck, woselbst sein Vater, der Dr. Dietrich (» **Theodoricus**«)
Nicolai, Verkündiger des göttlichen Wortes und zugleich Inspector der Waldeckschen Geistlich-
keit war. Ein gläubiger, hochverdienter Mann, ein rechter Hausvater zugleich. Er hatte 1540
in dem Flecken Herdecke an der Ruhr die Reformation eingeführt; auch 1555 an der Synode

theilgenommen, durch welche die lutherische Kirche in Waldeck begründet ward. Die Mutter eine Eunike. So war es denn kein Wunder, daß der kleine Philipp von Kind auf die h. Schrift wußte und schon frühe ein rechtes Betkind ward. Häusliche Zucht wurde in dem gesegneten Pfarrhause zu Mengeringhausen strenge geübt. Aber dieses Kind hat der Strafen nicht viele erhalten. Der zwölfjährige Jesus kam ihm wenig aus dem Sinn. So nahm »das liebenswürdige Kind« zu nicht blos an Alter, sondern an Gnade bei Gott und den Menschen. So ward der Knabe schon des ewigen Lebens theilhaftig (Joh. 17, 3). Sein liebster Ort war die Kirche. Bei jedem Gange des Vaters dahin war das Söhnlein hinter ihm. Still saß er im Tempel und sah und hörte mit der größten Aufmerksamkeit auf alles. Nach Haus zurückgekehrt suchte ers in kindlicher Weise dem lieben Vater nachzumachen. Die Geschwister und Nachbarskinder haben manche ernstliche Predigt von dem kleinen Pfarrer anhören müssen. Wurden auch Begräbnisse unter seiner Anleitung gehalten und dergl. mehr. Die Anfangsgründe des Wissens haben den fähigen und gelehrigen Knaben nicht lange aufgehalten. Es wurde dem Vater mit dem Unterrichte solches Kindes nicht schwer. Die lieben Eltern sparten auch nachher nichts, dem Sohne eine tüchtige und richtige Ausbildung zu geben. Er ist bei trefflichen Lehrern gewesen. Er hat später verschiedene deutsche Academien besucht. Es hat das alles seinen nicht eben begüterten Eltern große Kosten verursacht. Aber er hat auch ihre Wünsche reichlich erfüllt, ja alle ihre Erwartungen weit übertroffen. [24] »Herr, ich habe lieb die Stätte Deines Hauses und den Ort, da Deine Ehre wohnet!« das war die Ueberschrift über jenes liebliche Waldecksche Pfarrhaus, von Vater, Mutter und Sohn gesetzt. Das hat seinen Segen gebracht. Den wollen wir nun an dem lieben Sohn weiter verfolgen.

Zunächst war es für alle drei eine sehr gnädige Fügung, daß der von seinen academischen Studien heimkehrende Sohn eine ganze Weile daheim bleiben konnte. Der Vater scheint bei seinen vielen Arbeiten der Unterstützung in seinem Amte bedürftig gewesen zu sein. Der Sohn durfte sie ihm gewähren und ward im J. 1576, also im 21. seines Lebens, Hülfsprediger zu Mengeringhausen. Ob der liebe junge Prophet etwa ausnahmsweise etwas gegolten habe im Vaterlande, kann ich nicht sagen. Das aber weiß ich, daß er im Vaterhause galt und daß ihn sein lieber Herr nicht dahin geführt haben würde, hätte er nicht den lieben treuen Eltern und dem guten dankbaren Sohn noch eine letzte Friedens- und Segenshütte auf Erden bauen wollen unter dem heiligen Dache des vierten Gebots. Auch nachher blieb der Sohn den Eltern nahe bis an ihren Tod. Der Vater starb 1590. Ja, »den Eltern Gleiches vergelten, das ist wohlgethan und angenehm vor Gott!« O selige Wohlthat für ein Kind, seine alten Eltern Pflegen zu können im eigenen Hause und ihnen im letzten Stündelein die treuen Augen, die so viel gewacht für des geliebten Kindes Wohlfahrt, zuzudrücken zum letzten süßen Schlummer! –

Im Jahre 1583 berief der Graf Wilhelm von Waldeck den jungen begabten Prediger ins Kloster Hardeck. Es waren aber noch keine drei Jahre vergangen, so war er »durch papistische Machinationen«, wie Witten berichtet [25], vertrieben. Der Eifer, den der evangelische Klosterprediger für seinen Glauben an den Tag legte, war den Gegnern zu groß. So irrete er umher, bis er noch im Jahre 1586 in der lutherischen Kreuz-Gemeinde zu Cöln am Rhein Aufnahme fand. Er verwaltete hier das Amt eines evangel. Hauspredigers und wurde, wie Witten desgl. vermerkt, von hier aus » seine Tugend und Gelehrsamkeit immer mehr durch ganz Deutschland bekannt.« Aber schon im folgenden Jahre vocirte ihn sein Graf ins Waldecksche zurück, und zwar als seinen Hofprediger nach Wildungen. Es lag ihm von nun an mit Recht daran, die »Insignien (den höchsten Grad in) der h. Theologie« zu erlangen. Ein Versuch im Hessischen schlug fehl, da der Landgraf Wilhelm den Theologen eingeschärft hatte, den Nicolai nicht eher als Doctor gelten zu lassen, als bis er sein Buch über die Fundamente des calvinischen Glaubens widerrufen. Der liebe Waldecker »wollte aber sein Gewissen nicht beschweren.« So wurde er erst 1594 in Wittenberg Doctor der Theologie. Er hatte bei der Disputation Thesen gestellt über den freien Willen, die er unter dem Vorsitz des Aegidius Hunnius vertheidigte. Zwei Jahre daraus erhielt er einen ehrenvollen Ruf gen Unna in Westphalen, die dortige Christengemeinde »in den göttlichen Glaubenswahrheiten zu unterrichten«. Hier verfaßte er die »feine Schrift«: den Freudenspiegel des ewigen Lebens, da gerade (a. 1597) eine große, über ganz Westphalen sich verbreitende Pest wüthete und vor seinen Fenstern in kurzer Zeit gegen 1400 Leichen beerdigt wurden (s. die Vorrede) [26]. – Spizel (a. a. O.) sagt, der selige Mann habe dieses Pfarramt »mit unglaublicher Treue und Geschicklichkeit verwaltet« (**sacrum apud Unnenses in Westphalia ministerium cum incredibili fidelitate ac solertia administravit**).

Ohne alles Zuthun von seiner Seite und wider all sein Erwarten (**praeter omnem spem et cogitationem**) erhielt er in dem kleinen Unna plötzlich von Seiten des »Senates, in Uebereinstimmung mit dem ganzen Ministerio« der großen Stadt Hamburg die Vocation zum Oberpfarrer (**ad primariam cathedram**) an St. Katharinen daselbst. Der Ruf kam am 3. Osterfeiertage als am 14. April 1601, und am 6. August ward er durch den Senior in sein neues Amt eingeführt. Es war sein letztes. Den Hamburgern aber war es bald, wenn der Mann aus der St. Katharinenkanzel stand, als wäre der alte Chrysostomus aus seinem Grabe in Comanum auferstanden. So goldene Worte kamen aus seinem Munde, von so feinem Silber waren alle Sonntag die Schalen, darin er die güldenen Aepfel reichte. Ein rechter Nikolaus im geistlichen Sinn, der »mit dem Schwerte des Geistes und göttlichen Wortes die Feinde zusammenbrach« (**gladio spiritus verbique divini adversarios confregit**). So stand er zum größten Segen in Hamburg. Bei ihm war keine Liebe der Welt, kein Ansehen der Person. Er nannte alles Ding beim rechten Namen. Er war »kein Polstermacher, Fuchsschwänzer, Leisetreter, Suppen- und Hopfenfreund« (Weingast). Er schlug durch. Er wollte nicht selbst verwerflich werden, während er Andern predigte, nach St. Pauli Centnerwort. Mit seinem eignen Exempel leuchtete er als helle Fackel allen vor. Er war ein Thatchrist durch und durch. Nicht blos rechtgläubig, sondern auch recht – gläubig. Kein verknöcherter, kraft- und saftloser Orthodoxer. Die »süße Himmelslehre« liebte er mit brennender Liebe und suchte sie allen Menschenkindern um ihn her theuer zu machen. Von den Alten liebte er am meisten Augustin, und besonders dessen Tractat de civitate Dei (vom Gottesstaat), wie auch im Freudenspiegel sonderlich zu merken. Mit unermüdlicher Liebe und wahrer Hirtentreue ging er den Verirrten und »in den Schmutz der Sünde Versunkenen« nach. Von Herzen aufrichtig und ohne Falsch, immer freundlich bei allem tiefen Ernst, demüthig wie ein Kind, bei aller Taubeneinfalt schlangenklug, äußerst umsichtig – so trieb er, wie Spigel meldet, seine »dem Teufel verhaßte Arbeit, bis der Tag anbrach, an welchem diesem eifrigen, treuen Lehrer, dieser herrlichen Leuchte Gottes, das ewige Licht aufging, und Philippus, der da viele zur Gerechtigkeit gewiesen, zu leuchten begann wie des Himmels Glanz, und wie die Sterne immer und ewiglich« [27].

Wenn ich eine Ueberschrift setzen sollte über das Leben und Wirken des seligen Mannes in Hamburg, es würde die sein: Den Demüthigen giebt der Herr Gnade, und den Aufrichtigen läßt Ers gelingen. Auch Witten nennt ihn einen »wahrhaft christlichen Theologen, in Lehre und Leben«, spricht davon wie man an ihm seinen » Umgang mit dem Herrn« habe merken können, wie fleißig er die Vergebung seiner Sünden gesucht, wie er so gar aufrichtig, demüthig und durch und durch »lauter« gewesen. »Die Papisten, sagt er, und die Calvinisten haben ihn mit Unrecht als streitsüchtig verschrien. Er verfolgte nur den höllischen Feind und seine Emissäre. Er kämpfte bis zum letzten Hauch für die Reinheit der Lehre. Er war geliebt und geehrt von allen Gutgesinnten. Er hatte mit keinem Menschen in Hamburg Feindschaft, wo er nicht durch sein Amt dazu genöthigt ward. Er war wohlthätig, gütig, freundlich, leutselig, für Jedermann zugänglich (**facilis**). Er predigte wahr, aus dem Innersten heraus. Er wollte gern allen dienen, allen alles sein wie Paulus, um ihrer etliche zu gewinnen. Er lebte in schöner Freundschaft und Gemeinschaft mit den bedeutendsten Lichtern am Kirchenhimmel, als: Polycarpus Leyser, Leonh. Hutter, Winckelmann, Mentzer u. anderen. Er war ein rechter Haushalter und führte ein exemplarisches Leben in ungeschminkter Frömmigkeit, voll aller Tugenden. Groß war sein Fleiß, groß sein Scharfsinn. Seinen Collegen war er theuer, der Kirche zum großen Heil.« Auch Scultetus (in seiner » **Theol. Hamb. innocentia** oder Geretteten Unschuld der Hamburger«) und Schuhmacher geben ihm ähnliches Zeugniß und sind seines Lobes voll. [28]

Er hatte in seinen Predigten den Römerbrief und die Episteln an die Thessalonicher dem Volke erklärt. Er »biß dabei die hohen Geheimnisse wie Nüßlein auf und langete die wundersüßesten Kerne heraus.« Die Auslegung der Offenbarung St. Johannis hatte begonnen. Beim

5. Kapitel gebot sein lieber Herr das Halt! Eine heftige Krankheit erfaßte ihn. Starken Katarrh hatte er schon lange. Ein hektisch Fieber kam dazu. Seine Kollegen Joh. Schellhammer und Georg Dedeken ermahnten ihn bei Zeiten, bei der rechten reinen Lehre und im rechten Glauben bis zu seinem letzten Athemzuge zu beharren, und in dem Glauben zu sterben, den er in seinem Leben so tapfer vertheidigt. Er antwortete unerschrocken, mit sichtlichen Zeichen seines großen Vertrauens auf seinen Heiland. Unter Gebet und lieblichen Reden schlief er ein am 26. October 1608 in der sechsten Stunde des Morgens. Er war 52 Jahre alt, 32 Jahre Geistlicher. Die Leichenpredigt hielt ihm Magist. Dedeken über Offenb. 14, 13. Von diesem seinem treuen Kollegen ist auch das Epitaphium, das in der Katharinenkirche zu Hamburg unter Nicolais Bild gesetzt ward. Der Vollendete wird darin » ein reicher Geist, ein guter Soldat, dabei ein friedliebender und geduldiger Mann« genannt. Das Erste und Zweite ist nie bezweifelt worden. Aber auch das Letzte bleibt stehen, trotz allen Bemängelungen. Wir sind hienieden in der streitenden Kirche einmal auf Kampf und Streit angewiesen. Auch auf den Confessionsstreit. Recht muß doch Recht bleiben, und dem werden alle frommen Herzen zufallen (Ps. 94). Philipp Nicolai hat es aber nie vergessen, daß Joh. am 11. geschrieben steht: JEsus sollte sterben für das Volk, und nicht für das Volk allein, sondern daß **Er** die Kinder Gottes, die zerstreuet waren, zusammenbrächte. Und c. 17, 11: Heiliger Vater, erhalte sie in Deinem Namen, die Du mir gegeben hast, daß sie eins seien, gleichwie wir. Darum hat er bei aller tapfern Vertheidigung der Wahrheit **die Liebe** hoch gehalten, um Geduld viel gebetet und nach dem Frieden, nach der seligen Einmüthigkeit droben sich herzlich gesehnt. Ich dächte, auch sein Freudenspiegel gäbe deß Zeugniß genug. Ach daß wir doch heut zu Tage auch immer nur in Liebe streiten möchten für die Wahrheit, uns nicht so gar zertrennen und einander so leicht und schnell Glauben und Christenthum absprechen! [29] – Sein Leib ruhet unter einem Hügel mit Mag. Joach. Westphal. Seim Seele aber – wie wirds ihr gewesen sein bei der englischen Auffahrt, die er so stattlich beschrieben! Und wie wirds ihm nun sein, da er die Freuden des ewigen Lebens nicht mehr »als durch einen Spiegel im tunckeln Wort,« sondern alles »augenscheinlich sehen, hören und tröstlich einnehmen« kann! HErr JEsu, hilf uns allen auch dahin! –

Die zahlreichen Schriften des sel. Mannes hat derselbe Dedeken herausgegeben Hamb. 1611-17. Zuerst stehen die lateinischen. Darunter sind die bemerkenswerthesten:

In **Tom. I:**

1. Die Art des Streits über die Allgegenwart Christi nach seiner menschl. Natur. Angehängt ist eine »kurze und bündige christl. Antwort auf die beiden Büchlein des Antonius Sadecles, davon das erstere von der geistl., das andere von der sacramentalen Genießung des Leibes und Blutes Christi handelt.«

2. Das hochheilige Geheimniß der Allgegenwart JEsu Christi, sorgfältig erklärt in 2. B. B.

3. Synopsis des Streitartikels vom allgegenwärtigen Christus.

4. Abhandlung vom Abendmahl des HErrn. Item von Christi Person und Amt.

5. Epist. an D. Hofmann über den Abendmahlsstreit.

6. Antwort auf D. Hubers Bekenntniß von der Gnadenwahl.

In **Tom. II:**

1. Kommentar über das Reich Christi, nach den prophet. und apostol. Weissagungen. (**quo hodierna ecclesiae Christi amplitudo ejusque per Europam, Asiam, Africam et universum terrarum orbem admirabilis propagatio describitur, ad haec oracula scripturae de hostibus evangelii, videlicet Judaeis et gentibus paganis, nec non de antichristis duobus majoribus, Gogo et filio perditionis itemque de bestia septicipite etc. dilucidissime explicantur**).

2. 6 B B. germanische Antiquitäten,

3. Lobrede auf die neue Gießener Akademie, an Ludw. Landgr. v. Hessen. Nebst einigen Epigrammen.

Dann folgen die deutschen Schriften in **Tom. I.-IV.** Davon enthält:

Tom. I:

1. Historia des Reiches Christi, aus den Propheten Ezech. und Daniel, desgl. aus der Offenb. St. Joh., 2 B B, verteutscht durch Mag. Gotthelf Artus Frankf. 1598. 1629 1664. Hamb. 1661, 1759 (die genannten 3 bibl. Bücher studirte er sehr viel; aus der Offenb. prophezeite er den Untergang der Welt auf 1670).

2. **Gaudii coelestis speculum** oder Freuden-Spiegel des ewigen Lebens in 2 Theilen Frankf. 1602, wieder abgedruckt eben daselbst 1617, zum 3. Male 1633, zuletzt Hamb. 1649.

3. **Theoria vitae aeternae** oder Historische Beschreibung des ganzen Geheimnisses vom ewigen Leben, 5 B. B. Lübeck und Hamb. 1606, 11, 28, 51.
Ich habe die Lübecker Ausgabe von 1611 (Verlegung von Sam. Jauchen, gedruckt durch

Hans Witten) aus der hallischen Marien-Bibliothek in Händen gehabt und mit dem Freudenspiegel vergleichen können. Der sel. Autor widmet die Theorie »der Durchlauchtigsten Hochgeb. Fürstin Sophia geb. Markgr. zu Brandenb., Herz. und Curf. zu Sachsen, Landgräfin in Thüringen, Markgräfin zu Meißen und Burggräfin zu Magdeb.,« unterschreibt als Datum: 1 Januar 1606 und handelt dann:

a. von unserer Erschaffung – die Menschen vor und nach dem Fall, 12 Capitel.

b. von unserer Erlösung – Christus nach seinem doppelten Stande, 12 Cap.

c. von unserer Wiedergeburt – Kirche, Gottes Wort, Predigtamt etc., 12 Cap.

d. von unserer Seelen Heimfahrt – Unterschied des ewigen Lebens hier und droben, himmlischer Friede, himmlische Kindschaft, engelisch Geleit und Gesellschaft, große Gemeinde droben, Hochzeit, himml. Werke der triumph. Seelen, liebliche Gemeinschaft, fröhl. Erwartung des jüngst. Tages.

e. von der Auferstehung unseres Fleisches zum ewigen Leben – von den Leichnamen der verstorb. Heiligen und ihrer Ruhe im Staube der Erde bis hin zum jüngst. Tage. Gewißheit des jüngst. Tages, Zeit und vorhergehende Zeichen des jüngst. Tages, Ende dieser Welt das sein wird Feuer über Gog und Magog und die vollk. Ausstoßung des Teufels, das himml. Feldgeschrei und Christi Erscheinung in den Wolken des Himmels, Auferstehung der Todten und Verwandlung derjenigen die am jüngst. Tage noch in der Welt leben, der Christen Himmelfahrt am jüngst. Tage da sie dem HErrn in den Wolken entgegen kommen werden, das Gericht das Christus mit seinen Heiligen über die Gottlosen halten wird und der Gottlosen ewige Verdammniß, endlicher Untergang dieser Welt, neuer Himmel und Erde, der triumphirenden Kirche freudenreiche Heimfahrt von Gott aus dem Himmel in die neue Welt; Gott alles in allem.

Schon aus diesem Wenigen über den Inhalt der Theorie wird der geneigte Leser ersehen, daß das Wesentliche davon auch im Freudenspiegel enthalten ist. Die Theorie ist nur eine weitere Ausführung desselben, sonderlich bei dem unter e) Angegebenen. Dem Freudenspiegel ist aber von je der erste Preis, und mit vollem Recht, zuerkannt worden. Joh. Casp. Wetzel sagt (in seiner **Hymnopoeographia** oder Historischen Lebens-Beschreibung der berühmtesten Liederdichter, Herrnstadt bei Sam. Roth-Scholtzen 1719) von Phil. Nicolai: »Er hat verschiedene feine Schriften hinterlassen, darunter die Historie des Reichs Christi und der Freudenspiegel des ewigen Lebens die bekanntesten sind.« Koch in seiner vortrefflichen Geschichte des Kirchenlieds und Kirchengesangs der christl., insbesondere der deutschen evang. Kirche Th. I. Band 1, 2. Aufl. Stuttg. 1852 (Belser) S. 182 ff. erwähnt der Theorie gar nicht, sondern nur des Freudenspiegels, aus dem er auch einige Auszüge mittheilt als »gar schöne herzerquickliche Reden.«

4. Von Christo dem Baum des Lebens und seinen edlen Früchten, eine christl. Predigt aus dem Propheten Hosea (14, 9).

Tom. II.

1. Grundfeste und richtige Erklärung des streitigen Artikels von der Gegenwart unseres Seligmachers Jesu Christi nach beiden Naturen, im Himmel und auf Erden.

2. Einige Sonn- und Festtags-Predigten (Ostersonn- und Montag, **Quasim., Miser. Dom**, Jub., 3 Pfingstpredd.)

3. Zwanzig Predigten über die ersten 5 Kapitel der hohen Offenb. St. Johannis.

In **Tom. III.** verdient namentlich Erwähnung die:

Friedbietung der Theologen in der churf. Pfalz an alle luth. Kirchen mit treuherziger Antwort zur hochnöthigen Wegräumung aller Friedenshindernisse und christlichen Beförderung des gütlichen Vertrags heilsamlich durchläutert und erörtert. –

Das Beste aber neben dem Freuden-Spiegel sind und bleiben – seine **Lieder.** Es sind ihrer drei. Anklänge daran, liebliche Vorspiele haben die lieben Leser sicherlich im Freudenspiegel schon mancherlei gefunden. Ich gebe hier die drei Lieder, weil sie in der vorn genannten ältesten Ausgabe von 1602 dem Freudenspiegel angehängt stehen, und weil ich hoffe, Manchem damit einen Dienst zu thun.

I. Von der Stimme zu Mitternacht und von den klugen Jungfrauen, die ihrem himmlischen Bräutigam begegnen

Matth. 25

Dr. Philippus Nicolai.

1

Wachet auf! ruft uns die Stimme
Der Wächter sehr hoch auf der Zinne:
Wach auf, du Stadt Jerusalem!
Mitternacht heißt diese Stunde –
Sie rufen uns mit hellem Munde:
Wo seid ihr klugen Jungfrauen?
Wohl auf! der Bräutgam kommt!
Steht auf! die Lampen nehmt!
Halleluja!
Macht euch bereit
Zu der Hochzeit!
Ihr müsset ihm entgegen gehn!

2

Zion hört die Wächter singen.
Das Herz thut ihr vor Freuden springen,
Sie wachet und steht eilend auf.
Ihr Freund kommt vom Himmel prächtig.
Von Gnaden stark, von Wahrheit mächtig:
Ihr Licht wird hell, ihr Stern geht auf.
Nun komm, Du werthe Kron,
HErr JEsu, Gottes Sohn!
Hosianna!
Wir folgen all
Zum Freudensaal
Und halten mit das Abendmahl!

3

Gloria sei Dir gesungen
Mit Menschen- und englischen Zungen,
Mit Harfen und mit Cymbeln schön:
Von zwölf Perlen sind die Pforten
An Deiner Stadt, wir sind Consorten
Der Engel hoch um Deinen Thron!
Kein Aug hat je gespürt.
Kein Ohr hat mehr gehört
Solche Freude.

Deß sind wir froh!
I–o! i–o!
Ewig in **dulci jubilo!** – (in süßem Jubel)

Das Lied ist vom J. 1599, also in Unna gedichtet bald nach der Pestzeit und nach der Abfassung des Freudenspiegels, an den es sich aufs engste anschließt und durch den es für Jedermann verständlich wird. Auch die Melodie ist von dem sel. Manne selbst. Jacob Prätorius, der zweite Organist zu St. Katharinen in Hamburg, lieferte später (1604) den vierstimmigen Tonsatz dazu (s. Koch a. a. O. S. 205).

II. Ein geistlich Brautlied der gläubigen Seelen von JEsu Christo ihrem himmlischen Bräutigam, gestellet über den 43. Psalm des Propheten David

Dr. Philippus Nicolai.

1

Wie schön leuchtet der Morgenstern
Voll Gnad und Wahrheit von dem HERRN,
Die süße Wurzel Jesse! Römer 15, 12; 1 Sam. 16, 1; Matth. 1, 6; Luc. 3, 32;
Apostgesch. 13, 22.
Du Sohn Davids, aus Jacobs Stamm,
Mein König und mein Bräutigam.
Hast mir mein Herz besessen.
Lieblich.
Freundlich,
Schön und herrlich. Groß und ehrlich, Reich von Gaben,
Hoch und sehr prächtig erhaben!

2

Ei mein Perle. Du werthe Kron,
Wahr Gottes und Marien Sohn,
Ein Hochgeborner König!
Mein Herz heißt Dich ein **lilium** (Lilie),
Dein süßes Evangelium
Ist lauter Milch und Honig.
Ei mein
Blümlein,
Hosianna, Himmlisch Manna Das wir essen.
Deiner kann ich nicht vergessen.

3

Geuß sehr tief in mein Herz hinein.
Du heller Jaspis und Rubin,
Die Flamme Deiner Liebe.
Und erfreu mich, daß ich doch bleib
An Deinem auserwählten Leib
Ein lebendige Rippe.
Nach Dir
Ist mir,
Gratiosa coeli rosa, (süße Himmelsrose) Krank und glimmet
Mein Herz, durch Liebe verwundet.

4

Von Gott kommt mir ein Freudenschein,
Wenn Du mit Deinen Aeugelein
Mich freundlich thust anblicken.
O HErr JEsu, mein trautes Gut,
Dein Wort, Dein Geist, Dein Leib und Blut
Mich innerlich erquicken.
Nimm mich
Freundlich
In Dein Arme, daß ich warme Werd von Gnaden,
Auf Dein Wort komm ich geladen!

5

HERR Gott Vater, mein starker Held,
Du hast mich ewig vor der Welt
In Deinem Sohn geliebet.
Dein Sohn hat mich Ihm selbst vertraut.
Er ist mein Schatz, ich bin Sein Braut,
Sehr hoch in Ihm erfreuet.
Eya!
Eya!
Himmlisch Leben Wird Er geben Mir dort oben!
Ewig soll mein Herz Ihn loben.

6

Zwingt (schlagt) die Saiten in **cythara:** (auf der Zither)
Und laßt die süße Musica
Ganz freudenreich erschallen!
Daß ich möge mit JEsulein.
Dem wunderschönen Bräutgam mein.
In steter Liebe wallen!
Singet!
Springet!
Jubiliret! Triumphiret! Dankt dem Herren!
Groß ist der König der Ehren.

7

Wie bin ich doch so herzlich froh.
Daß mein Schatz ist das A und O, Offenb. 1, 8
Der Anfang und das Ende!
Er wird mich doch zu Seinem Preis
Aufnehmen in das Paradeis:
Deß klopf ich in die Hände!
Amen –

Amen –
Komm du schöne Freuden-Krone – Bleib nicht lange!
Deiner wart ich mit Verlangen! –

Diesem Hamburger Liede der Lieder hat des lieben Pastors erster Organist, der berühmte David Scheidemann, die wunderherrliche, männiglich bekannte Weise zugethan. Das heiße ich einen geistlichen Minnesang! einen rechten JEsus-Cult, im Gegensatz einerseits gegen den falschen Mariencult oder Marianismus, wie ihn Stip nennt (in seiner Abhandlung »Liturgische Fragen« in der Zeitschrift für die gesammte luth. Theol. und Kirche von Dr. Rudelbach und Dr. Guericke 1853 Quartal-Heft 3 S. 419), andererseits gegen die dürre puritanische Uncultur. Es ist drum auch kein Wunder, daß gerade dies Lied, in dem die reine Lehre (s. a. eben a. O., auch über die **gratiosa coeli rosa**) so wohl verwahrt, dem Teufel so sehr ein Dorn im Auge gewesen und daß sich so viel ebionitisches Gebell dawider erhoben hat. Hunderte von Wiedertaufen hats geduldig müssen über sich ergehen lassen, alle Arten von Wasser sind ihm reichlich zugeflossen, Poeten und Prosaiker, feinere und rohere Hände haben daran geputzt und gefeilt. So daß es in der That als »Dom« nur selten noch zu finden ist. Doch ich lasse dies ärgerliche Capitel und erzähle meinen lieben Lesern lieber noch einiges von der älteren Geschichte dieses wunderbar süßen Liedes. Es berichtet aber Wetzel (in seinem oben angeführten Werke), der sel. Nicolai habe sich »über der Verfertigung dieses Liedes dermaßen vertieft, daß er keine Arbeit, Essen noch Trinken sich so lieb sein oder daran stören lassen, bis er das Lied zu Ende gebracht, welches Nachmittag um 3 Uhr geschähe, da er dann darüber eine ungemeine Freude soll bezeuget haben, wie H. Dr. Götze in seinem Sendschreiben an **Olearium p. 82** und **Tenzelius** im Monatl. Unterricht a. 1705 p. 36 berichten. Die Anfangsbuchstaben des Liedes machen ein **acrostichon** aus und präsentiren den Namen: Wilhelm Ernst, Graf Und Herr Zu Waldeck. Daher man meint, daß es der Autor als ein Waldecker diesem Grafen, mit welchem … die Wildungensche Linie a. 1598 abgestorben, zu Ehren verfertigt habe.« Fürwahr eine dauernde Grabschrift, lieber Leser, vom feinsten Marmor und lautersten Golde! So hat der Hamburger Pfarrherr seines fernen Vaterländchens und seines treuen gräfl. Wohlthäters nicht vergessen. Hat ers doch den Soestern nicht einmal vergessen können, daß sie seine Sachen ein Stück gefahren (s. seine Vorrede z. Freudensp.). Wetzel berichtet weiter: »Der sel. Dr. David Klug, auch letztgewesener Pastor zu St. Katharina in Hamburg, hat **phosphorum sacrum** oder Predigten über dies Lied ediret, welche **Wittenius** im **diar. biogr. ad a. 1688 p. 148** anführet, und **Sommerlattius in disput. de eruditis singulis cujusdam libri amatoribus ed. Lips. 1715 p. 28** meldet von demselben, daß solches Magdalena Sibylla, Churfürst Georg I. Gemahlin, **Dr. Christoph Bulaeus** und **Dr. Henr. Höpfner,** der es auch, nach Anzeige des Naumburgischen Gesangbuchs a. 1717 p. 605, bei seiner Leiche singen lassen, ungemein lieb gehabt. Wie denn auch sich mit solchem, besage des Zwickauischen Gesangbuchs a. 1710 p. 557, der sel. Dr. Joh. Gerhard in seinem Tode herzlich getröstet.« Auch der gleichzeitige Joh. Arndt († 11 Mai 1621; Gerhard 17. Aug. (1637) war ein besonderer Verehrer dieses Liedes. Wetzet fährt fort: »Und dies alles daher, weil das Lied kein Wort in sich fasset, das nicht selbst in der Schrift zu finden oder doch seinen Grund darinnen hat, wie **Carpzovius** in seinen Lieder-Predigten P. II. p. 1458 davon urtheilet. Was sonst Herr **Avenarius** in seiner Vergnügungs-Lust der Seelen p. 15 wider den Mißbrauch dieses Liedes erinnert, daß nämlich, da es allein von der geistlichen Vermählung einer gläubigen Seele mit Christo handelt, solches bei fleischlichen Hochzeiten so schändlich gemißbrauchet werde und einfältige Leute, ja auch oft welche **Dii majorum gentium** (Honoratioren) heißen wollen, sich einbilden, es könne die Hochzeit nicht recht vollzogen werden, wenn der Morgenstern, wie sie es nennen, bei ihrer Trauung, oder, wie es in Franken geschiehet, vor der Hochzeiter Thüren nicht gesungen werde; da man doch bei dergl. Fällen vielmehr, nach Dresdenischer Weise: Gott der Vater wohn uns bei etc. oder: Erbarm Dich mein, o HErre Gott etc. anstimmen sollte: – ist löblich und gut. Doch beantwortet auch diesen Einwurf Herr Mag. Joh. Christian Koch, Pastor zu Lentz, der bekannte **Autor** derer **observat. miscell. P. VII. p. 551** nicht uneben, wenn er sagt: Wir bekennen zwar, daß es eine große Sünde sei, wenn Jemand bei Absingung dieses Liedes fleischliche Gedanken haben wollte, glauben auch wohl daß Einige aus Einfalt dergl. hegen mögen: es ist aber kein Zweifel, daß die Alten, wenn sie diesen Gesang bei Trauungen eingeführt, auf die Würde des h. Ehestandes gesehen und also dem h. Apost. Paulo gefolgt, welcher ausdrücklich Ephes. 5, 25 die eheliche Liebe mit der Liebe, welche Christus zu seiner Gemeinde trüget, zusammen hält. Sie haben nämlich die neuen Eheleute erinnern wollen, daß sie, auch bei ihrer ehelichen, dennoch die Liebe, die sie Christo, dem geistlichen Seelen-Bräutigam, schuldig, nicht vergessen, sondern vielmehr dahin denken sollen, wie sie allezeit vor Seinem Angesichte keusch, liebreich und verträglich wandeln sollen: welches, wenn es beobachtet wird, so können wir nicht sehen, warum das Lied bei Copulationen nicht könne angestimmt werden. Man muß die Leute diesfalls nur recht unterrichten. – Mehreres davon besiehe in **Olearii** Lieder-Schatz **P. I. p.** 69 ff., **Schamelii** Naumb. Gesangbuch **c. I.** und in Götzingers Lehr-Liedern **p.** 634.« An dem »recht unterrichten« über den Liederschatz unserer Kirche fehlt es freilich noch so gar unter uns, in Kirche, Schule und Haus. Wenn das nur einigermaßen wieder geschieht, wird man sehr wohl auch die »schwierigen« Nicolaischen Lieder zur herzlichen Erbauung können singen lassen, wie die Erfahrung schon mannigfach gezeigt hat. Und braucht sie dann nicht mehr so jämmerlich zu verstümmeln. Man sollte doch nie vergessen, was Luther in der Vorrede zu seinen geistl. Liedern v. J. 1521 sagt: »Kann doch ein Jeder wohl selbst sein eigen Büchlein voll Lieder zusammenbringen und die unsern für sich allein lassen ungemehret bleiben. Denn wir ja auch gern unsere Münze in unserer Würde behalten, niemand unvergönnet, für sich eine bessere zu machen.« [30] Uebrigens habe ich auch schon Brautleute getraut, die sich zu meiner herzlichen Freude als erstes Traulied (nach der Trauung wird meist: Ach bleib mit Deiner Gnade etc. gesungen) »den schönen Morgenstern« eigens bestellt hatten.

III. Der Welt Abdank für eine himmeldurstige Seele, gestellet über den 42. Psalm Davids, im Ton: So wünsch ich ihr ein gute Nacht

Dr. Philippus Nicolai.

1

So wünsch ich nun ein gute Nacht
Der Welt, und laß sie fahren;
Ob sie mir gleich viel Jammers macht,
Gott wird mich wohl bewahren.
Ich meint: die Welt wär eitel Gold,
Befind es nun viel anders.

2

Ein Hirsch, von Schlangen angesteckt.
Nach frischem Wasser schreiet:
Also hat mich zum Durst erweckt
Die Welt, vermaledeiet
Auch thät mir bang die alte Schlang,
Daß ich zu Gott muß schreien.

3

Wann komm ich in Dein Paradeis,
Da schon viel Christen wohnen
Und singen Dir Lob, Ehr und Preis,
Bekleidet mit der Sonnen?
Wann holst Du mich ins Himmelreich,
Da ich Dein Antlitz schaue?

4

Mein Seel hat Noth und leidet Qual.
Daß ich so lang muß harren,
Gespannet auf dem Jammerthal,
Als zög ich schwere Karren.
Da treibt ihrn Spott die falsche Rott
Mit mir in meinen Nöthen.

5

Sie fragen: ja wo bleibt dein Gott?
Ja daß er dir erscheine!
Der Hohn kränkt mir mein Herz und Blut,
Daß ich vor Trübsal weine.
Ei komm doch bald, mein Aufenthalt,
Und reiß mich von der Erden.

6

Ei nimm mich in den Freudensaal
Von Dir bereitet droben.
Da Dich die Patriarchen all
Mit den Propheten loben:
Und da die Schaar der Engel klar
Um Deinen Thron her schweben.

7

Was kränkst du dich, mein arme Seel?
Sei still und thu nicht wanken!
Gott ist mein Burg, mein Trost und Heil,
Deß werd ich Ihm noch danken.
Drück dich und leid ein kleine Zeit,
Nach Angst kommt Freud und Wonne.

8

Das Kräutlein **patientia** (Geduld)
Wächst nicht in allen Garten:
Ach Gott, schaff Du mirs immerdar,
Daß ich könn Deiner warten!
Sonst bin ich sehr betrübt und schwer
Vor Angst auf dieser Erden.

9

Ich seh daß Dein Zorn wie ein Fluth
Dem ganzen Land begegnet,
Und daß es schrecklich brausen thut,
Wo sich Dein Grimm erhebet
Die Wellen gar ich auch erfahr
Sammt Deinen Wasserwogen.

Darum bin ich der Welt so müd,
All Tag und Nacht ich weine,
Und laß nicht ab, bis Deine Güt,
Verheißen mir, erscheine.
Nun eil doch fort, mein trauter Hort,
Und nimm mich hin im Frieden!

Wie lang soll ich hier traurig gehn,
Da mich die Feinde plagen?
Es ist ein Mord in meinem Gebein,
Daß sie ganz höhnlich fragen:
Sag an, wo ist dein Jesus Christ?
Ja daß er dich erlöse!

Geduld! Geduld! du traurig Seel,
Geduld ist hie von nöthen,
Bis uns der lieb Immanuel
Von diesen argen Kröten
Wohl zu sich reiß ins Paradeis –
Da werden wir Ihm danken. –

Das Lied ist sein letztes, wie sein Enkel Scultetus berichtet. Die Melodie: Machs mit mir Gott nach Deiner Güt etc. kann auch zu diesem Liede genommen werden. – Das sind die drei »geistlichen lieblichen Lieder« des sel. Mannes, wie er von solchen an manchen Stellen seines Freudenspiegels redet. Man hätte sie ihm wahrlich unverdorben lassen können.

*

Zuletzt steht noch in meiner Ur-Ausgabe des Freudenspiegels ein Lied von Jeremias Nicolai mit der Ueberschrift:

Ein ander Lied vom ewigen Leben, im Ton des Morgensegens: Aus meines Herzens Grunde

Jeremias Nicolai.

1

Herr Christ, thu mir verleihen,
Zu singen Deinen Geist;
Mich thut herzlich erfreuen.
Was himmlisch ist und heißt.
Ein himmlisch Paradeis,
Darin von allem Bösen
Der Herr mich wird erlösen.
Bereitet ich mir weiß.

2

Ein Tag ist angesetzet
Vor Gott dem Herren mein –
Mein Herz sich sehr ergötzet,
Wenn ich gedenk dahin –:
Den jüngsten Tag ich mein',
Da mich der Herr erwecken
Und fröhlich wird erquicken
Mit Seinen Gütern rein.

3

Tod, Sünd, Noth, Krankheit, Schmerzen,
Angst, Jammer und Elend,
Und was betrübt die Herzen,
Im Himmel hat ein End.
Fahr hin, all Traurigkeit!
Mein Gott, dem ich getrauet,
Ein'n Freudensaal gebauet
Hat mir in Ewigkeit.

4

Er wird freundlich umfangen
Und trösten meine Seel.
Danach steht mein Verlangen,
Das ist mein Trost und Heil!
Da wird sein lieber Sohn
Abwischen alle Thränen

Von denen, die hie weinen
Und leiden Schmach und Hohn.

5

Mein Leib, mein Seel verkläret,
Soll leuchten wie die Sonn:
Und was mein Herz begehret,
Wird kommen ihm zum Lohn.
Denn dort in jenem Reich
An Schönheit und Gebehrden
Wir alle sollen werden
Den lieben Engeln gleich.

6

Da werden wir mit Freuden
Den Heiland schauen an.
Der durch Sein Blut und Leiden
Den Himmel aufgethan.
Da wird vor Augen klar
Gott Vater sammt dem Sohne,
Dazu die dritt Persone
Uns werden offenbar.

7

Hier müssen wir noch lallen.
Gleich wie die Kinder klein:
Dort aber alles in allem
Der HErr wird selber sein.
In jener Sommerzeit
Wird Gott mit Freud und Wonne
Erscheinen wie die Sonne
Der ganzen Christenheit.

8

Da findet sich beisammen.
Was hie zerreißt der Tod:
Die nur auf Christi Namen
Entschlafen sind in Gott:
Der Eh'mann sein Gemahl,
Söhn, Töchter und Bekannte,
Freund', Brüder und Verwandte,
Die Lieben allzumal.

9

Dazu viel tausend Menschen,
So wir niemals gesehn:
Die alten Patriarchen,
Propheten, groß und klein.
Der zwölf Apostel Zahl,
Die Märt'rer mit den Kronen,
Viel Manns- und Weibspersonen
Die Gott gedienet all'.

10

Die werden uns annehmen
Als ihre Brüderlein;
Auch werden sich nicht schämen
Die Engel hierbei zu sein.
Die frommen Geisterlein
Uns werden mit Verlangen
Ganz brüderlich umfangen
Und mengen mitten ein.

11

Da dürfen wir nicht fragen:
Wer ist der oder die?
Was unsre Augen sehen,
Das alles kennen sie.
Das Stückwerk höret auf,
Wir werden uns wohl kennen,
Von rechter Liebe brennen,
Die nimmer höret auf.

12

Da wird man hören klingen
Das himmlisch Saitenspiel.
Des Himmels Chor wird bringen
In Gott der Freuden viel.
Das liebe Jesulein
Inmittelst uns fein drücken
Und freundlich wird anblicken
Mit seinen Aeugelein.

13

Mit den Engeln ganz fröhlich
Wir singen werden Gott:
Heilig, Heilig ist, Heilig
Der HErre Zebaoth!
Ein neues Freudenlied:
Glori, Lob, Ehr und Weisheit,
Kraft, Reichthum, Heil und Klarheit
Sei Gott in Ewigkeit!

14

Kein Ohr hat nie gehöret,
Es hat kein Aug gesehn
Die Freud, so denen bescheret.
Die Gottes Erben sein.
Wenn ich solch's nehm in Acht,
Thut sich mein Herz hoch schwingen
Und geht in vollen Sprüngen,
Daß ich die Welt veracht.

15

Drum woll'n wir nicht verzagen,
Die jetzt in Trübsal sind.
Ob schon die Welt thut plagen
Und ist uns spinnefeind.
Es währt ein kleine Zeit:
Der Held wird bald hertraben
Und ewiglich uns laben:
Sein Hülf ist g'wiß nicht weit. –

Man sieht, der liebe Verfasser hat auch mit Freuden in den Freudenspiegel gesehen. Es ist aber Jeremias Nicolai Philipps Bruder, der nach des Vaters Tode Pastor zu Mengeringhausen ward. Derselbe, von dem das prächtige Lied: Zieht hin, ihr lieben Kinder, zieht! Wollt Gott, ich sollt auch wandern mit u. s. w.; zu finden im alten Breslauer, im alten Dresdner, im alten Sorauer Gesangbuch. Es heißt darin weiterhin: Euch ist zwar gar sehr wohl geschehn, dürft keine Noth, wie ich, ausstehn – das holdseligste Jesulein Setzt euch nun auf ein Kränzelein. – Die lieben Eng-lein ohne Zahl Umfassen euch ins Himmels Saal: Kein Ohr hat jemals angehört, Was für Freud euch dort widerfährt. – Wohlan! zu solcher Himmelsfreud Werd ich auch kommen zu rechter Zeit; Indeß will ich Gott halten still, Weils so gewesen ist Sein Will. – Ich will mit herzlicher Begier Zum Herren schreien für und für, Daß er verkürz mein Lebenszeit, Darin nichts ist als Herzeleid. – Auch Wetzel entscheidet sich für Jeremias als Vers, »des Liedes: Herr Christ, thu mir verleihen etc. »im Coburgischen raren Gesangbuch v. 1655 und Quirsfelds geistl. Harfen-klang v. 1679, wiewohl daselbst Johannes Nicolai, der Pastor zu Lübeck gewesen und besage des gel. **Lexic. p.** 1463 auch viele **carmina** geschrieben, im Coburgischen v. 1621 aber …Philippus Nicolai darüber steht.« Es ist dies schöne Lied vom ewigen Leben leider recht rar geworden. Auch im Unverfälschten Liedersegen des gesegneten Ev. Büchervereins steht es nicht.

Schließlich kann ich nicht unerwähnt lassen, daß ich die litterarischen Hülfsmittel zu dieser meiner Arbeit zumeist der liebreichen Handreichung des Herrn Consistorialraths Dr. Tholuck, meines alten hochverehrten hallischen Lehrers, meines Retters aus den rationalistischen Banden und treuen Wegweisers zu Christo verdanke. Derselbe hat mir auch freundlichst gestattet, ihm diese Arbeit als ein kleines Zeichen meiner großen, unveränderlichen Dankbarkeit zueignen zu dürfen.

Ich bete zu Ihm, meinem Herrn und meinem Gott, Er wolle, wie an dem seligen Nicolai, so auch an diesem theuren Manne reichlich erfüllen, was Dan. am 12. geschrieben steht:

Die Lehrer werden leuchten wie des Himmels Glanz; und die, so viele zur Gerechtigkeit weisen, wie die Sterne immer und ewiglich! –

Fußnoten

1.   Das war der Fürst, der, als so viele große deutsche Herren in der Anfechtung abfielen, jedes Ansinnen, dem Interim beizutreten, standhaft von sich wies. »Ich weiß, sprach er, daß es in vielen Artikeln dem Worte Gottes zuwider ist. Würde ich es billigen, so wäre es als ob ich Gott droben in seiner Majestät und die weltliche Obrigkeit hienieden mit gefährlichen Worten betrügen wollte. Ich würde die Sünde gegen den heiligen Geist begehen, die nicht vergeben wird.« Als man ihm seine Bibel und seine lutherischen Bücher wegnahm, sah er ruhig zu und sagte nur: »Ich werde schon behalten, was ich daraus gelernt hab.«

2.   Caspar Schwenkfeld, herzogl. liegnitzscher Rath, Zeitgenosse und anfangs Freund Luthers, ein ohne Zweifel aufrichtiger Christ, der sich aber durch seine Freundschaft für innerliches Christenthum und durch seine Feindschaft gegen alles Aeußerliche so weit verleiten ließ, die Kindertaufe und die evangel. Lehre von der Rechtfertigung zu verwerfen und vom Abendmahl zu lehren: es bedeute nur, daß Christus das wahre Brot für die Seele; nur durch die geistige Gemeinschaft mit Christo, nicht durch den äußerlichen Abendmahlsgenuß, werde man seines Leibes und Blutes theilhaftig. Die Einsetzungsworte erklärte er: mein Leib ist dies, nämlich das wahre Brot für die Seele; mein Blut ist dies, nämlich der wahre Trank für die Seele. In seinen zahlreichen Schriften offenbarte er immer mehr seine völlige Abweichung von der Augsb. Confession. Seine Parthei hat sich, besonders in Schlesien, lange erhalten. Im 12 Art. der Concordienformel sind die Schwenkfeldischen Irrlehren unter 7 Nummern ausdrücklich verworfen.

3.   Wörtlich übersetzt: »Was das Thun der Menschen betrifft, so beobachte ich aufs Wort Deiner Lippen die Wege des Durchbrechers« der nämlich das Gehege Deiner heiligen Gebote durchbricht. 4 Der liebe Mathesius führet dabei auch den lateinischen Vers an: **Vivimus in verbo, velut embryo clausus in alvo.**

4.   Leugner der wahren Gottheit Christi, wie auch die Rationalisten der neueren Zeit. Arius, ihr Heerführer, war ein Presbyter oder Pfarrer zu Alexandrien, der seine Irrlehre klüglich auch durch Lieder zu verbreiten suchte. Als er nach seiner Verbannung feierlich zu Constantinopel in die Kirchengemeinschaft wieder aufgenommen werden sollte, starb er plötzlich mitten im Zuge vom kaiserl. Palast zur Apostelkirche, indem er zu Boden stürzte und zerbarst. Es war im J. 336.

5.   Auf deutsch: Goldmund, Beiname des Patriarchen Johannes zu Constantinopel, von dem wir noch köstliche Predigten und andere geistreiche Schriften haben. Ein treuer unermüdlicher Streiter für das wahre, lebendige Christenthum, gehasst von Geistlichen und Weltlichen, von seiner Kaiserin Eudoxia ins Exil geschickt, aus Furcht vor dem Volke und in Folge eines Erdbebens zurückgerufen, später abermals verbannt, zuletzt in eine öde Stadt am schwarzen Meere verwiesen, die er aber nicht mehr erreichte. Als er die Nähe seines Todes fühlte, zog er ein weiß Gewand an und empfing noch einmal mit seliger Freude das h. Abendmahl. Seine letzten Worte waren dieselben, die in den trübsten Tagen seines bewegten Lebens stets seine Loosung gewesen: Δόξα τῷ Θεῷ πάντων ἕνεκεν – Ehre sei Gott für Alles!. Es war am 14 September d. J. 407, als ihn die Engel heimführten ins Himmelreich. – Die erste Bekanntschaft mit ihnen verdankte er seiner frommen Mütter Anthusa, einer rechten Wittwe (1 Tim. 5, 5) von ihrem zwanzigsten Lebensjahre an. Sie war ihm, was Monica dem Augustin und Nonna dem Gregor von Nazianz. Mütter, laßt euch wiederfinden, wie im ersten Christenthum! –

6.   Später, 867, wurde Michael von demselben Basilius ermordet. –

7.   Heut zu Tage wollen Etliche von der »frommen und gottseligen Wittwe« (c. 8. 7; c. 9) mal wieder nichts wissen, weil sie den Feldhauptmann Holofernes »gemordet«; und tönt das ausländische, puritanische Geschrei: weg mit den Apokryphen! auch in die Kirche deutscher Reformation herüber. Lassen wir uns, liebe Leser, doch ja nicht irre machen an diesen Büchern, so immerdar »nützlich und gut zu lesen.« Keine Bibel ohne Apokryphen! dabei soll es unter uns bleiben. – Wer das Philipp Nathusiussche alte liebe »Volksblatt für Stadt und Land« liest – und es sollte es doch Jeder lesen, dem die wahre Union der Kinder Gottes am Herzen liegt – wird sich hierbei an manches ernste Wort wider »die neumodigen Apokryphen-Stürmer« erinnern. S. auch namentlich Hengstenberg über den Apokryphenstreit im Juli-Heft der Ev. Kirchen-Zeitung v. 1853.

8.   Das hebräische Wort für: Versöhnung. Ist aber zugleich der Name eines wohlriechenden Baums, der auch Cypernbaum heißt (Hohel. 4, 13) und dessen Früchte wie blühende Weintrauben gestaltet sind.

9.   Athanasius – der berühmte alexandrinische Bischof im 4. Jahrhdt., der treue Kämpfer für die christliche Wahrheit und ihr eifriger Vertheidiger gegen alle Irrlehre, sonderlich gegen die arianische seiner Zeit, daher »der Vater der Orthodoxie« genannt; lebt noch unter uns fort durch das seinen Namen führende Symbol, daß letzte der 3. öcumenischen oder allgemeinen Glaubensbekenntnisse der ganzen Christenheit. Mußte auch Absetzung und Verbannung erfahren und entging nur wie durch ein Wunder den kaiserlichen Soldaten.

10.   Ignatius, Bischof von Antiochien, von dem wir noch 7 herrliche Briefe haben, auf der Reise zu seinem Tode geschrieben, den er a. 116 im Colosseum zu Rom durch 2 Löwen fand unter Kais. Trajan, demselben Kaiser, der einige Jahre vorher den Simeon, Bischof zu Jerusalem und Nachfolger des jüngeren Jacobus, am Kreuze hatte sterben lassen.

11.   Polykarp (auf deutsch: der viel Frucht bringt), ein Schüler St. Johannis, Bischof von Smyrna, ward unter Kais. Marc. Aurel verbrannt, weil er sich geweigert, dem HErrn JEsu zu fluchen, dem er 86 J. gedienet und von dem er nur Liebes und Gutes erfahren hatte. Ehe der Greis mit dem Silberhaar zum Scheiterhaufen hinaufstieg, bewirthete er noch seine Verfolger. Da das Feuer durchaus nicht brennen wollte, mußte man ihn mit einem Schwert durchstoßen. Erst nach Vollziehung dieses Befehls gerieth das Holz in den gewünschten Brand. – Unter desselben Kaiser wurden auch Attalus und Blandina, Ponticus (ein 15 jähr. Knabe) und Pothinus (ein 90 jähr. Greis) zu Tode gemartert. Besonders zeigte die junge Blandina einen wahren Heldenmuth. Als sie schon am ganzen Leibe durch die entsetzlichsten Martern blutig zerfleischt war und man sie aufforderte, abzuschwören, rief sie dennoch: »Ich bin eine Christin!« – Unter Kais. Severus schonten die Heiden auch der Mütter nicht, die mit Säuglingen in den Armen vor den Richtern erschienen, wie Perpetua und Felicitas; ja es, ward edlen Jungfrauen das Schändlichste zugemuthet, wie der Patamiäna, die zuletzt – ganz langsam – in siedend Pech eingetaucht ward.

12.   Von Cyprian und seinem Martertod ist im Kaiserswerther Kalender von 1849 zu lesen. Von Augustin in dem trefflichen Missionsfreund von Ahlfeld, Jahrgang 1852 Nr. 24 ff.

13.   Hier in meiner Nachbarstadt Sorau lebte von 1706-15 als Gräfl. Promnitzischer Oberhofprediger und Consistorialrath Erdmann Neumeister, der bekannte fruchtbare Liederdichter, vorher Hofpred. in Weißenfels. Der damalige Graf Erdmann II. v. Promnitz haßte, wie er damals noch war, den treuen Zeugen Christi, that ihm viel Herzeleid an, und verjagte endlich den Mann, der ihm und besonders seinem verderbten Hofe

so ungescheut allerwege die Wahrheit gesagt. Nach alter, hier ganz allgemeiner Tradition sah sich auf dem sogen. Lugkeberge bei der Stadt der Vertriebene noch einmal nach ihr und ihrem großen Schlosse um, rief: Wehe! und verkündigte, wie in dem Schlosse noch die Verbrecher und Wahnsinnigen wohnen und die Eulen nisten würden. Das Grafengeschlecht aber werde bald untergehen. In einer alten Handschriftl. Chronik der Stadt heißt es: »1715 am 7. Juli 3. n. Tr. hielt uns. R. seine Abzugpredigt unter vielem weinen der Zuhörer, weil er bei der Gemeine ein sehr beliebter Mann war, gelehrt, annehmlicher Sprache, konnte alle schweren glaubensartückel so leichte vorbringen, daß sie jedwedes Gemeines fassen konnte. Und wußte ihn niemand in seiner Lehre und Leben nichts auszusetzen. Die Bürgerschaft geleitete ihn bis Gassen.« Er ging nach Hamburg, wurde Pastor zu St. Jacob und starb am 18. Aug. 1756 im 85. Lebensjahre. Die gräfl. Herrlichkeit dauerte noch bis 1765. Jetzt findest du im Schlosse Criminal-Gefängniß und Irren-Anstalt. Und Eulennester sind schon viele da ausgenommen. 15 (d. h. Da ich lebte, o Papst, war ich eine Pest für dich; wenn ich sterbe, werde ich dein Tod sein), »Höret mich auch, ihr Bischöfe! Lebe ich, so bin ich eure Pestilenz; sterbe ich, so bin ich euer Tod. Denn Gott hat mich an euch gehetzt; ich muß, gleich wie Hosea, euch ein Bär und Löwe sein im Wege Assur. Ihr sollt doch vor meinem Namen keine Ruhe haben, bis daß ihr euch bessert, oder zu Grunde gehet!

Non moriar, sed vivam Et narrabo opera Domini, M. Lutherus. D.«

d. h. Ich aber werde nicht sterben, sondern leben, und des HErrn Werk verkündigen (Ps. 118, 17). – Verschaffe dir, lieber Leser, doch das Buch von Wildenhahn »Martin Luther, kirchengeschichtliches Lebensbild aus der Zeit der Reformation.« besonders den 3. Theil unter dem Titel: Der Tag zu Augsburg.

14.   Hier. Savonarola, auch ein Vorläufer Luthers, in Florenz, ein ausgezeichneter Prediger, besonders Strafprediger. Und weil sein Leben leuchtete wie der Blitz, so trafen seine Worte wie Donnerschläge. Vielen war er zu streng. Die epicuräische Jugend haßte ihn. Leider ließ er sich in das politische Partheitreiben in seinem durch Sünden der Herrscher republikanisch gewordenen Staate allzutief ein. Papst Alexander 6. that ihn in den Bann, ließ ihn grausam foltern und am 23. Mai 1498 aufhängen und sammt dem Galgen verbrennen. Mitten unter den entsetzlichen Schmerzen betete der Sterbende laut für seine Peiniger. Und zwischen den lodernden Flammen zeigte sich noch einmal die schon halb versengte rechte Hand, aufgehoben zum letzten Segen.

15.   Johann Bugenhagen aus Wollin, daher auch Dr. Pommer genannt, Pastor und Professor zu Wittenberg, Luthers treuer Hausfreund, zuletzt Generalsup. von Chursachsen, † 1558 am 10. April.

16.   Johann Brenz, schwäbischer Prediger, durch Luthers Heidelberger Disputation (1518) zuerst fürs Evangelium erweckt, seit 1522 in Hall, † 1570; für die Reformation in Würtemberg besonders thätig; derselbe, der von einer spanischen Reiterschaar verfolgt und von seinem Herzog Ulrich gewarnt, in Stuttgart auf einem Holzboden 14 Tage lang durch eine Henne erhalten ward. S. Wölbling christl. Geschichten S. 4.

17.   Auch einer, der in dem Sacramentstreit auf Luthers Seite stand wider die Schweizer.

18.   Wir wissen ja, daß nicht alles Gold ist, was glänzt. Wissen auch, daß in jenem glänzenden Reiche trotz aller feinen äußeren Formen Eigennutz, Lug und Trug, Fleischeslust und sonderlich eine ins Weite gehende Heuchelei zu Hause sind. Wissen endlich, wie dort allem Anschein nach bei der gegenwärtigen gewaltigen Gährung etwas ganz Neues sich vorbereitet. –

19.   » Sicut ego non dubito, tuas pro me orstiones valere, ita ne dubites meas pro te valere. Et si ego prior abiero, quod opto, traham te post me; si tu prior abieris, trahes me post te. Quia unum Deum confitemur, et expectamus Salvatorem cum omnibus sanctis.«

20.   Sie kommen nicht in den ewigen Tod. Denn »wer nur einmal geboren, der muß zweimal sterben; wer aber zweimal geboren, stirbt nur einmal« (Volksbl. 1853 Nr. 61 S. 976).

21.   Der treue, so wunderbar durch ein Kind berufene Bischof von Mailand; der unerschütterliche Felsenmann wider den kaiserl. Hof und dessen arianische Uebergriffe; der Vater der Armen und Bedrängten, dessen Thür Tag und Nacht für Jeden offen stand; der liebliche Hymnensänger, † 387. Von seinen 12 wunderherrlichen Hymnen sind die bekanntesten: **O lux beata trinitas** (Der Du bist drei in Einigkeit), **Veni redemtor gentium** (Nun komm der Heiden Heiland); außerdem hat er aus dem Griechischen übersetzt das allbekannte **Te Deum laudamus**, das unser Luther eben wie die beiden vorgenannten Hymnen ins Deutsche übertragen (Herr Gott Dich loben wir).

22.   Ein gläubiger Philolog und Förderer des Reformationswerks, aus Sorau gebürtig, als Wittenberger Student mit den Reformatoren bekannt geworden, Hauptmitarbeiter an den berühmten Magdeburger Centurien, der ersten Kirchengeschichte evangelischerseits, Uebersetzer mehrerer Schriften Luthers, besonders des lat. Lutherschen Kommentars zum 1. Buch Mosis (S. Luth. W. W. Ausg. v. Walch Th. I. unter den Vorreden), † als Rector in Erfurt 1576. Er war seinem »lieben Vater Luther, der Teutschen Propheten« mit großer Liebe zugethan.

23.   Ist wohl der a. 159 v. Chr. Nachts im Bett erdrosselte römische Held gemeint, Scipio Africanus II, der Besieger von Carthago (146) und Numantia, allem Anschein nach durch seine Gemahlin Sempronia aus dem Wege geschafft. –

24.   Spizel (**Templum honoris reservatum sive illustrium aevi hujus theologorum et philologorum imagines et elogia adornata a Theophilo Spicelio Aug. Vind. 1673**) sagt davon: **Quod deTimotheo apostolus scribit, ipsum a puero in sacris literis fuisse institutum, id ipsum in praeclaro hocce theologo parentum honestissimorum domestica disciplina feliciter comprobavit. Videbant illi puerum magna alacritate ad sacra ferri, insequi paternos gressus ad templum, et attente quae ibi fierent considerare, domum vero reversum pias repetere conciones et nostrae religionis repraesentare ceremonias, de dictis biblicis difficilioribus disserentes libenter audire, in moribus item nativam quandam notabant amabilitatem, quare filium hunc suum Deo oblatum praeceptorum privatorum et publicorum fidelitati diligentius commendarunt, sub quorum manutam docilem tamque capacem se praestitit, ut paucis annis non vota tantum, sed et spem illorum superaret.**

25.   **Memoriae tbeologorum nostri saeculi clarissimorum renovatae decas prima, curante M. Henningo Witten, Francofurti apud Martinum Hallervord a. 1674.**

26.   Wenn den sel. Freylinghausen in Halle die heftigsten Zahnschmerzen überfielen, dichtete er gewöhnlich seine herrlichsten Lieder, unter andern: Wer ist wohl wie Du, Mein Herz gieb dich zufrieden, Unveränderliches Wesen, Jehova ist mein Hirt und Hüter, Mein Geist o HErr nach Dir sich sehnet, Schau meine Armuth an, O reines Wesen lautre Quelle, Der Tag ist hin mein Geist und Sinn sehnt sich etc. –

27.   **Alter ut Chrysostomus emicuit bonigue pastoris partes maximo cum gregis commissi emolumento fructuque adimplevit, et ut muneri ac conscientiae satisfieret, remoto etiam personarum respectu, modis laboravit omnibus. Mundi amorem Dei dilectioni opponebat semper et postponebat, peccata graviora debito reprehendebat zelo scaphamque, ut trito proverbio dicitur, scapham appellabat. Ne vero diceret tantum et exhortaretur-vivendo etiam insigne**

proposuit exemplum et factis quoque nulla non occasione ad seriae pietatis studium excita-
vit somnolentiores. Spizel nennt ihn weiter coelestis doctrinae amantissimum, humilitate
infucata praeditum et ornatum. Resplenduit, sagt er, ineo ardentissimum sincerae pictatis
studium. In fronte ipsius et sermone humanitas, in pectore candor et fides habitavit. Nec mi-
nus de profanorum peccatique sordibus immersorum hominum cunversione summopere fuit
sollicitus inque iis ad Dei cultum seriaeque pietatis exercitia deducendis potiorem aetatis par-
tem consumsit. Arduum vero hunc et mundo ejusque principi adeo invisum laborem cum de-
bita aggressus est circumspectione zeloque flagrantissimo prudentiam et curae indefessae
insignem sociavit humilitatem ... Donec dies illa illuxit, qua ardentissimo huic doctori lucerna-
eque egregiae lux orta est perpetua, atque Philippus, qui multos ad justitiam erudivit, lucere
coepit sicut splendor coeli et sicut stellae in sempiterna secula.

28.   Das sehr von mir begehrte Buch von Nicolais Enkel Dan. Severin Scultetus habe ich
leider trotz aller Bemühung nicht erlangen können. Daß er dem sel. Nicolai aber einen
rechten Panegyricus halte und sonderlich durch manche kleine interessante Züge aus
dem Leben desselben an den Tag lege, wie der von manchen Seiten her wegen seiner
vielen Streitschriften Verschriene wahrhaftig ein guter frommer Mann und lebendiger Christ gewesen – diese Nachricht verdanke ich der mündlichen Mittheilung des
H. Consistorialraths Dr. Tholuck. – Schuhmacher aber sagt von ihm in seinem cons-
pectus Valdecciae literatae p. 19: Parum profecto abest quin dicam, omnes virtutes theologo
dignas, quae raro in uno conspirant, in Nicolao non solum conjunctas, sell eminentes fuisse.

29.   Bei der scharfen Polemik des sel. Mannes gegen den Calvinismus, den wir seitdem
wohl etwas gerechter zu beurtheilen gelernt haben, wollen wir doch ja nicht vergessen, daß zu jener Zeit etliche Calvinisten sich wirklich »gebehrdeten als die allein die
Reformation angenommen.« Bei der noch schärferen gegen den Romanismus werden
wir jener Zeit gewiß noch viel mehr zu gute halten. Die modernen fanatischen An-
tipapisten aber sollten sich doch endlich schämen, vom römischen Antichrist, von
römischem Polytheismus, heidnischem Bildedienst u. s. w. daher zu reden. Die ka-
tholische Kirche hat niemals die Gottheit Christi geleugnet, hat sich jederzeit zum
Kreuze Christi bekannt, hat nie geleugnet daß Christus der Grund des Heils allein,
hat nie behauptet daß die Heiligen anzubeten, daß ihr Verdienst ein unbedingtes, daß
wir durch gute Werke vor Gott die Seligkeit unbedingt verdienen könnten, daß der
Priester den Leib Gottes bereite u. s. w. Wer überall bei ihr nur Böswilligkeit, Prie-
stertrug und drgl. wittert, der studire erst Kirchengeschichte und Symbolik. Nur im
Zusammenhange des Ganzen lernt man das Einzelne verstehen und würdigen. Alle,
die nicht eine bloße Repristination des Alten, sondern den wahren Fortschritt wollen,
lernen auch von dieser Kirche, die uns doch – das wollen wir vor allem nie vergessen,
zumal wir Lutheraner – unter allem Gerümpel so lange Zeit den theuren Schatz be-
wahrt hat, fort und fort.
32 Römer 15, 12; 1 Sam. 16, 1; Matth. 1, 6; Luc. 3, 32; Apostgesch. 13, 22.
33 Offenb. 1, 8

30.   Als Probe von Entwerthung der alten Münze schließlich nur dies. Im hiesigen neuen
Sorauer Gesb. das an den meisten Orten hier herum das gute alte verdrängt hat, lautet Nicolais erstes Lied so: Wachet auf! ruft euch die Stimme des Sohns, des Weltver-
söhners Stimme, wacht Seelen, wacht vom Schlummer auf! Todt seid ihr, todt durch
Verbrechen« etc. v. 2 heißt es: »Angstvoll liegen wir und schauen auf unser Elend hin
mit Grauen.« etc. Nr. II und III. sind glücklicherweise in dem Buche ohne Berücksich-
tigung geblieben. Noch ein Pröbchen dieser neueren Poesie: »Wie selig (so beginnt
ein Lied) lebt der Mensch, der Dienstbegierde kennet, und, diese Pflicht zu thun, aus
Menschenliebe brennet; der wenn ihn auch kein Eid zum Dienst der Welt verbindt,
Beruf und Eid und Amt schon in sich selber sindt! Dir, Höchster, ahmt er nach. Dir
als Dein Bild zu gleichen. Durch Dienstbeflissenheit sucht er dies zu erreichen etc.

Die Welt, denkt er, hat Recht auf meinen Dienst und Kräfte. Ihr nützen ist für mich
ein seliges Geschäfte etc. So denkt der Menschenfreund« etc. Und so geht es fort, bis
es am Schluß heißt: »Voll Dienstbegierde sei mein Leben hier auf Erden, so nützlich
als ich kann, dem Nächsten stets zu sein! Dann geh ich einst zu Gott ins Reich der
Liebe ein –« In dem P. Gerhardtschen Liede: Ist Gott für mich, so trete etc. heißt
es: »An mir und meinem Leben ist Nichts, was ewig währt.« Doch genug. Der alte
Valerius Herberger sagt: »Neues Brot, neue Heringe, neue Semmeln taugen wohl auf
unsern Tisch; neue Kalender in die Tasche, wenn das Jahr um ist; neue Hemden und
Röcke an den Leib; – aber neue Lehre und neuer Trost taugen nicht in die Kirche.«

www.ingramcontent.com/pod-product-compliance
Lightning Source LLC
LaVergne TN
LVHW020738200726
843506LV00009B/810

9 788802 731684 7